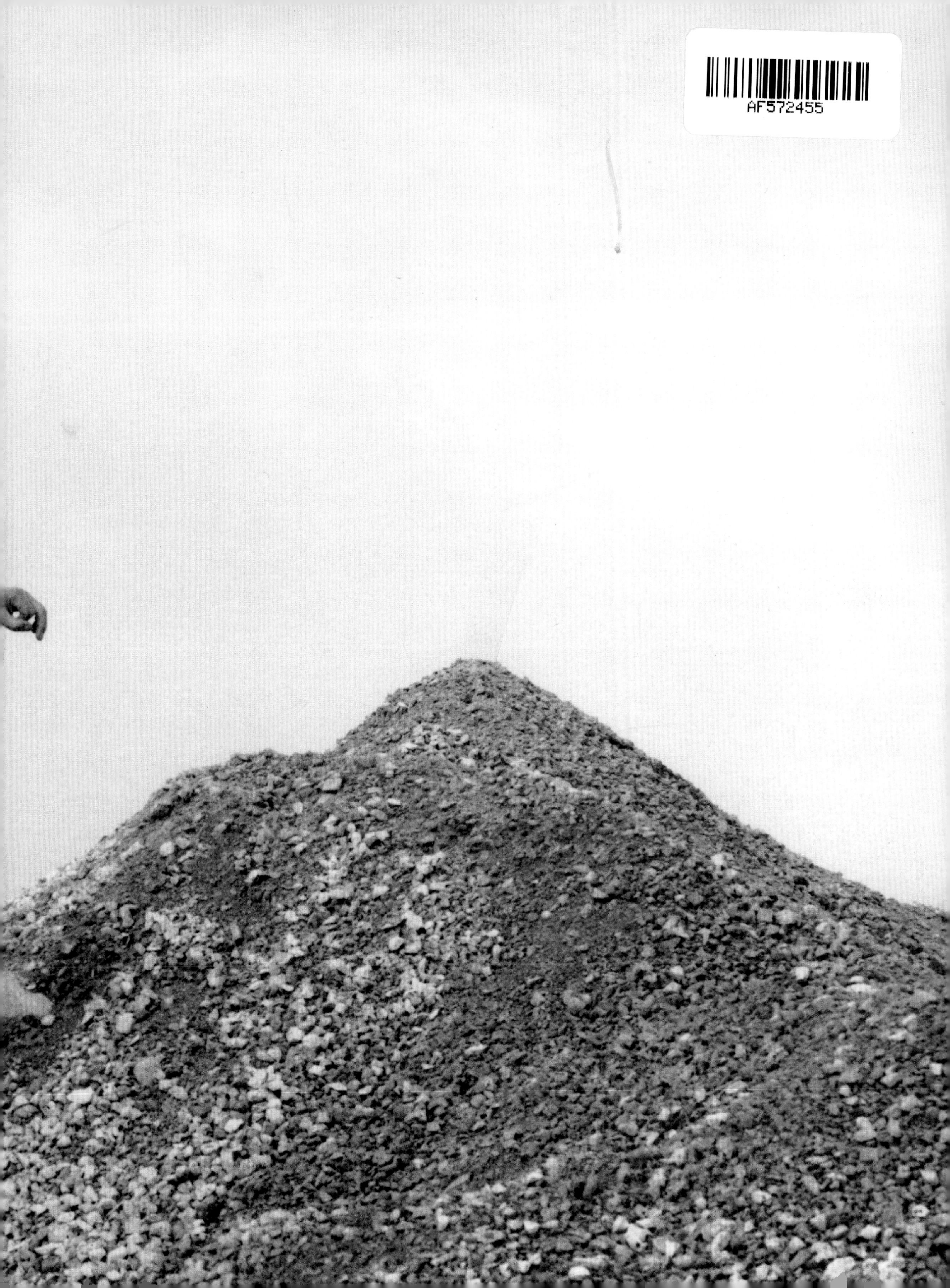

AF572455

Angelika **Platen**

Künstler | Artists

Angelika **Platen**

Künstler | Artists

Herausgegeben von / Edited by
Günter Engelhard

Mit Beiträgen von / With essays by
Thomas Hettche,
Heinz Peter Schwerfel und / and
Christina Weiss

Künstlertexte von / Artist texts by
Günter Engelhard

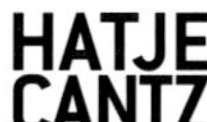

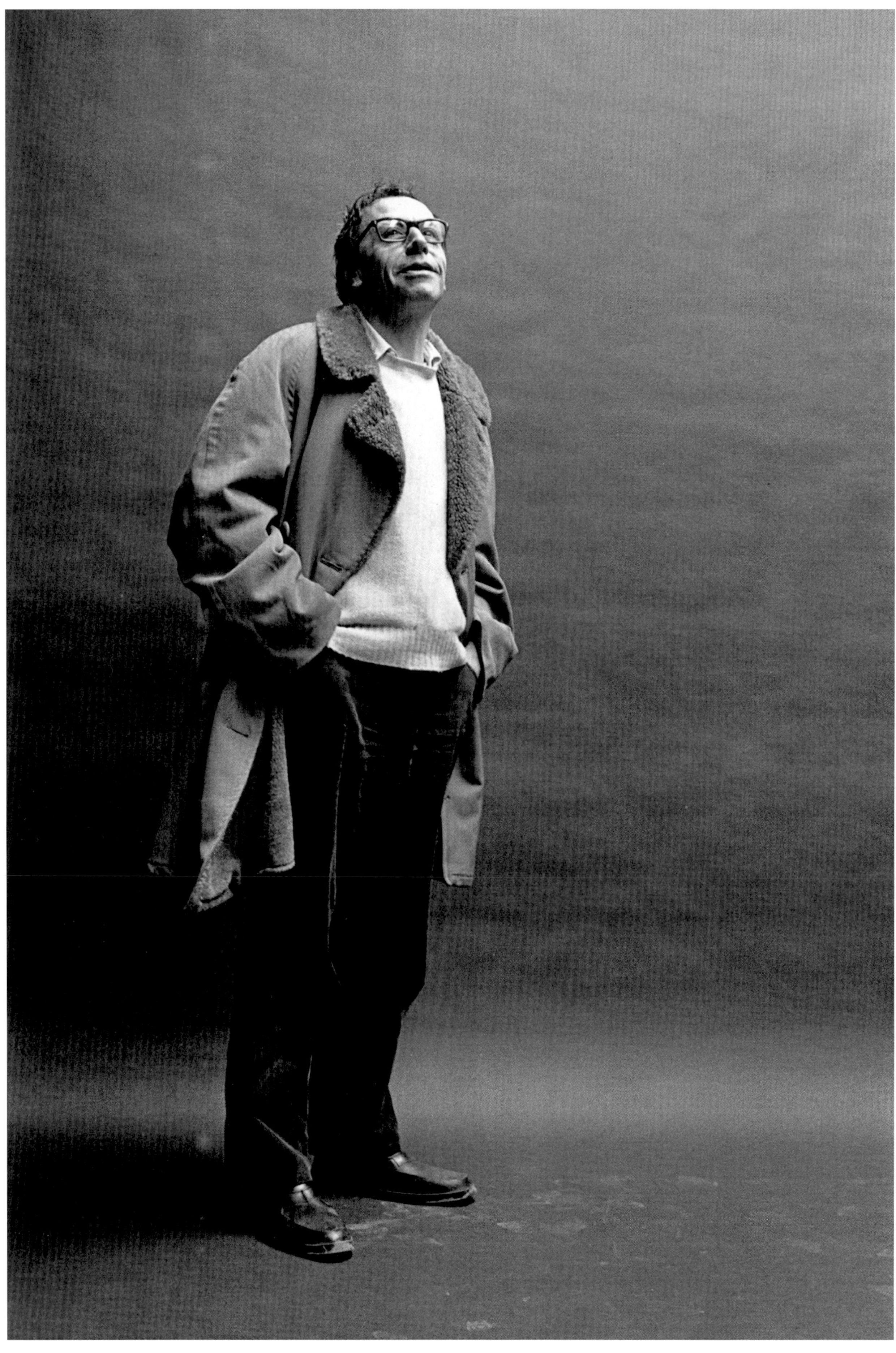

Sympathien – eine Annäherung

Christina **Weiss**

Converging Sympathies

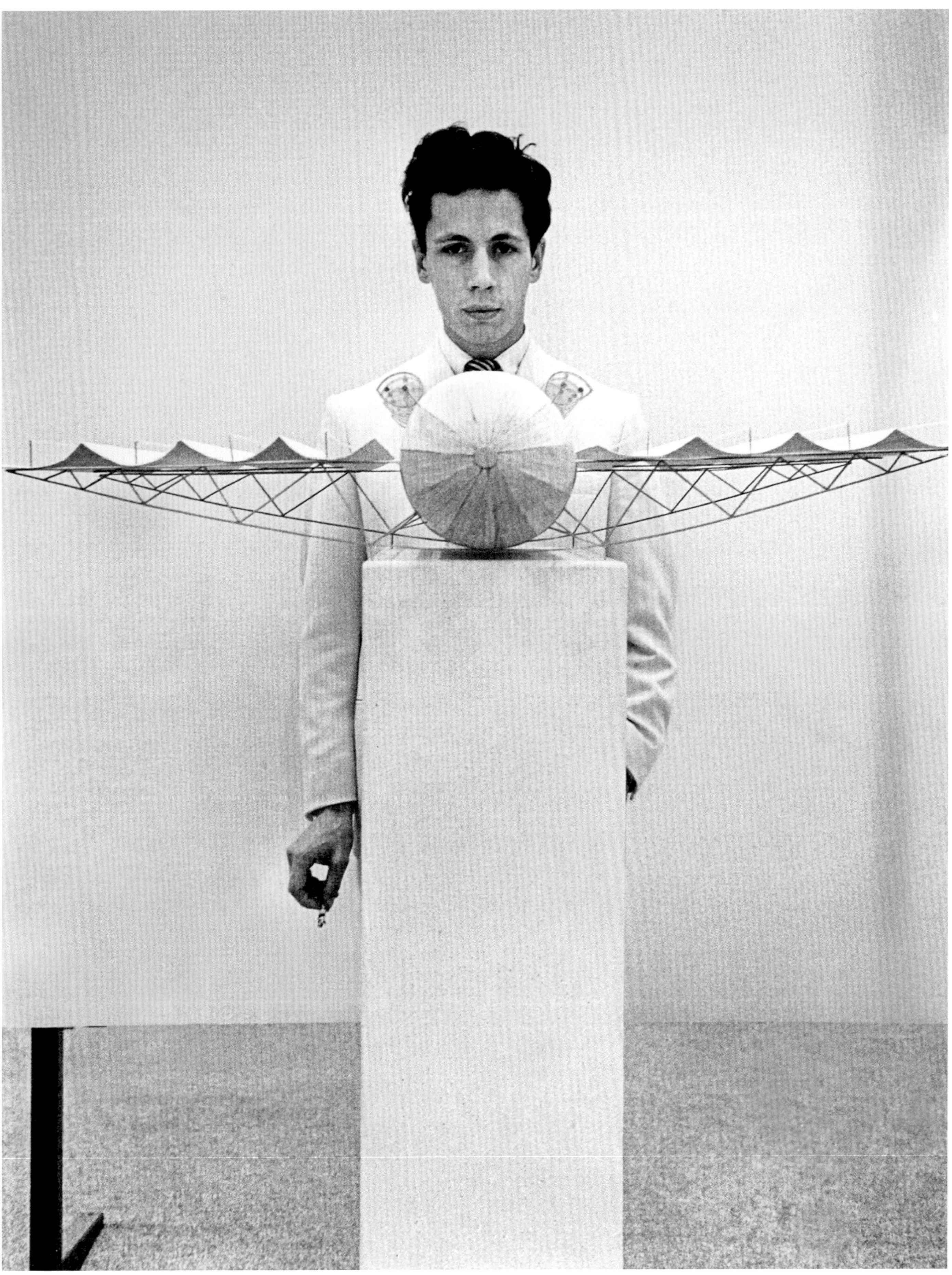

Anschauen, sich annähern, miteinander reden, gemeinsam einen passenden Ort suchen, fotografieren – der Weg bis zum fotografischen Porträt des Künstlers verläuft im Idealfall entspannt. Verspannt sich die künstlerisch tätige Person gleich zu Beginn, verstellt sie sich, steckt Abwehr in ihrer Haltung, so werden die Fotos nicht gut. Wenn die Kamera das Bild einer Person vermitteln und dieser Person Interesse sichern soll, bedarf es der Übereinstimmung. Angelika Platen vertraut auf Anziehungskräfte. Ohne Entgegenkommen ist ihr der Weg zu beschwerlich. Künstler haben ja Eigenarten – und Eigenarten sind nicht beiläufig zu erfassen.
Ich war befreundet mit Hanne Darboven, einer Künstlerin, die nur wenige Menschen an sich heranließ. Sie hat nicht gern etwas von ihrer Eigenart preisgegeben, sich folglich auch nur wenigen Fotografen gestellt. Ihre Kunst ist eine geschriebene Geschichte; die Person verbirgt sich hinter der Schrift. Erstaunt sah ich eines Tages Porträts von verblüffender Offenheit, freundlich und nachdenklich, ohne jede Spur von Misstrauen – einfach aufgeschlossen. Nur ein Mensch, der sich für ihr strenges Werk wirklich interessiert, sich ihr genähert, dabei Distanz gewahrt und so ihre Zuneigung gewonnen hatte, konnte diese Fotos gemacht haben. Ich wurde neugierig. Und so lernte ich, vor zehn Jahren, Angelika Platen kennen. Seither schaue ich mir Künstler unwillkürlich genauer an – womöglich mit größerer Bereitschaft zur Sympathie, wenn diese zugleich durch das Werk gefördert wird.

Looking, converging, talking with one another, searching for the right location together, photographing; ideally, the path to a photographic portrait of an artist is relaxed. If the artistically engaged person tenses up in the beginning, she might then put on an act, assume a defensive posture, and the photographs will not be good. If the camera is to convey the impression of a person and is to protect this person's interests, then there must be harmony between the photographer and subject. Angelika Platen has faith in forces of attraction. The path is too arduous without cooperation. Artists have their idiosyncrasies—and idiosyncrasies are not grasped in passing.
I was friends with Hanne Darboven, an artist who allowed very few people to get close to her. She did not like to reveal her idiosyncrasies, so she did not open up to photographers. Her art is written stories; the person hides behind the writing. I was surprised when one day I saw portraits of her that were of astounding frankness, amiable and pensive, without a trace of mistrust—simply receptive. Only a person who was truly interested in the artist's austere work, who approached her while maintaining a distance—thereby gaining her affection—could have taken these photographs. I became curious. And that is how I met Angelika Platen ten years ago. Since then I instinctively look at artists more closely—when possible with a greater willingness to sympathize with them, should their work encourage this.

Beim Einblick in ihr Archiv, bei der Betrachtung der Gesichter meine ich zu spüren, dass zwischen der Fotografin und dem Objekt ihrer visuellen Begierde Entspannung herrscht. Gelegentlich stelle ich zwar fest: Das als Objekt ins Auge gefasste Individuum möchte sich als Subjekt dem Anspruch des Fotografenblicks eigentlich widersetzen. Aber das lässt sich nicht aufrechterhalten; schließlich wurde man ausgesucht – und warum sollte man sich durch das Interesse der Fotografin nicht geschmeichelt fühlen. Ihr spröder Charme, ihre direkte Art der verbalen Kommunikation macht den Umgang leichter. Sie biedert sich nicht an. Sie ist nicht geschwätzig. Szenische Anweisungen sind Haltungen, um die sie bittet. Das verstärkt die Anziehungskraft, und es entsteht Sympathie auf beiden Seiten.
Scheu vor der Kamera, Verstellungsversuche, Verkrampfungen beim Posieren schwinden. In vielen Gesichtern, die Angelika Platen in den Augenblick bannt, verrät die Hinwendung zur Fotografin, dass Künstler sich von ihr verstanden und bei ihr gut aufgehoben fühlen. Zwar gibt es immer noch die Befürchtung, sich der Kamera mehr als gewollt auszuliefern, ihr ein Stück Persönlichkeit preiszugeben, das man doch lieber für sich behalten möchte. Schließlich überwiegt aber das Bedürfnis, den künstlerischen Auftritt von einem positiven fotografischen Porträtkommentar begleiten zu lassen. Ist Angelika Platen erst einmal zur Stelle, wird sie es schon richten.

When looking through her archives, observing the faces, I sense that a state of relaxation prevails between the photographer and the object of her visual desire. It is true that occasionally it seems that the individual, considered as an object, would actually like to oppose the photographer's gaze as a subject. But ultimately that stance cannot be maintained; after all, they have been selected—and why shouldn't they feel flattered by the photographer's interest. Her reserved charm and direct manner ease verbal communication. She does not pander to people, nor does she gossip. She welcomes staging instructions. This increases the attraction, resulting in a mutual sympathy.
Camera-shyness, posturing, tension when posing—all these fade. Many of the faces Angelika Platen captures in time are directed toward the photographer; the artists seem to feel understood by her and in good hands with her. Certainly there is still the fear of being at the mercy of the camera and the fear of divulging to it a part of your personality that you would rather keep for yourself. But the need for an artistic appearance to be accompanied by a positive photographic commentary wins out in the end. And once Angelika Platen is at work, things fall into place.
It is soon evident that she never compromises people, that she never wishes to waste another person's valuable time for her own satisfaction, for in her portraits there are even artists who smile with relief or burst out laughing lightheartedly. In any case the goal is clear: it is a matter of seizing

Dass sie niemanden bloßstellen, mit niemandem zur eigenen Befriedigung kostbare Zeit verlieren möchte, stellt sich schnell heraus. Dann kann man sogar Künstlerinnen und Künstler sehen, die erleichtert lächeln oder in ein befreites Lachen ausbrechen. Das Ziel ist jedenfalls klar: Es geht darum, einen Augenblick zu erfassen, der möglichst viel Einblick gewährt. Eine Situation also, in der sich Haltung aus Blick, Gestik und Bewegung verdichtet. An ihr lässt Angelika Platen den Betrachter teilhaben.
Fünfundzwanzigtausend Fotos sind allein zwischen Mitte der Sechziger- und Mitte der Siebzigerjahre entstanden. Ein Teil davon wurde seit Beginn der ersten Ausstellungen im Frankfurter Museum für Moderne Kunst, dem Hamburger Museum für Kunst und Gewerbe, dem Berliner Martin-Gropius-Bau und anderen Museen für öffentliche und private Sammlungen angekauft – darunter Porträts, die inzwischen zu Ikonen der Gegenwartskunst geworden sind, beispielsweise von Joseph Beuys, Blinky Palermo, Panamarenko, Walter De Maria und Marcel Broodthaers.
Inzwischen gibt es seit den späten Neunzigerjahren bis heute schon wieder zwanzigtausend neue Fotos, darunter viele von Künstlern, die von Angelika Platen als junge Frauen und Männer zu Beginn ihrer Karrieren und dann nochmals im Alter fotografiert worden sind. Beim Betrachten fällt auf, dass über zwanzig bis dreißig Jahre hinweg ein ungebrochenes Vertrauensverhältnis besteht. Jene Hanne Darboven zum Beispiel! Das Foto von 1968 strahlt noch die Scheu einer Künstlerin aus, die sich in ihre Arbeit

the moment that affords the most insight, a situation in which gaze, gesture, and movement come together in composure. Angelika Platen allows the viewer to take part in this.
Angelika Platen took 25,000 photographs between the mid-nineteen-sixties and the mid-nineteen-seventies alone. Since her first exhibition, in the Museum für Moderne Kunst in Frankfurt am Main, Hamburg's Museum für Kunst und Gewerbe, the Martin Gropius Bau in Berlin, and other museums, some of those photographs have been purchased for public and private collections—including photographs of Joseph Beuys, Blinky Palermo, Panamarenko, Walter De Maria, and Marcel Broodthaers.
Since the late nineteen-nineties she has taken 20,000 new photographs, including many of artists whom she first photographed as young men and women at the beginning of their careers and now again when they have grown older. Looking at some of her work, it is obvious that for more than twenty or thirty years, a continuous bond of trust has existed between photographer and subject. Take Hanne Darboven, for example. Platen's portrait of her from 1968 still reveals the artist's reserve, an artist who retreated into her work and only wished to be defined by it. Considering the aged Hanne, by contrast, one senses that Platen is the only photographer whom she allowed to come close to her. There was a similar situation in Paris, when Pierre Klossowski's wife, Roberte, granted Platen access to her husband shortly before his death; he greeted the photographer with a

zurückziehen und nur aus ihr definiert werden will. Angesichts der gealterten Hanne ahnt man hingegen, dass sie der einzigen Fotografin gegenübersteht, die sie überhaupt noch in ihre Nähe lässt. Ähnlich war es in Paris, als ihr Pierre Klossowskis Ehefrau Roberte kurz vor seinem Tod Zutritt gewährte und er sie mit dem Handkuss begrüßte, der in der Welt seiner Mutter und ihres Freundes Rainer Maria Rilke üblich war. Die Freundlichkeit ihrer ältesten Modelle, darunter Henry Moore und Man Ray, hat Angelika Platen mitgenommen zu den jungen Künstlern, die ihr heute zum ersten Mal begegnen und wenig von ihrer frühen Arbeit wissen.
Viele von ihnen spielen wie ihre Vorläufer vor der Kamera eine bewegte Rolle, tanzen, stellen sich für eine Sequenz, zeigen eine Performance oder demonstrieren die Haltung der meditativen Konzentration. Wer die Anschauung solcher Fotos zur intensiven Berührung werden lässt, erfährt zugleich etwas über Schaffensprozesse. Der Betrachtende, der etwas von der künstlerischen Welt des Betrachteten weiß, spielt unwillkürlich seine Erinnerungen an die Kunstwerke in das Porträt ein. Person und Werk verschmelzen im Kopf des Betrachters. Wer genau hinschaut, geht eine Dreiecksbeziehung ein – durch die Fotografin über die dargestellte Persönlichkeit zu sich selbst.
Angelika Platen animiert durch ihre Künstlerfotos zu dem, was Wilhelm Genazino als »gedehnten Blick« bezeichnet – nämlich zur fortwährenden Veränderung des Bildes mit dem eigenen Auge. Das Auge erschließt, was

kiss on the hand, as had been customary in the world of his mother and her friend Rainer Maria Rilke. Angelika Platen has taken the kindness of her oldest models, including Henry Moore and Man Ray, with her to younger artists, who meet her today for the first time and who know little about her earlier work.
Like their predecessors, many of these artists move in front of the camera; they dance, hold still for a series of shots, give a performance, or assume a pose of meditative concentration. Those who permit themselves to be deeply touched when viewing such photographs will also learn something about the creative process. Viewers who know something about observing the artistic world involuntarily bring their memories of the art works into the portrait. Person and work merge in the mind of the observer. If you look closely, you enter into a triangular relationship—from the photographer to the depicted personality to yourself.
With her artist portraits Angelika Platen stimulates what Wilhelm Genazino called the "extended view," meaning the continual modification of the image with one's own eye—the eye discloses what I experience emotionally while observing. With her portraits the photographer thereby entices a sympathetic relationship between the viewer and the viewed.
Angelika Platen has bridged the gap between artist and collector. In addition to her own portraits of artists, she has begun a "Platen Collection of Photography." The collection includes more than five hundred photographic

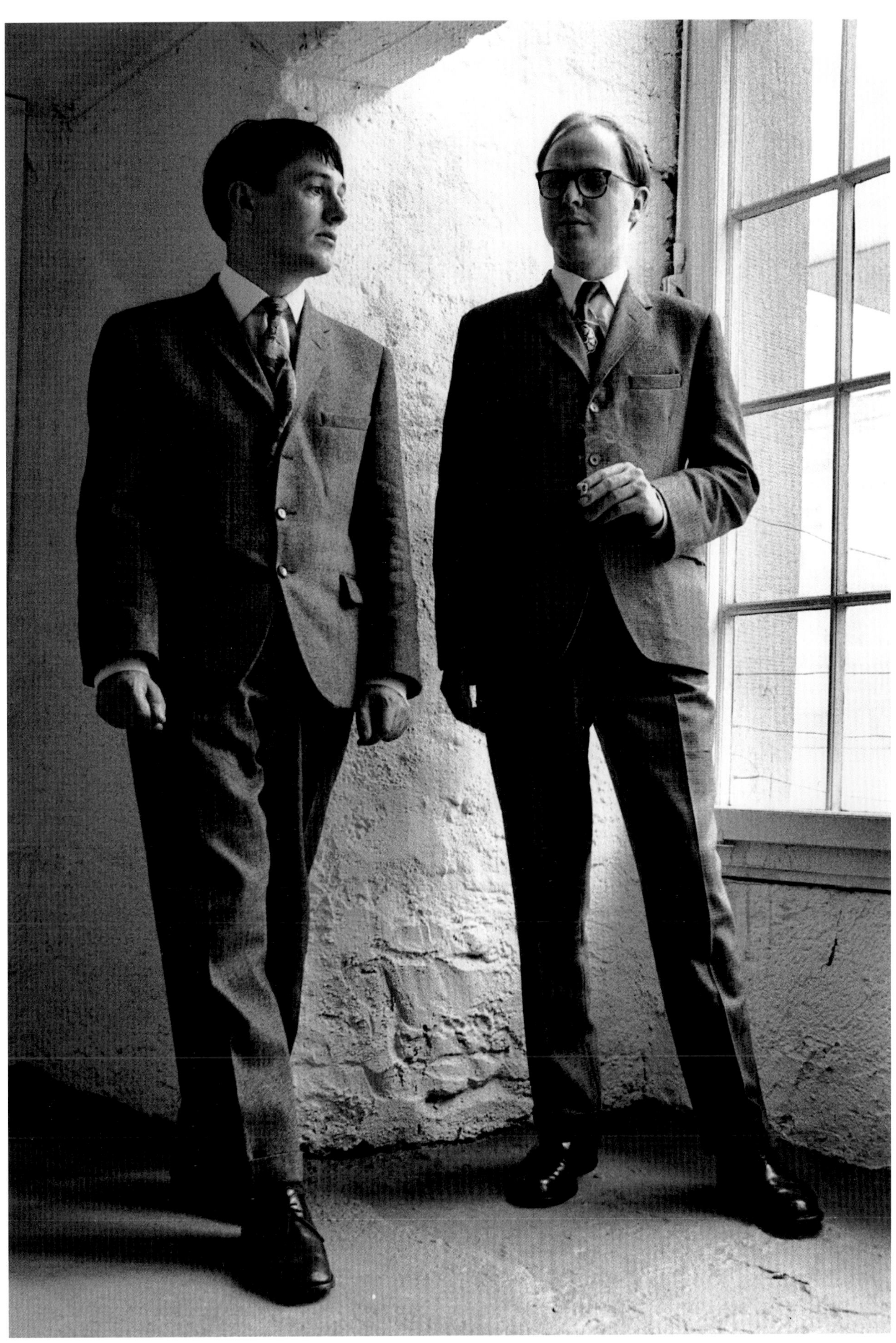

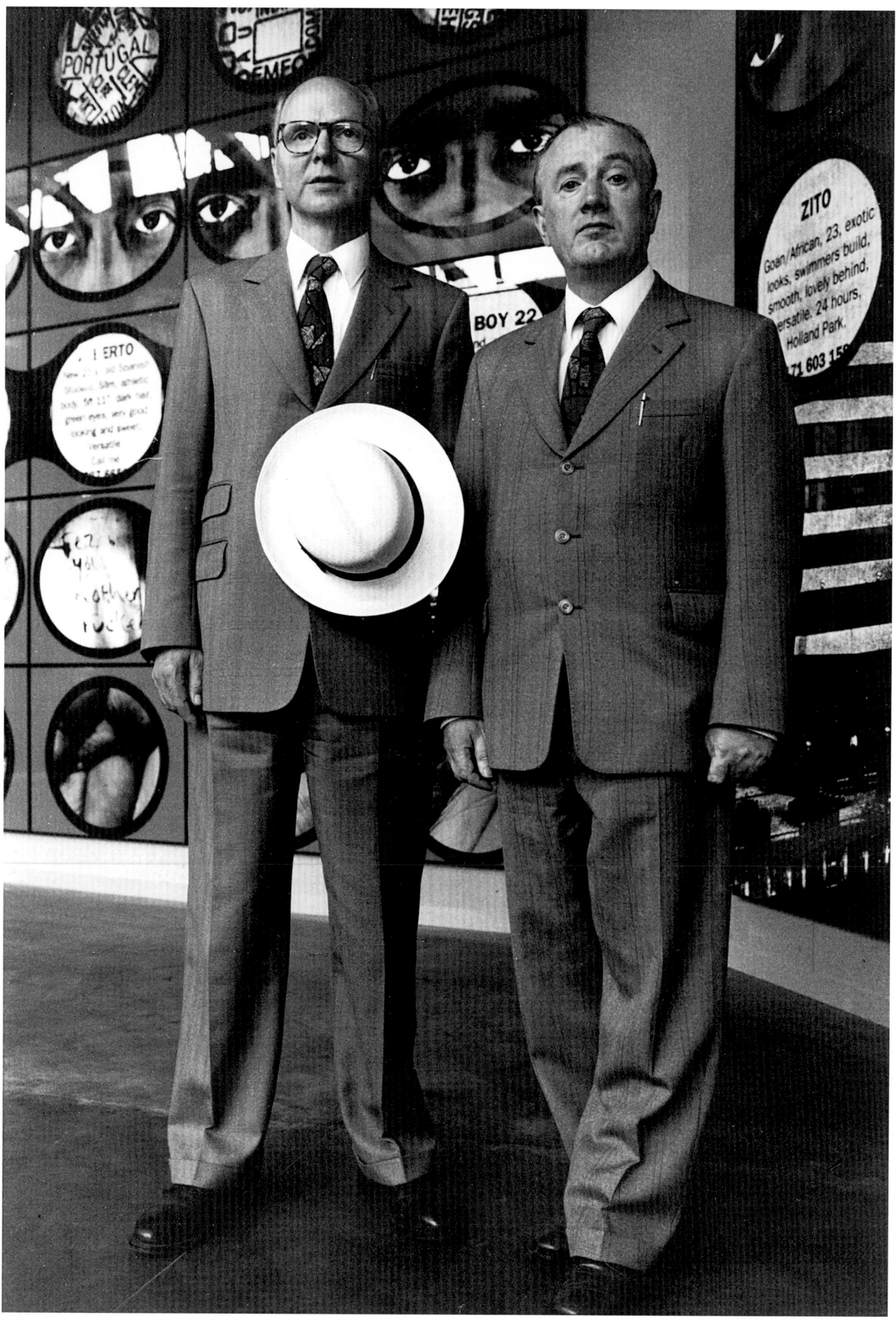
PORTUGAL
BOY 22
ZITO
Goan/African, 23, exotic
looks, swimmers build,
smooth, lovely behind,
ersatile. 24 hours,
Holland Park.
71 603 15

ich schauend an emotionaler Berührung erfahre. Und so verführt die Fotografin mit ihren Porträts zur Aufnahme einer sympathischen Beziehung zwischen Schauenden und Betrachteten.

Die Brücke hat Angelika Platen für sich selbst als Sammlerin gebaut. Neben dem Archiv der eigenen Künstlerporträts ist eine »Platen Collection of Photography« entstanden. Sie besteht aus mehr als fünfhundert Fotoporträts, die bedeutende internationale Fotografen in den vergangenen hundert Jahren von Künstlern gemacht haben – allesamt schwarz-weiß, Vintages und Originalabzüge im bevorzugten Analogverfahren. Die Gründe für diese weise Beschränkung benennt sie in der biografischen Dialogerzählung des Schriftstellers Thomas Hettche. Heinz Peter Schwerfel, bekannt durch seine Künstlerfilme für arte, erzählt von eigenen Erfahrungen beim Blick auf Künstler. Und Günter Engelhard, der seit mehr als fünfzig Jahren über Künstler schreibt, hat achtzehn Situationstexte zur Betrachtung der Platen-Porträts hinzugefügt. So schließt sich ein Kreis von Methoden der Annäherung.

portraits of artists that were made by important international photographers of the last century—all works are in black and white and are vintage and original prints created with analogue processes, to which she is partial. She gives her reasons for this prudent restriction in the biographical narrative dialogue with the writer Thomas Hettche. Heinz Peter Schwerfel, well known for his films on artists for the Franco-German television network arte, tells of his own experiences looking at artists. And Günter Engelhard, who has written about artists for more than fifty years, has contributed eighteen situational texts contemplating Platen's portraits. And so a circle on methods of converging closes.

Pedro Cabrita Reis (geboren 1956) wirft, als sei er ein Wiedergänger jenes Citizen Kane, den 1941 der charismatische Schauspieler und Regisseur Orson Welles in Anspielung auf den Medientycoon William Randolph Hearst im neogotischen Fantasiepalast Xanadu vereinsamen ließ, seinen verdüsternden Schatten über *Portugals strahlende Größe*. So heißt, im Widerspruch zum Niedergang der einstigen Kolonialmacht, ein Roman des mit Cabrita Reis befreundeten Schriftstellers António Lobo Antunes. Auch die malerischen Raumentwürfe des Künstlers beziehen sich auf Verfall und sind vom Widerspruch geprägt. Das Fahrrad aus dem Müllcontainer gehört zu den Wegwerfobjekten, die Cabrita Reis für die Markierung seines Territoriums verwertet (Abb. S. 59). Mit dem Treibgut aus besseren Zeiten entstehen Behausungen, wie sie Antunes nach siebenundzwanzig Monaten als Militärarzt in Angola und später als Psychiater in Lissabon durch seine Romane als Lebensorte sozial verstörter Individuen heraufbeschworen hat. Die Erlebnisse und Folgen des fast vierzigjährigen Befreiungskampfes und des Bürgerkriegs in Angola haben die Angehörigen der melancholischen Nation traumatisiert. Ihnen und den Lesern der bildmächtigen Analysen des Romanciers müssen die situativen Räume und Fassadenaufrisse von Pedro Cabrita Reis wie Favelas erscheinen, in denen sich zerbrochene Träume und Erinnerungen zu einer Architektur der Erschütterung verdichten. Mittels Industriemüll, bröckelndem Mauerwerk aus Ziegelsteinen, rohen Holzverschlägen und verklebter Pappe, Neonröhren und Elektrokabeln, blinden Fenstern und zugenagelten Türen, Glasbausteinen und Gipskarton entstehen nomadisch entgrenzte Bereiche. Die schöne Hässlichkeit der Arte povera vermittelt, vereint mit derangierter Minimal Art, den Eindruck ruinöser, vergifteter Romantik. Für den Materialfeldzug über dieses Gebiet gilt die Warnung: Hochspannung! Vorsicht: Kunstgefahr!

Pedro Cabrita Reis (born in 1956) appears like a revenant of the character Citizen Kane, whom the charismatic actor and director Orson Welles portrayed in 1941, in allusion to the media tycoon William Randolph Hearst, as old and lonely in his neo-gothic fantasy castle, Xanadu. He casts his dark shadow over *O Esplendor de Portugal* (The Splendor of Portugal). This is the title given to a novel by the writer António Lobo Antunes, a friend of the artist's, in opposition to the downfall of the former colonial power. The artist's picturesque spatial designs also refer to decay and are characterized by contradiction. A bike retrieved from a dumpster is one of the discarded objects Cabrita Reis uses to mark his territory (Ill. p. 59). With the flotsam from better days, dwellings are created like those Antunes—after twenty-seven months as a military doctor in Angola and later as a psychiatrist in Lisbon—conjured in his novel as housing for socially disturbed individuals. The experiences and consequences of almost forty years of fighting for independence and of the civil war in Angola traumatized the citizens of this melancholy nation. To these people and the readers of the writer's image-rich analyses, Pedro Cabrita Reis's situational spaces and façade elevations must seem like favelas in which broken dreams and memories consolidate into an architecture of distress. Nomadic areas with undefined boundaries are created from industrial garbage, crumbling brick masonry, raw wooden crates, glued cardboard, neon tubes, electrical cables, and boarded-up windows and doors. Combined with disturbing Minimal Art, the beautiful ugliness of this Arte Povera imparts the impression of a ruinous and polluted romanticism. The following warning applies to the material campaign for this area: High Voltage! Caution: Danger of Art!

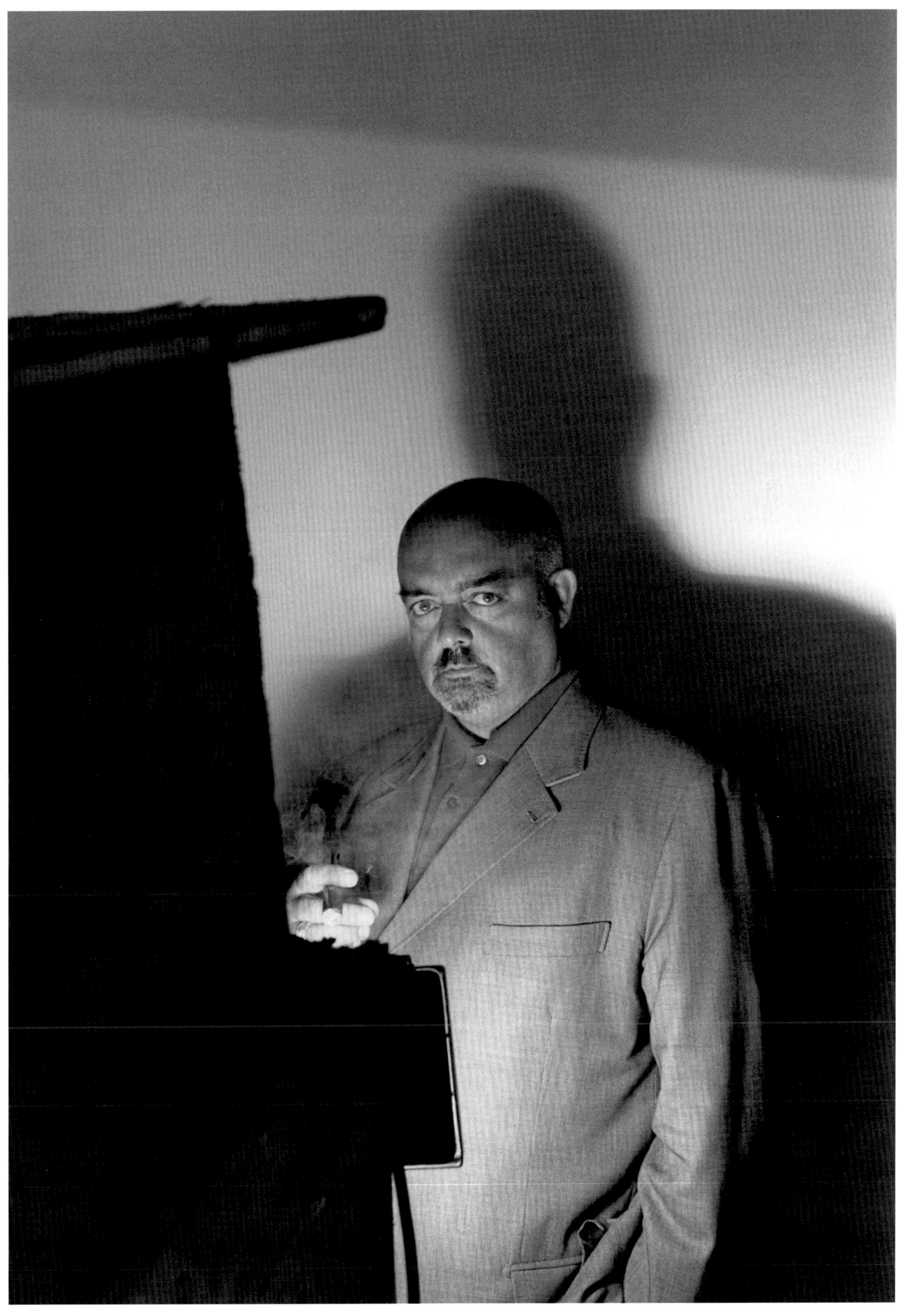

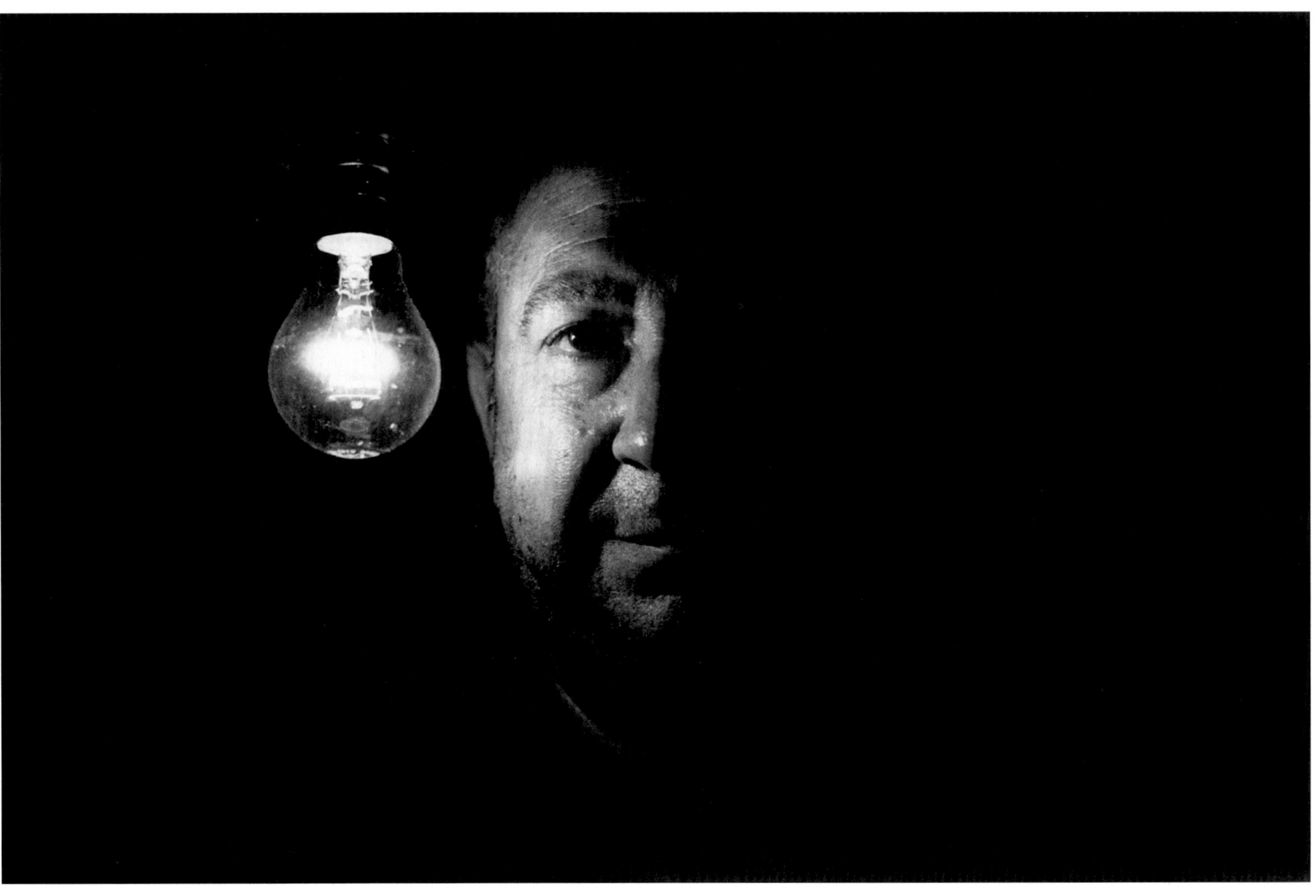

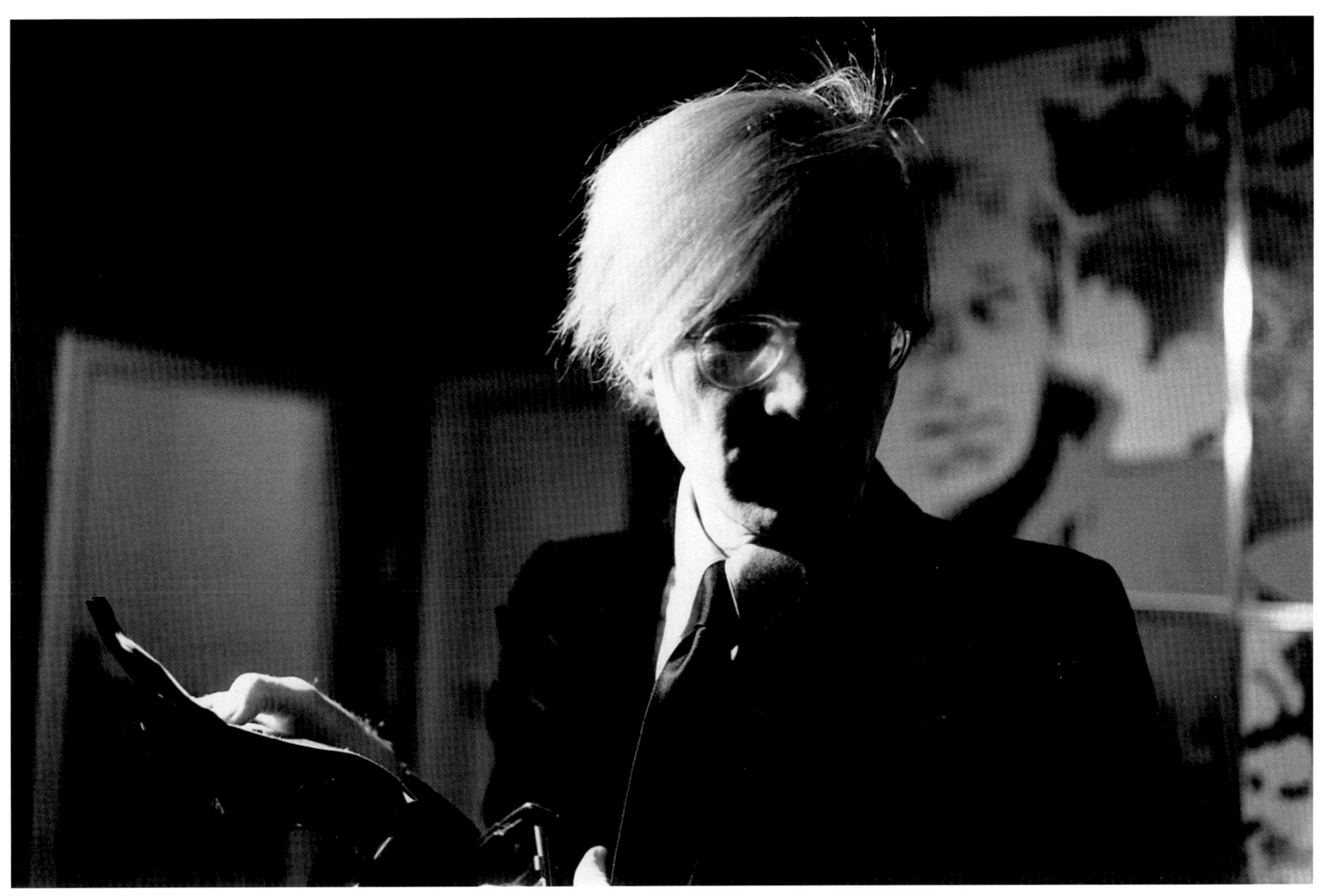

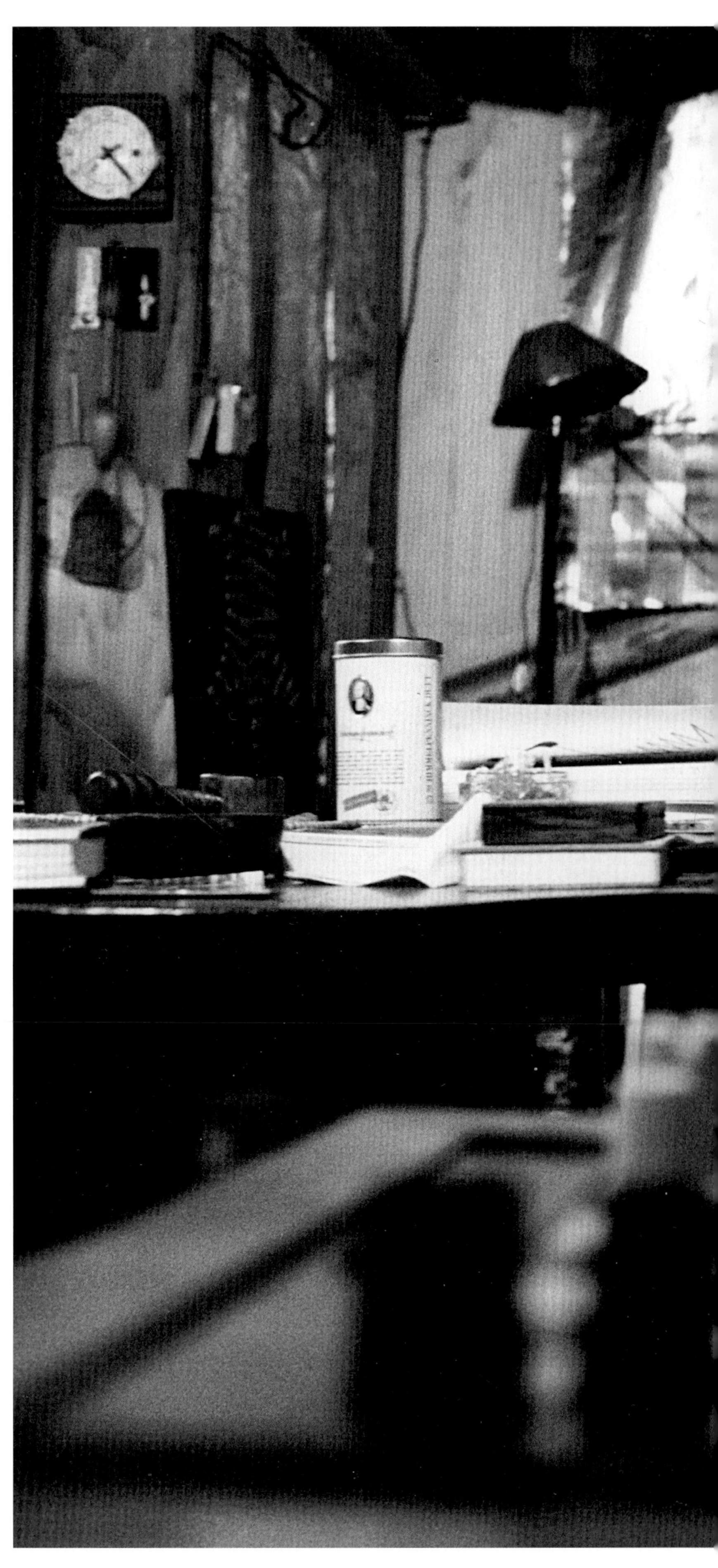

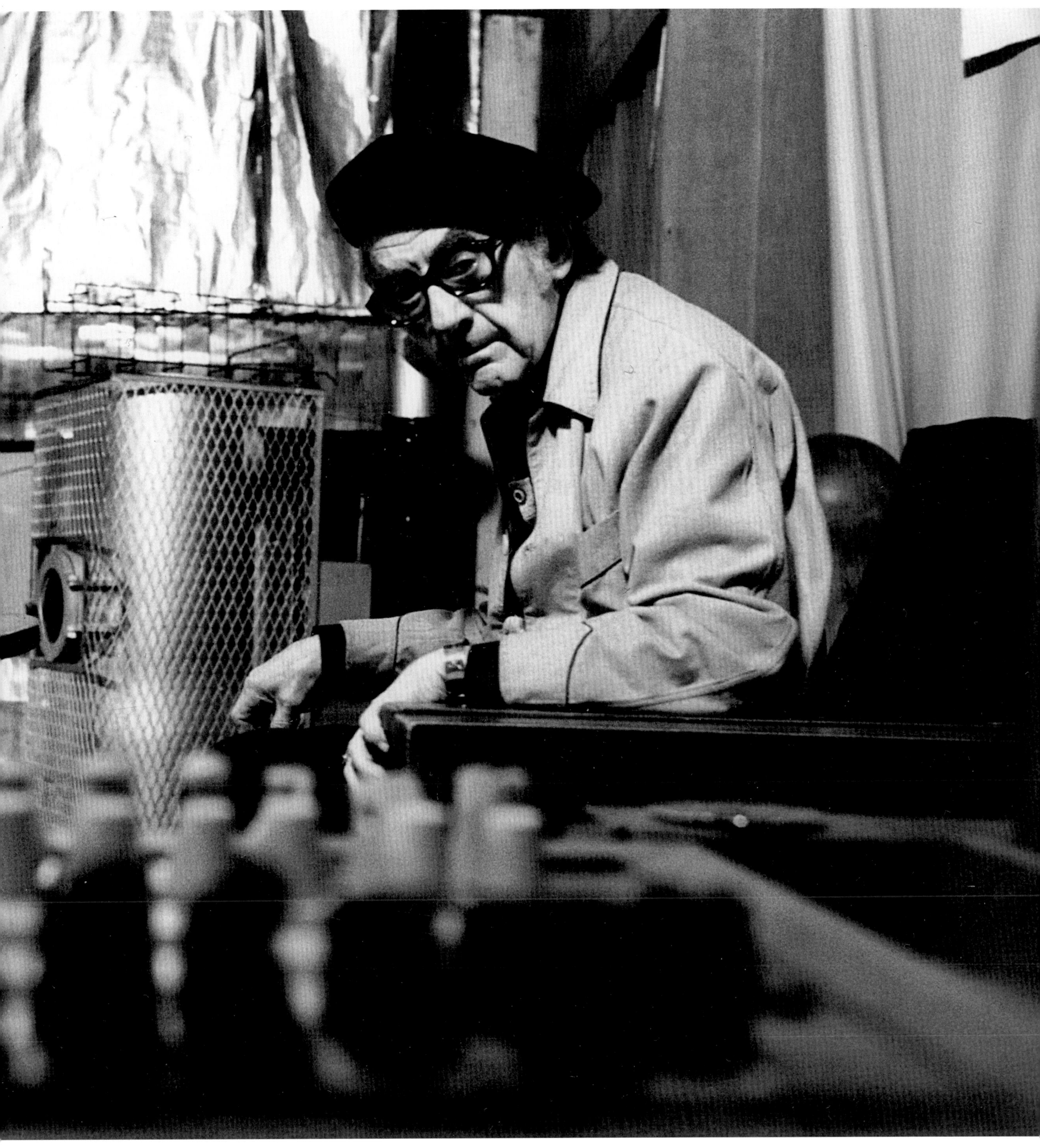

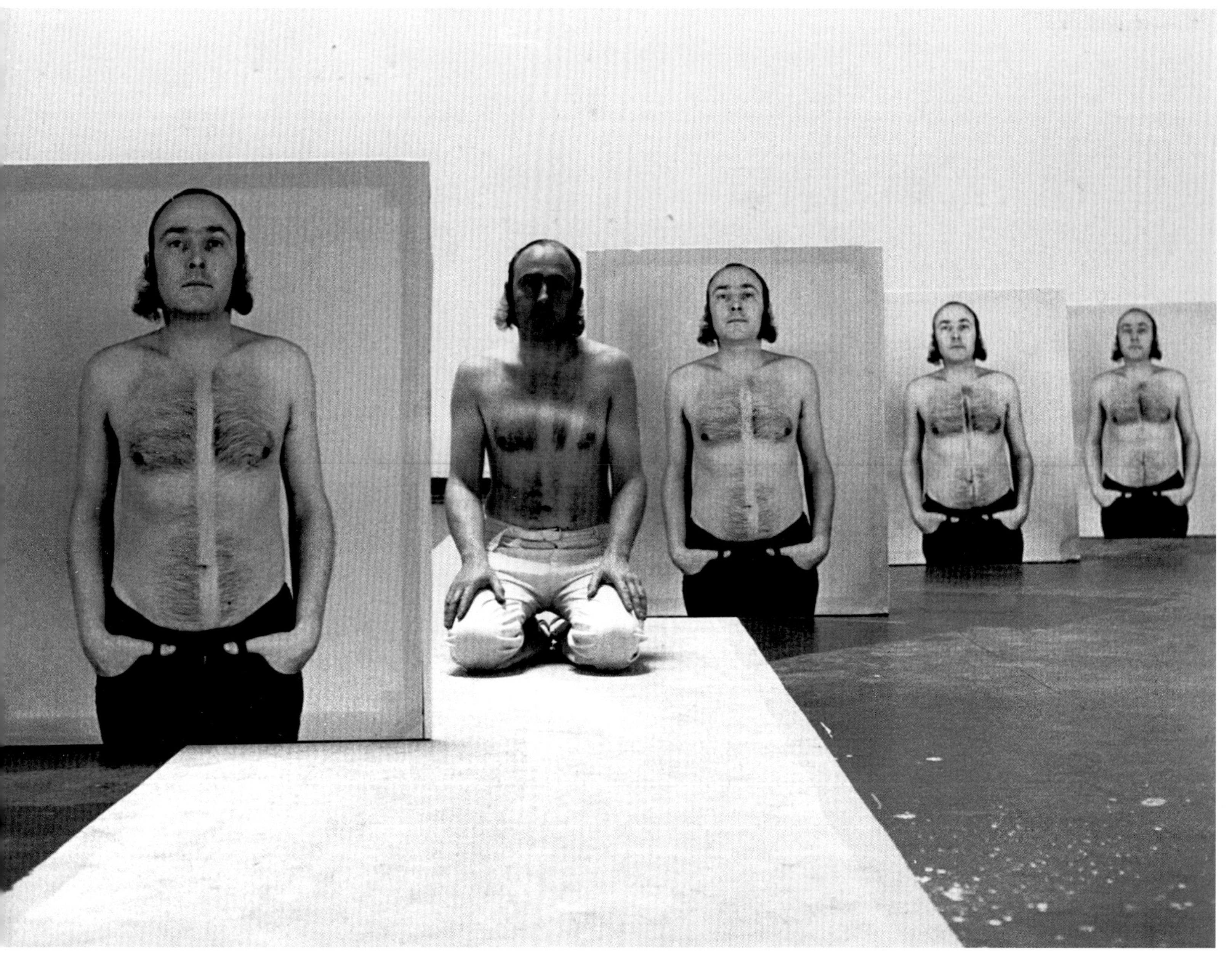

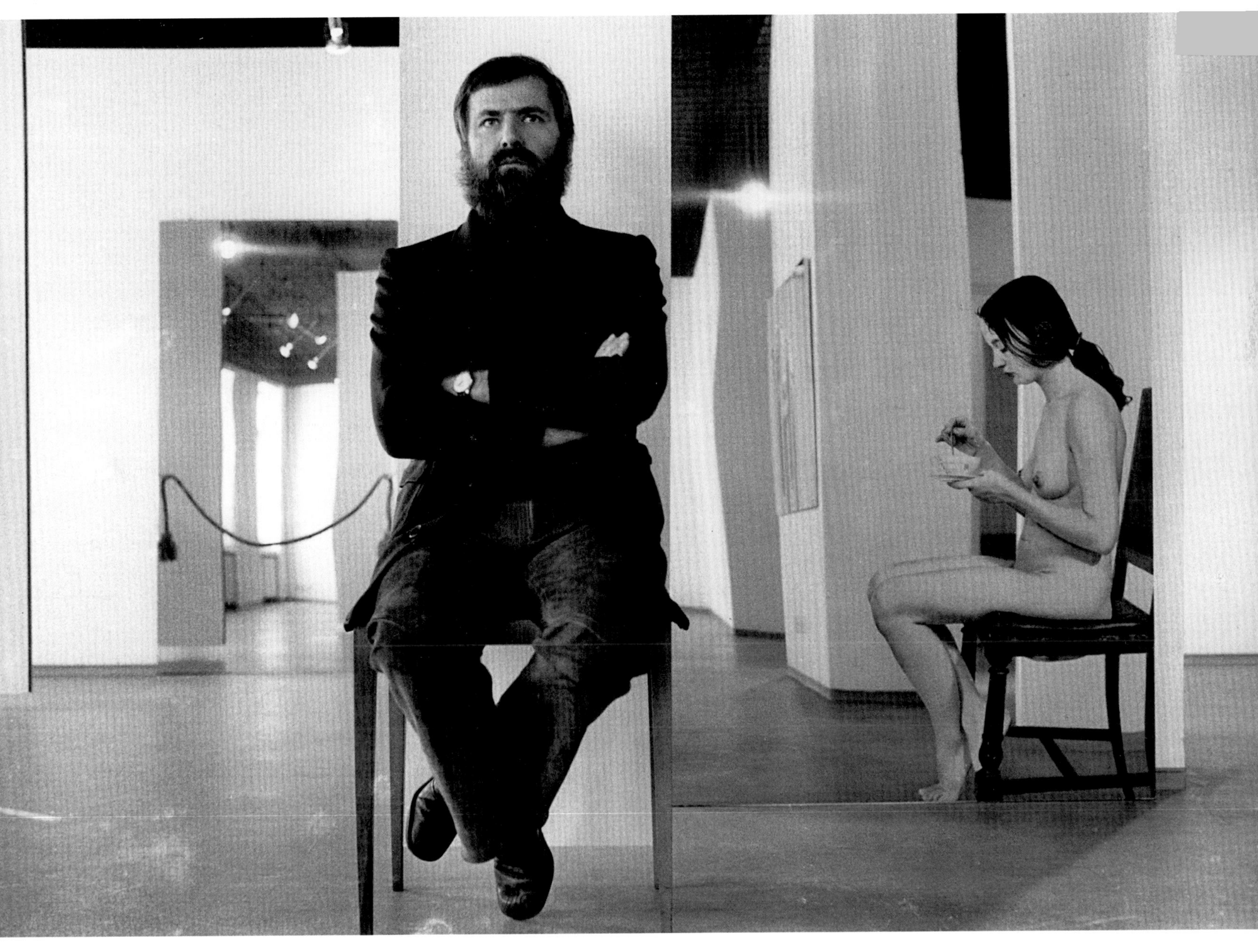

Jonathan Meese (geboren 1970) dreht das große Rad. Feixend blickt er im Jahr 2006 durch die Speichen in den Sagenkreis deutscher Wahnvorstellungen. Zwischen Wotans Göttermischpoke und Adolf Hitler kokettiert er mit Monstern und Skeletten. Über den Tod macht er sich lustig; nicht einmal vor der eigenhändig fingierten Hinrichtung schreckt er zurück. Wo er geht und steht, betreibt er die absonderliche Kunst der großen Mythen-, Lebens- und Sprachverwirrung. Unter den Spielgefährten des leidenschaftlichen Verkleidungskünstlers und Selbstausrufers befinden sich Zarathustra und Richard Wagner, aber auch der Marquis de Sade und Lewis Carrolls Humpty Dumpty. Als omnipräsenter Performer lässt Jonathan »den Vulkan der Kunst ausbrechen« und überschwemmt alles Teutonische mit dem Farbenschlamm pathetischer Parodien. So desavouiert er auch den Nationalsozialismus und macht die erhobene Rechte lächerlich. Man möchte ihm aufs Wort glauben, wenn er behauptet: »Ich habe kein Talent, ich kann nur spielen.« Allerdings braucht man heftigen Antrieb, um vehement spielen zu können und vom Monte Scherbelino des Kindheitsmülls ekstatisch durch die deutschromantisch gefärbte Weltgeschichte zu rasen.

Jonathan Meese (born 1970) turns the large wheel in 2006. With a smirk on his face, he looks through the spokes in the cycle of German delusions. He flirts with monsters and skeletons, Wotan's family of gods and even with Adolf Hitler. He pokes fun at death and does not even shrink away from fabricating his own execution. Wherever he goes, he pursues the strange art of confusing the great myths, lives, and tongues. Zarathustra and Richard Wagner, as well as the Marquis de Sade and Lewis Carroll's Humpty Dumpty, are among the playmates of this passionate artist of disguise and self-proclamation. As an omnipresent performer, Jonathan lets "the volcano of art erupt" and buries all things Teutonic with the paint sludge of dramatic parody, thereby rendering National Socialism and the raised arm ridiculous. We would like to take his word for it when he says, "I have no talent. I can only play." However, it requires an immense drive to play so vehemently and to be able to race ecstatically from the mountain of childhood waste through the history of the world as seen by German Romanticism.

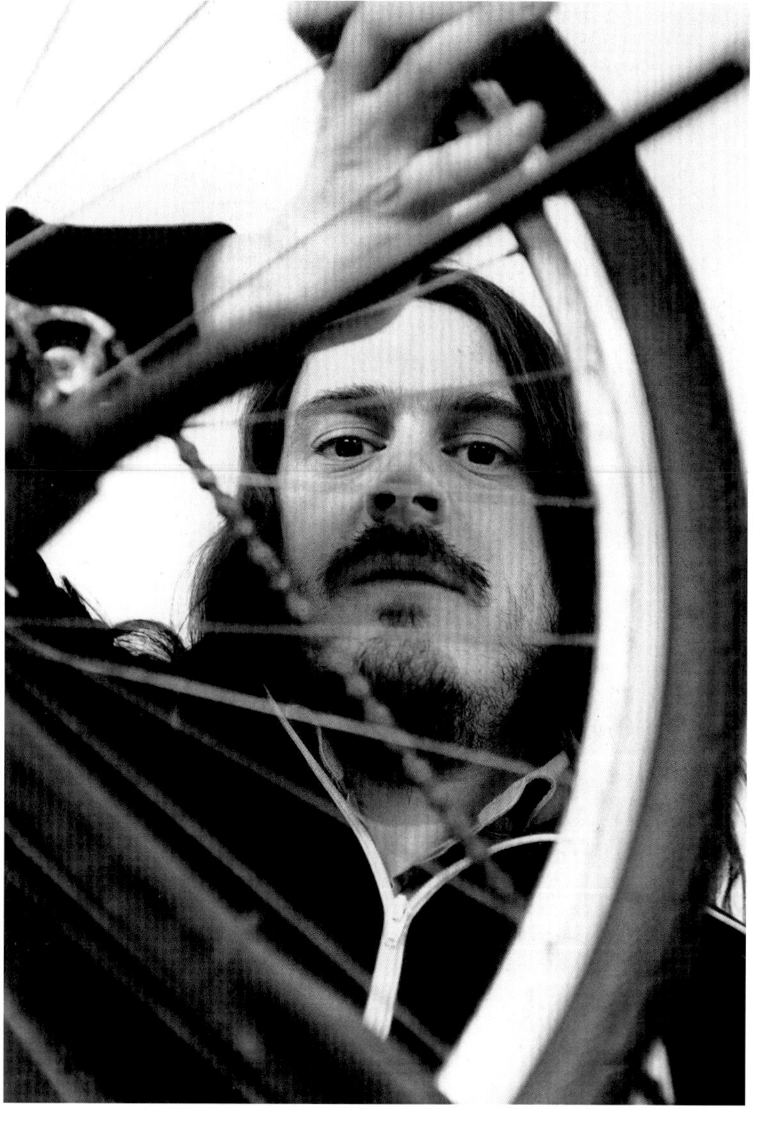

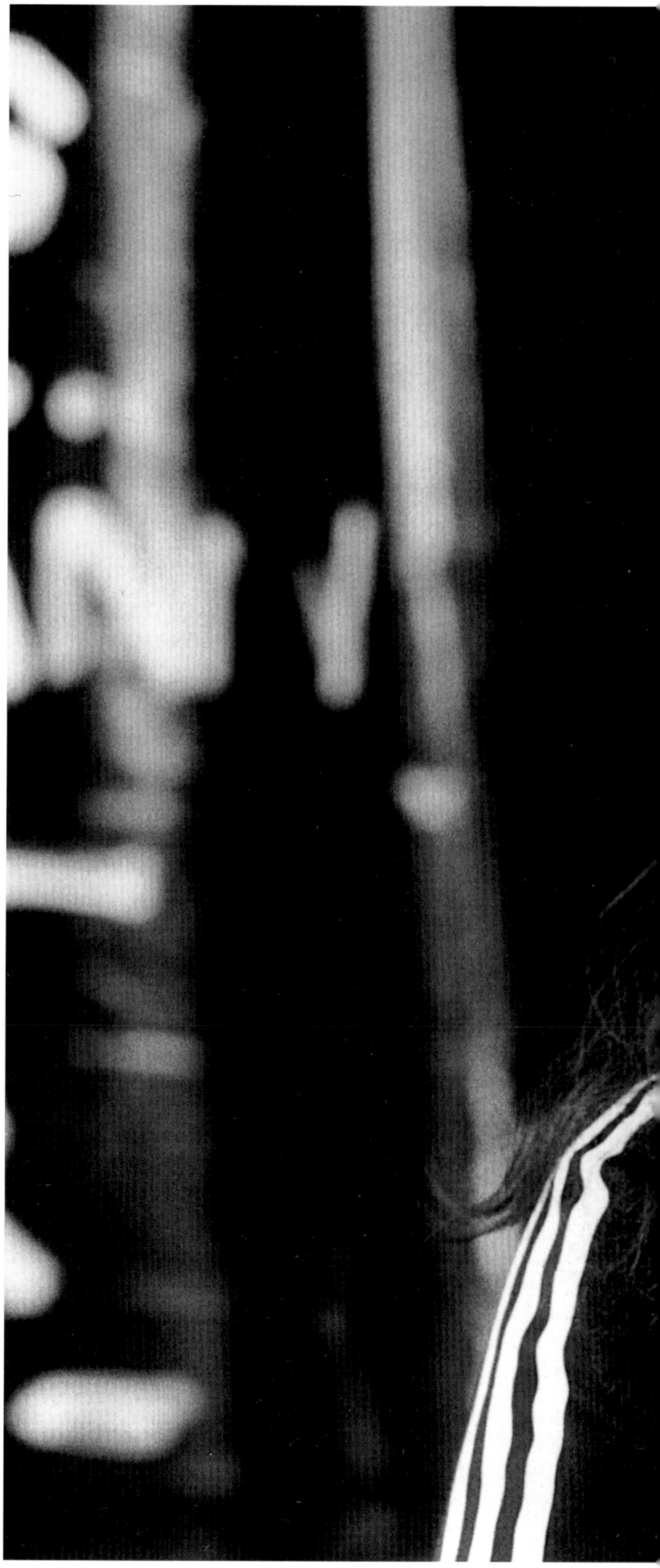

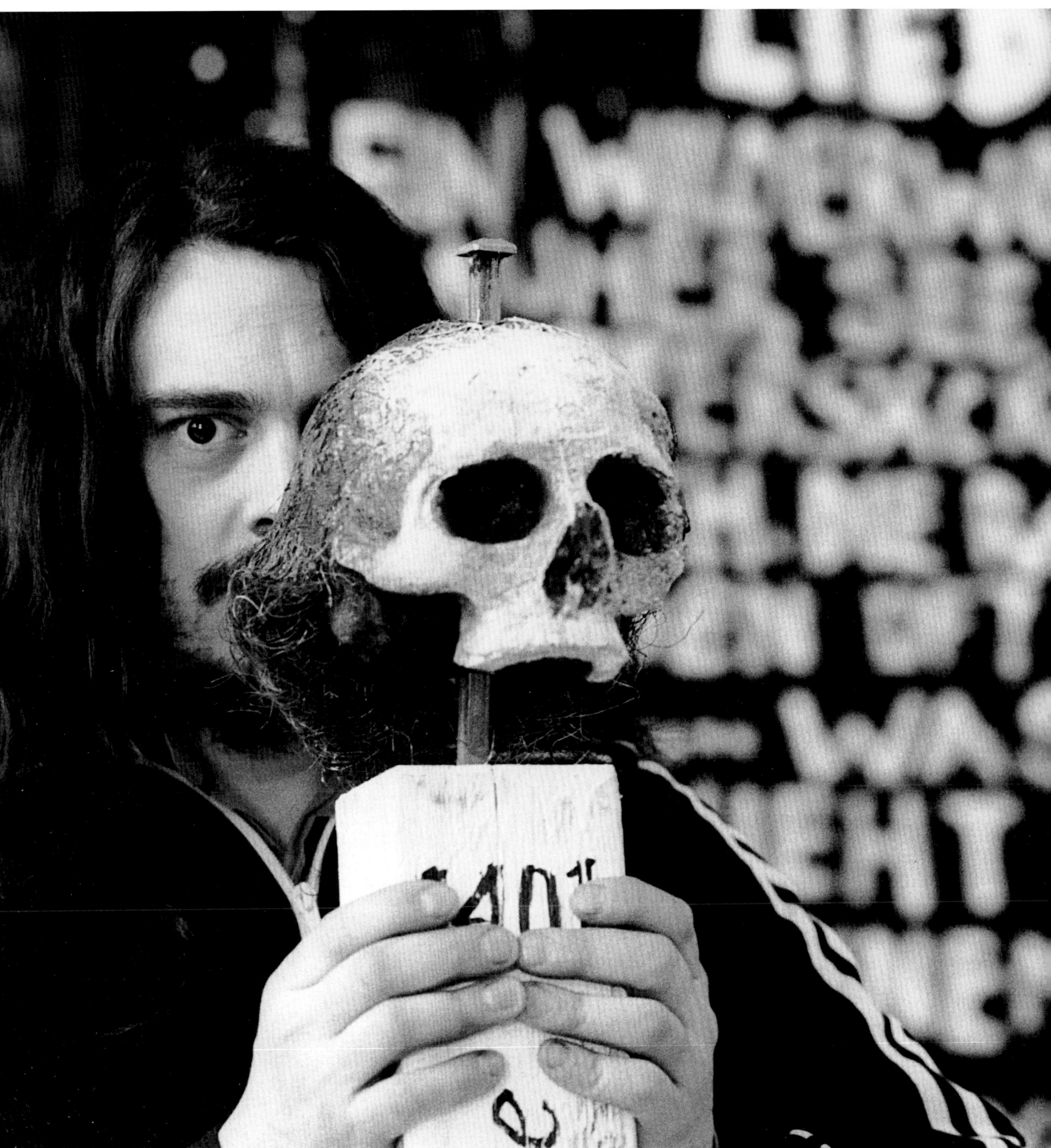

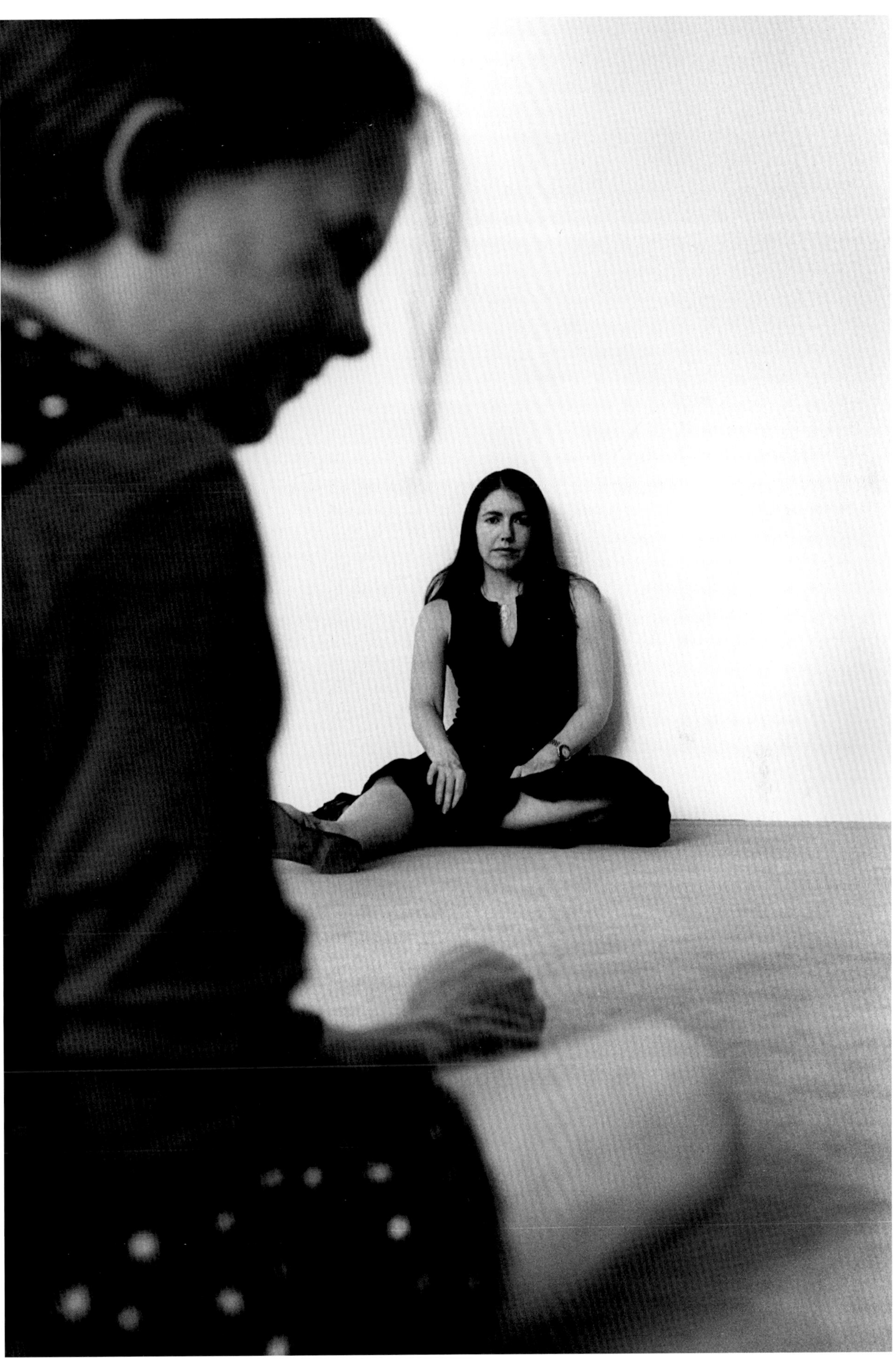

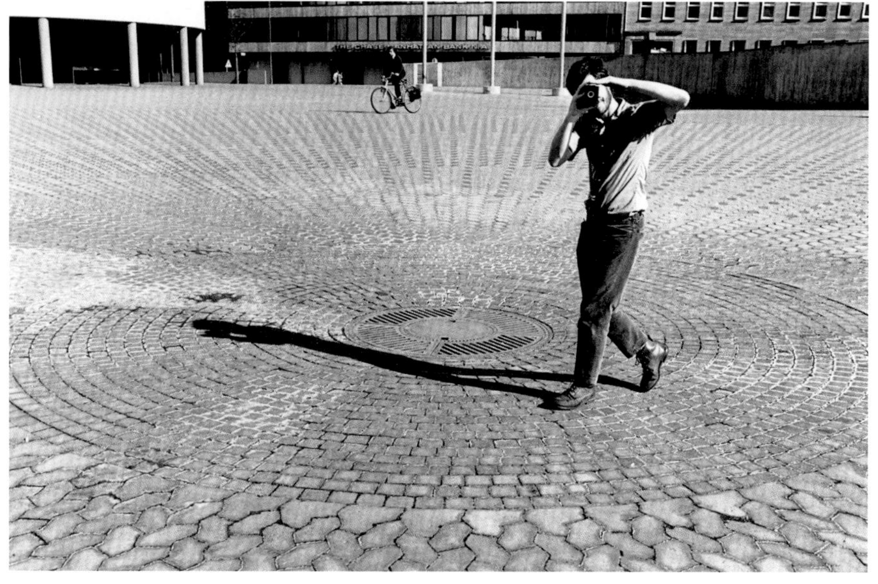
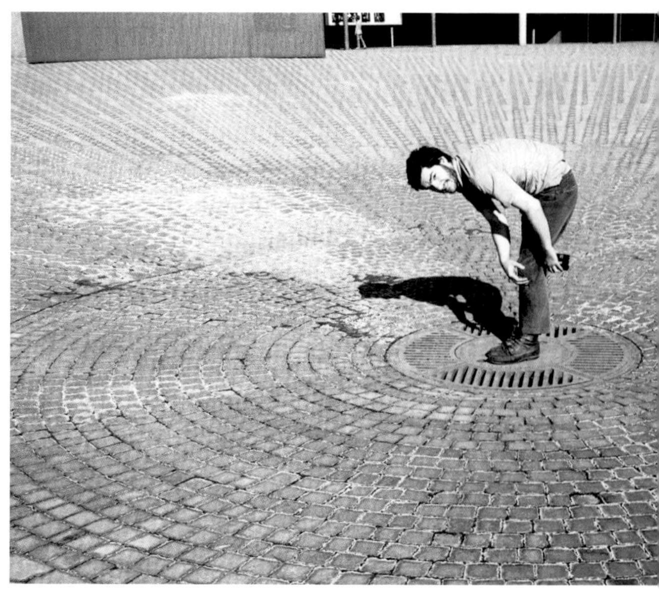
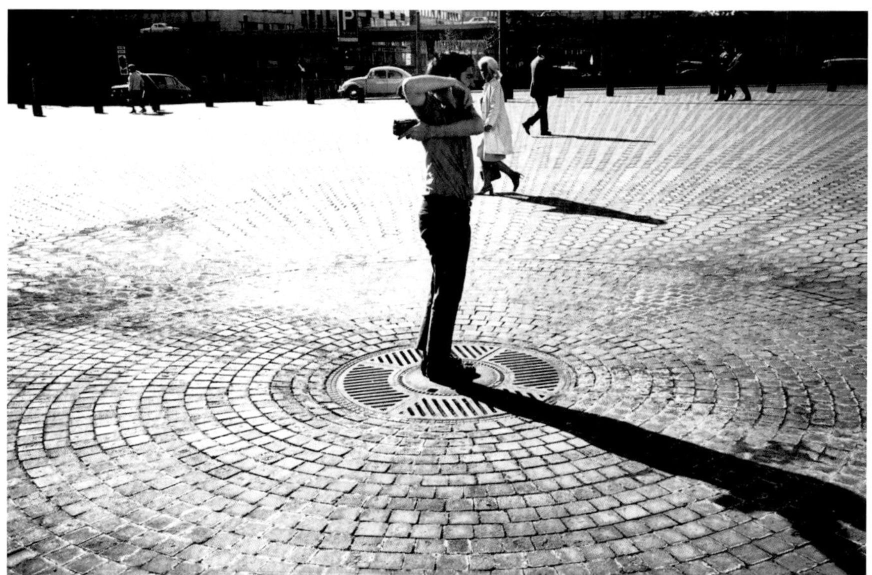
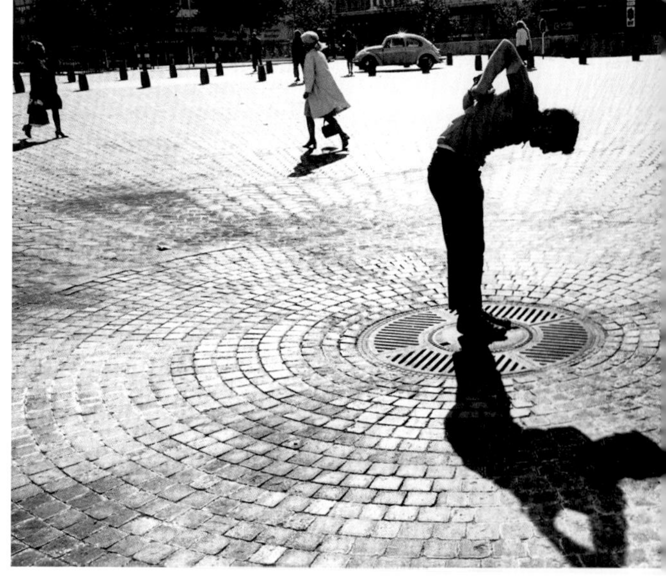
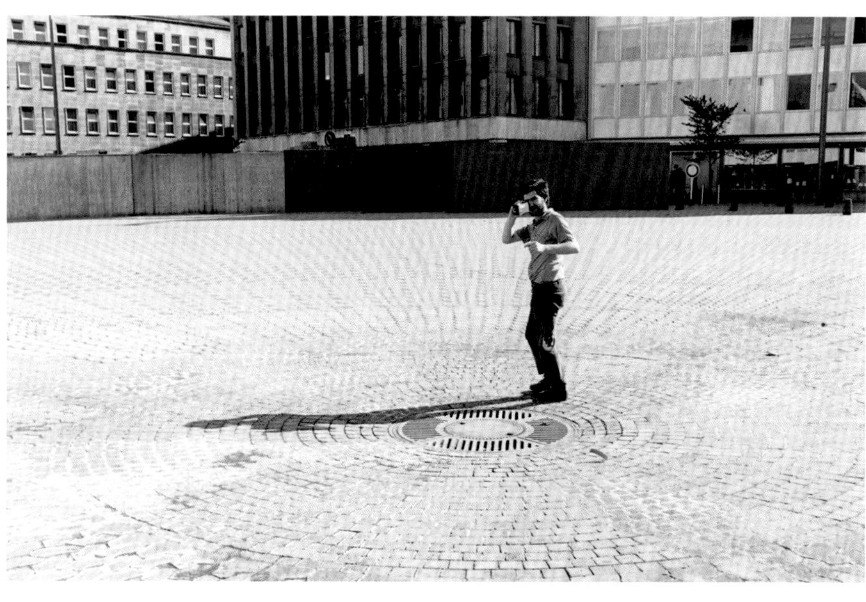
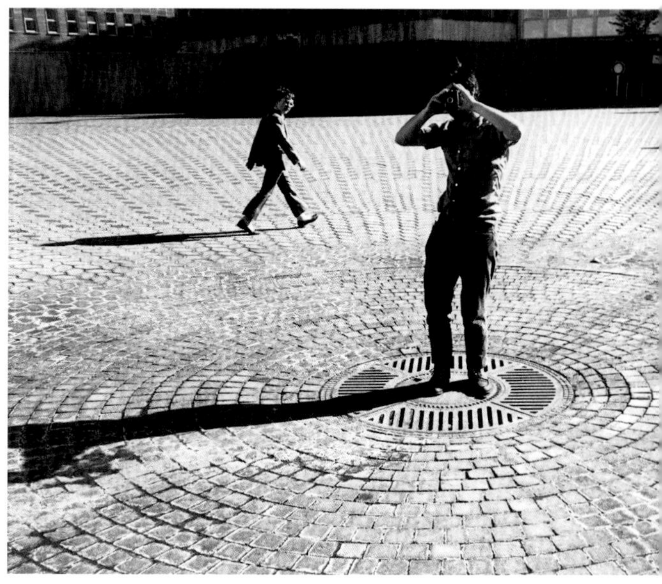

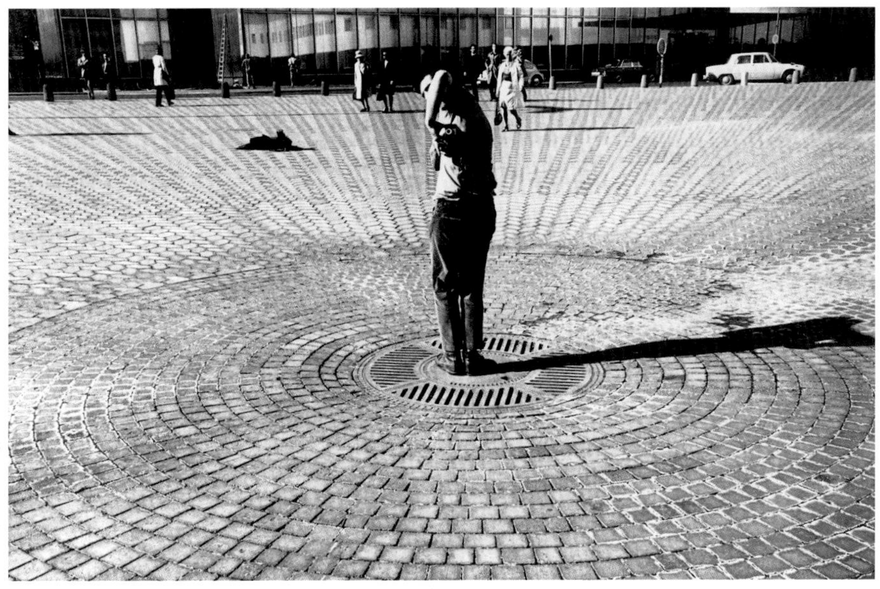

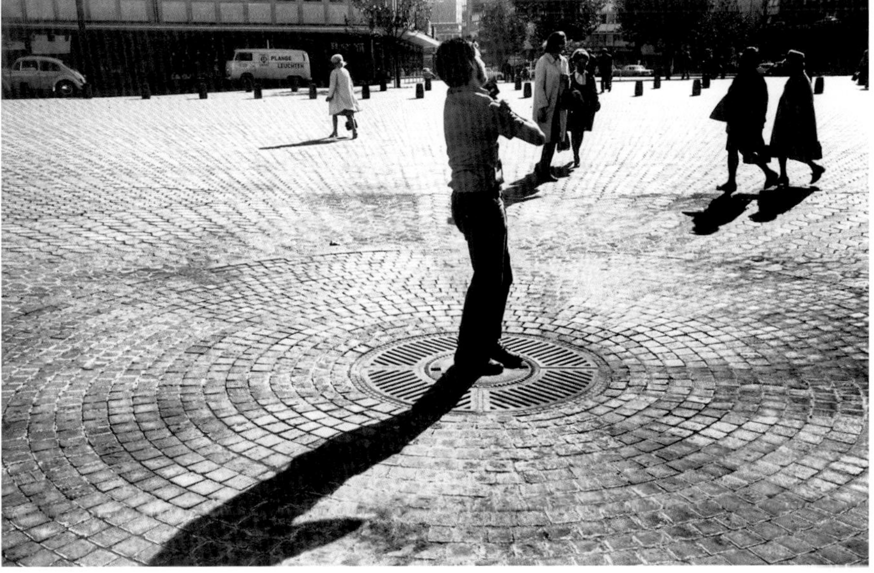

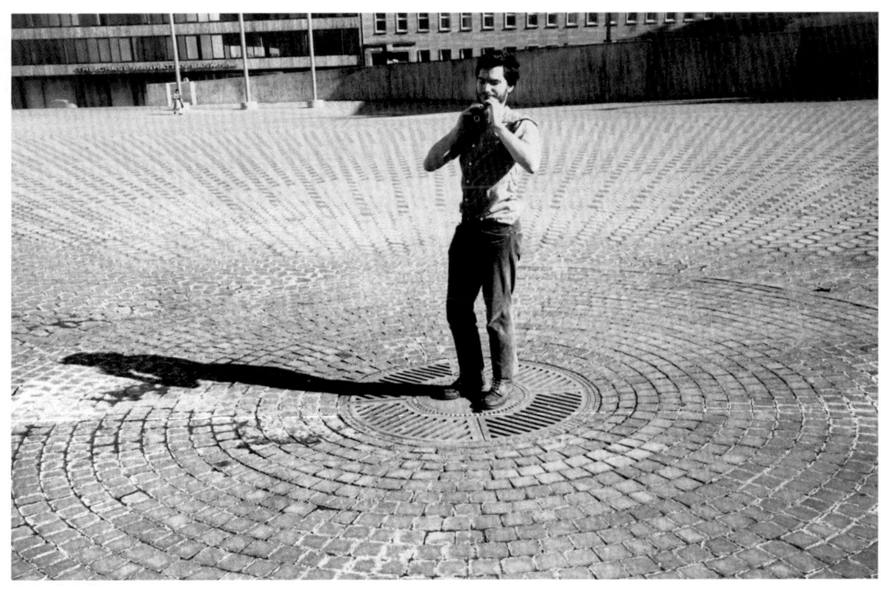

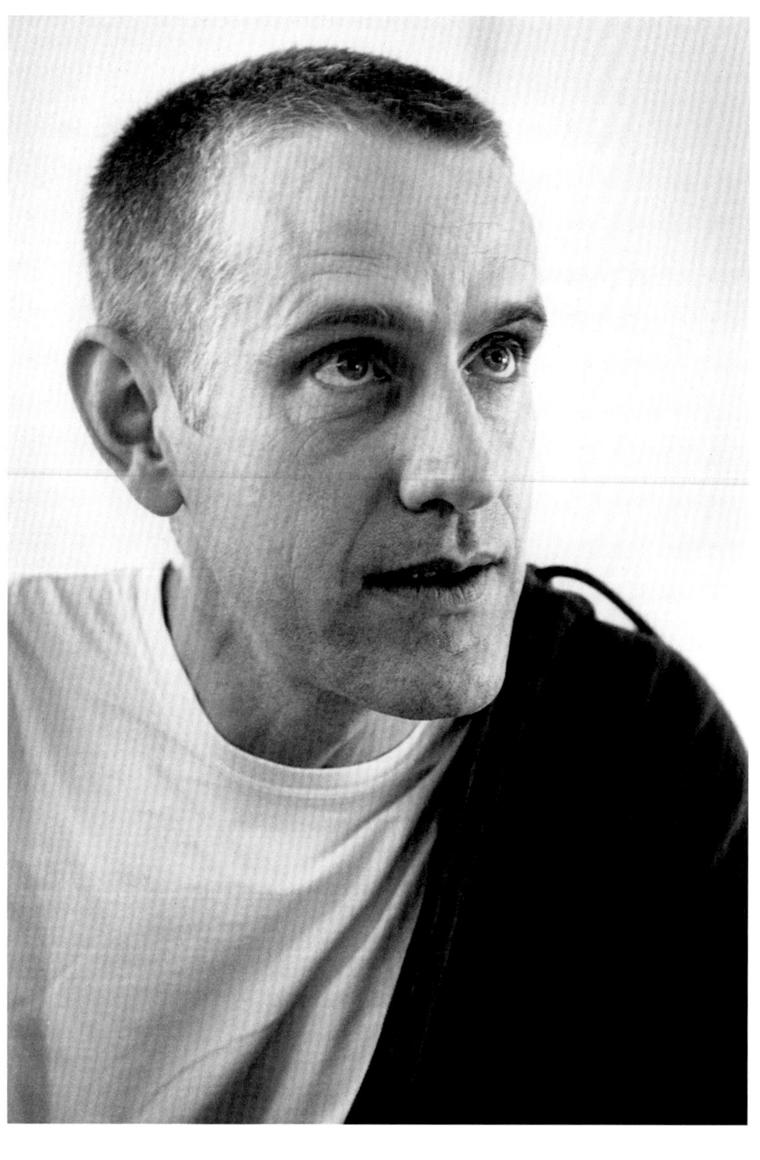

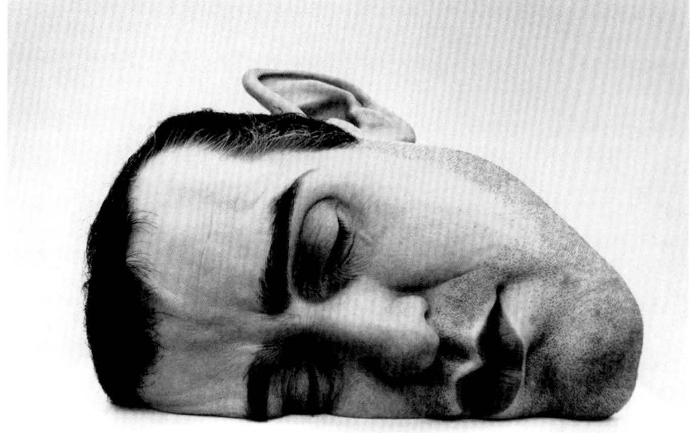

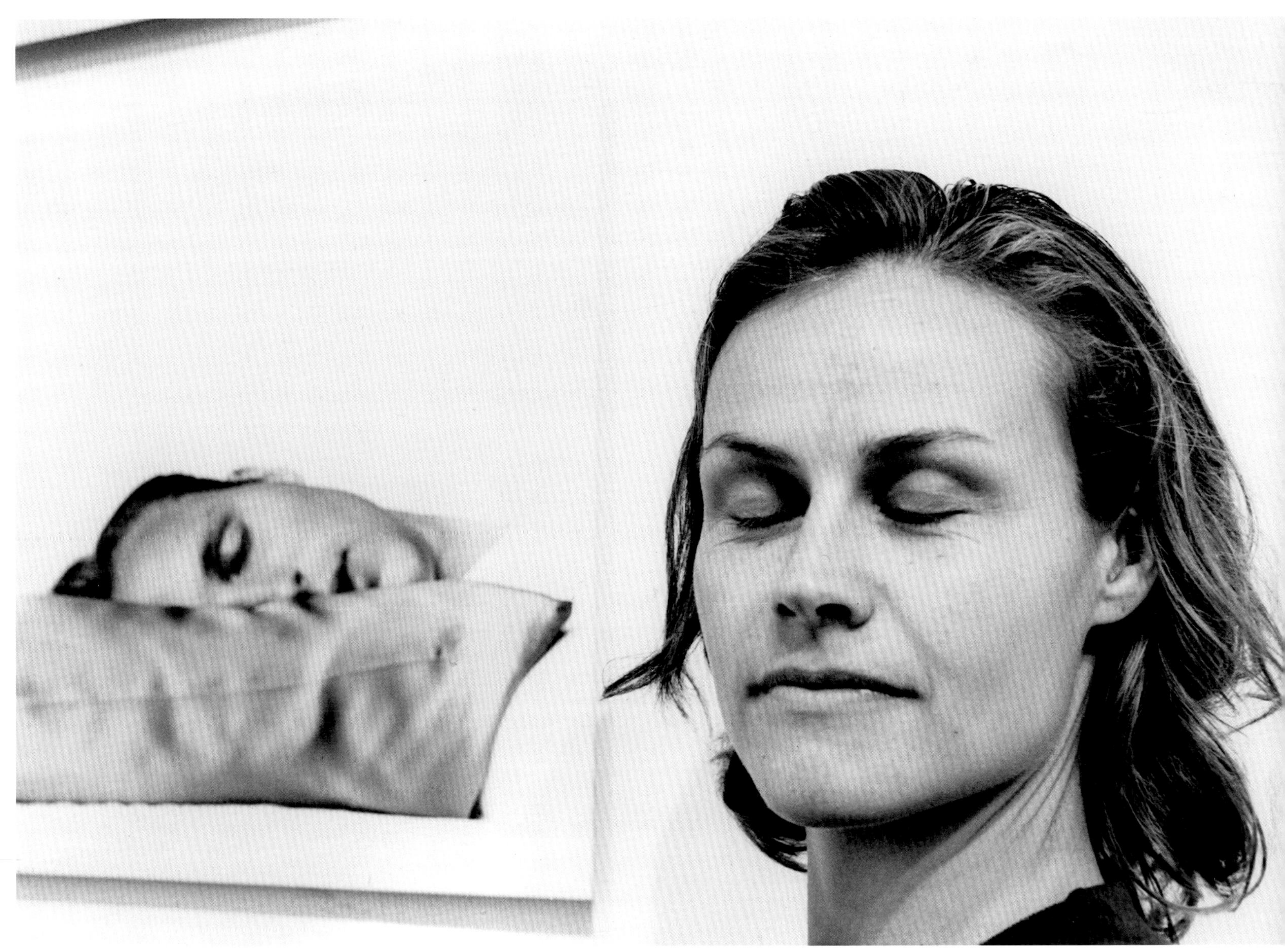

Arnulf Rainer (geboren 1929) tritt als »Schreckensmann« der Malerei in Erscheinung. Auf dem Karriereweg des österreichischen Malers macht sich immer wieder das eigene Gesicht als Schauplatz extremer Befindlichkeiten bemerkbar. Darin gleicht es den grimassierenden Porträtbüsten des Bildhauers Franz Xaver Messerschmidt, der seine Charakterköpfe im 18. Jahrhundert unter dem Einfluss der Lehre des befreundeten Arztes und Magnetiseurs Franz Anton Mesmer verzerrte. Der Mesmerismus als planetarisch abgeleitete Einflussnahme auf das menschliche Nervensystem geistert seit Rainers früher Abkehr aus der Keimzelle des *Phantastischen Realismus* Wiener Prägung durch farbig ausgepeitschte Selbstporträts. Der in Stuttgart tätige Neurologe und Psychiater Ottomar Domnick (1907–1989) erkannte als einer der ersten Sammler in Rainers Übermalungsmalerei den existenziellen Ausnahmefall. Als Reaktionskünstler, der immer etwas zum Eingreifen braucht, hat Rainer seine Übermalungen an wissenschaftliche und kunsthistorische Vorbilder gefesselt. Er quält Farben in die Kreuzesform, übermalt Stahlstiche aus einem zweihundertfünfzig Jahre alten Klassiker der Geburtshilfe, stürzt sich mit seinen linearen Fesseln auf Porno-Akte und Renaissance-Madonnen, hüllt Totenmasken als »Mortifikationen« in Farbe und erweist durch die einprägende Kraft der Übermalung den Gesichtern Francisco de Goyas und Vincent van Goghs ebenso die Ehre wie (wunschgemäß) den Leinwänden namhafter Zeitgenossen. Folgerichtig hat die Quantität der Spannungen kürzlich in Rainers Geburtsstadt Baden bei Wien den eigenen musealen Rahmen gefunden.

Arnulf Rainer (born 1929) appears as the "bogeyman" of painting. On the career path of the Austrian painter, it is his own face that time and again has drawn attention as the stage for extreme states of mind. In this respect, it resembles the grimacing portrait busts by the eighteenth-century sculptor Franz Xaver Messerschmidt, who, under the influence of the teachings of his friend, the doctor and mesmerist, Anton Mesmer, created distorted visages. Mesmerism—an influence on the human nervous system derived from the planets—has haunted his color-flogged self-portraits since Rainer's early departure from the hotbed of Viennese Fantastic Realism. The Stuttgart neurologist and psychiatrist Ottomar Domnick (1907–1989), one of the first collectors of these works, recognized the exceptional existential quality of Rainer's overpainting style. As an artist of reactions, who always needs something to encroach upon, Rainer has often attached his overpaintings to academic and art-historical models. He torments paint into the form of a cross, paints over steel engravings from a two-hundred-and-fifty-year old obstetrics classic, lunges out at pornographic nudes and Renaissance madonnas with his linear constraints, and cloaks death masks in paint as "mortifications." He also honors the faces of Francisco de Goya and Vincent van Gogh—as well as the canvases of prestigious contemporaries (upon request)—with the affecting power of overpainting. Logically, the quantity of tensions recently received its own museum in Rainer's birthplace, Baden (near Vienna).

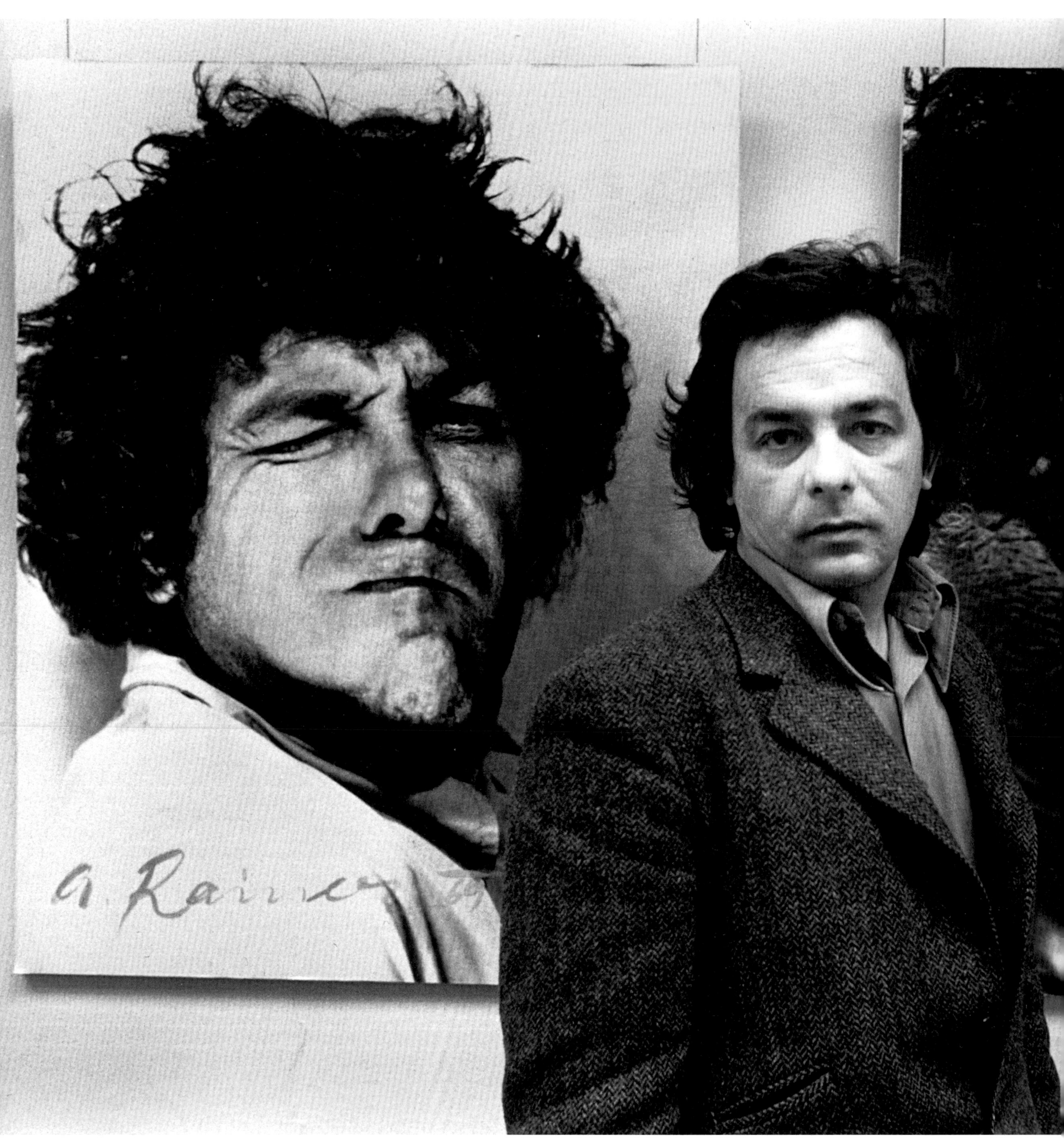

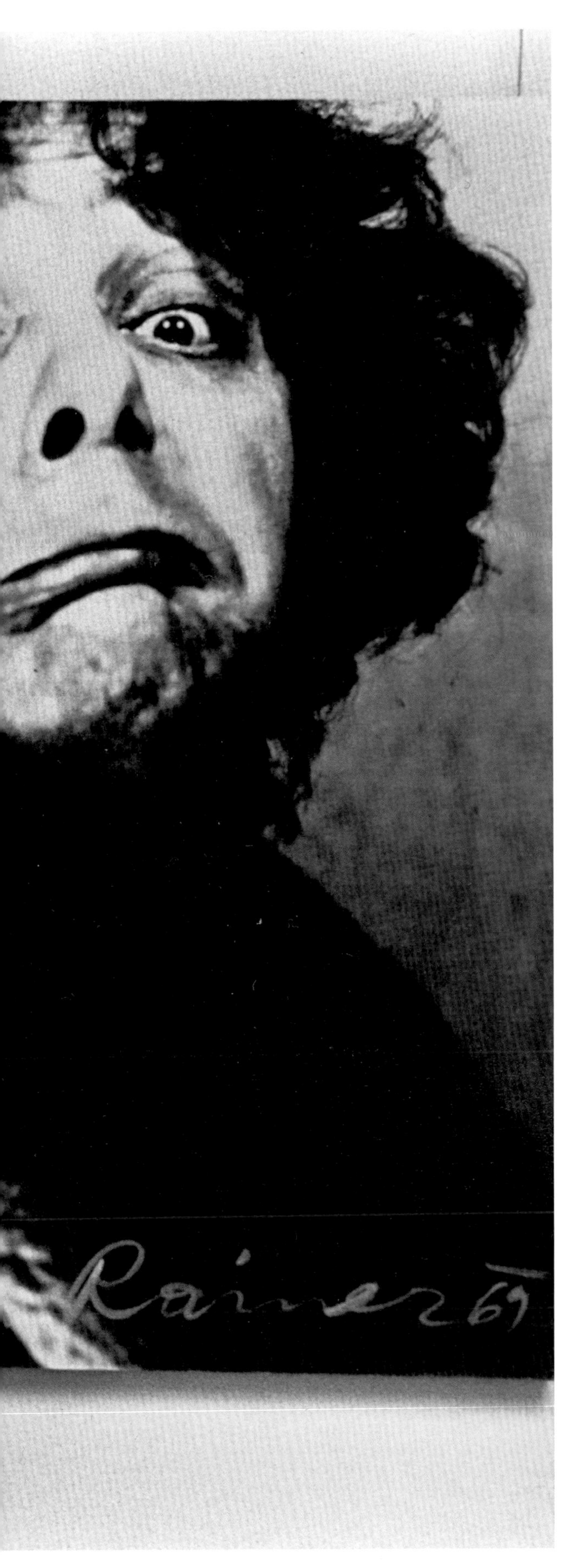
Rainer 69

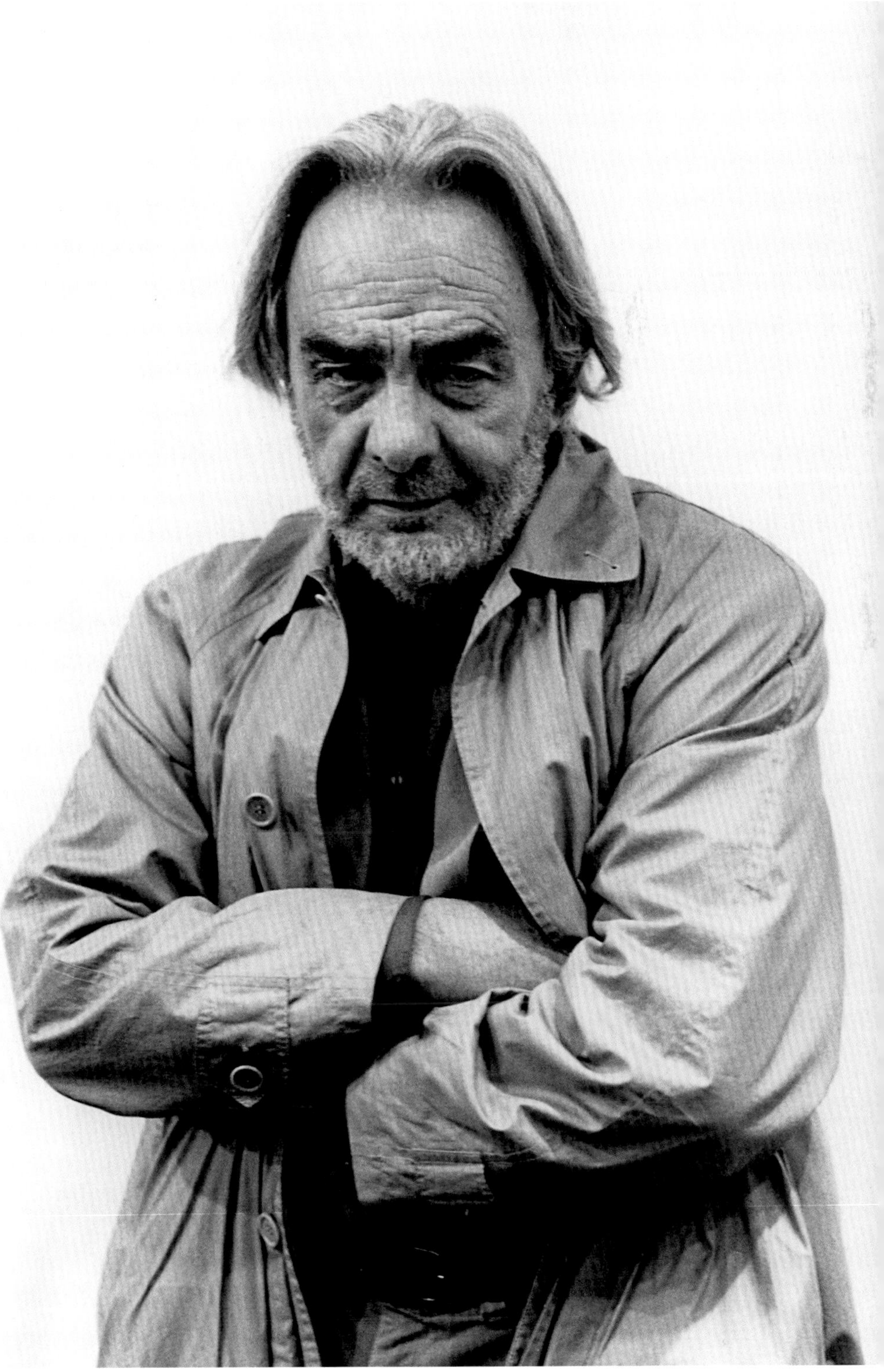

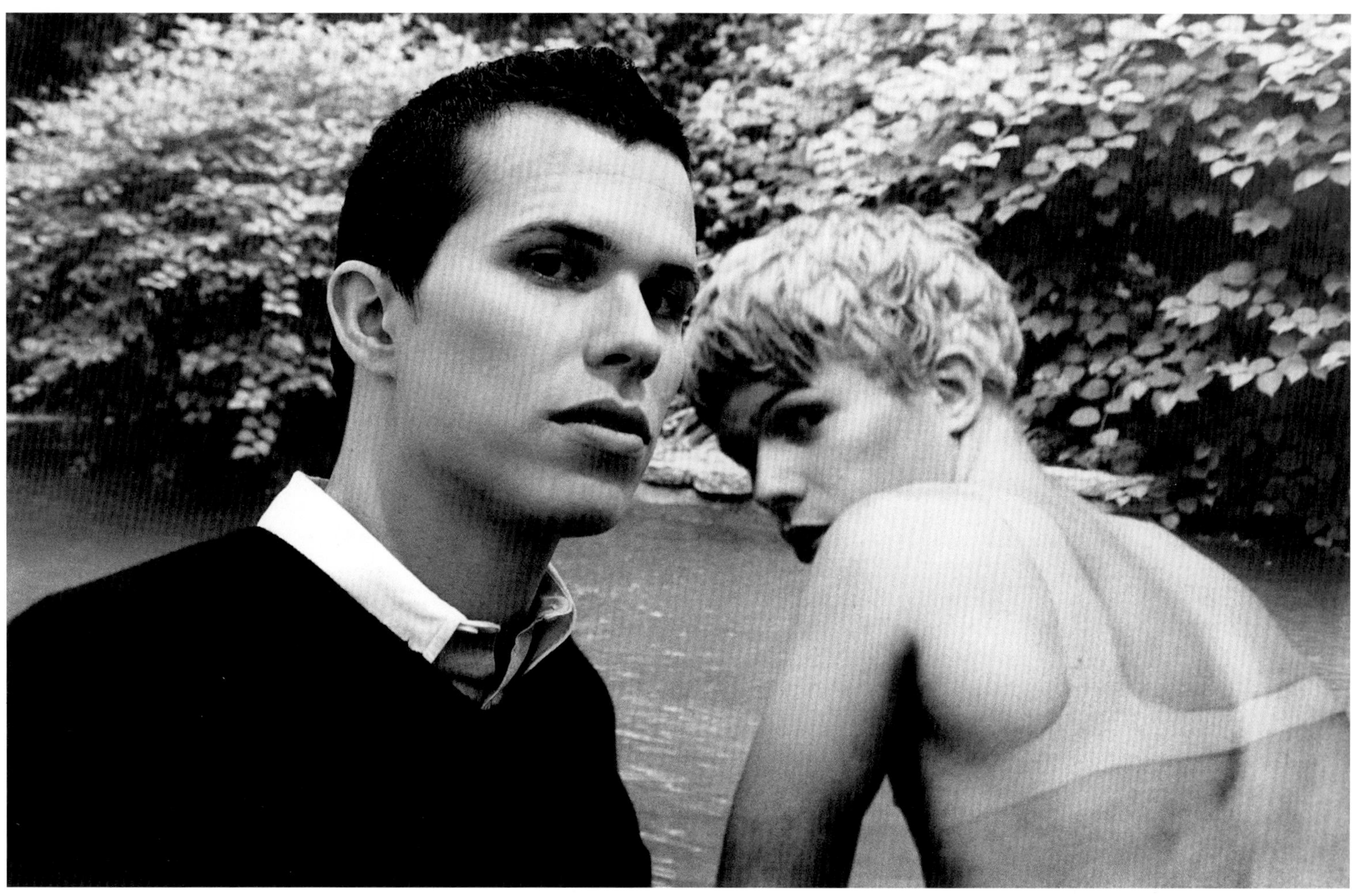

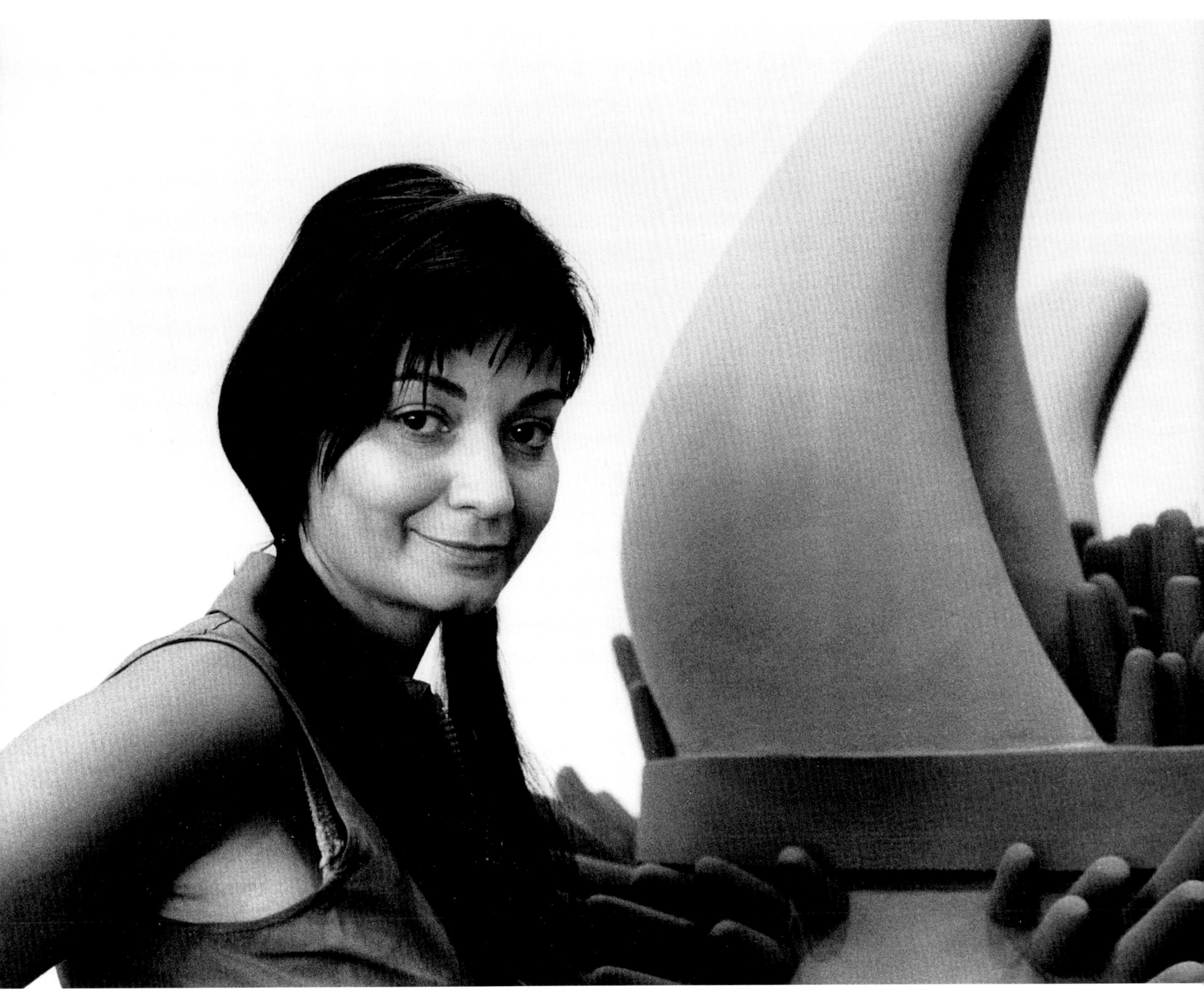

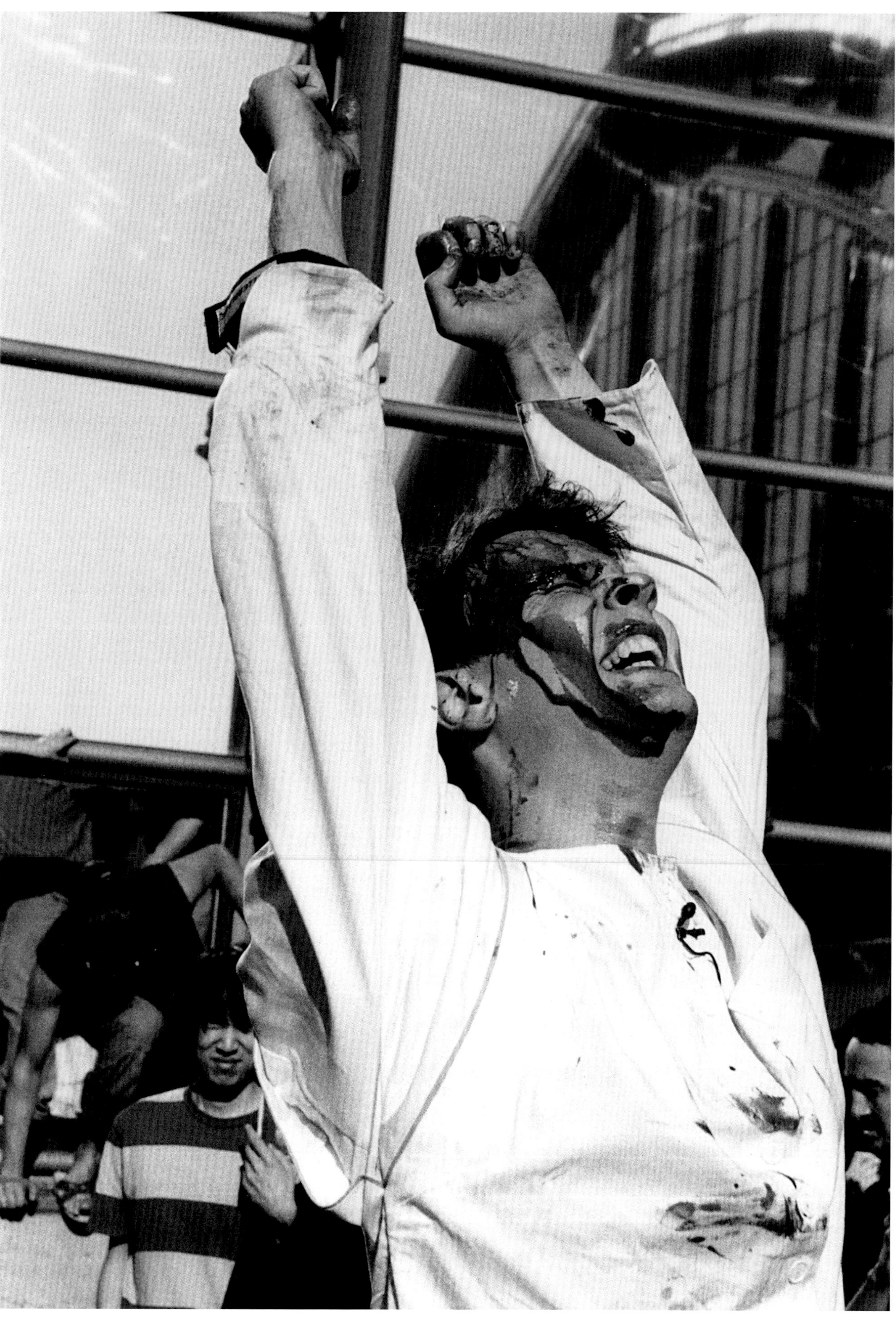

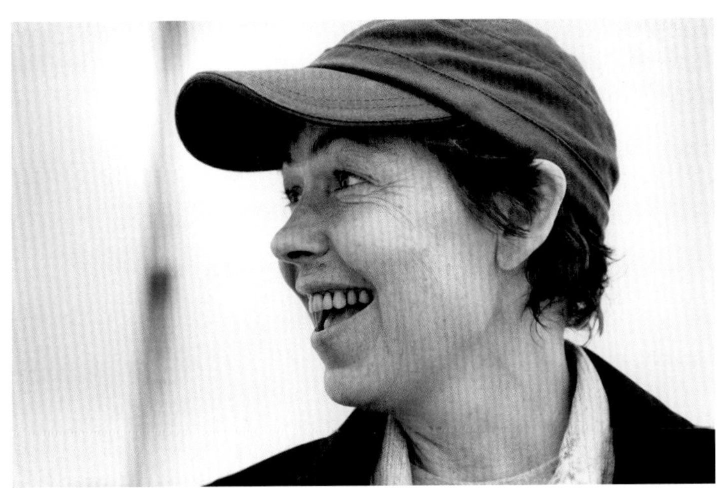

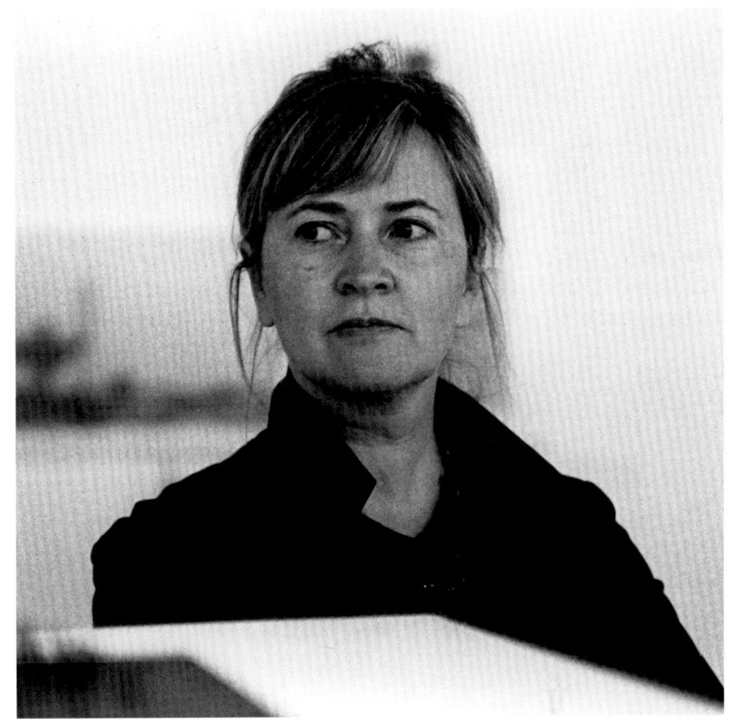

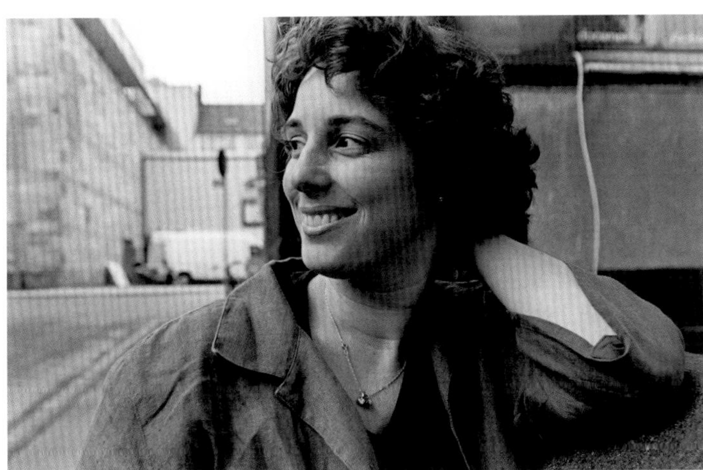

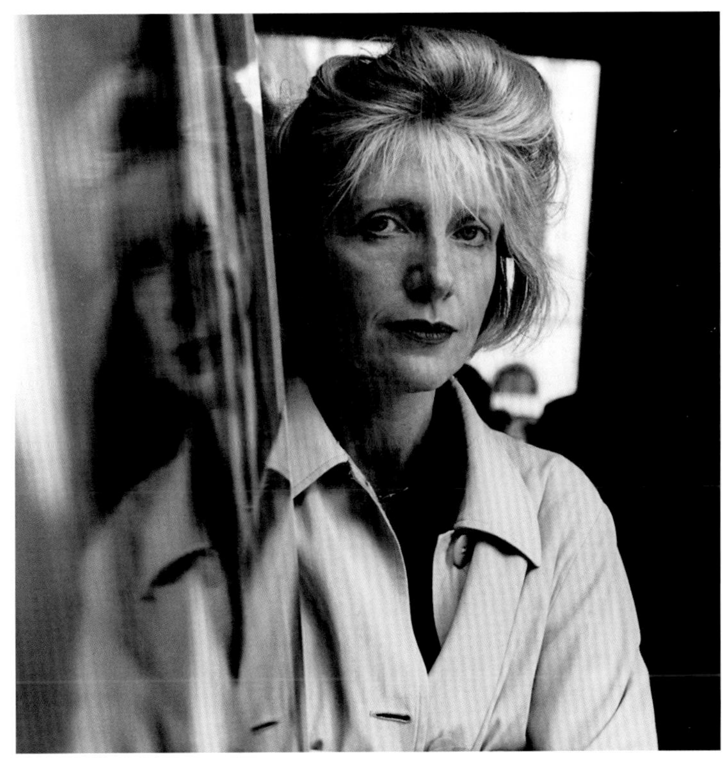

Julian Rosefeldt (geboren 1965) verleitet vor der Alten Nationalgalerie in Berlin unwillkürlich zum Vergleich mit dem *Bildnis einer jungen Dame,* das Petrus Christus vor fünfhundertfünzig Jahren im flämischen Brügge malte. Als Renaissance-Typ schneidet der multimedial in Theatern und Museen erfolgreiche Filmerzähler Rosefeldt nicht schlecht ab. Kein Wunder, dass er sich gern aus der Vergangenheit inspirieren lässt. In der Alten Nationalgalerie und in der Spirale des New Yorker Guggenheim-Museums, nachgebaut für die Filmstudios Babelsberg, bediente sich Regisseur Tom Tykwer 2008 für den Berlinale-Film *The International* der Einrichtungen des Medienkünstlers. Rosefeldt wiederum findet die irrealen Orte für seine 16- und 35-Millimeterfilme in Narragonien, jenem eskapistischen Ziel, das der Petrus-Christus-Zeitgenosse Sebastian Brant in seiner Moralsatire *Das Narrenschiff* ansteuerte: Mit vernarrten Augen verlagerte Rosefeldt seine Version der Geschichte in die deutsche Romantik des Schlossparks von Sacrow an der Havel und ließ das Narrenschiff mit böser Ironie in der Fantasiewelt heutiger Extremisten stranden. Deutschland, Indien, Amerika: Auf Endlosschleifen zieht der Sog der Bilder den Betrachter über zehn bis sechzig Minuten hinweg in die aus wirklichen Situationen neu zusammengesetzte und somit fingierte Realität. Rosefeldts Rucksackwanderung durch den indischen Subkontinent *(Lonely Planet)* gleicht einem magischen Trip aus sandiger Leere über die rituell belebten Wasser des Ganges hinweg in die tänzerisch entfesselte Subkultur. *American Night* parodiert auf fünf Projektionsflächen zwischen Western-Kaff und Lagerfeuern das heroisch sentimentale, zugleich brachial ausgetragene Nationalgefühl der Hegemonialmacht.

Julian Rosefeldt (born 1965), standing in front of Berlin's Alte Nationalgalerie, involuntarily begs comparison with *Portrait of a Young Lady,* painted by Petrus Christus in Flemish Bruges five hundred and fifty years ago. As a Renaissance type, the narrative filmmaker—who has had multimedia success in theater and museums—is faring rather well. No wonder he likes to be inspired by the past. In the Alte Nationalgalerie and in the continuous ramp of New York's Guggenheim Museum, reconstructed for the Babelsberg Film Studios; in 2008 the director Tom Tykwer made use of the media artist's works for his Berlinale film *The International.* Rosefeldt, in turn, finds the unreal locations for his 16 and 35 mm films in Narragonia, that escapist destination where Petrus Christus's contemporary Sebastian Brant was headed in his moralist satire, *The Ship of Fools.* With besotted eyes, Rosefeldt shifts his version of the story to the German Romanticism of the castle grounds of Sacrow an der Havel and, with bitter irony, lets the ship of fools run aground in the fantasy world of today's extremists. Germany, India, America: for ten to sixty minutes, the images on endless loops pull the viewers into a fabricated reality made up of rearrangements of real situations. Rosefeldt's backpack expedition through the Indian subcontinent *(Lonely Planet)* is like a magical trip from a sandy emptiness past the ritually inspired waters of the Ganges River into the dance-stimulated subculture. On five projection surfaces, through a Western one-horse town and campfires, *American Night* parodies the heroic and sentimental, yet violently practiced, patriotism of the hegemonic super power.

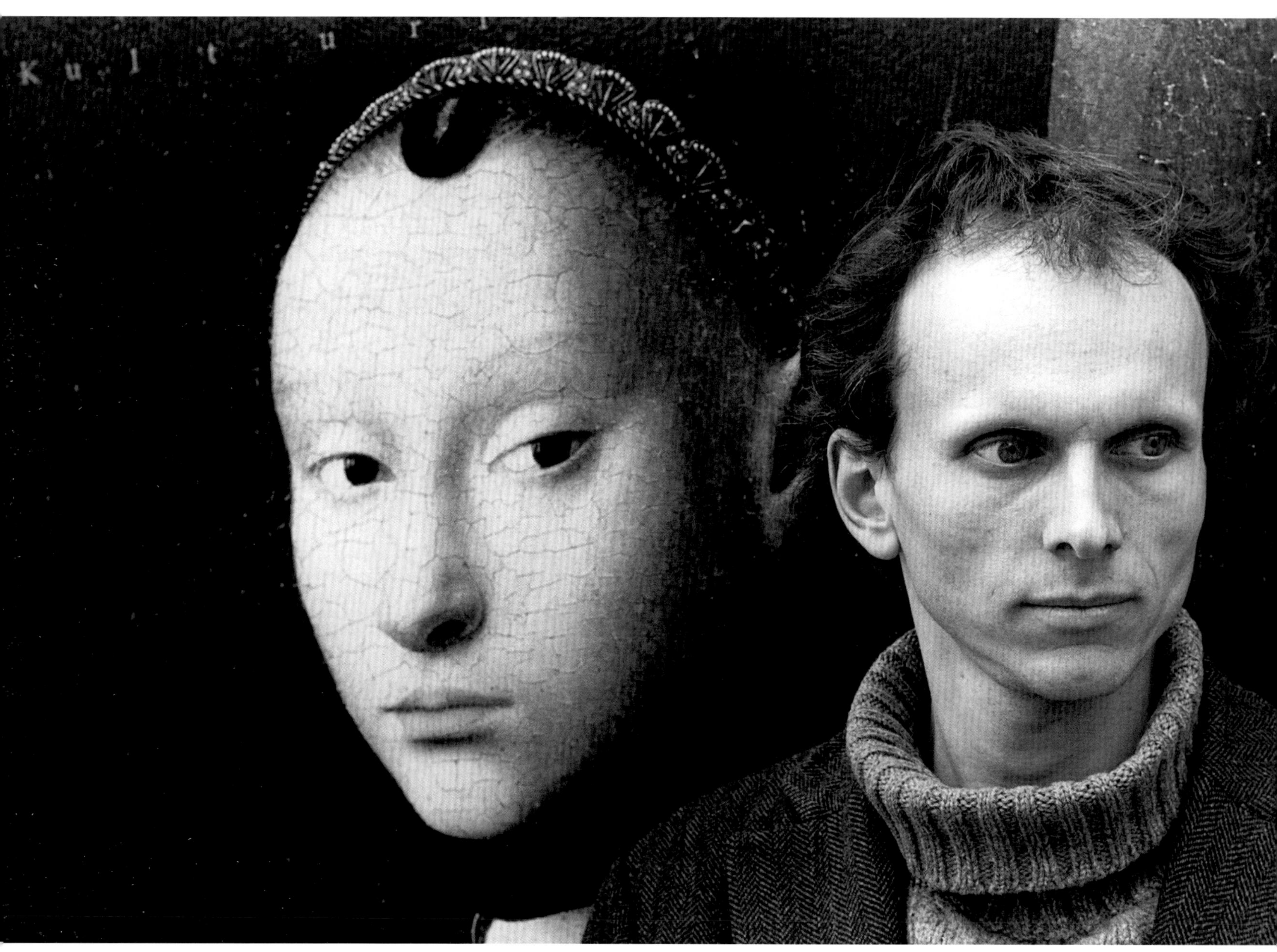

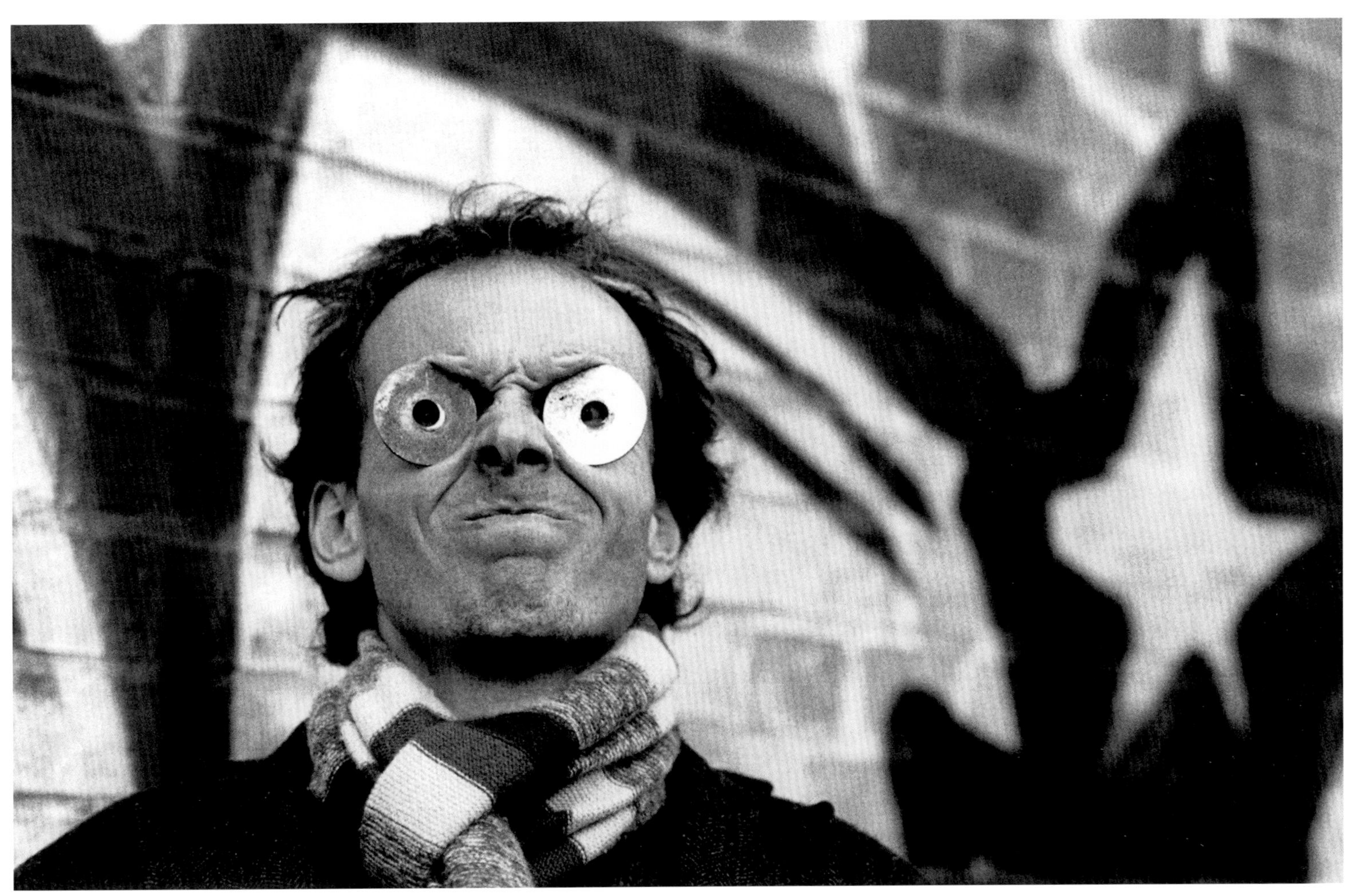

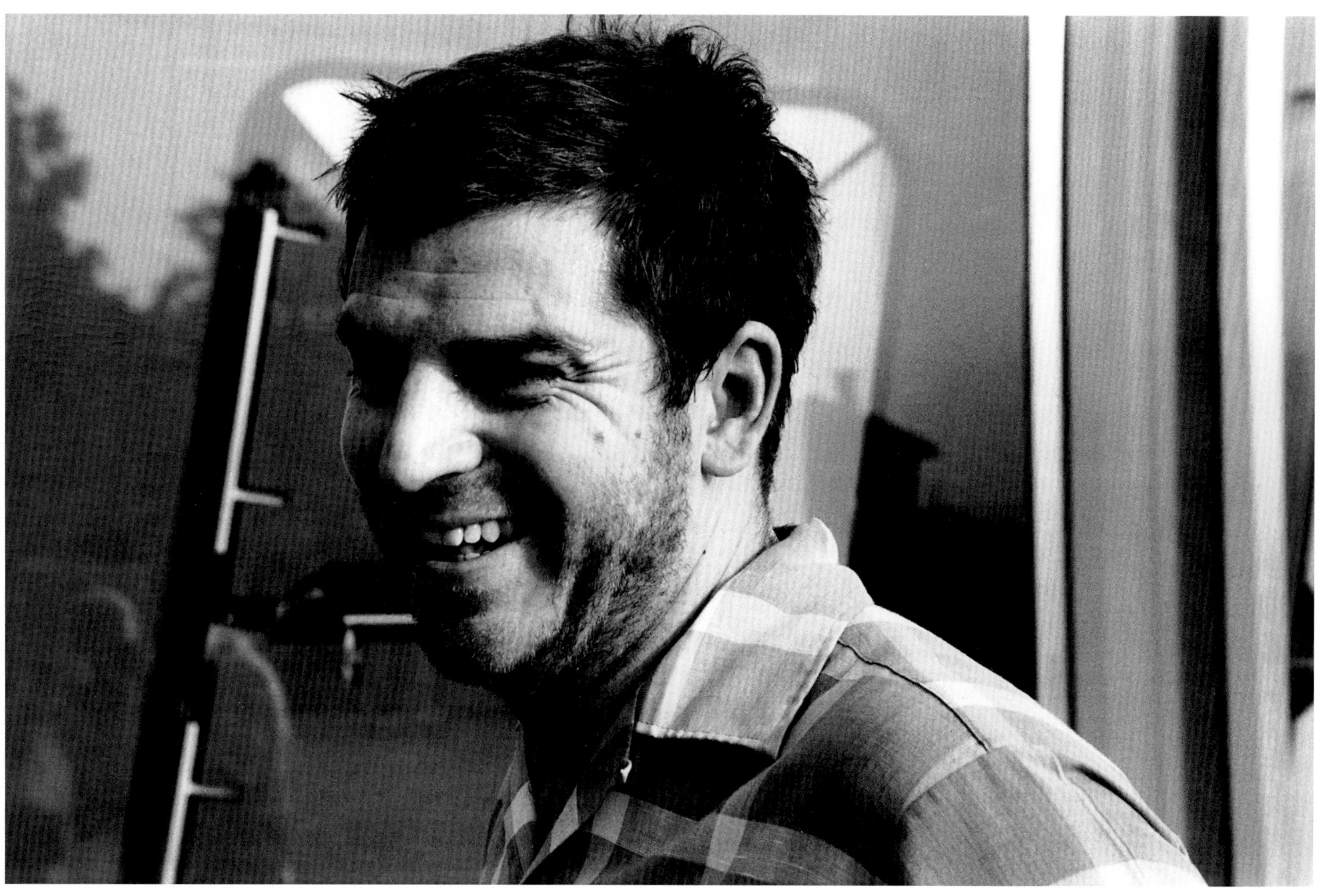

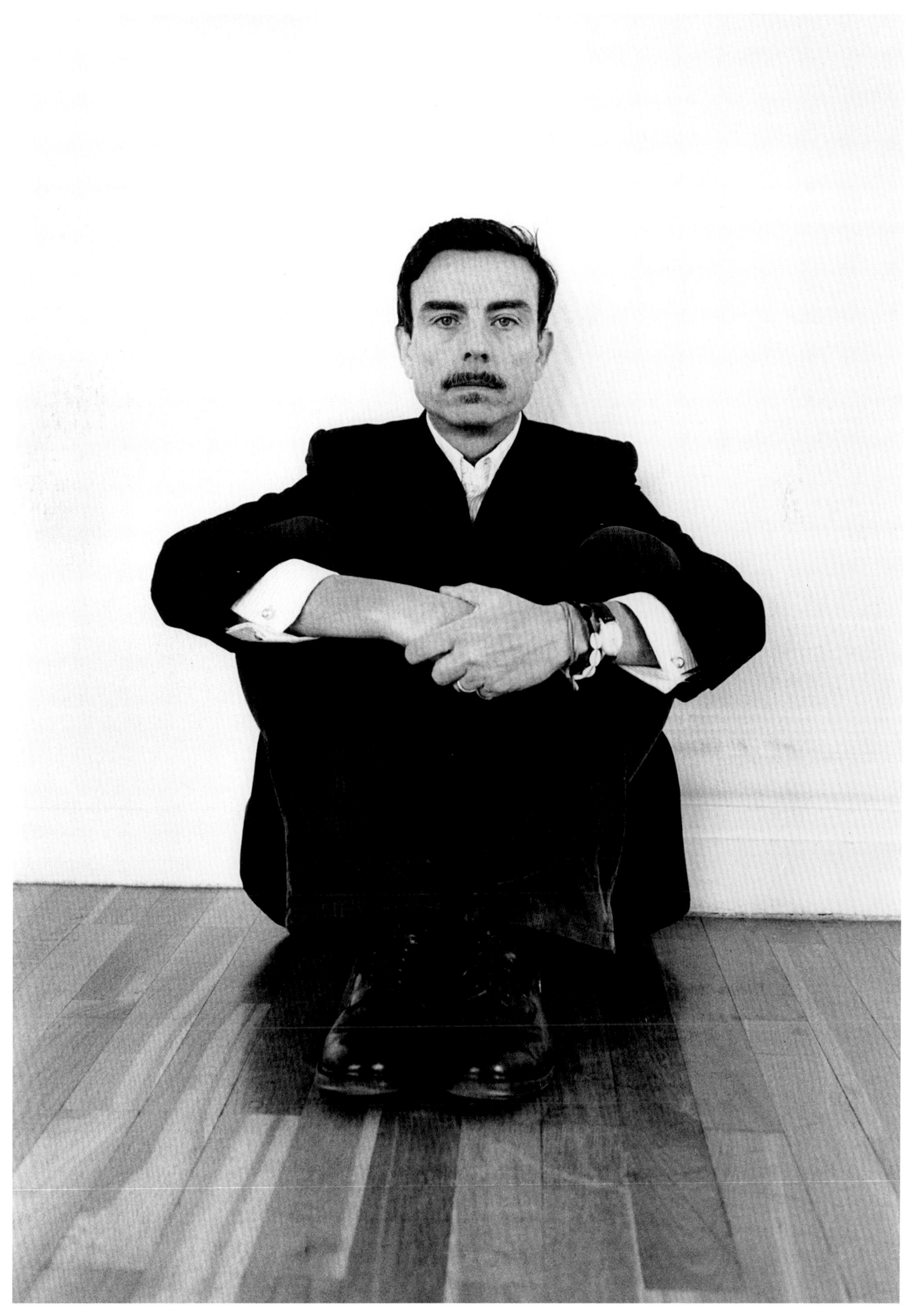

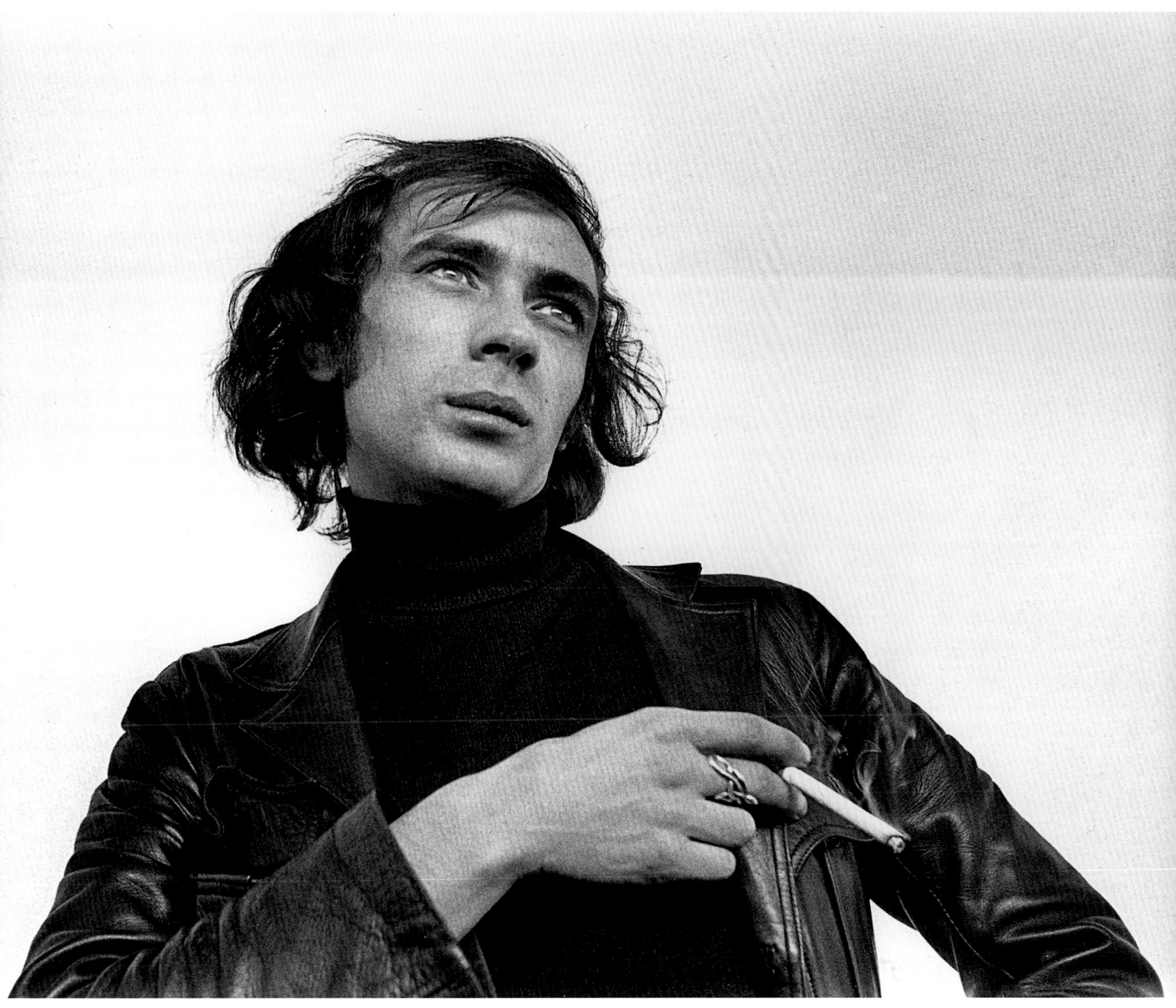

Leiko Ikemura (geboren 1951) nimmt an einem grauen Nachmittag des Jahres 2001 im Kölner Atelier entlang der unteren Bildkante ihres Gemäldes liegende Position ein. Es scheint, als solle ihr kleiner schmaler Körper auf der Grenzlinie zwischen Raum und Bild die real verbleibende Gestalt für das auf der Leinwand in Farbe entschwindende Doppelpaar darstellen. Zu den Figuren, die sie malt, hält Leiko Ikemura beinah zärtlich Distanz – ganz so, als müsse sie verhindern, einen Teil von sich selbst zu verlieren. Was sie ins Bild setzt, sind aus Zeichnungen und Aquarellen hervorgehende Traumwesen, die sich zur Malerei ausweiten und in farbig gebrannten Tonfiguren verfestigen. Sieht man die Erzeugerin im Dialog mit ihren Gebilden, so scheint es, als streichle der Luftgeist Ariel aus William Shakespeares Schauspiel *Der Sturm* Aladins Wunderlampe, um märchenhafte Erscheinungen heraufzubeschwören. Die luftig lineare Pinselführung fernöstlicher Vorläufer löst sich im Klima jener andalusischen Farben auf, die Leiko Ikemura seit 1972 verinnerlicht hat: Damals begann sie ihr Studium in Salamanca, Granada und Sevilla. Heute lehrt sie selbst an der Berliner Universität der Künste zugunsten einer malerischen Tradition, die Figürliches entrückt – auch wenn man es als fragmentarisch wirkende Terrakottaskulptur noch greifen kann.

Leiko Ikemura (born 1951) assumes a reclining position along the lower edge of her painting in her Cologne studio on a gray afternoon in 2001. It seems as if her small, slender body, situated on the dividing line between room and image, were intended to represent the real, existing form of the double pair that has vanished in the color of the canvas. Leiko Ikemura maintains an almost affectionate distance from the figures she paints—as if she had to keep from losing a part of herself to them. The objects she puts in her paintings are dream creatures that emerge from drawings and watercolors and grow into paintings or solidify into glazed and fired clay figures. When you see the creator communicating with her creations, it is as if the spirit Ariel from William Shakespeare's *The Tempest* were rubbing Aladdin's magic lamp in order to conjure up fairy tale figures. The light, linear brushstrokes of Far Eastern ancestors dissolve in a climate of those Andalusian colors that Leiko Ikemura internalized in 1972 when she began her studies in Salamanca, Granada, and Seville. Today she teaches at Berlin's Universität der Künste, favoring an artistic tradition that distances itself from the figurative—even if it can still be grasped as a fragmentary terracotta sculpture.

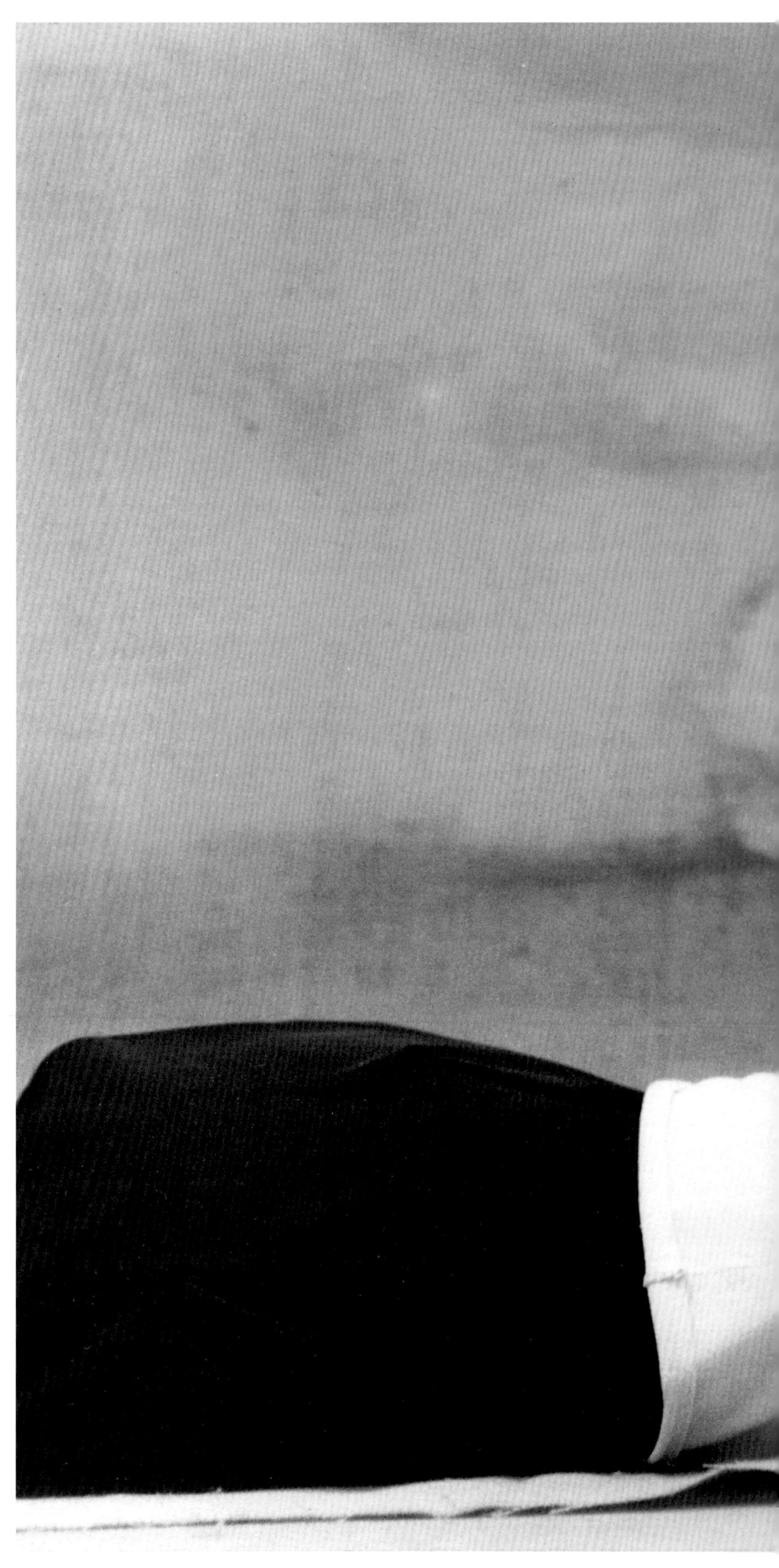

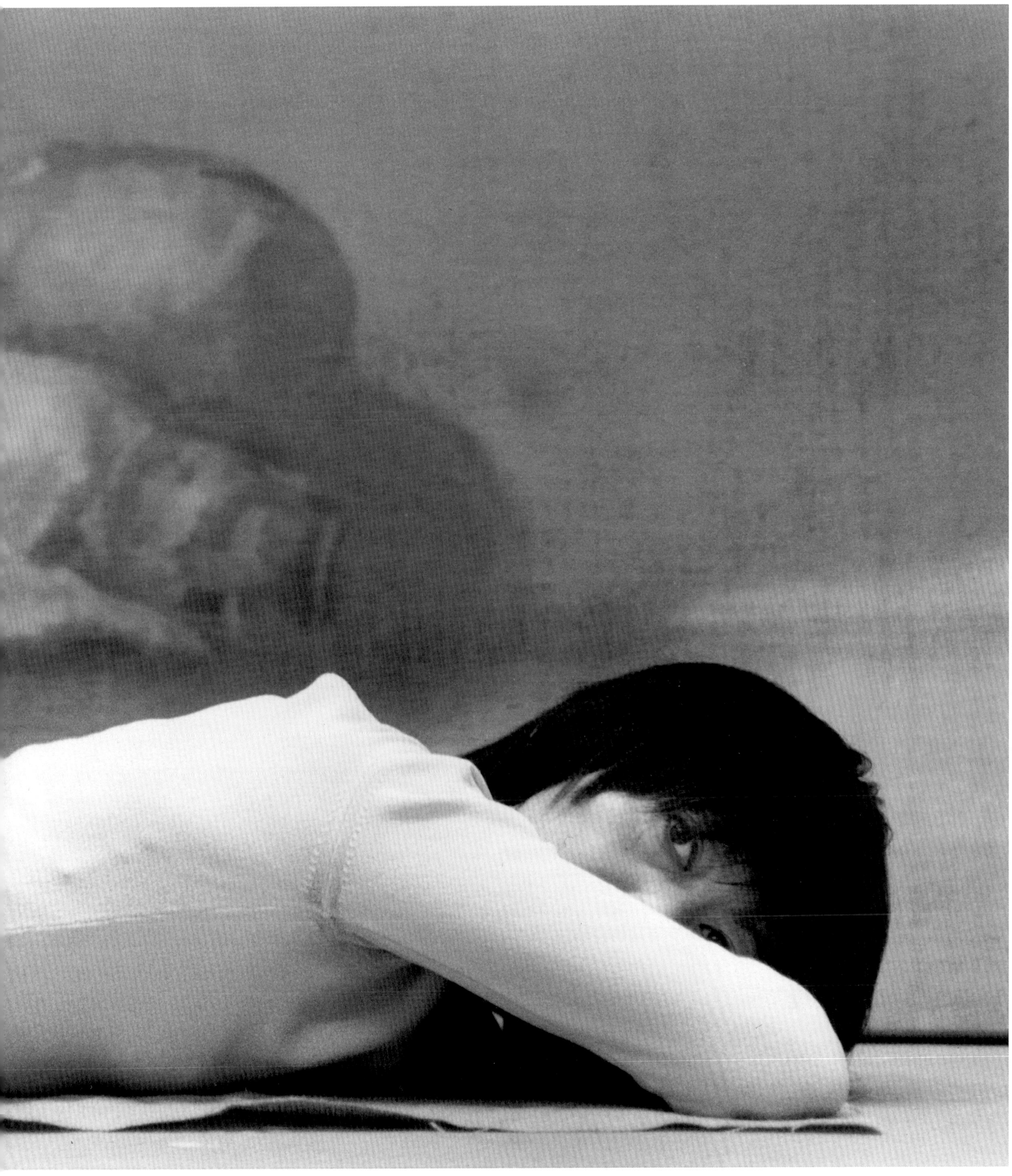

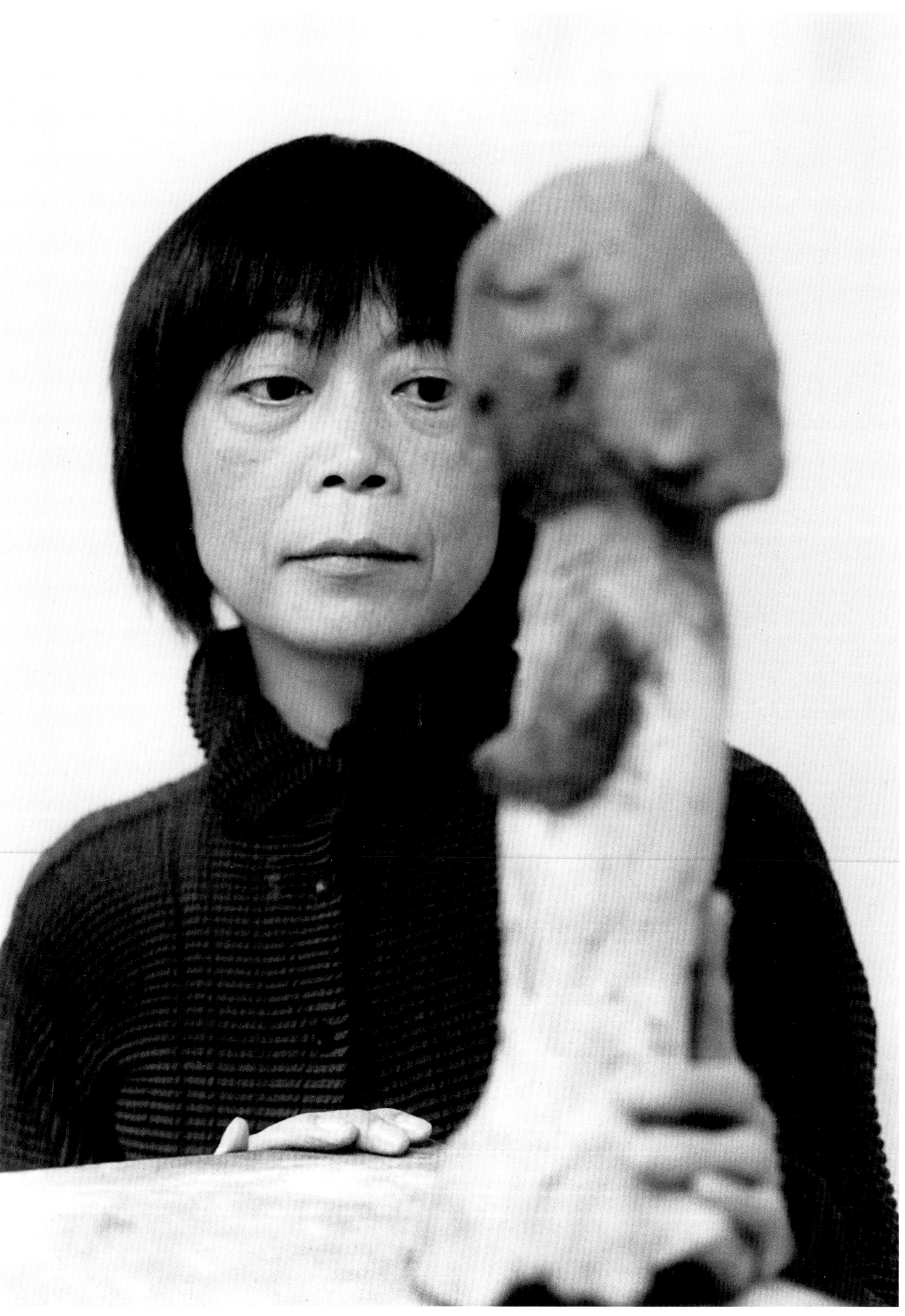

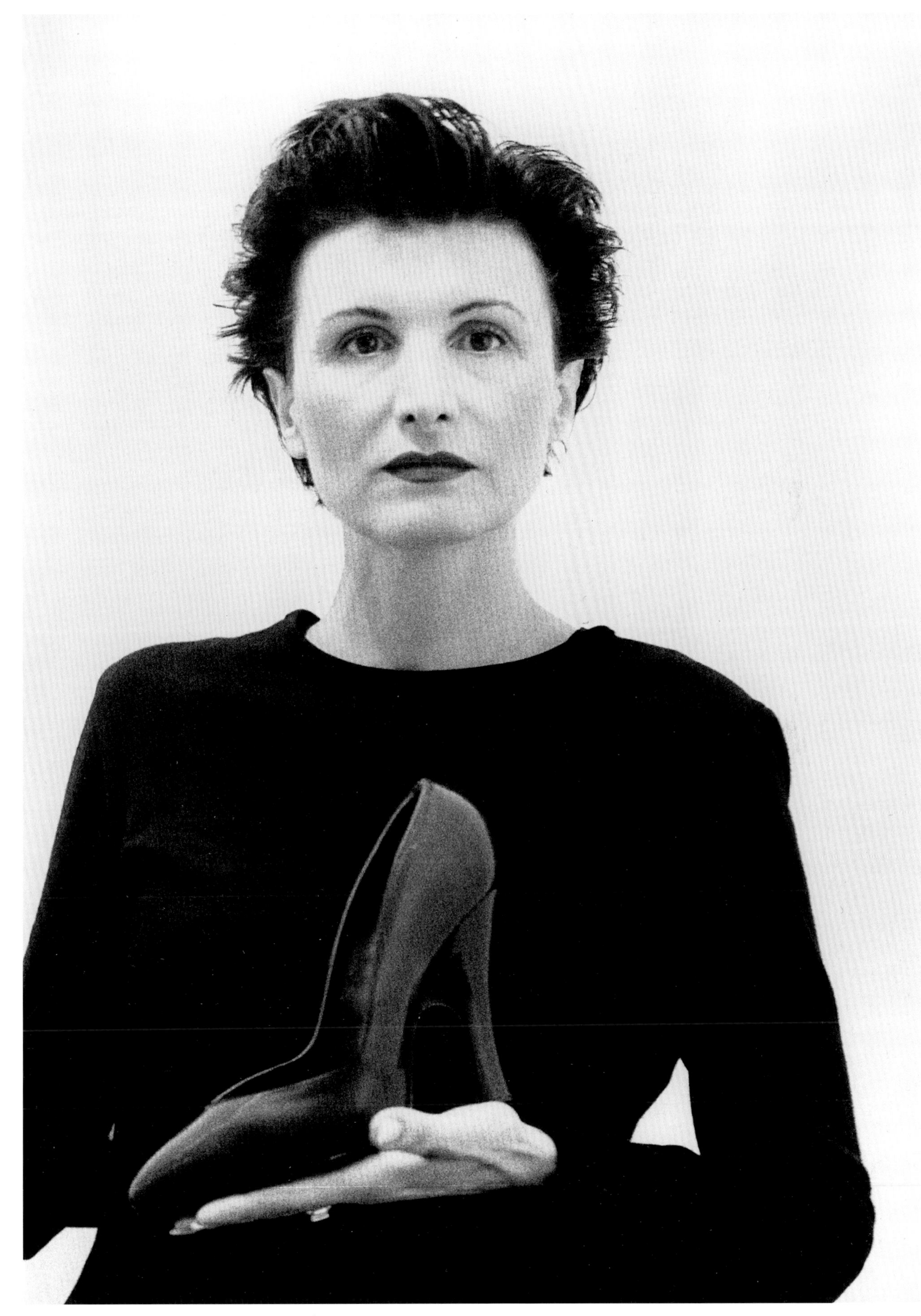

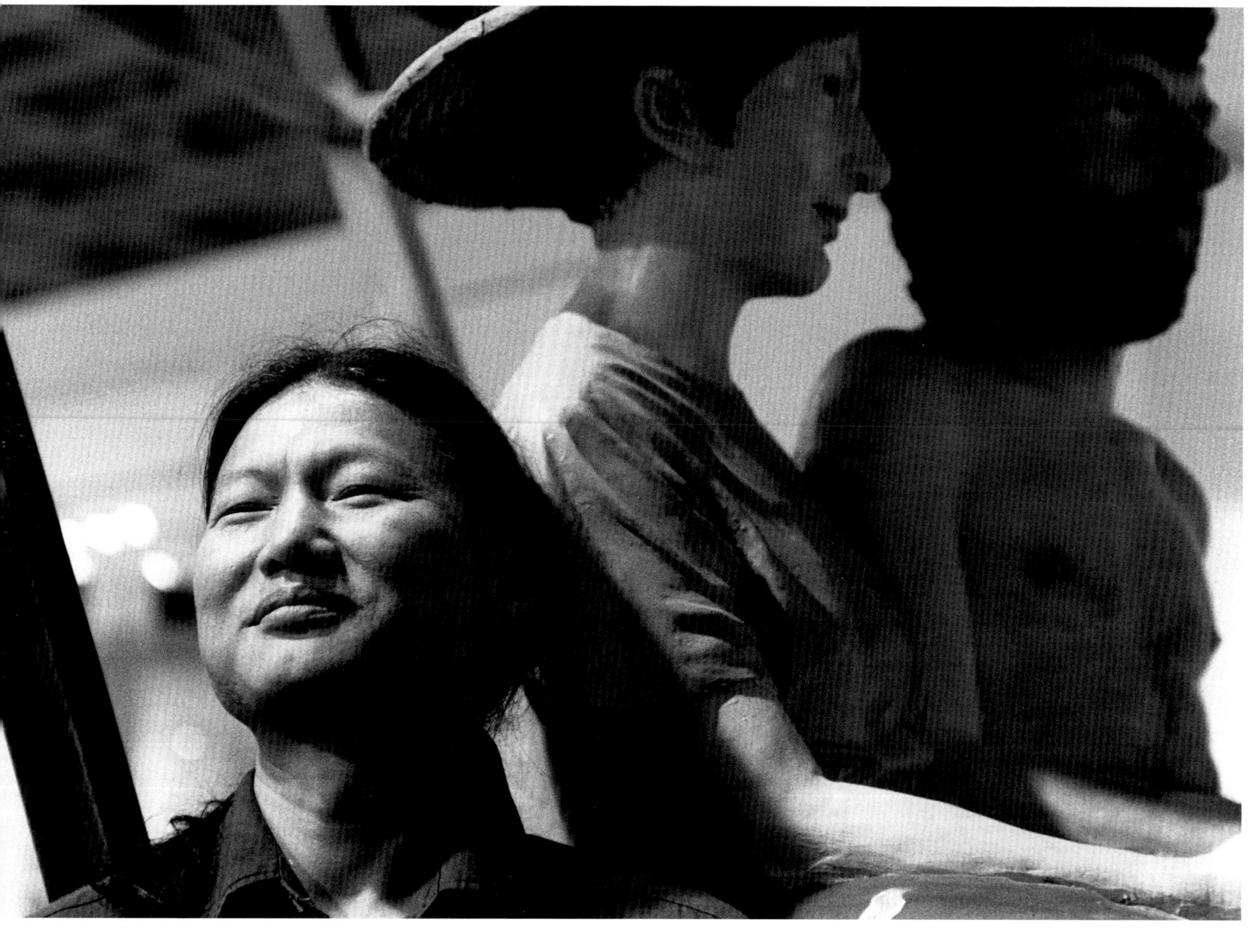

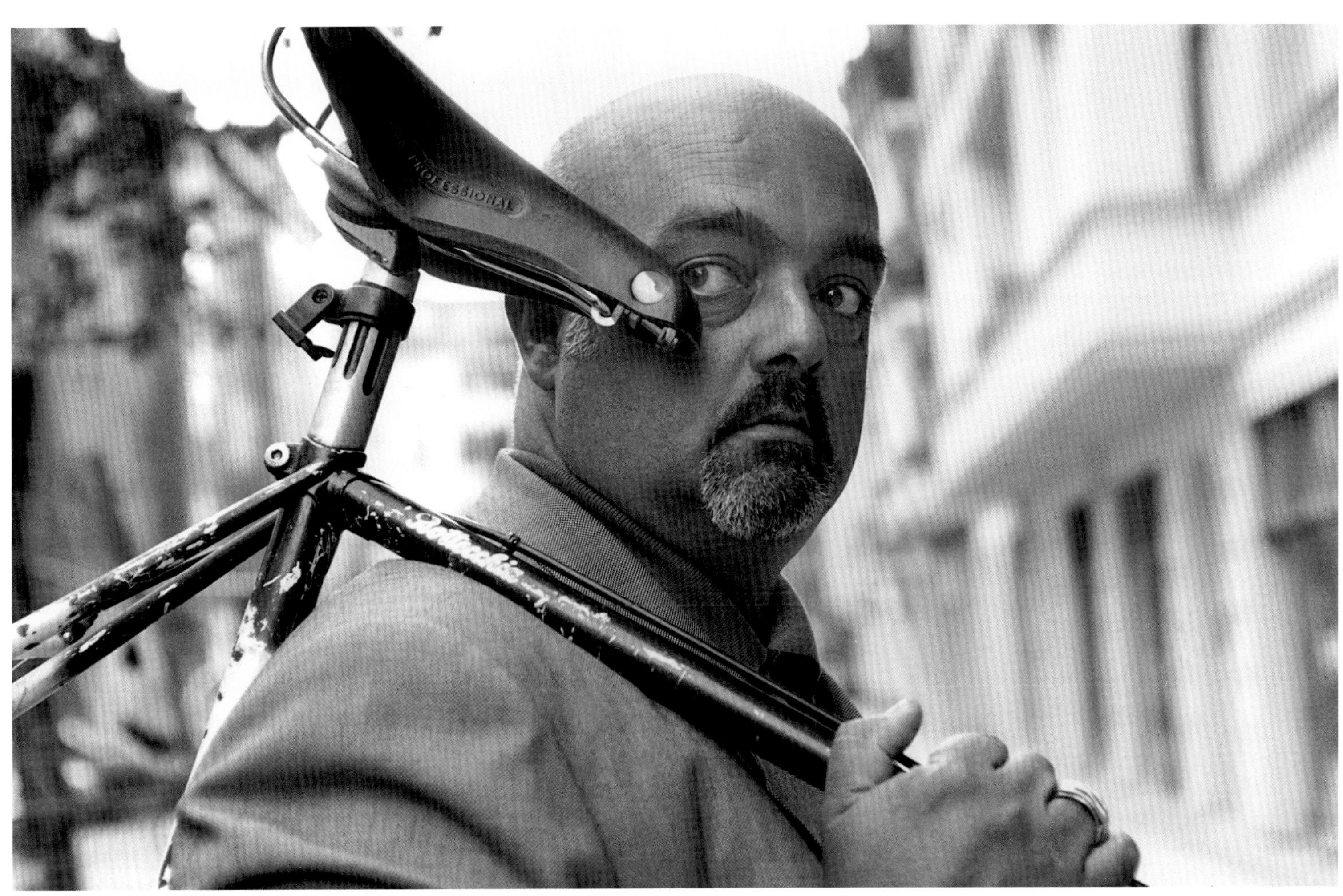
PROFESSIONAL

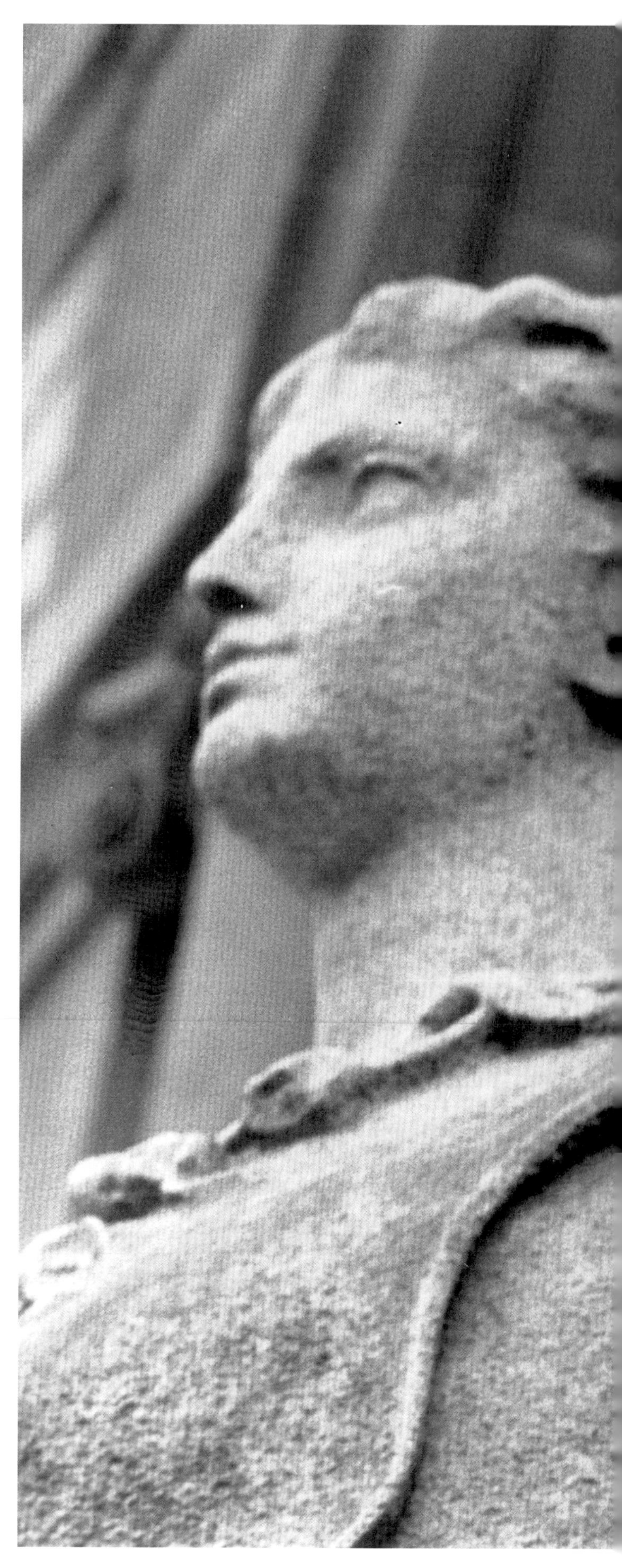

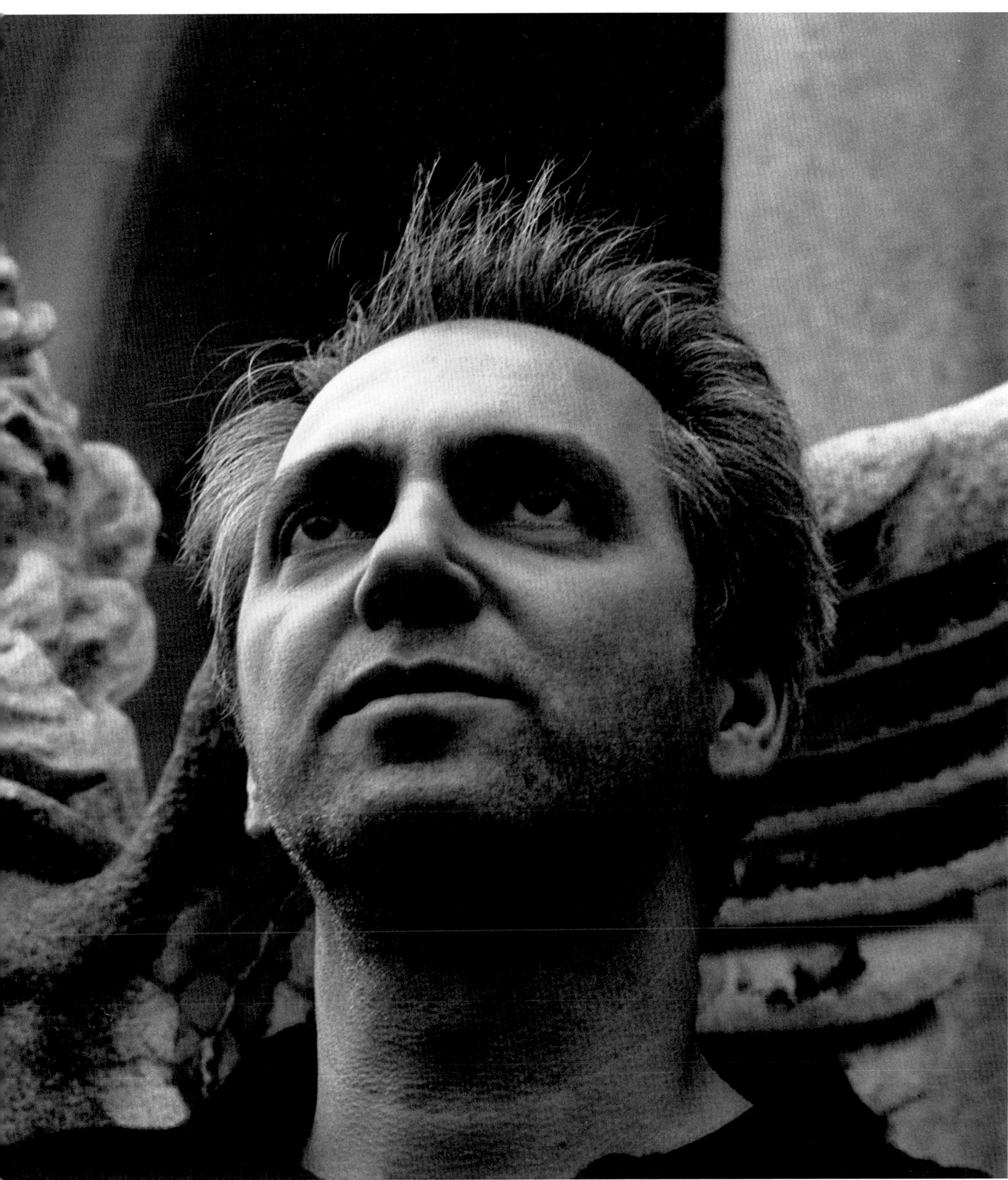

Walter De Maria (geboren 1935) hält sich an einem Sommertag des chaotischen Revolutionsjahres 1968 auf dem Flughafen Hamburg-Fuhlsbüttel an die gerade Linie. Seinen Körper benutzt er als Vermessungsinstrument. Kurz zuvor hat er in der kalifornischen Mojave-Wüste auf Meilenlänge zwei 3,60 Meter voneinander entfernte Parallelen in den Boden furchen lassen. Jetzt, in der Startphase zu seiner Münchner *Earth Show,* begibt er sich vor den Augen der Fotografin auf die Zielgerade. Mit dem Kopf zwischen den Händen nimmt er die Linie ins Visier, markiert mit der Handfläche ihren Verlauf, verfolgt ihren Weg zwischen gespreizten Beinen und blickt als Sphinx mit aufgelegten Händen in eine ferne Gegenrichtung. Auf dem Feld der Land-Art, als weit in die Landschaften ausgreifender Symbolist mit geometrischen Mitteln, wird Walter De Maria vier Jahre später, für Harald Szeemanns legendäre documenta der »Individuellen Mythologien« 1972, vor dem Kasseler Fridericianum den *Erdkilometer,* ein tausend Meter langes Stahlrohr, für den Rest der Lebenszeit des Planeten diagonal in die Tiefe treiben lassen. Das ist seine Vorstellung.

Walter De Maria (born 1935), using his body as a surveying instrument, lingers on a straight line at the Hamburg-Fuhlsbüttel airport on a summer's day in the chaotic, revolutionary year of 1968. Shortly before this, the artist had etched two parallel chalk lines, 3.6 meters apart and extending for miles, into the earth of the Mojave Desert in California. Here, in the beginning phase of his *Earth Show* in Munich, he makes his way to the home stretch in front of the photographer's gaze. With his head between his hands, he sets his sights on the line, marks its course with the palm of his hand, follows its path with straddled legs, and, like a recumbent sphinx with outstretched hands, looks into the distance of the opposite direction. Within the field of land art, De Maria is a symbolist who reaches far into the landscape with geometric devices. Four years later, as part of Harald Szeemann's legendary 1972 "Individual Mythologies" Documenta, Walter De Maria will drive a thousand-meter-long steel tube diagonally into the ground in front of Kassel's Fridericianum for the rest of the planet's life. That is his idea.

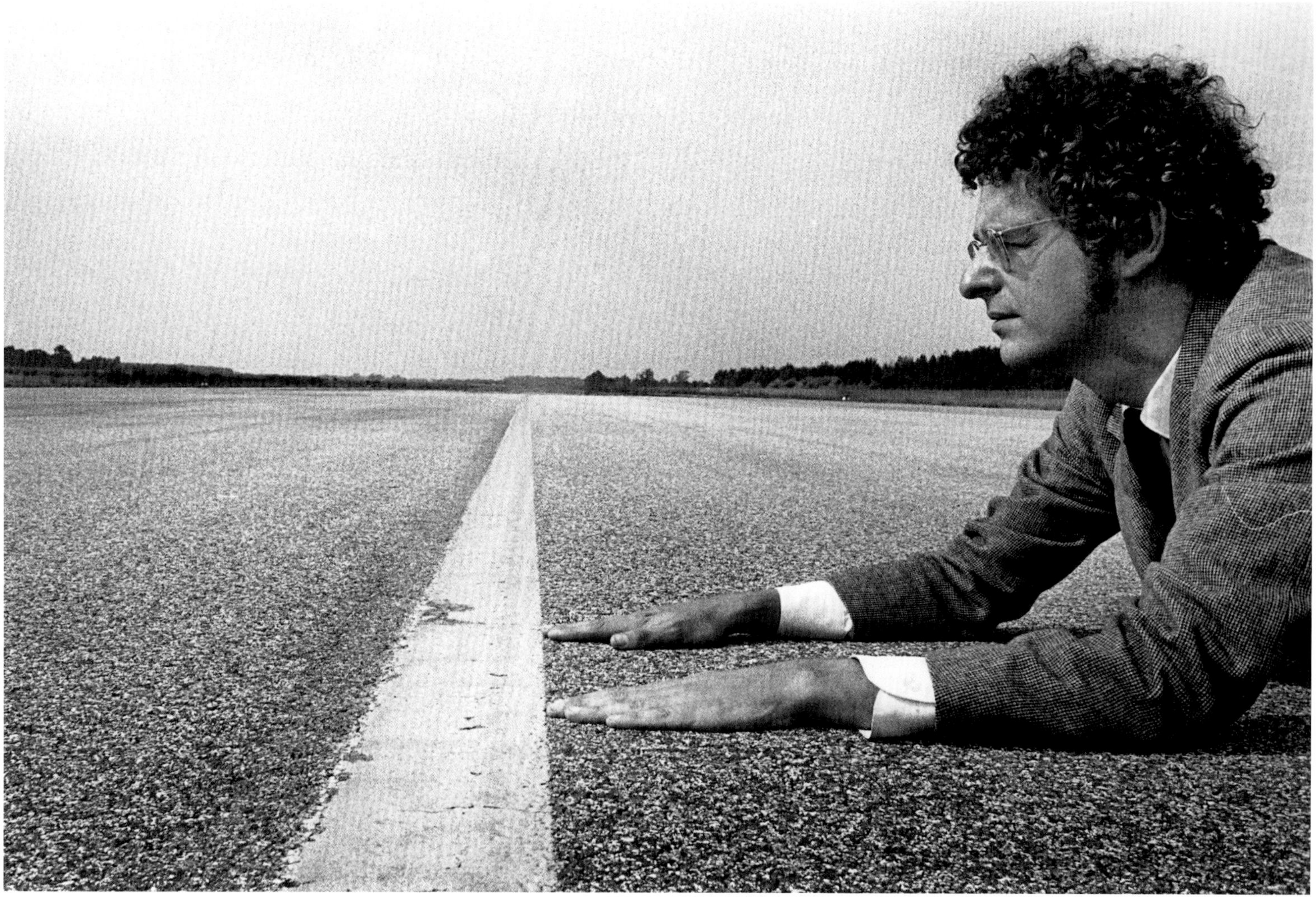

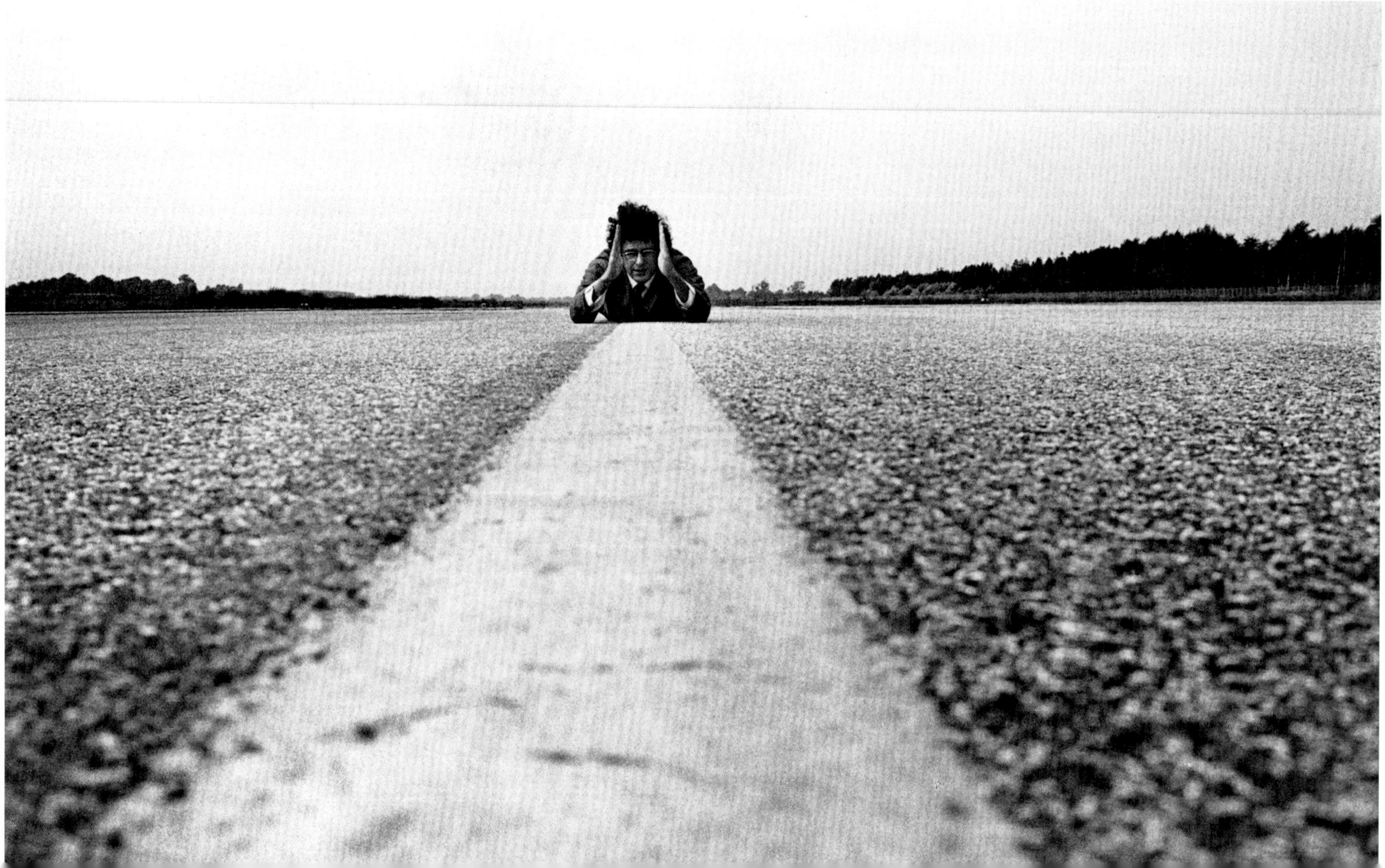

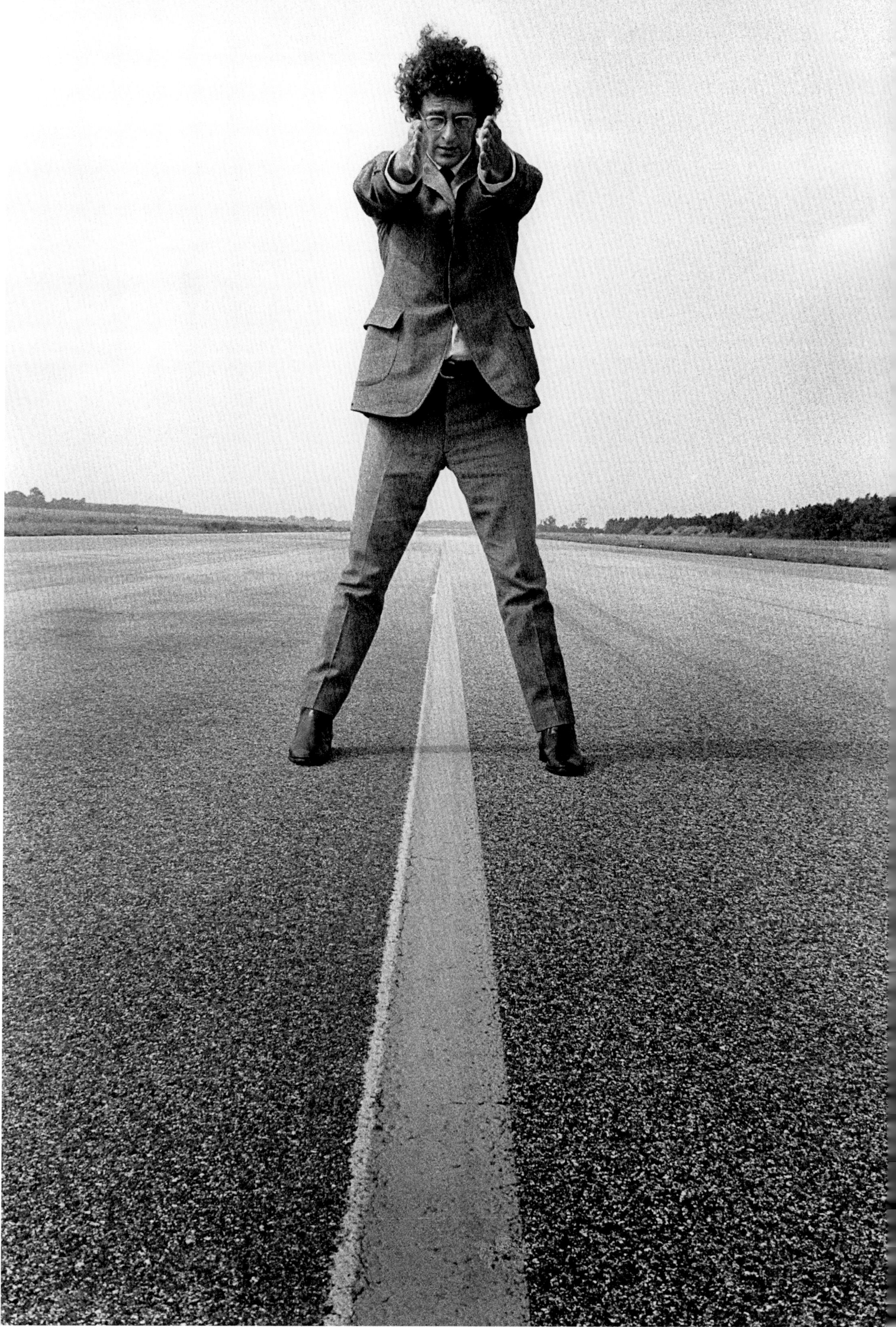

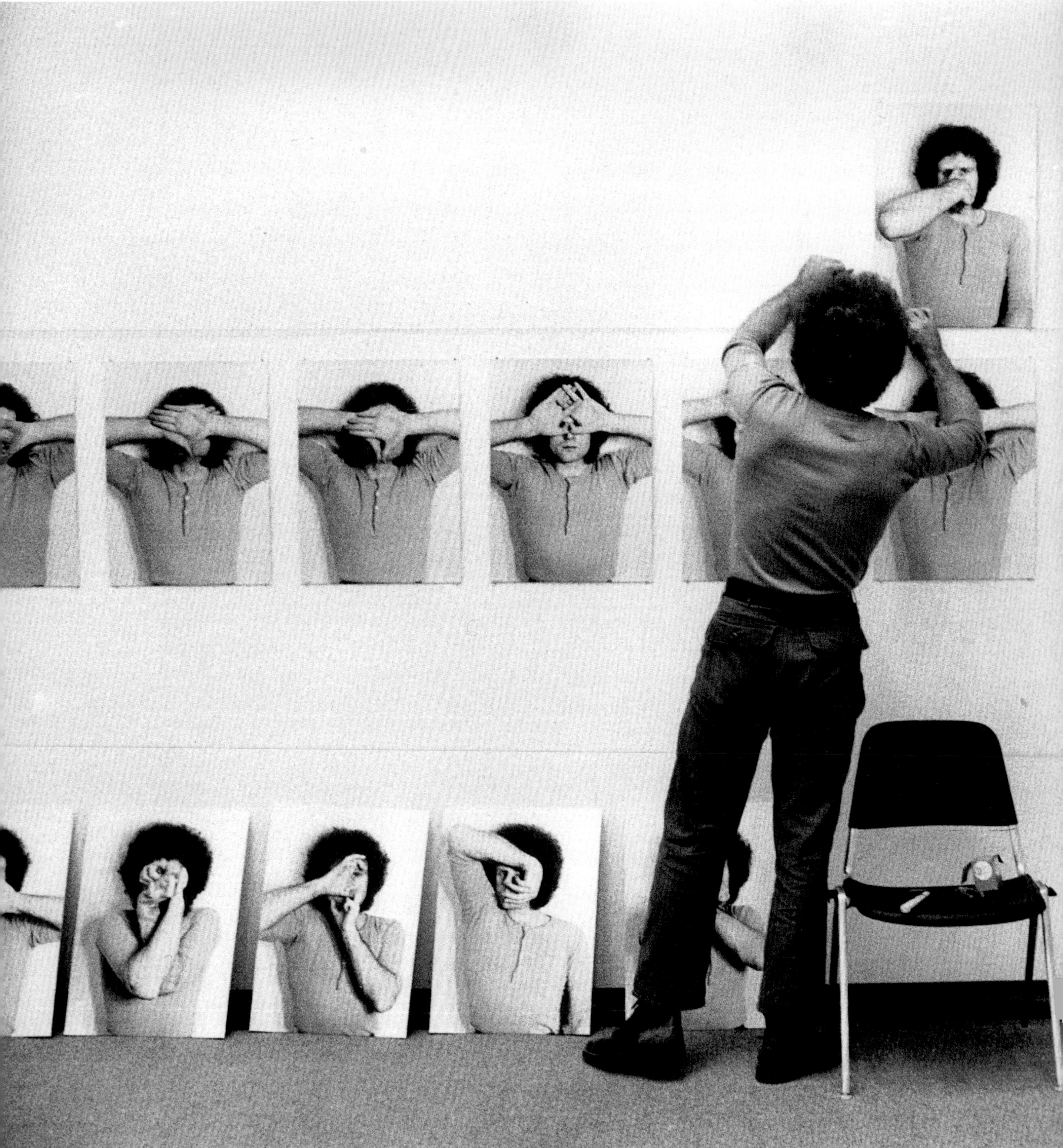

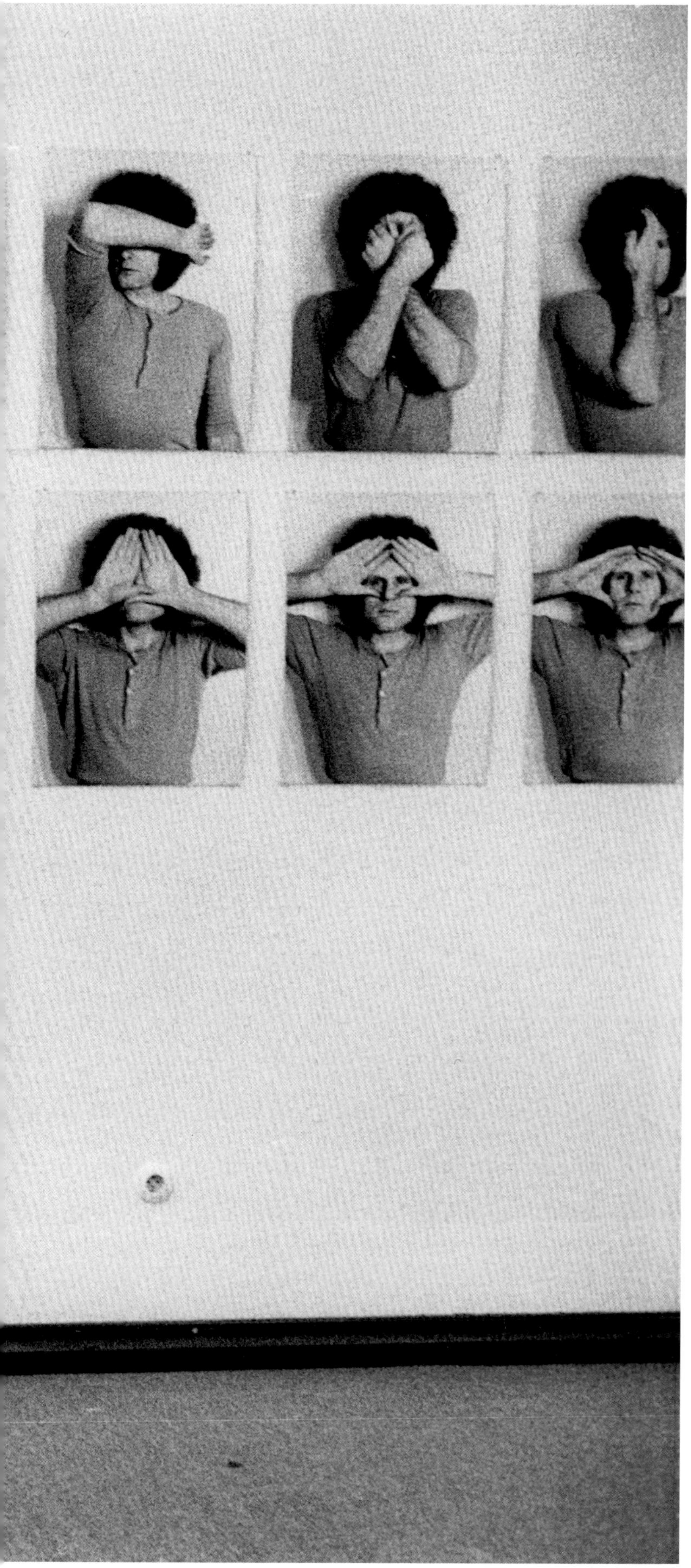

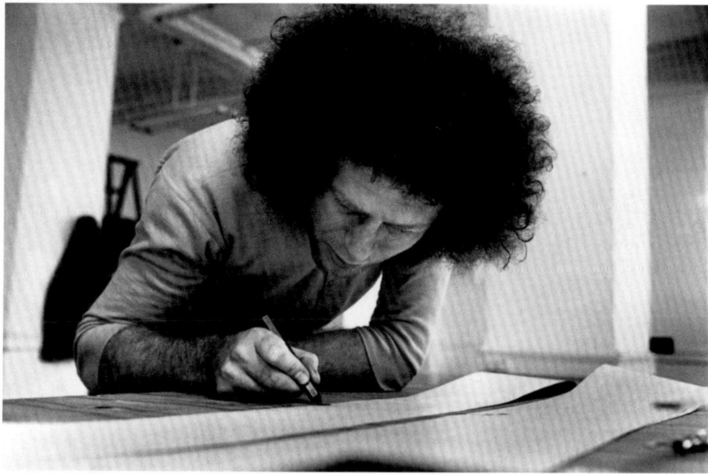

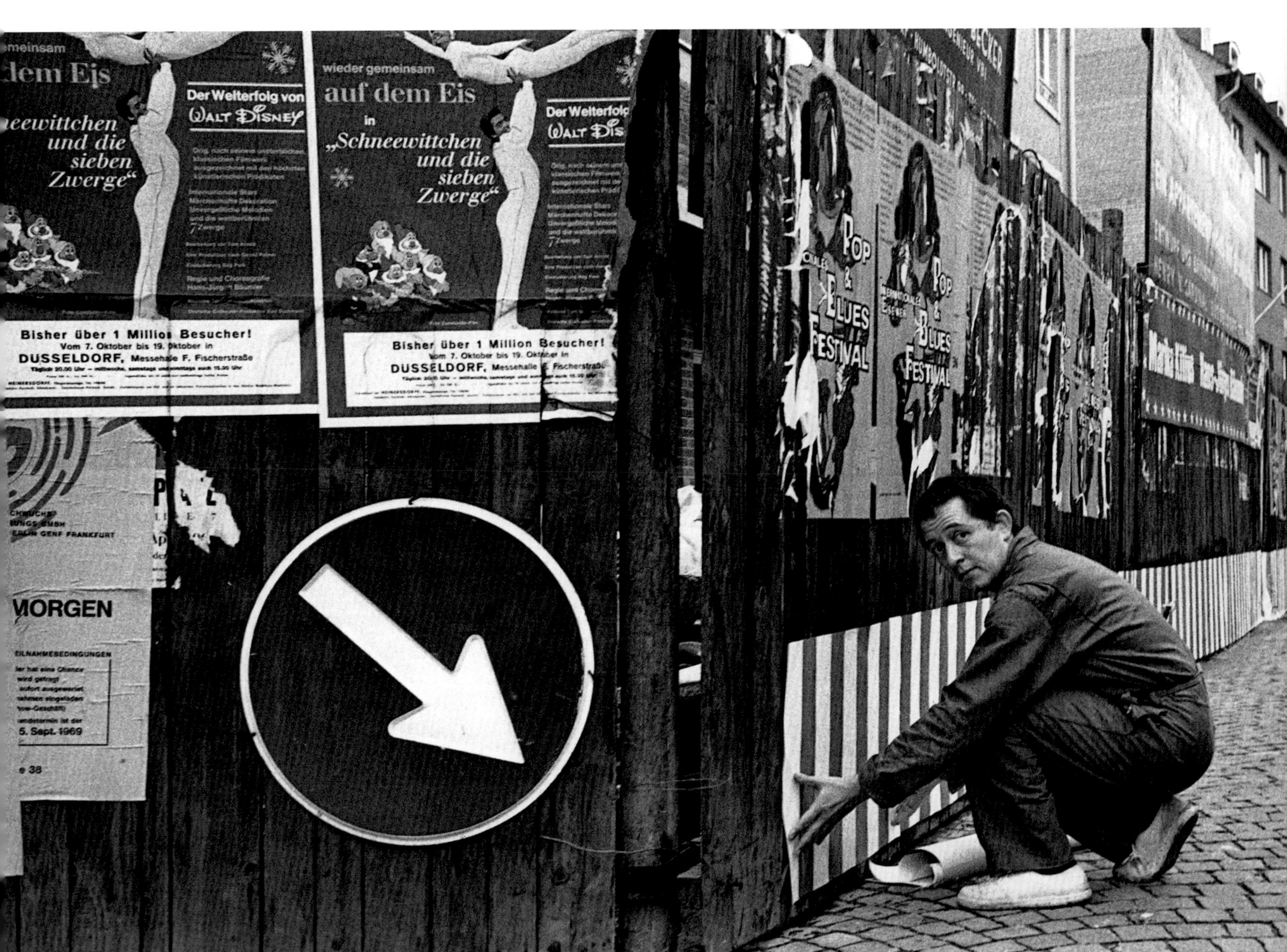

dem Eis
eewittchen
und die
sieben
Zwerge“
Der Welterfolg von
Walt Disney
Bisher über 1 Million Besucher!
Vom 7. Oktober bis 19. Oktober in
DÜSSELDORF, Messehalle F. Fischerstraße
wieder gemeinsam
auf dem Eis
in
„Schneewittchen
und die
sieben
Zwerge“
Der Welterfolg
Walt Dis
Bisher über 1 Million Besucher!
Vom 7. Oktober bis 19. Oktober in
DÜSSELDORF, Messehalle F. Fischerstraße
MORGEN
5. Sept. 1969
Pop & Blues Festival
Pop & Blues Festival

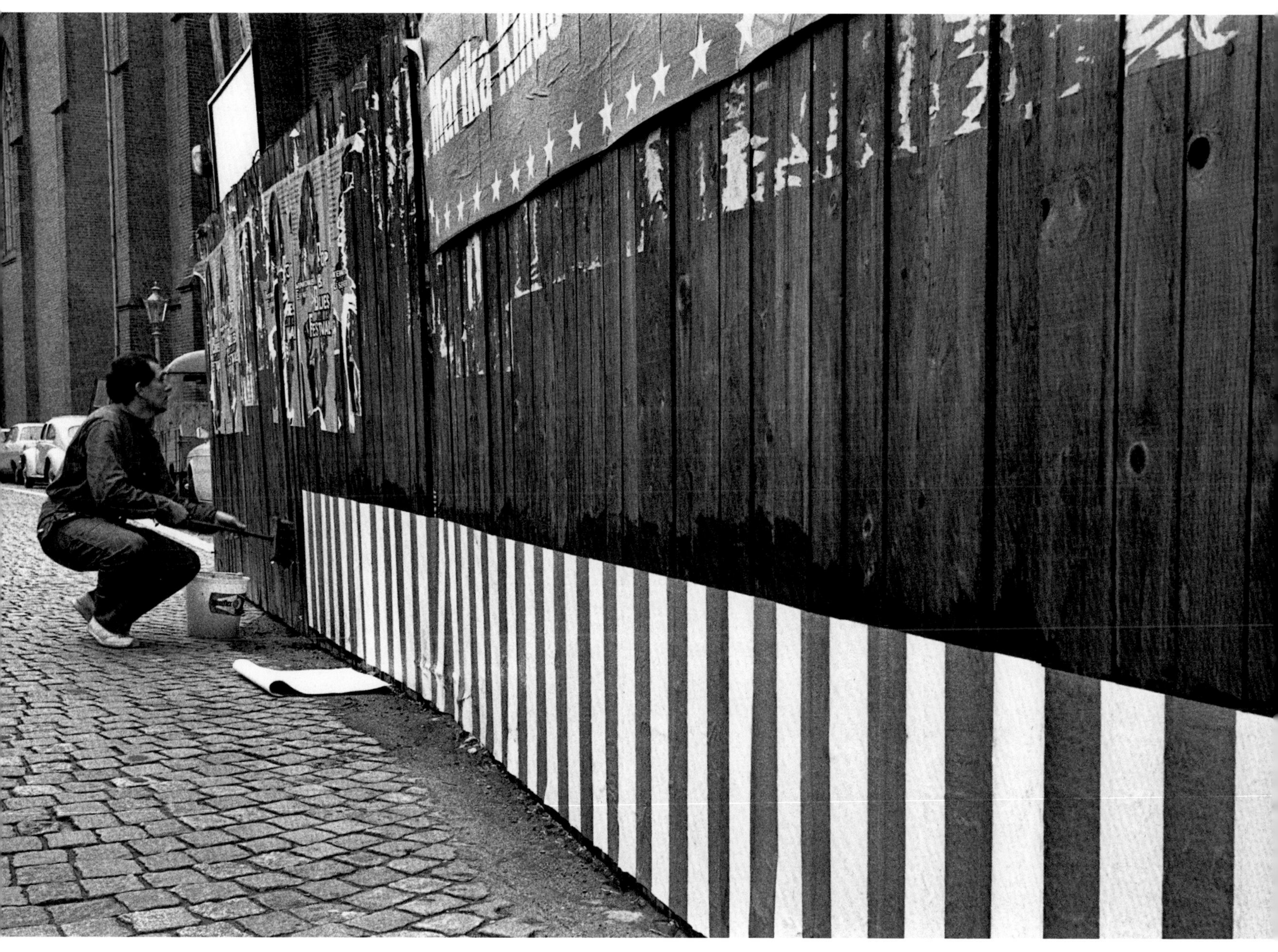
Marika

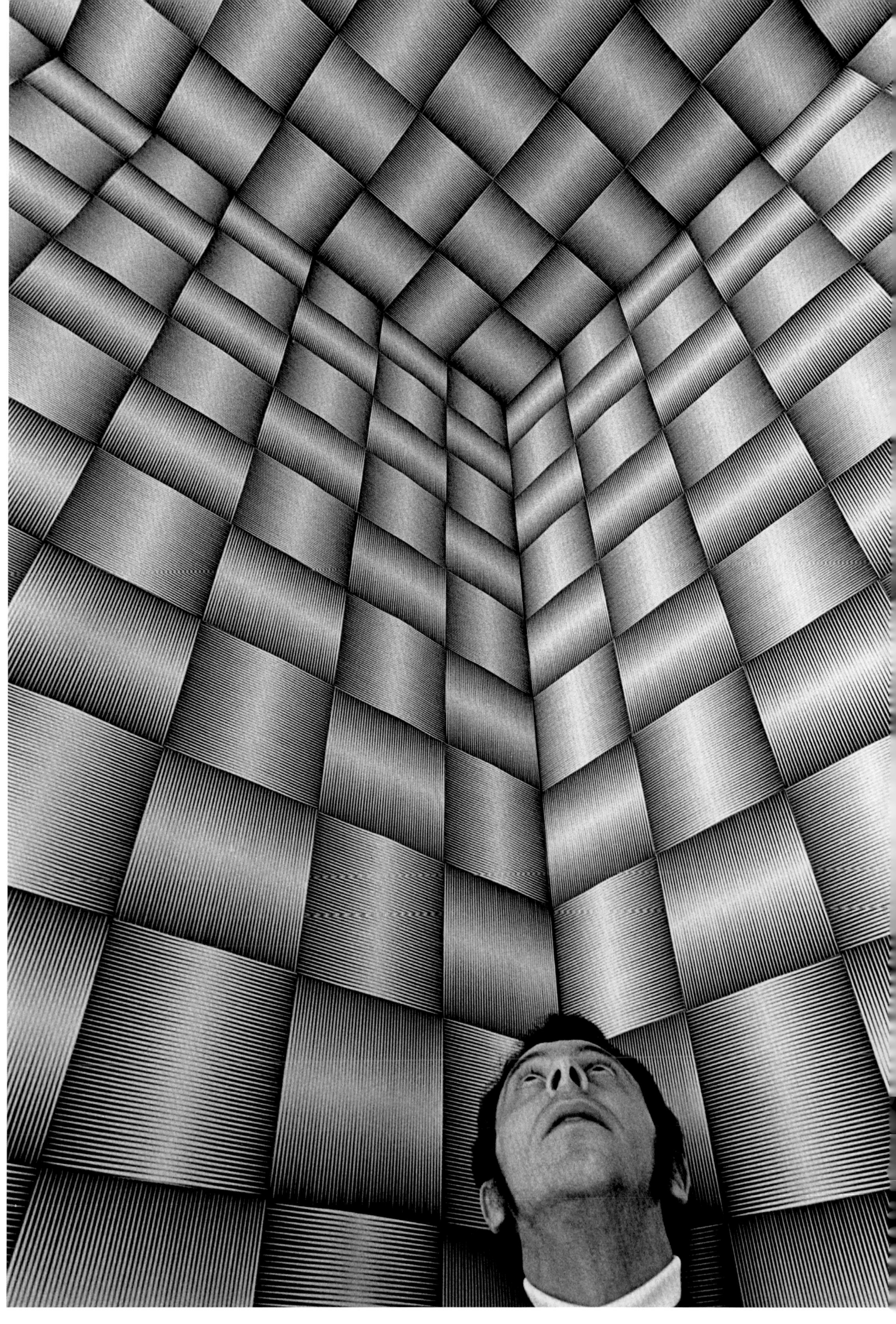

Gerhard Richter (geboren 1932) sitzt auf einem Stuhl unter den gemalten Wolken von Sylt und fasst ins Auge, was sich nur unbestimmt fassen lässt. Seine Malerei tut so, als reflektiere die Netzhaut auf vielfache Weise äußere Erscheinungen, während diese zerfließen. Da hilft nur ein weiteres Auge, das der Kamera. Sie macht Verschwimmendes, Verwaschenes, Gespiegeltes real. Die fokussierten Unschärfen verursachen anschließend Malerei. An diesem Tag des Jahres 1971 wandert der Maler im Atelier unter den eigenhändig gebildeten Nordseewolken hin und her. Der Himmel hat sich, auf Leinwand in sechs Teile getrennt, jeweils einen Meter hoch über eine Länge von sieben Metern hinweg, aus der Dunkelheit ins Licht verändert. Die bildnerische Parallele zur Natur bietet sich auch der Kamera an, aber beim Anblick der Malerei bewegt sich jetzt nichts mehr. Gerhard Richter nimmt sich selbst und den künstlich gewordenen Himmel, den ihm sein Auge ursprünglich als bewegte Erscheinung zugespielt hat, als gelungene Darstellung ins Visier. Der Stuhl, auf dem er als Beobachter verweilte, bleibt eine Weile leer. Die Fotografin wartet auf die Rückkehr des fotografierenden Malers, beobachtet ihn scharf unterhalb der über den Wolkenrand tretenden Sonne auf der vierten Sequenz und löst Herrn Richter durch eine Drehung des Objektivs blitzschnell in seinen eigenen Farben auf. Da aber diese Maßnahme ihrem Schwarz-Weiß-Bekenntnis widerspricht, verlegt sie die eingestellten Schärfen und Unschärfen zum Zweck der Auflösung jeglicher romantischen Stimmung zurück in die Augen des Malers.

Gerhard Richter (born 1932) sits in a chair under the painted skies of Sylt and envisions things that can only be vaguely grasped. In his paintings it is as if the retina were reflecting—in a multitude of ways—exterior phenomena that simultaneously melt away. Only another eye can be of help here, that of the camera; it makes things that are indistinct, washed out, or reflected real. The focused indistinctness subsequently generates paintings. On this day in 1971 the artist wanders about in his studio under the North Sea clouds of his own making. The sky—divided on the canvas into six parts, each a meter high over the length of seven meters—emerges from darkness into the light. The camera also provides this artistic parallel to nature, but when looking at the painting, nothing moves anymore. Gerhard Richter targets himself and the now artificial sky, which first passed before his eyes as a moving phenomenon, as an effective representation. The chair in which he was sitting as an observer remains empty for a while. The photographer waits for the return of the photographing painter, observes him closely underneath the sun emerging above the clouds' edge in the fourth sequence, and—as fast as lightning—dissolves Mr. Richter with the turn of her lens into his own colors. But because this action contradicts her commitment to black and white, she shifts the adjusted focus and blurriness to disintegrate any romantic mood back to the eyes of the painter.

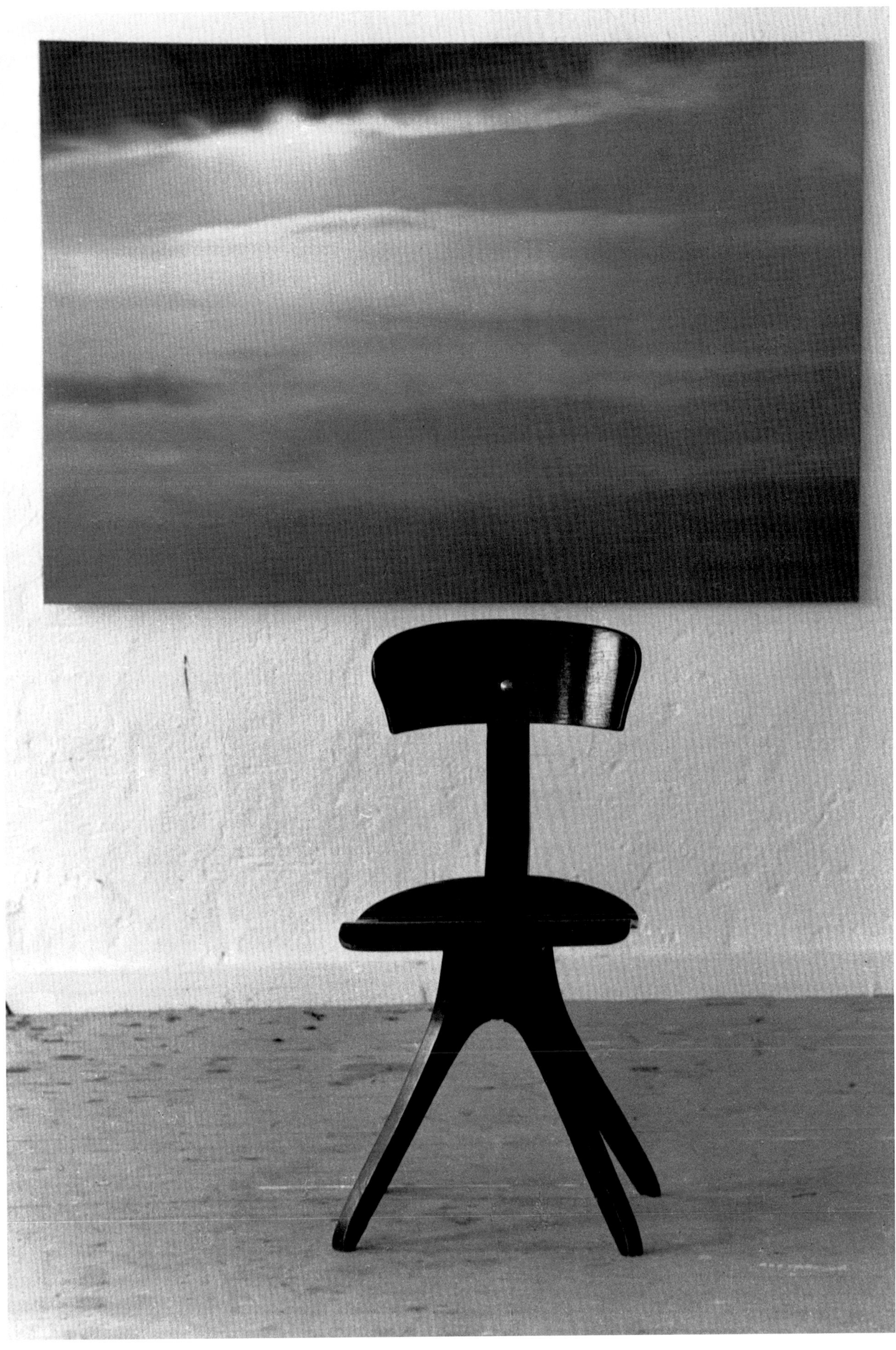

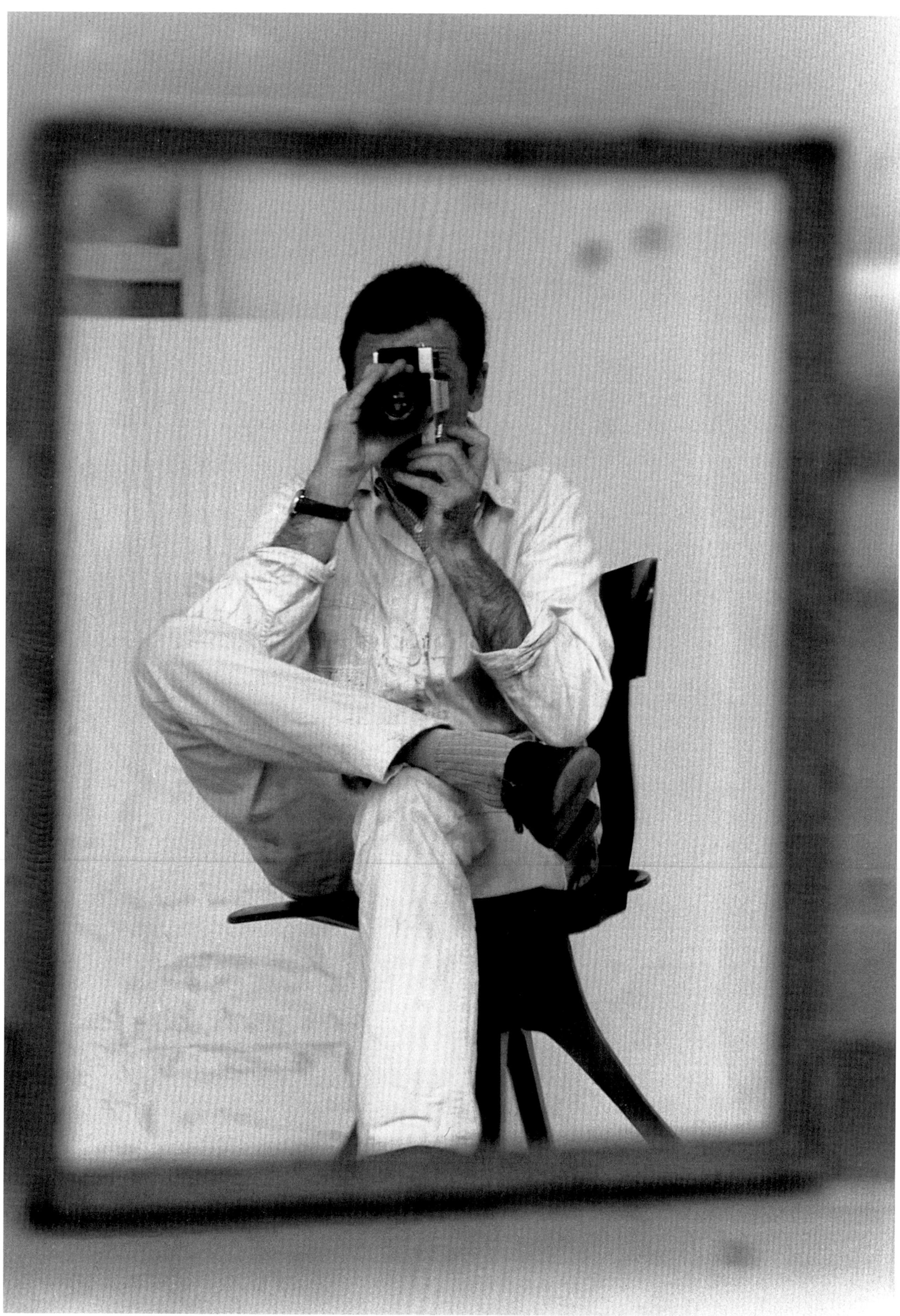

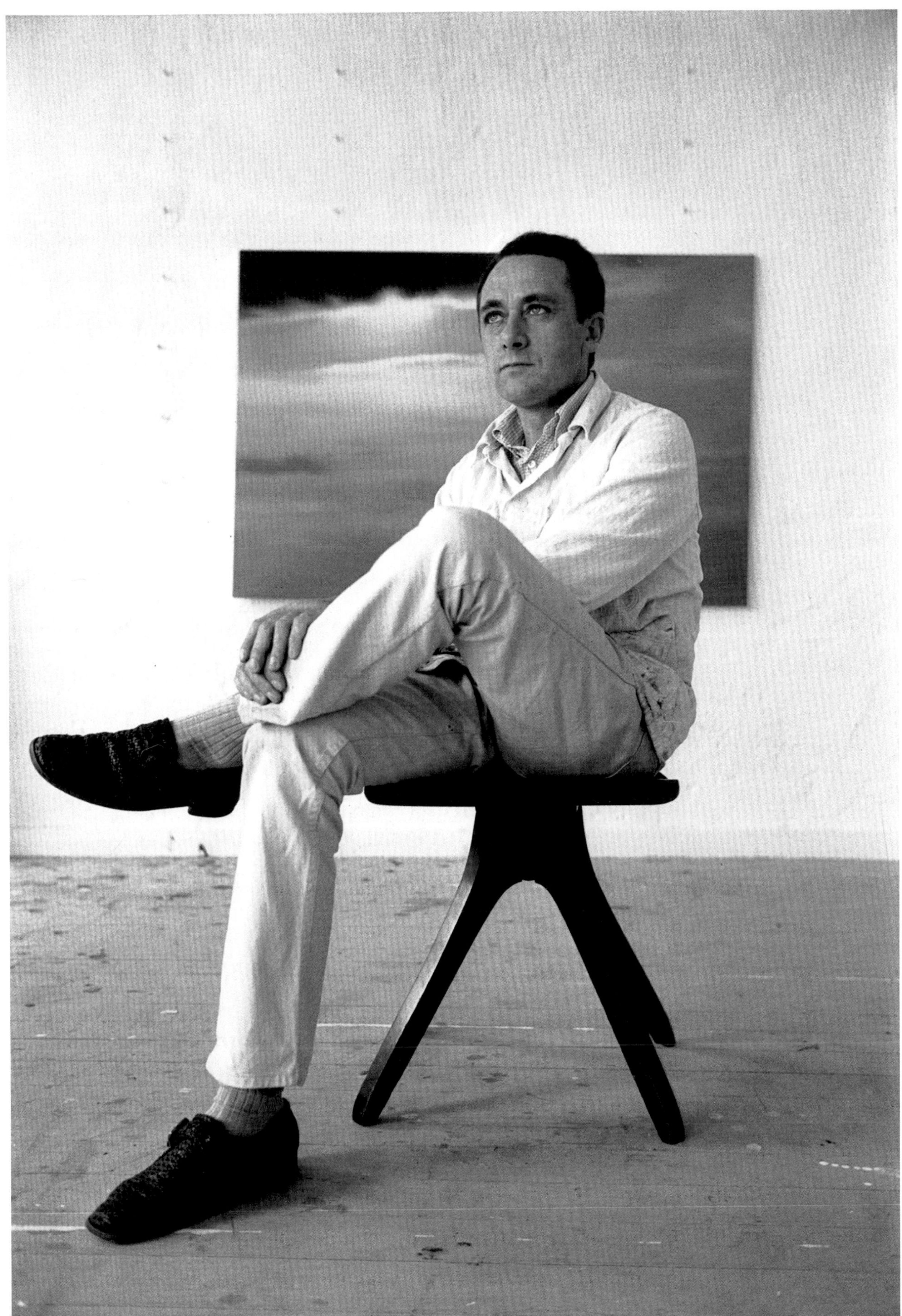

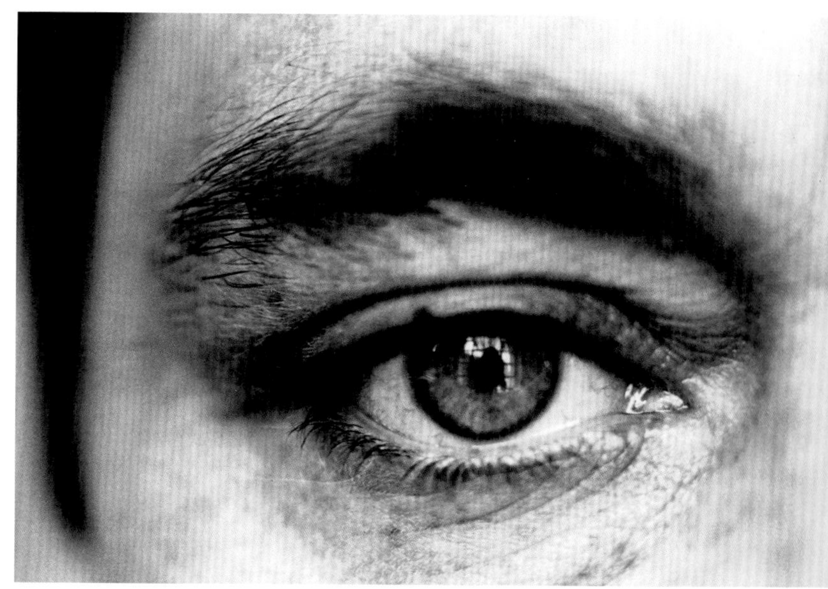

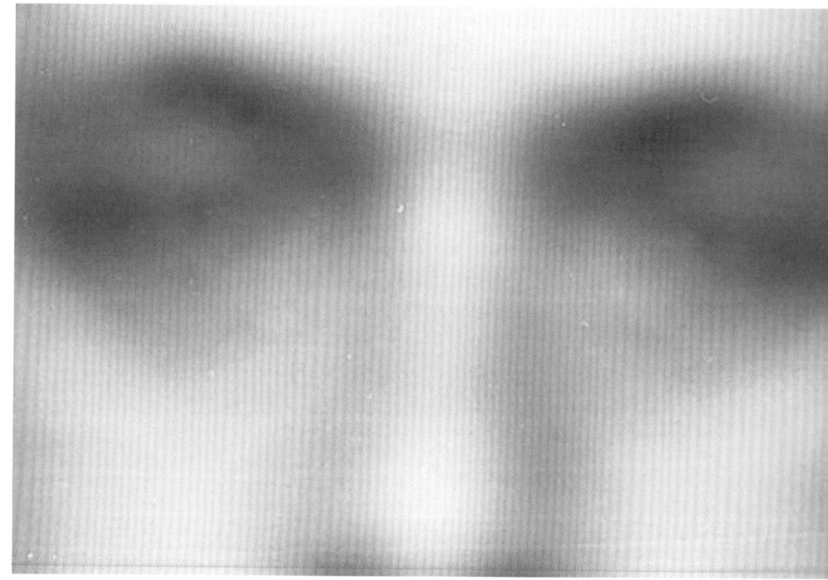

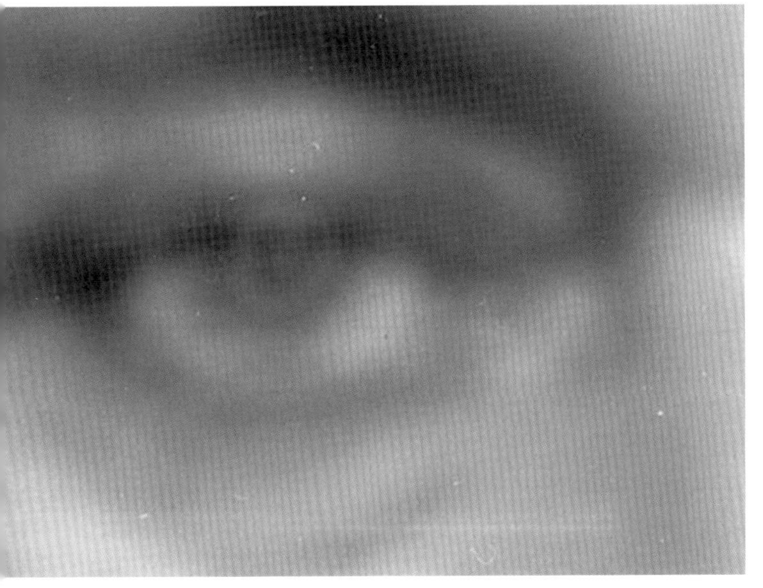
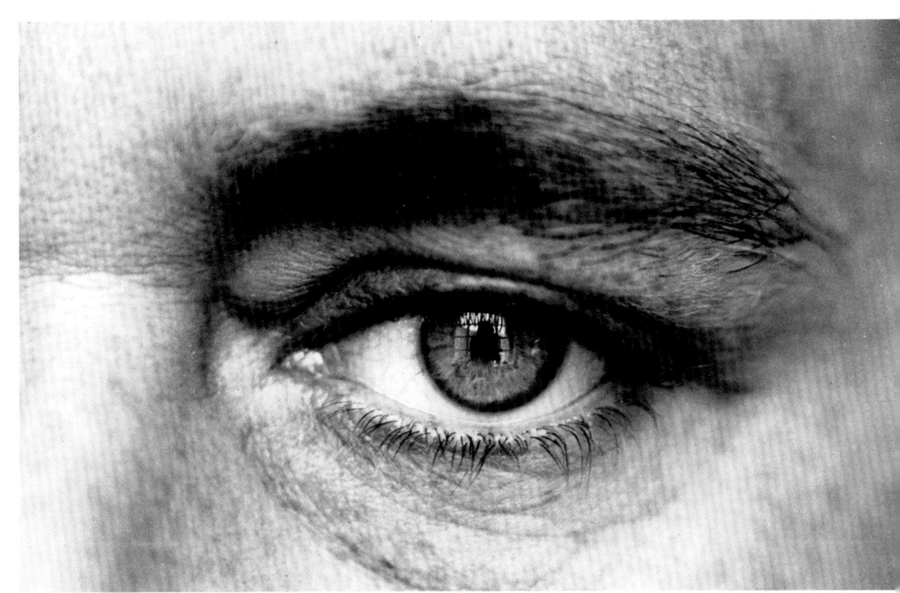
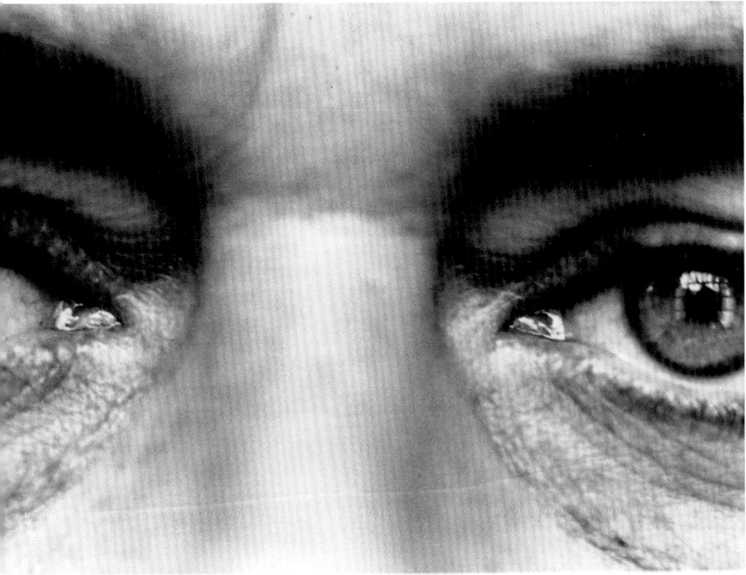

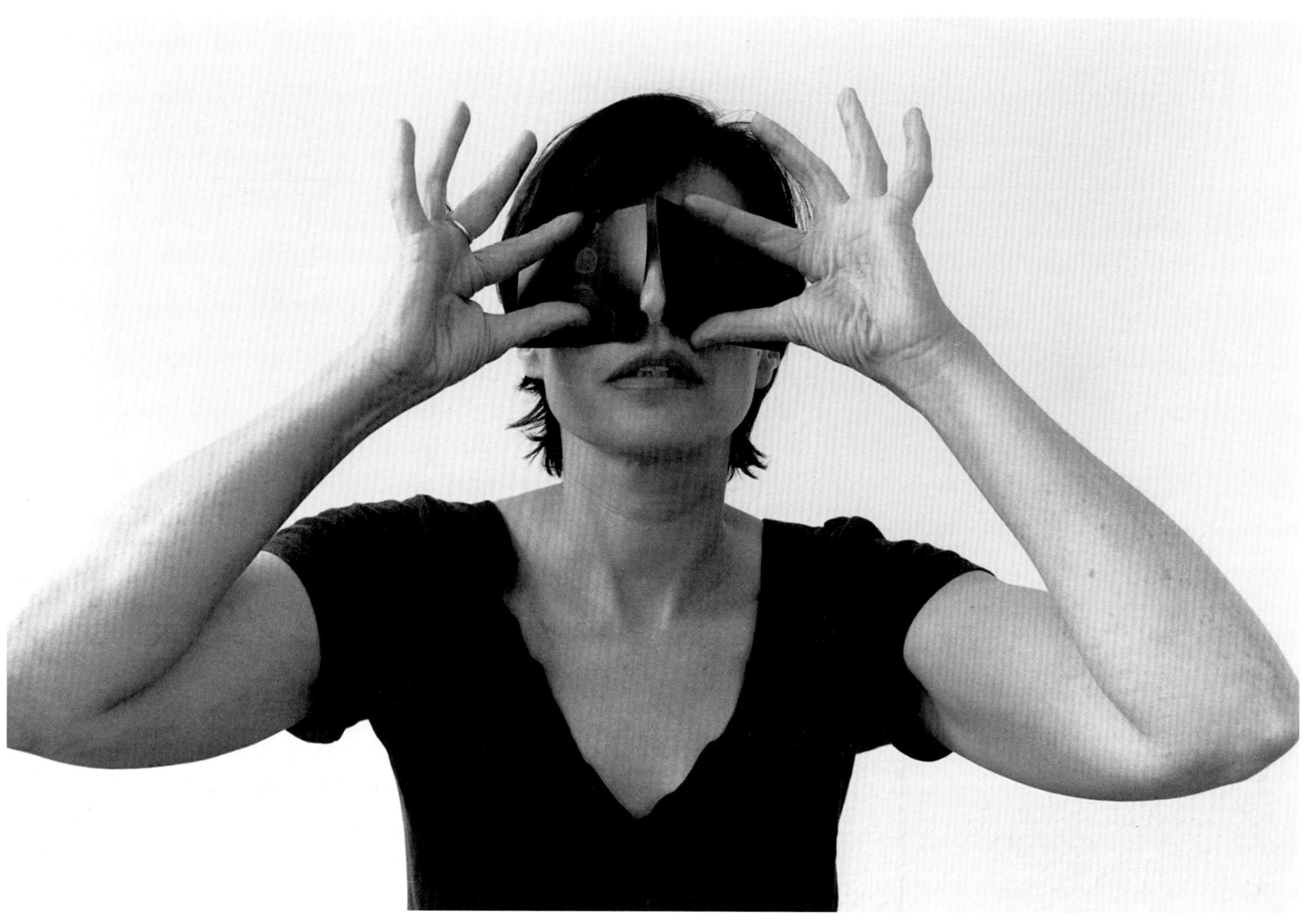

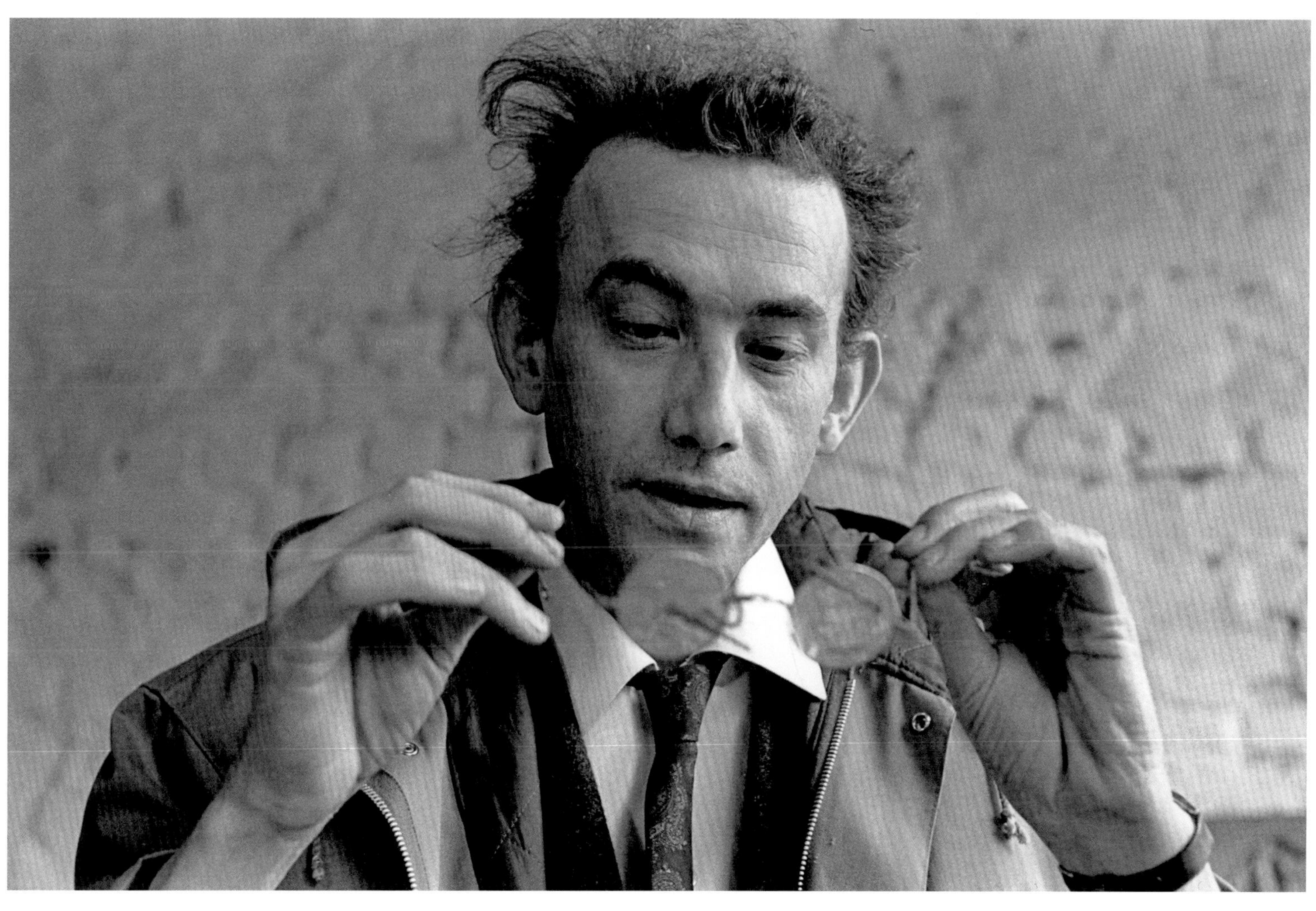

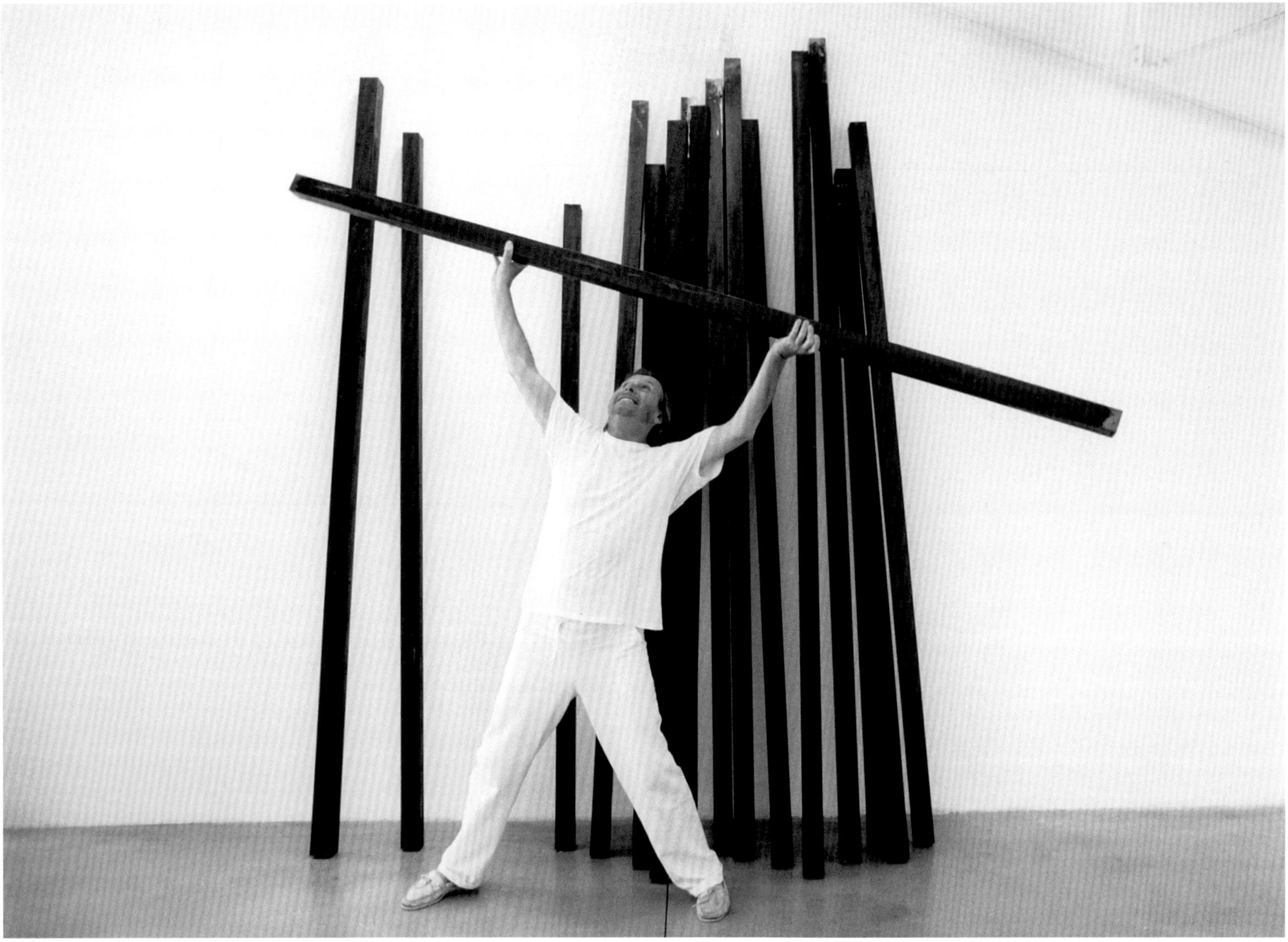

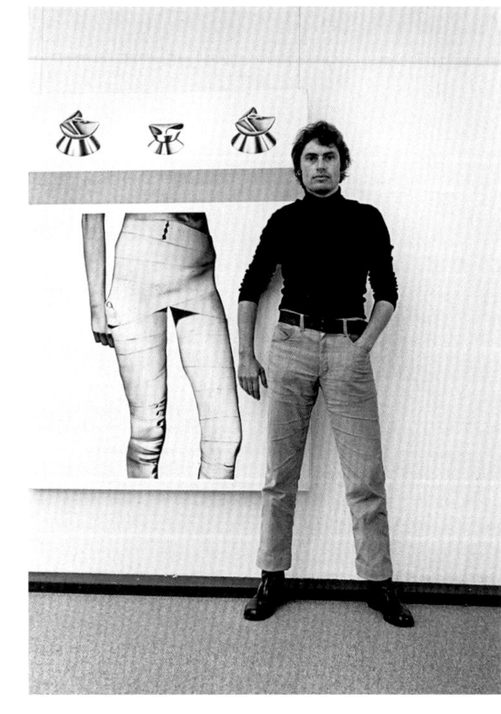

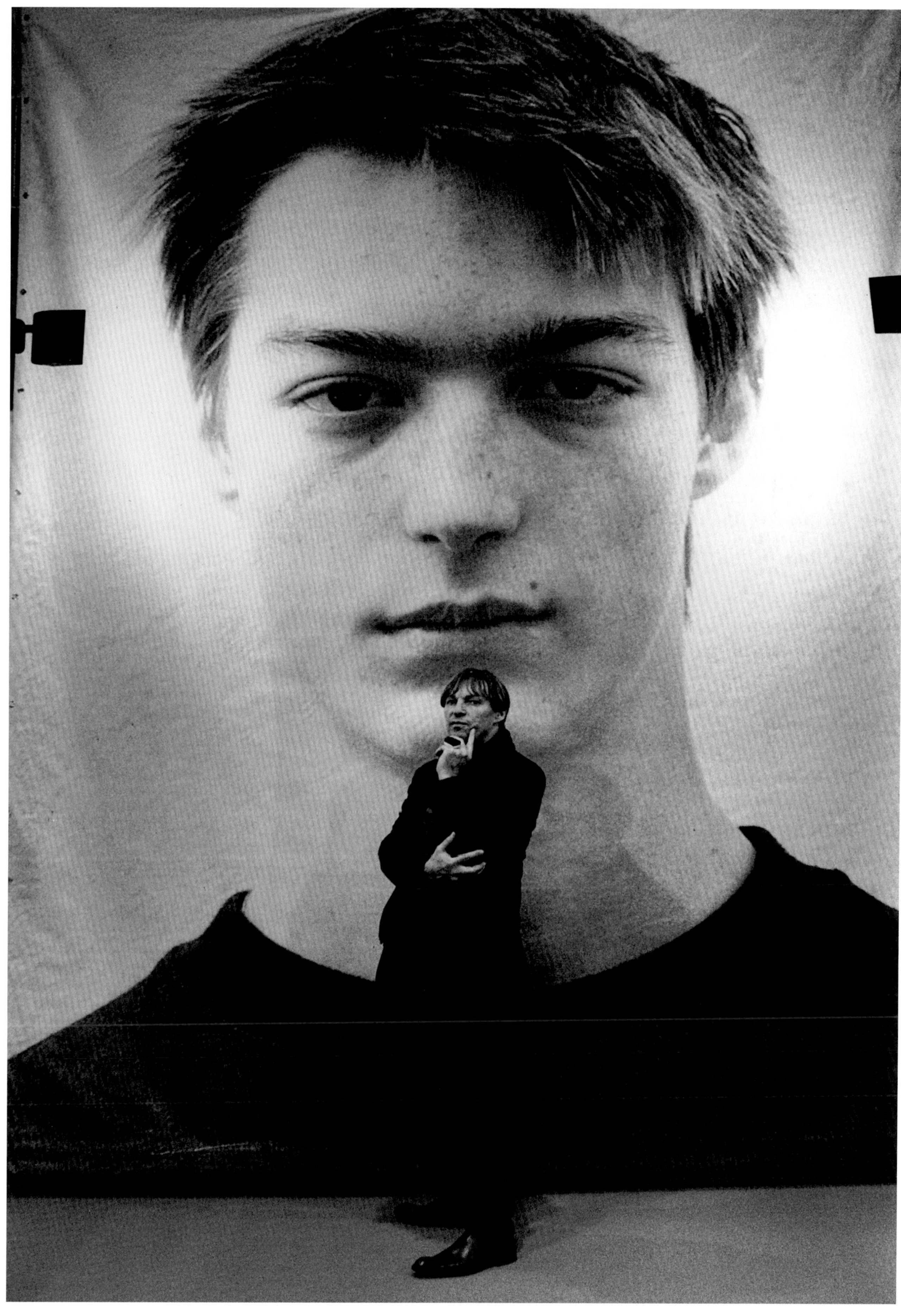

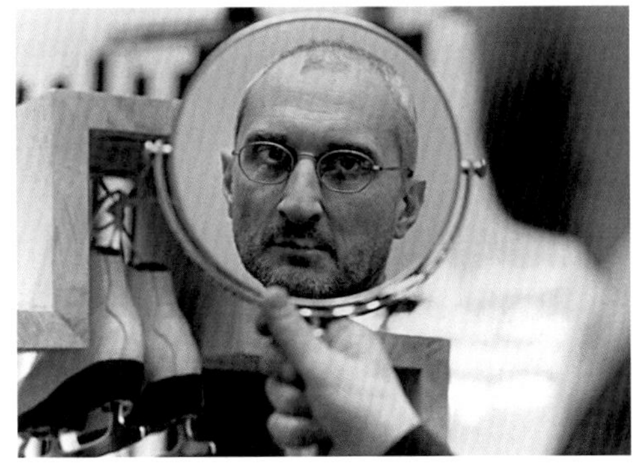

Gia Edzgveradze **2000**

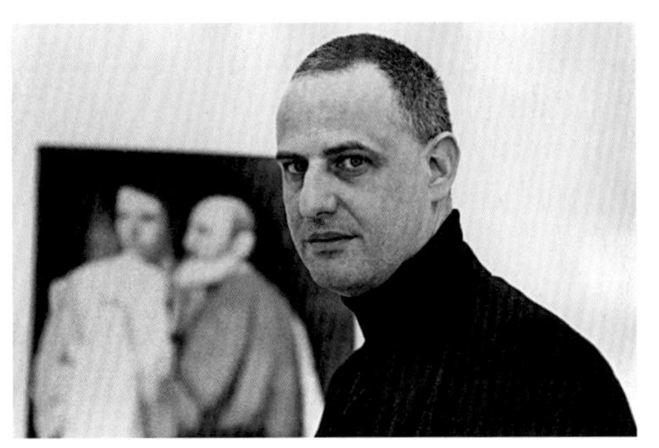

Luc Tuymans **2001**

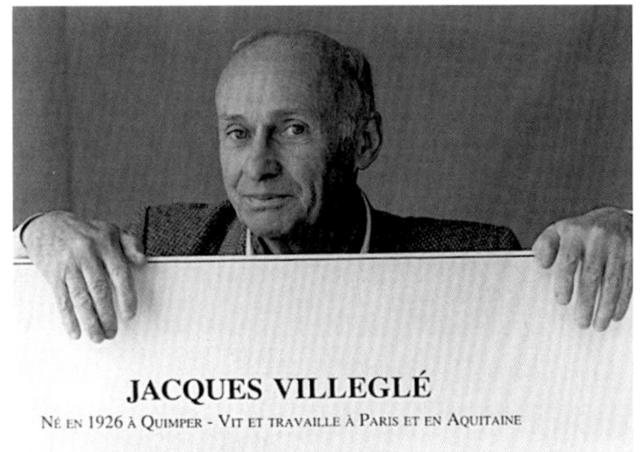

Jacques Villeglé **2000**

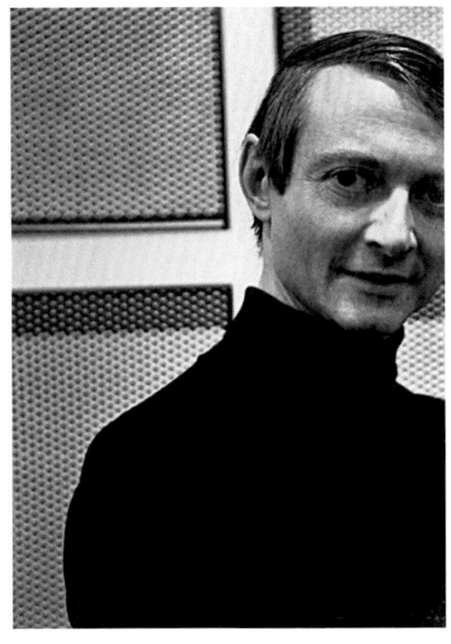

Roy Lichtenstein **1967**

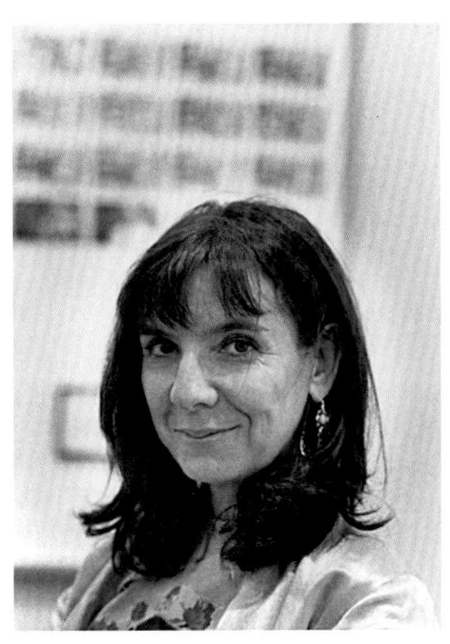

Sophie Calle **2000**

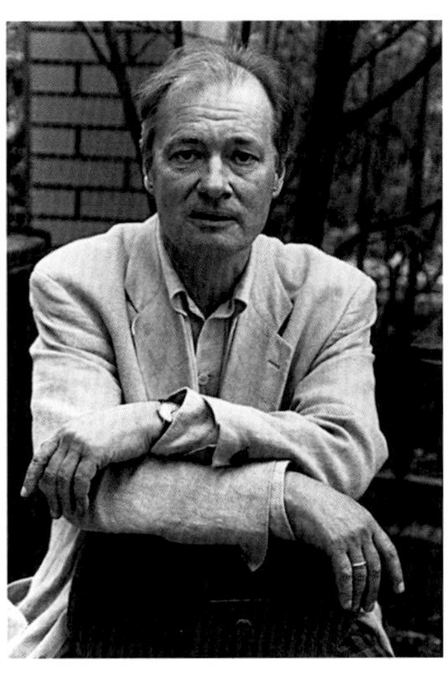

Per Kirkeby **2000**

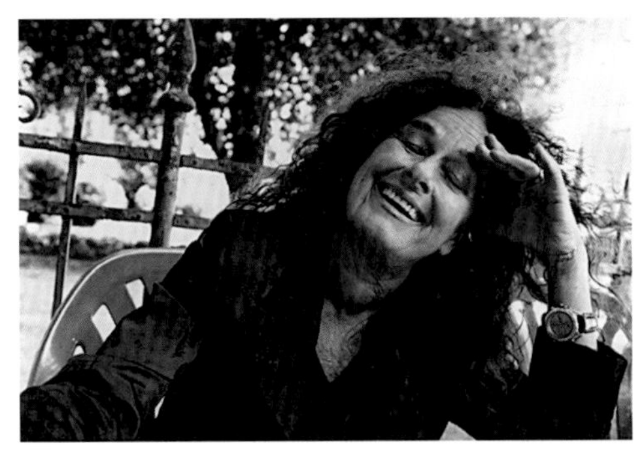

Ingeborg Lüscher **2001**

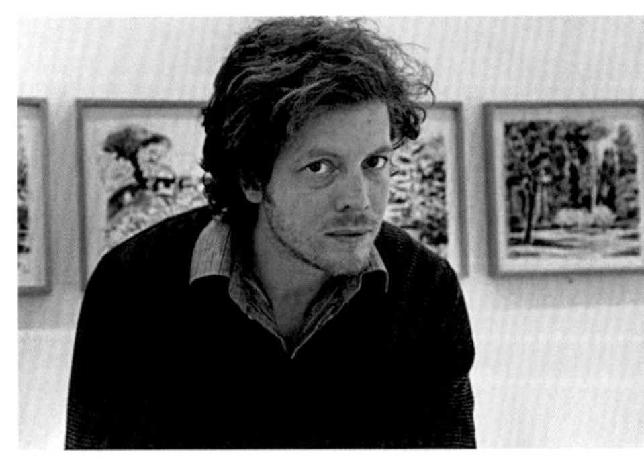

Matthias Weischer **2008**

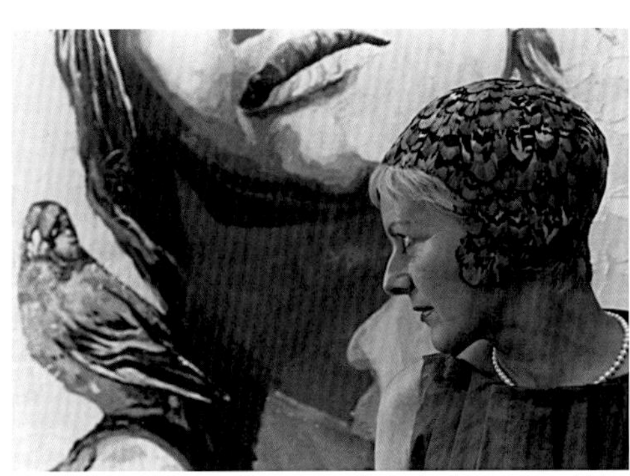

Cornelia Schleime **2000**

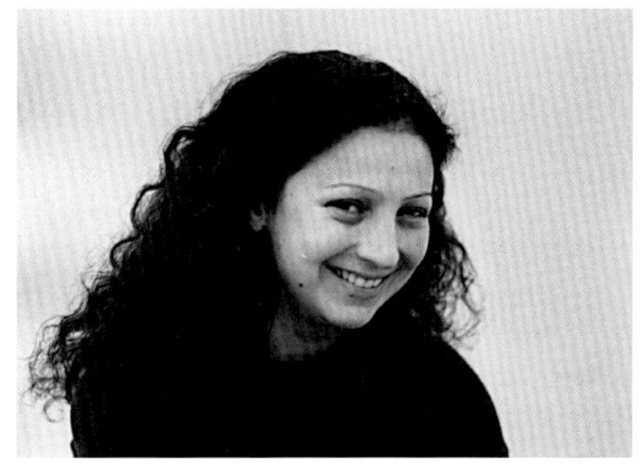

Paola Pivi **1999**

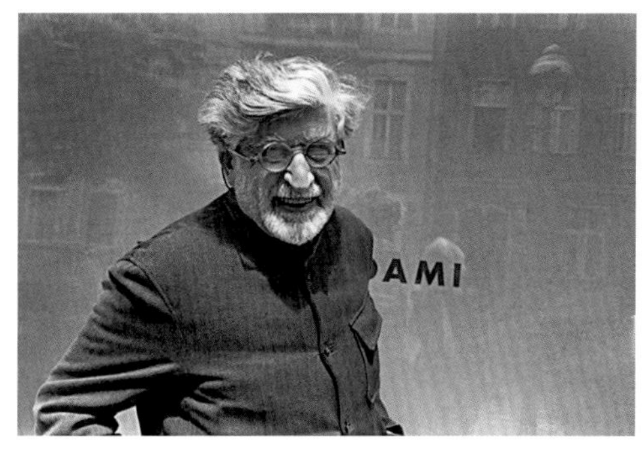

Valerio Adami **2008**

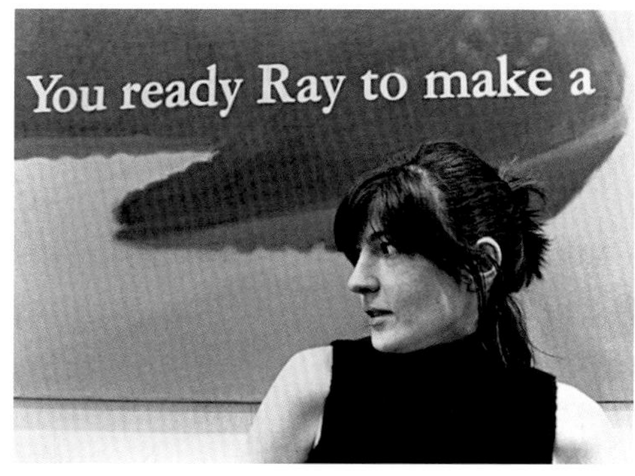

Tamara K. E. **2000**

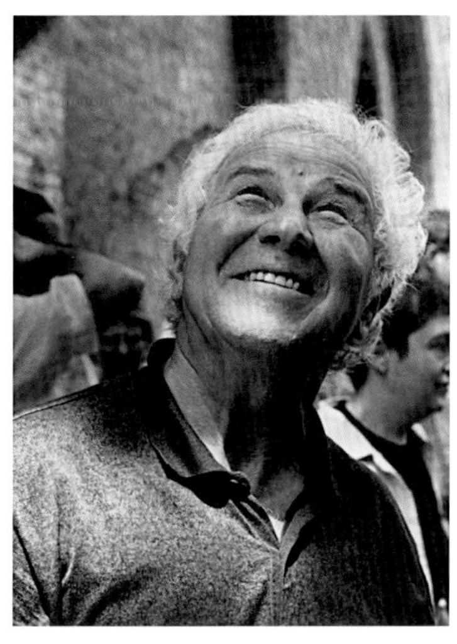

Ilya Kabakov **2001**

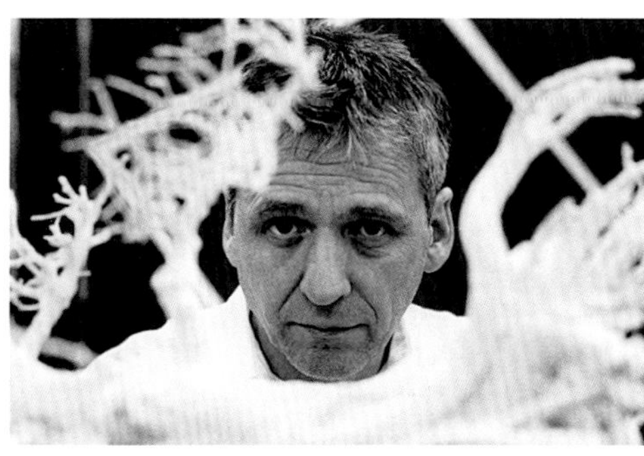

Joachim Elzmann **2009**

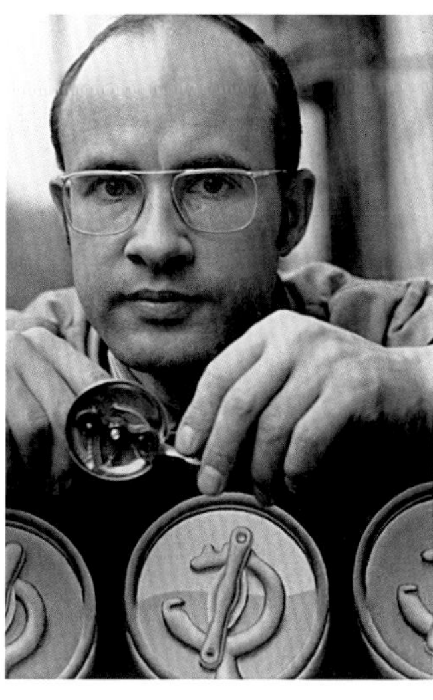

Konrad Klapheck **2001**

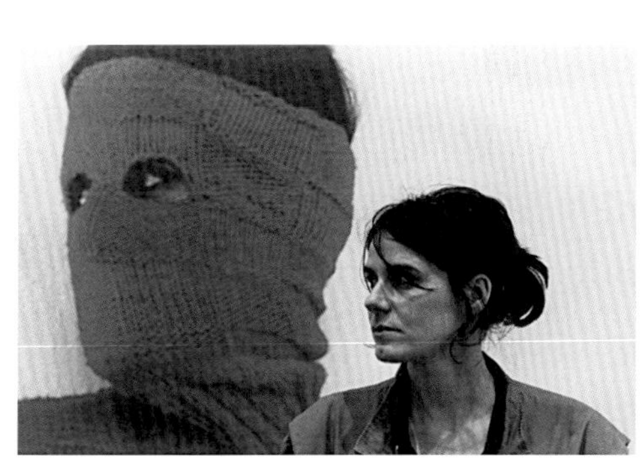

Birgit Brenner **2000**

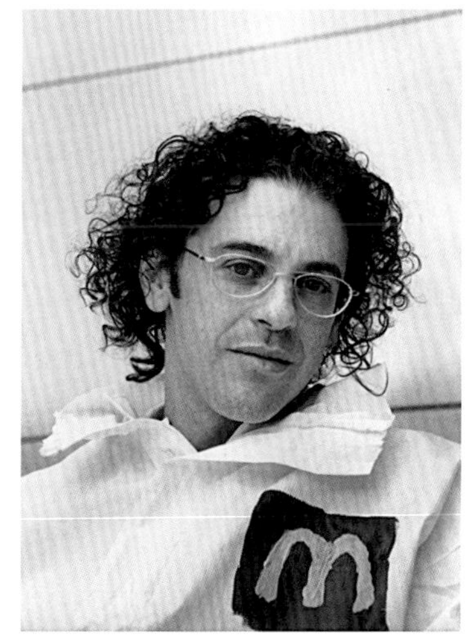

Tom Sachs **2003**

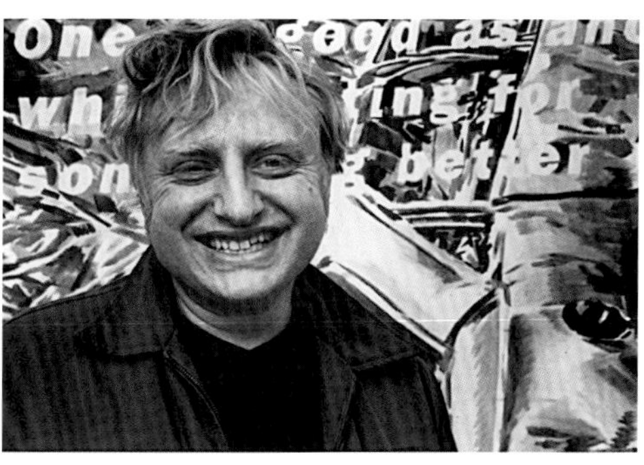

Wawrzyniec Tokarski **2003**

Sigmar Polke (1941–2010) springt vor vierzig Jahren im Düsseldorfer Hafen aus der »Langeweileschleife«. So nennt er die gewöhnlichen Abläufe im Produktionsalltag. Als Maler und als deutscher Staatsbürger ist Polke ein Virtuose der Fluchtbewegung. Aus Schlesien samt Familie vertrieben, lässt er sich zwölfjährig über die DDR-Provinz Thüringen in den rheinischen Westen treiben. Zum Glasmaler ausgebildet, perfektioniert er nach Verlassen der Düsseldorfer Kunstakademie das Prinzip Transparenz. Für das ironische Durchschauen und die malerische Auflösung von Realität wählt er – für kurze Zeit übereinstimmend mit den Freunden Gerhard Richter und Konrad Lueg – den vermarktungskritischen Begriff »Kapitalistischer Realismus«. Dann hebt er ab und startet Mitte der Sechzigerjahre zum Alleinflug hinter den Raster der Farben. Begabt für »Scherz, Satire, Ironie und tiefere Bedeutung«, hat Polke umso leichteres Spiel, als er 1969 auf einem Gemälde seine Auftraggeber verrät: »Höhere Wesen befahlen: rechte obere Ecke schwarz malen!«. Mit den Geistern vereint er sich und bekennt: »Der ganze Körper fühlt sich leicht und möchte gerne fliegen.« Am nächtlichen Himmel sieht er die Sterne seinen Namen schreiben, fängt den Staub von Meteoriten in mineralischen Farben auf, schwemmt Farbe wie Lackpfützen über die Fläche, erzeugt mit Eisenspänen »magnetische Bilder«, geht zwischendurch in den Keller, um das Keimverhalten von Kartoffeln auszuwerten. Die Fluchtbewegungen sind auch geografischer Natur: Wer ihn treffen will, hat meist kein Glück, denn er versteckt sich außer im Kölner Atelier an ausländischen Zufluchtsorten und verschwindet gern auf anderen Kontinenten. Bevor ihn die tödliche Krankheit einholt, ist der Ungreifbare zuletzt 2009 im Großmünster von Zürich mit einem sphärischen Vermächtnis präsent: Ein Jahr vor seinem Tod leuchten dort zwölf Kirchenfenster des Glasmalers auf – sieben davon aus Achat, dem schillernden Lieblingsquarz des Alchimisten.

Sigmar Polke (1941–2010), forty years ago at the harbor in Düsseldorf, leaps out of "the circle of boredom." This is what he called the usual course of events in the daily routine of production. As a painter and as a German citizen, Polke is a virtuoso of escaping. Driven out of Silesia with his entire family, the twelve-year old made his way via the East German province of Thuringia to the Rhineland in the West. Trained as a stained-glass artist, he perfected the principle of transparency after leaving the Düsseldorf art academy. With his friends Gerhard Richter and Konrad Lueg, he chose the marketing-critical term "Capitalist Realism," a short-lived movement to describe the ironic penetration and artistic disintegration of reality. He then took off in the mid-nineteen-sixties, embarking on a solo flight behind patterns of colors. With his gift for "jesting, satire, irony, and deeper meaning," Polke had an easier time of it when, in 1969, he betrayed his secret patron in one of his paintings: "Higher being ordered the upper corner to be painted black!" He became one with the spirits and confessed, "The whole body feels light and would like to fly." In the nocturnal sky he sees stars writing his name; he captures the dust from meteorites in mineral colors; he washes paint like shiny puddles over surfaces; he creates "magnetic paintings" with iron filings, and goes down into the basement from time to time to analyze the germination of potatoes. His escapes are also geographic in nature: those who want to meet up with him are usually out of luck, for when he is not holding out in his Cologne studio, he is hiding in foreign sanctuaries. He also likes to disappear to other continents. The nontangible entity was last spherically present—before the deadly illness caught up with him—in Zurich: one year before his death twelve church windows by the stained-glass artist were illuminated—seven of these are made of polished agate, the alchemist's favorite shimmering quartz.

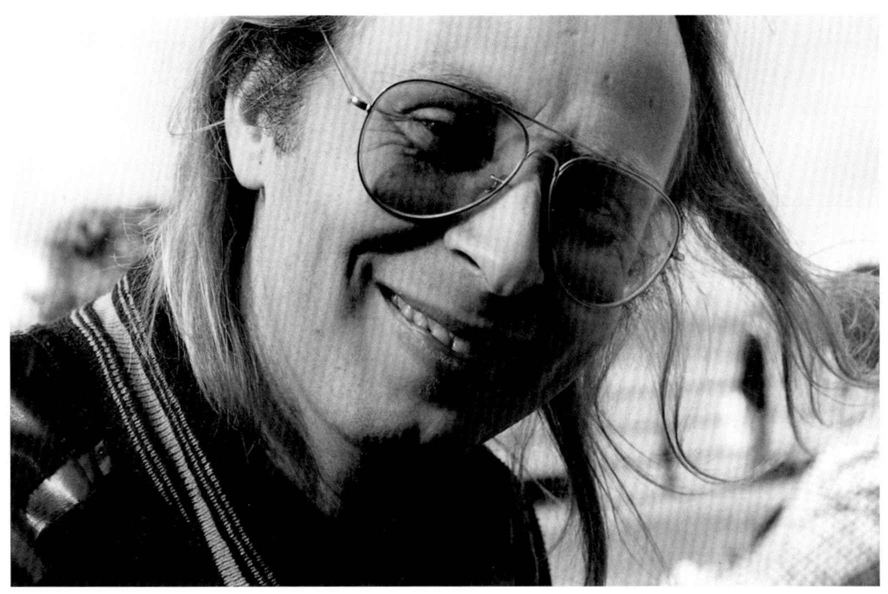

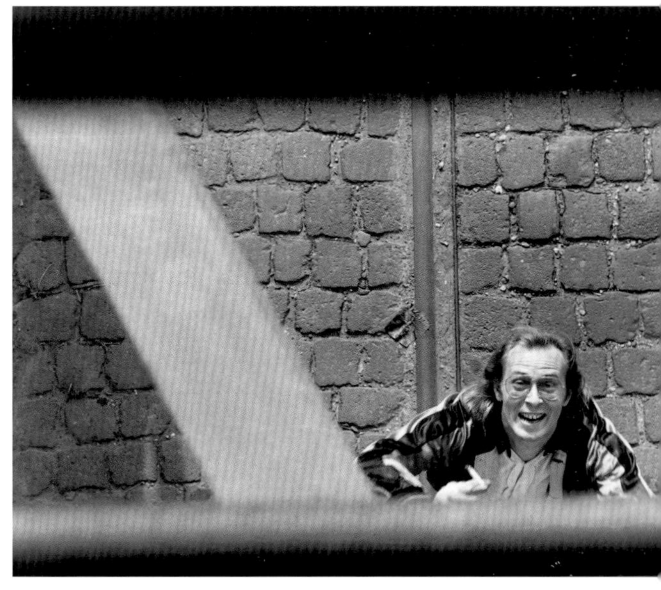

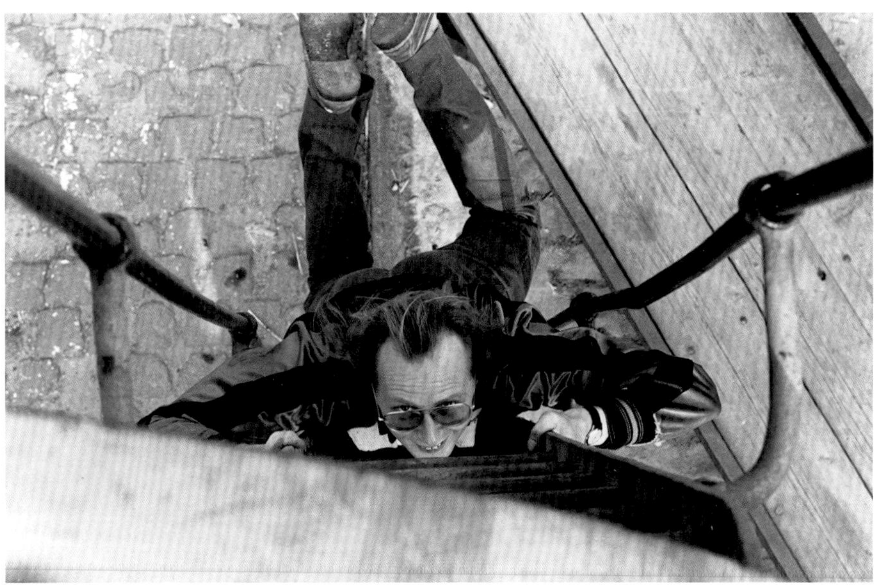

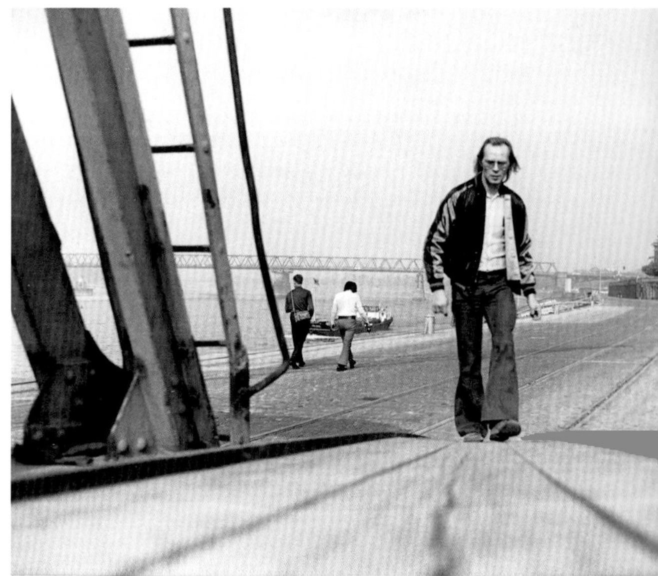

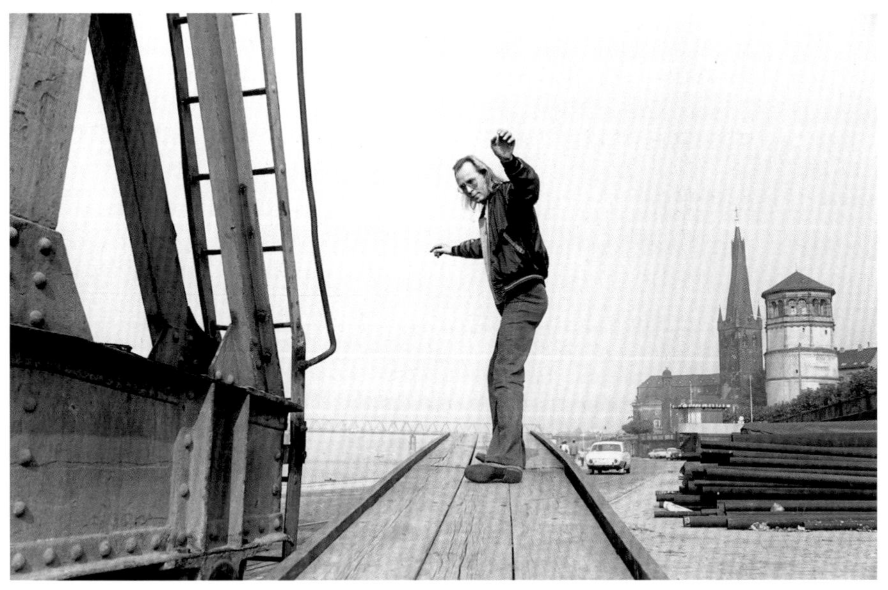

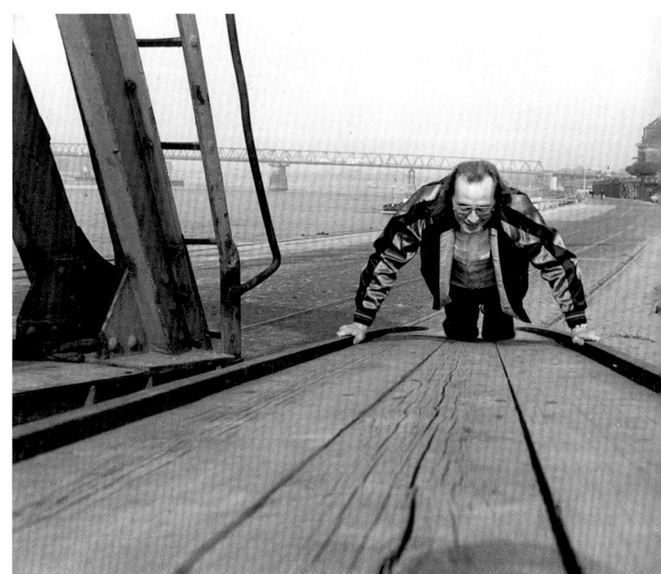

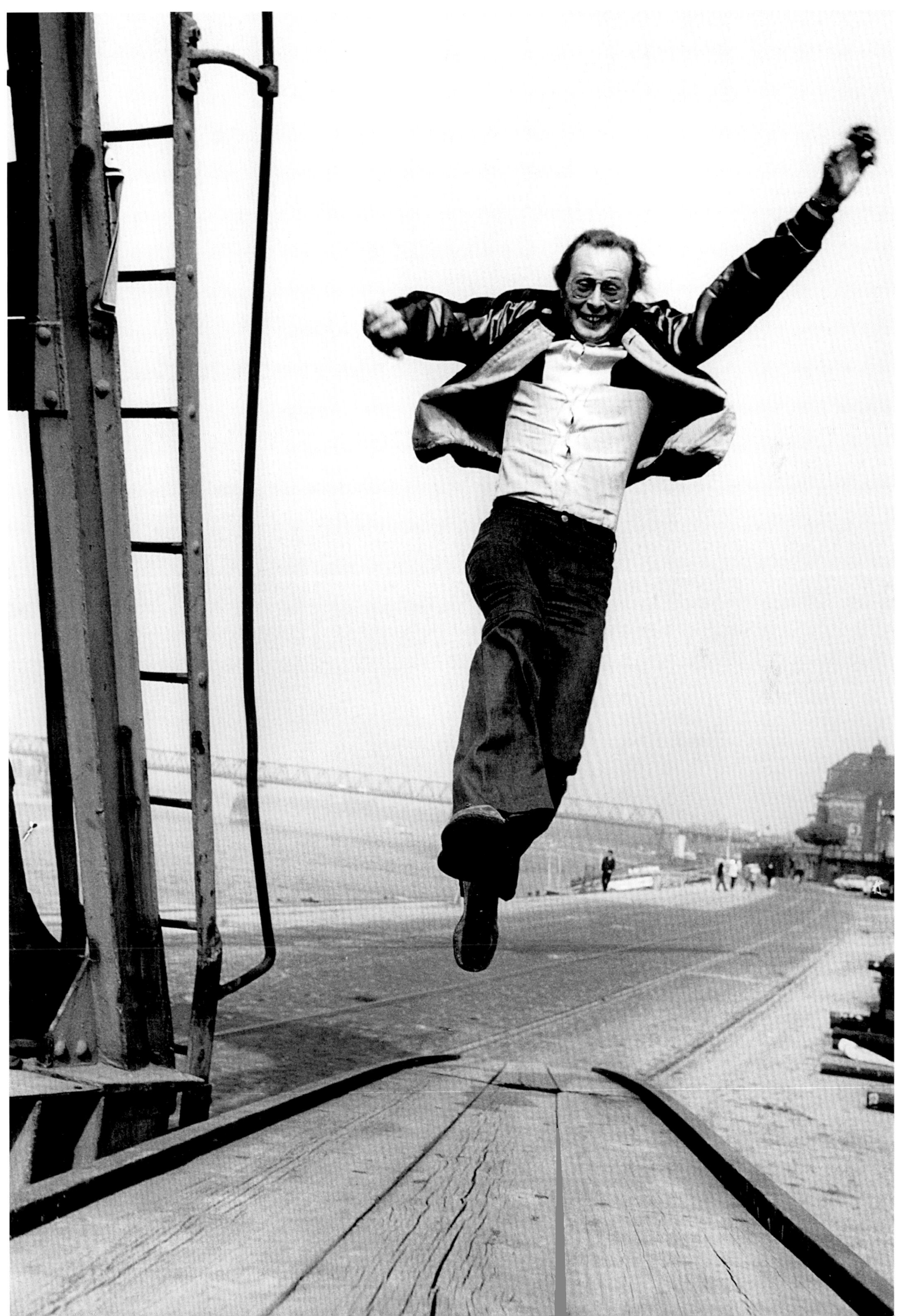

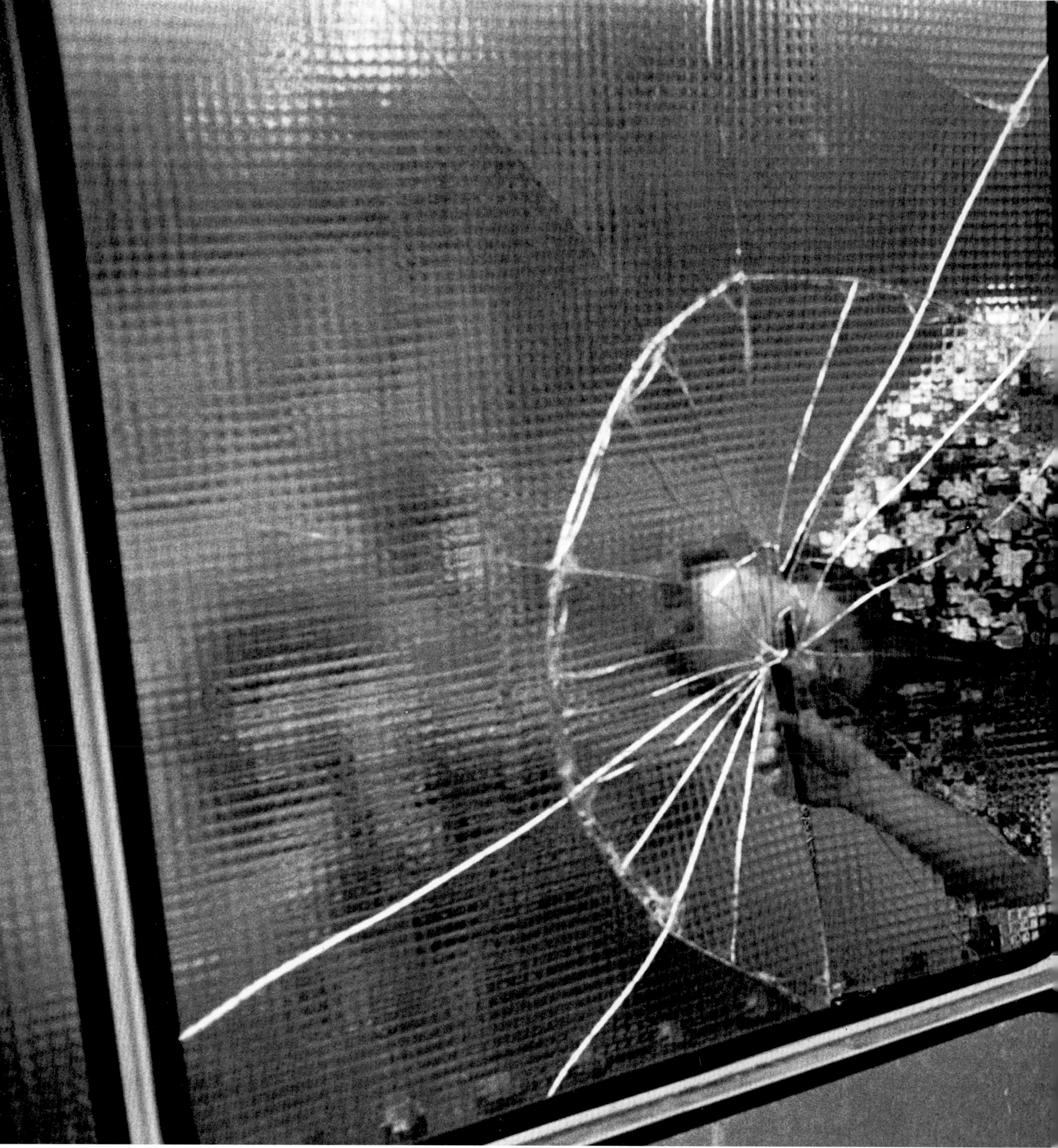

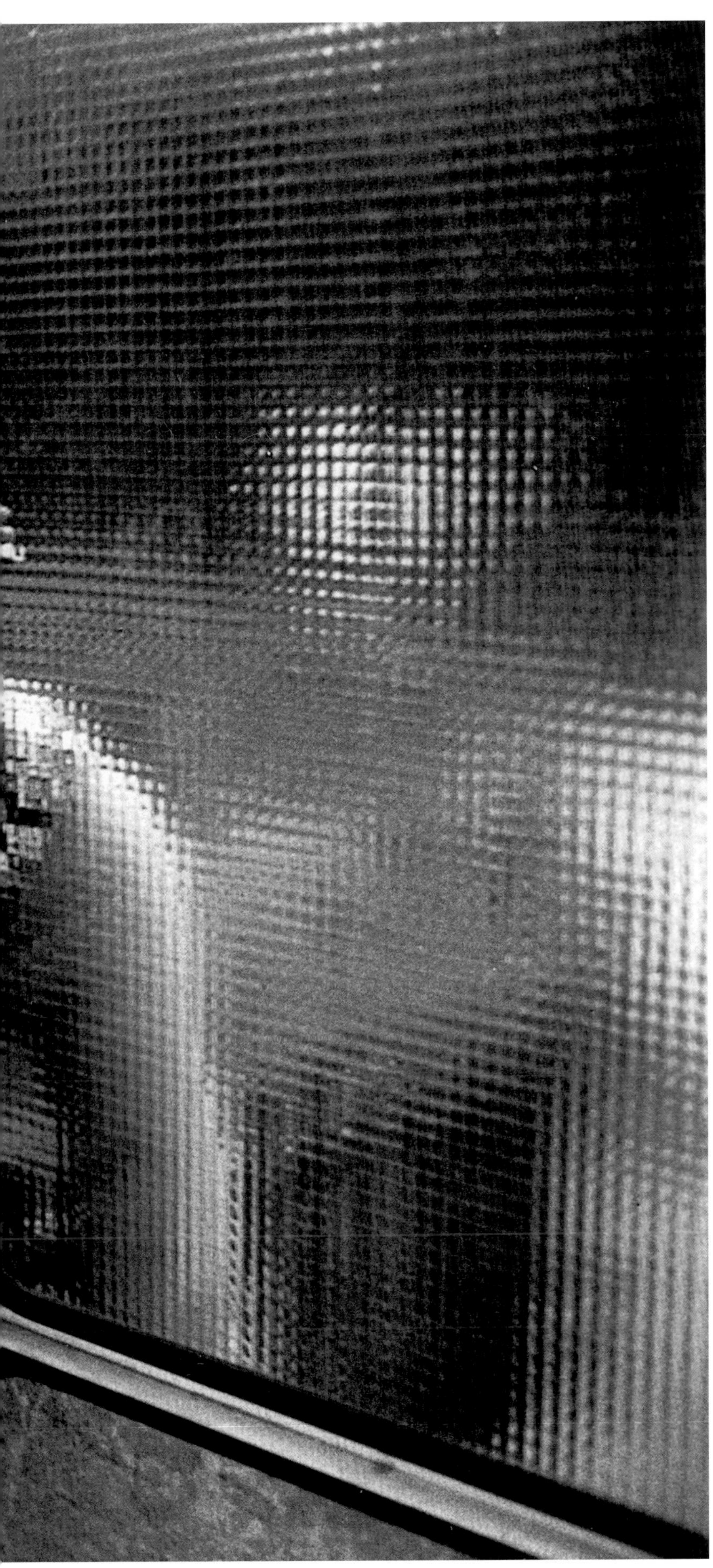

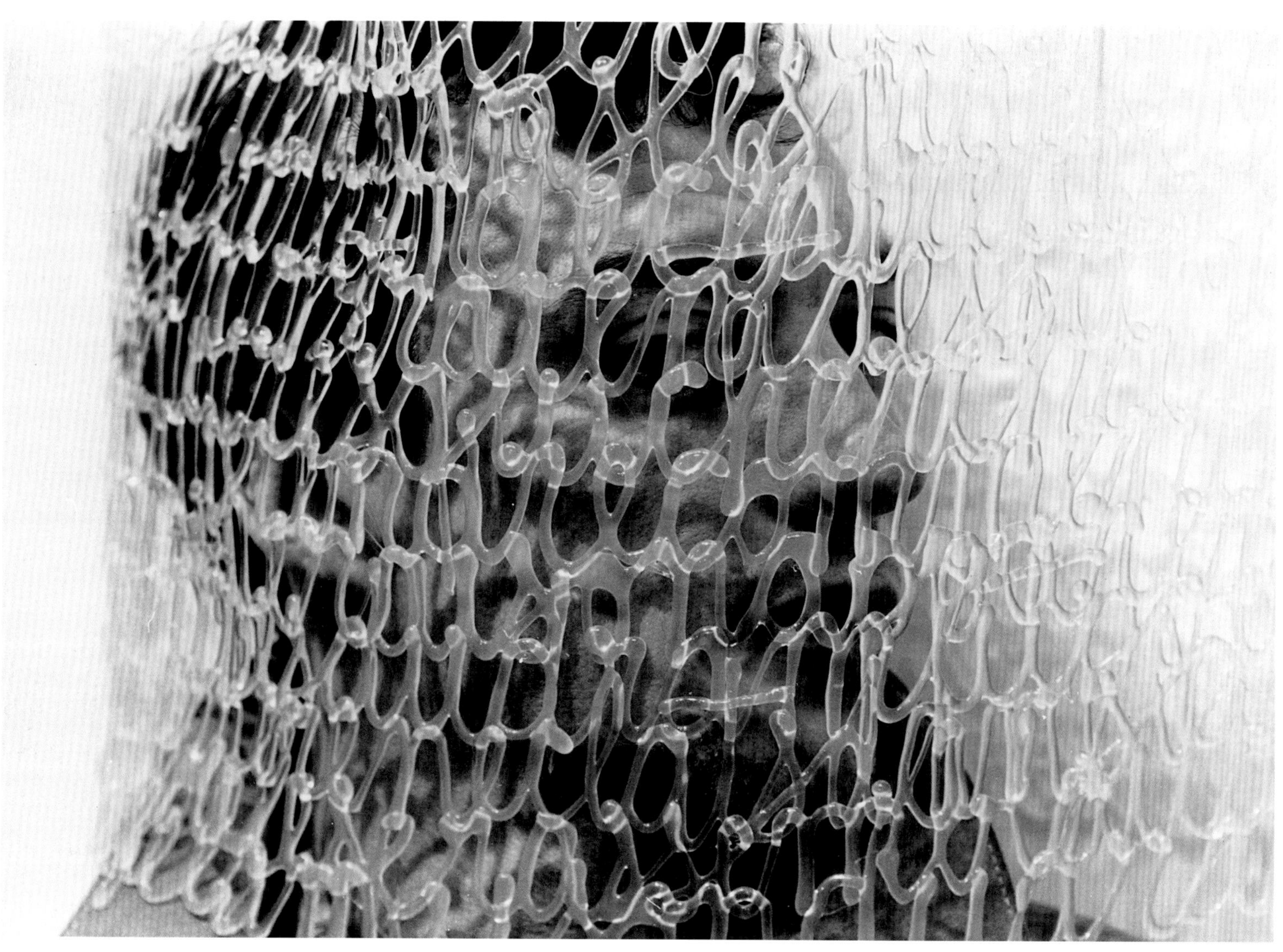

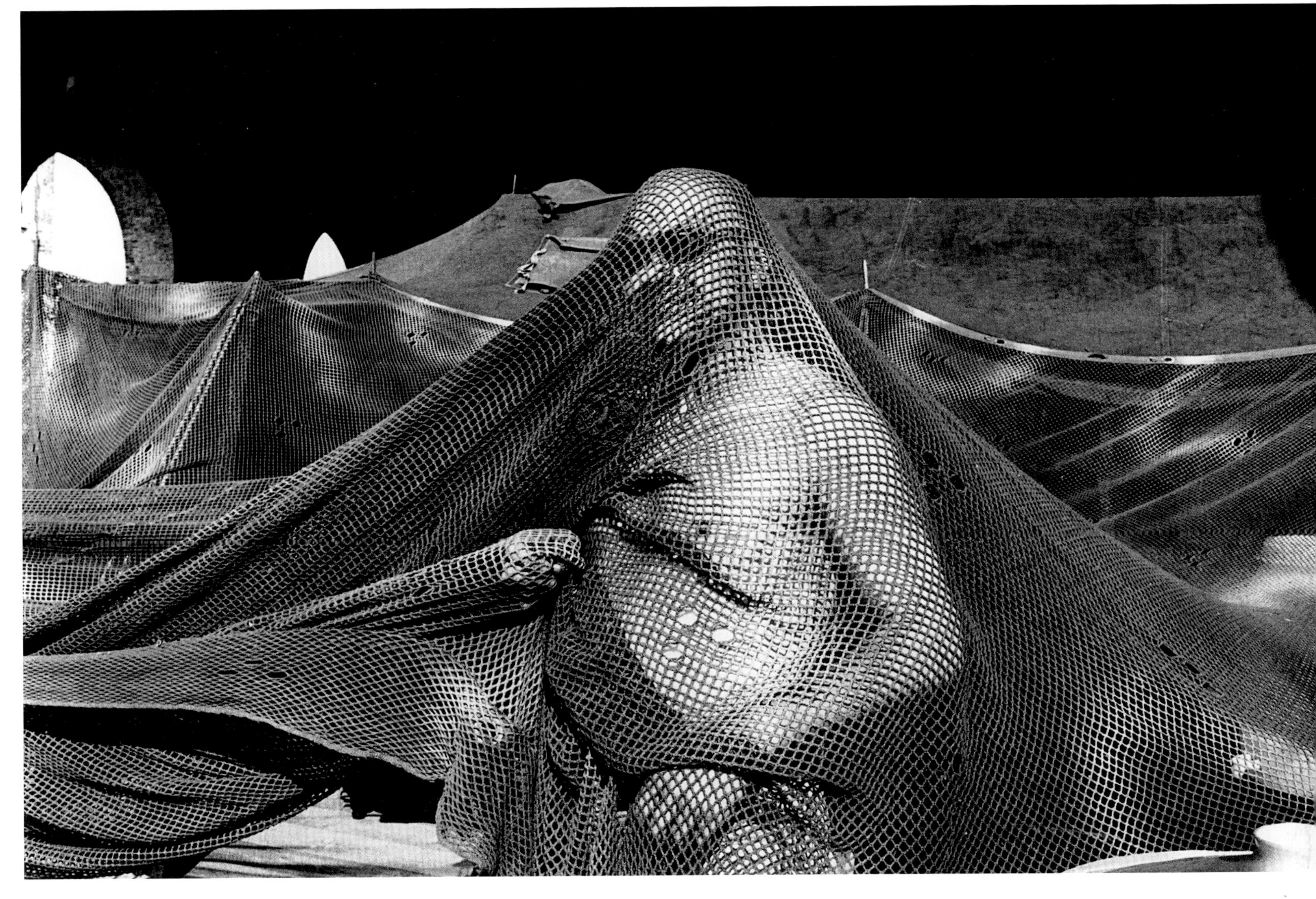

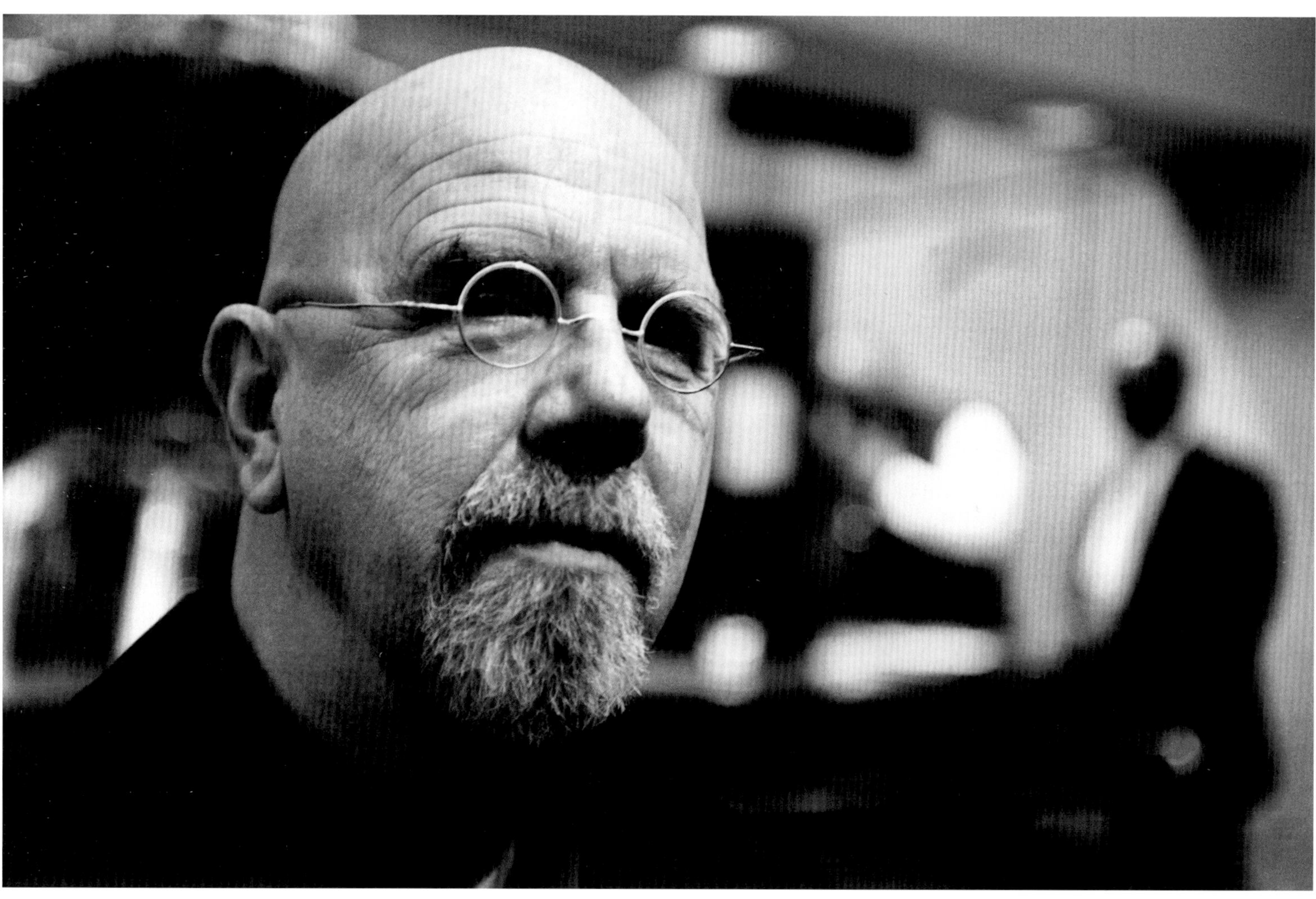

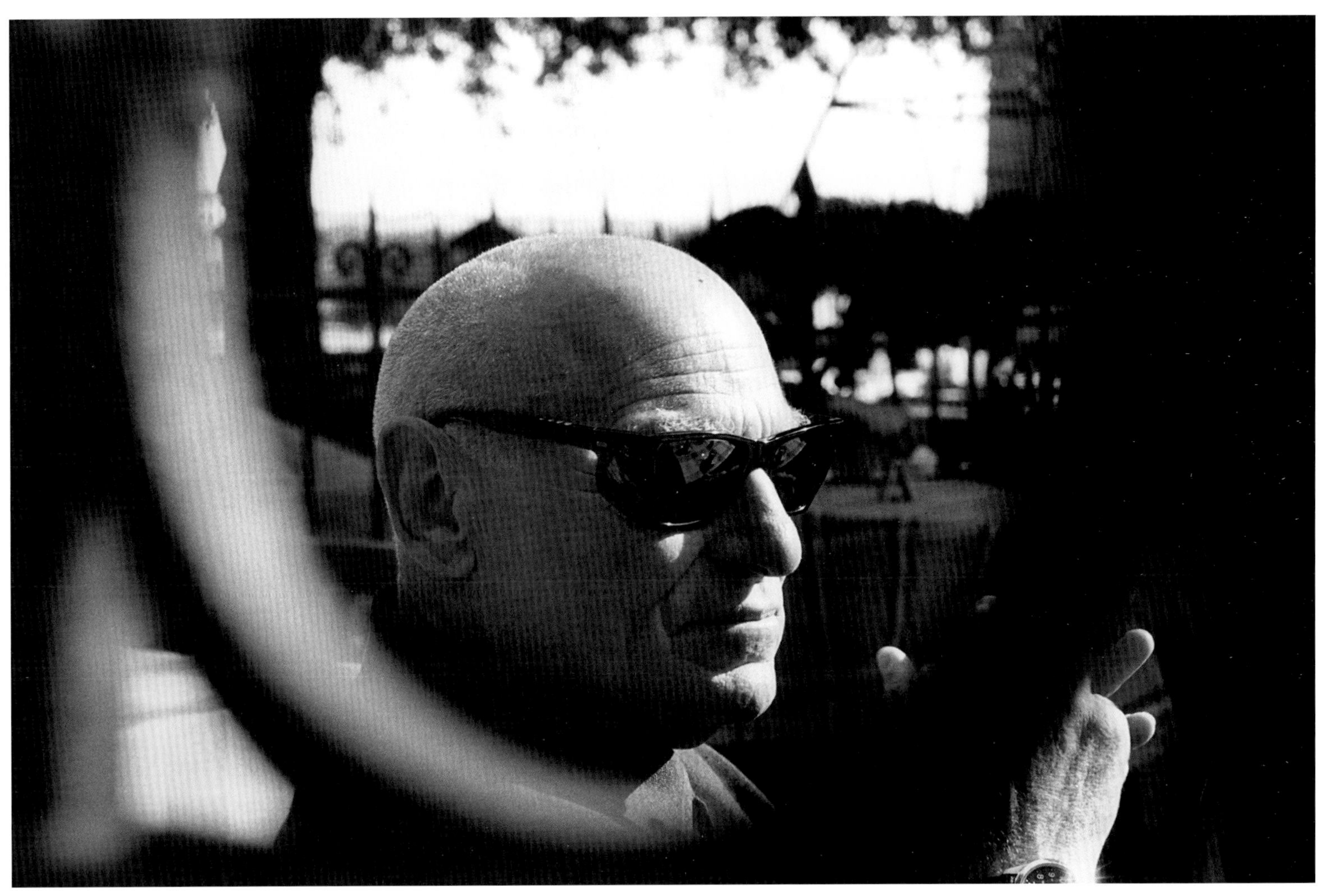

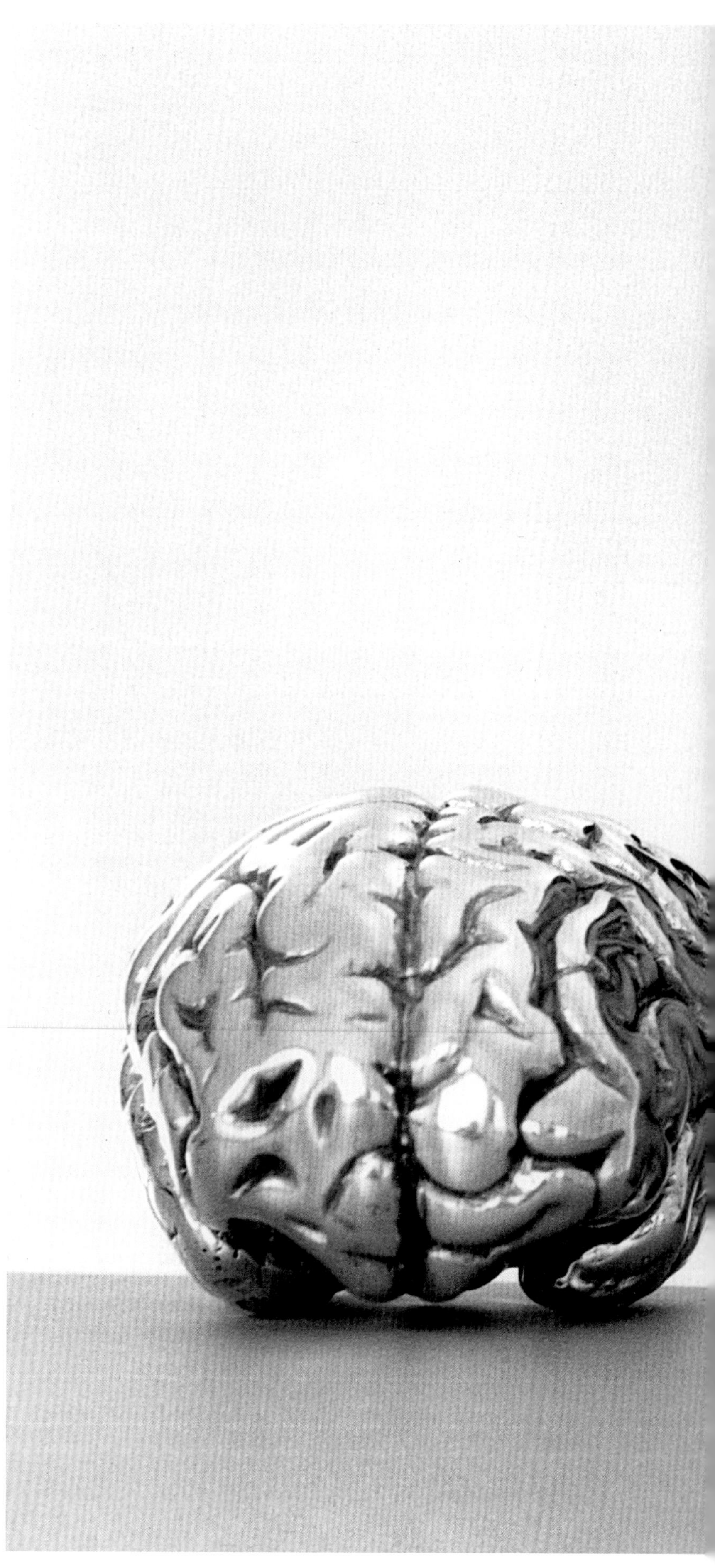

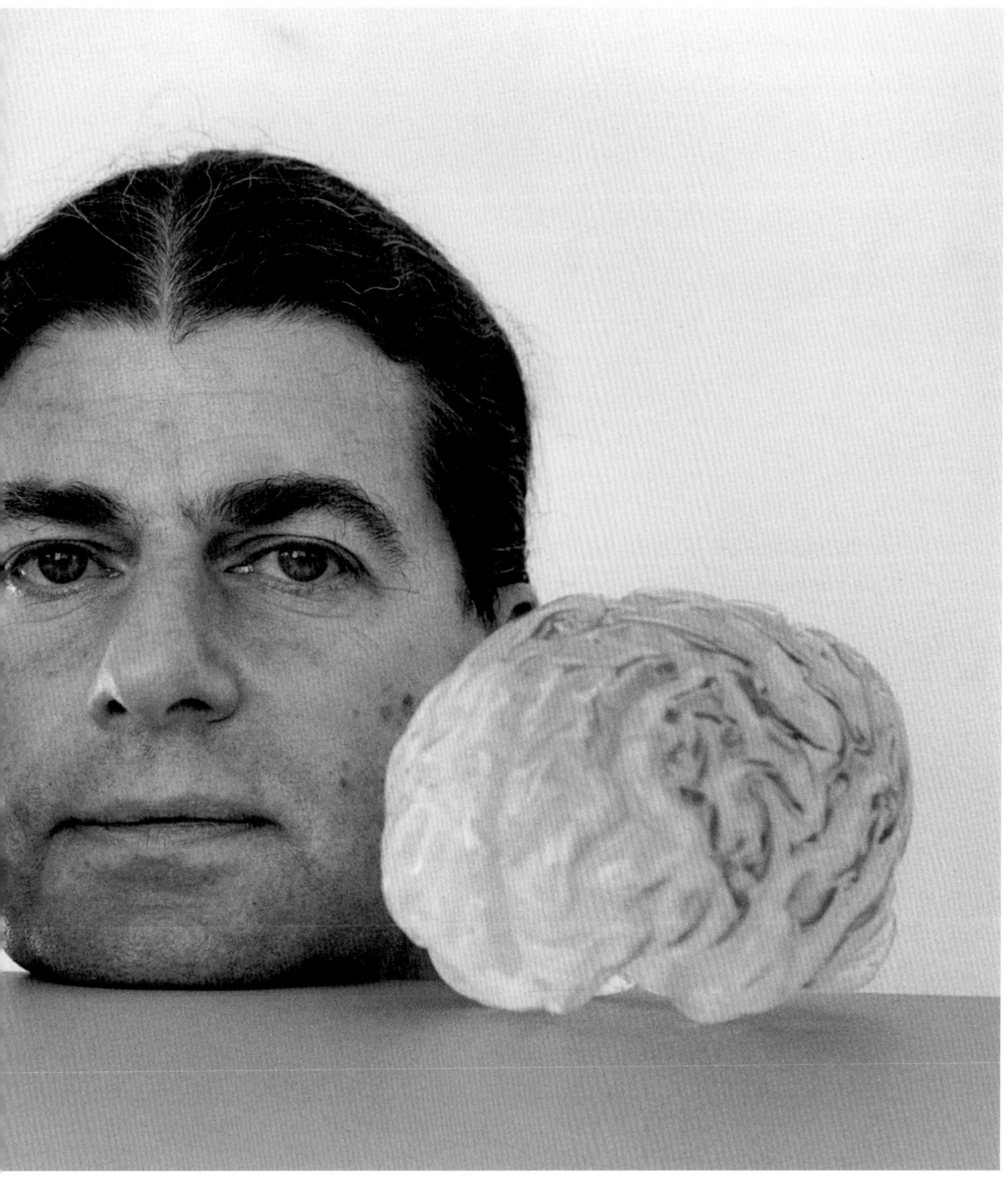

»Ich war nur die, die ihnen ins Gesicht und in die Seele schauen wollte.«

Thomas **Hettche** im Gespräch mit Angelika **Platen**

Thomas **Hettche** in Conversation with Angelika **Platen**

“I was just the one who wanted to look into their eyes and souls.”

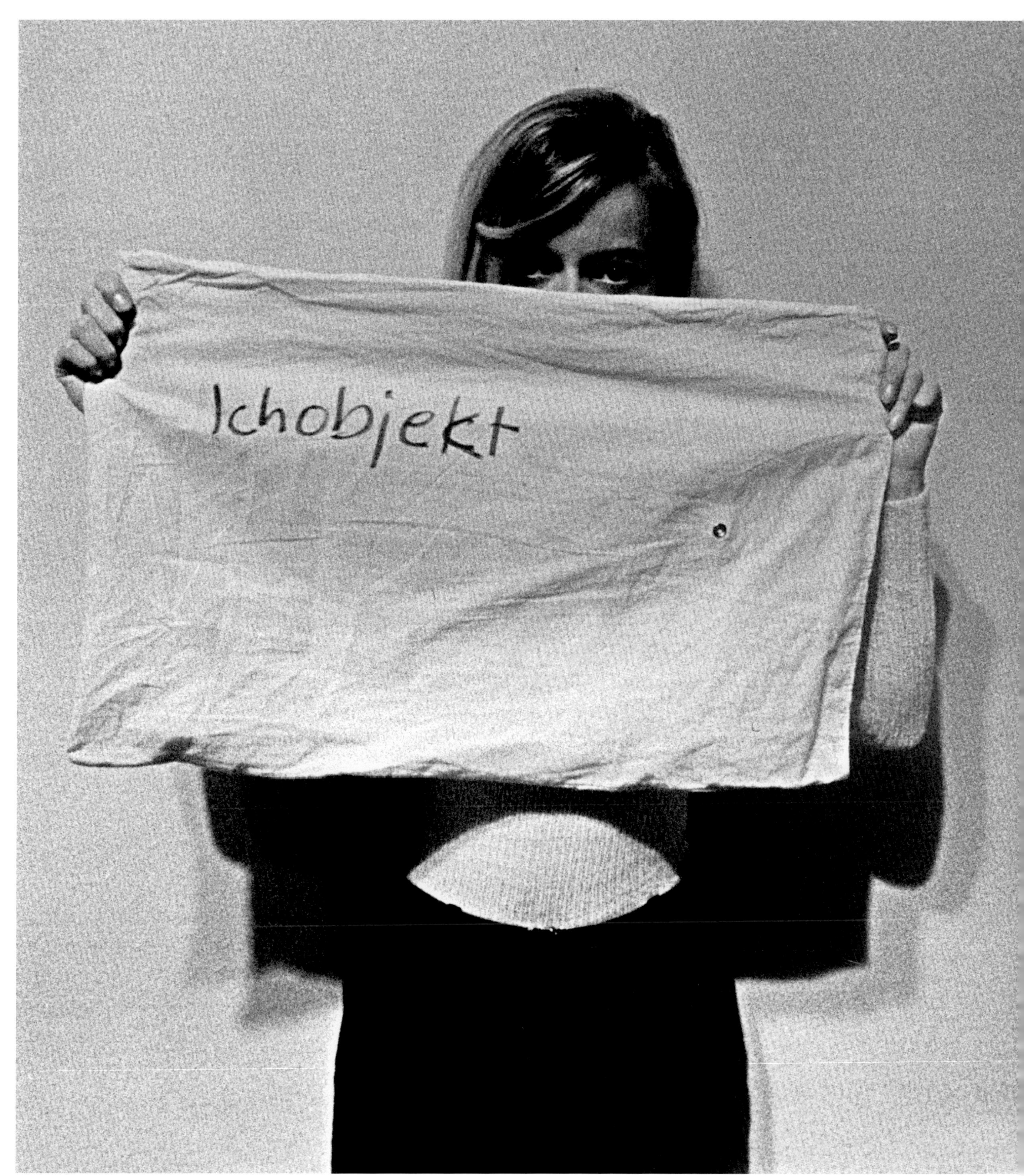
Ichobjekt

»Als ich dreizehn war, 1955, sind wir für ein Jahr nach Amerika. Das war aufregend.«
»Wieso?«
»Ich war so ein kleines Mädchen mit blauem Faltenröckchen und einem Blüschen und mit Pferdeschwanz, und da waren junge Frauen in der Klasse mit Pettycoat und roten Lippen und roten Fingernägeln. Und dann stand das kleine Mädchen da, das aussah wie neun, und die andern sahen aus wie fünfzehn, und dann hat es innerhalb von zwei Monaten Englisch gelernt und wurde zu einer jungen Frau.« Angelika Platen lächelt. »Ganz schnell ging das«, sagt sie und ihre Stimme wird weich: »Musste ja sein.«
Der Vater Manager bei Mobil Oil, die Mutter, obwohl promovierte Volkswirtin, Hausfrau. Kindheit in Reinbek bei Hamburg. Das Erste, was Angelika Platen erzählt, ist, dass sie keine Erinnerungen an ihre frühe Kindheit habe. Nichts. Nur dieser eine Satz des Vaters, den er noch auf dem Sterbebett wiederholt habe: ›Ich kann das nicht zulassen.‹ Angelika Platen macht eine kleine, wie entschuldigende Geste. Oft weiß man nicht, ob eine Erfahrung, von der sie berichtet, furchtbar oder schön für sie war. Diskretion als Haltung. Auch Verschwendung, das zeigen schon diese kleinen Gesten ihrer Hände, ist ihre Sache nicht. Natürlich fällt einem das Stichwort *hanseatisch* ein. Und man ist sich sicher: Dass sie alle Erfahrungen zu nutzen verstanden hat.
»Das war eine fantastische Zeit«, sagt sie. »Plattenspieler, Elvis und der erste Kuss.« Und die Rückfahrt auf der Queen Mary.

Bazon Brock **1968**

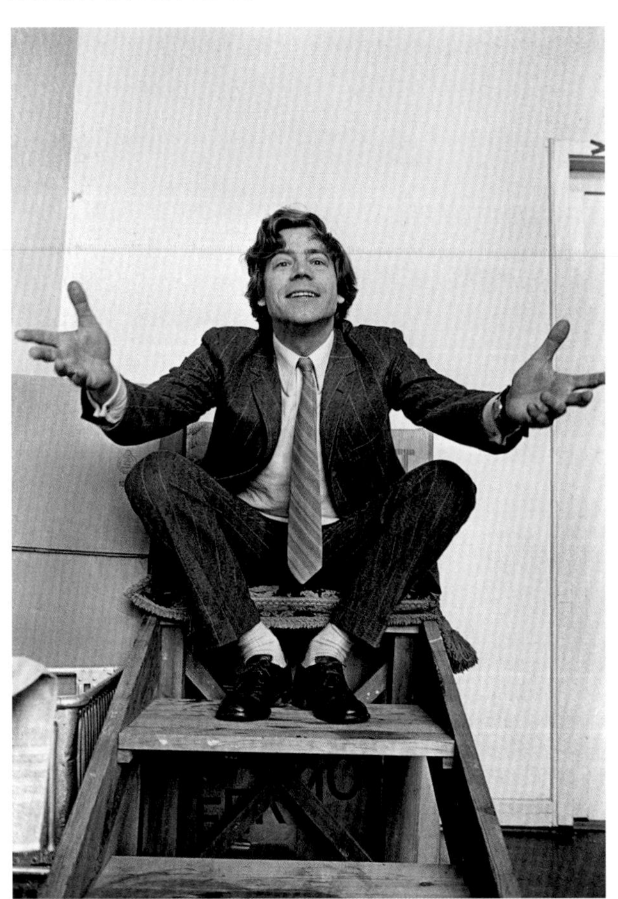

"When I was thirteen, in 1955, we moved to America for a year. It was exciting."
"Why?"
"I was such a little girl, dressed in a blue pleated skirt and a blouse, with a pigtail; there were young women in the class, with petticoats and red lips and painted fingernails. And this small girl was standing there, who looked like she was nine, and the others looked like fifteen, and then, two months later, she had learned to speak English and had been transformed into a young woman." Angelika Platen smiles. "It happened so quickly," she says, her voice becoming soft. "I had no choice."
Her father was a manager at Mobil Oil, her mother—although a doctor of economics—was a housewife. A childhood in Reinbek outside Hamburg. The first thing Angelika Platen says is that she has no memories of her early childhood. Not a single one. Except one sentence uttered by her father, one that he repeated on his deathbed: "I cannot allow that." Angelika Platen gesticulates mildly, as if apologizing. It is often difficult to know if an experience she speaks of was wonderful or dreadful for her. A discreet mindset. Extravagance is not in her nature either. This is visible in the small gesticulations of her hands.

»Ich hab mein Leben mal in Schubladen getan. Und das hier ist in der zweiten Schublade.« Sie legt einen Stapel schwarzer Schulhefte in DIN-A5 auf das Tischchen neben das Silbertablett mit den Wassergläsern und setzt sich wieder in die Ecke des weißen Sofas im oberen Stockwerk ihrer großzügigen Maisonettewohnung, weit im Berliner Westen. Unten die Wohnräume, hier oben, unter dem offenen Dachstock, Büro und Studio. Der Blick geht über die Terrasse in den grauen Berliner Himmel.
»Schublade eins ist die Kindheit?«
»Ja.«
»Und wie viele gibt es?«
»Fünf.«
Fotoalben, die nach Tagebüchern aussehen, aber Tagebücher fast ohne Text, ein Leben in Bildern, eingeklebten Kontaktstreifen, kleinen Fotos; ein Fotografinnenleben, das erkennbar aus dem privaten Leben herausgewachsen ist, aus den Schnappschüssen des Alltags, organisch und uneitel, dokumentarisch, ohne jede künstlerische Pose.
»Hier, das ist mein erster Mann, geschminkt als Pantomime. Er hatte in Paris bei Étienne Decroux studiert, dem Lehrer von Jean-Louis Barrault. Sie wissen schon: *Kinder des Olymp.*« Der promovierte Romanist und Theaterwissenschaftler war fünfundzwanzig, als sie ihn kennenlernte. »Ich war sehr beeindruckt von diesem Mann mit siebzehn, der so intelligent war

Of course Hanseatic reserve comes to mind. And one is certain: she has profited from of all her experiences.
"It was a fantastic time," she says. "Record players, Elvis, and my first kiss. And the journey home aboard the *Queen Mary.*"

"I put my life into several drawers. And this is the second drawer." She places a stack of black DIN-A5-sized notebooks on a small table, next to a silver tray with tumblers on it, and sits back down on the corner of the white sofa on the top floor of her spacious duplex, situated far in the west of Berlin. Downstairs are the living quarters; up here, in the loft, her office and studio. The view beyond the balcony is of a gray Berlin sky.
"Drawer one is childhood?"
"Yes."
"And how many drawers are there?"
"Five."
Photo albums that look like journals, but journals nearly devoid of text, a life in pictures, pasted contact strips, small photographs; a photographer's life that obviously evolved from her private life, from snapshots of everyday activities, organic, humble, documentary-like, without artistic postures.
"Here is my first husband, made up as a mime. He studied in Paris with Étienne Decroux, Jean-Louis Barrault's teacher. You know, *Children of Paradise.*" The Romance languages scholar and drama theorist was

und Bücher schrieb und veröffentlichte.« Doch natürlich machte sie noch ihr Abitur, bevor sie zu ihm nach Berlin zog. »Ich hab Orientalistik studiert. Eigentlich wollte ich ja Architektin werden, aber er fand, ich solle Arabisch lernen, also habe ich Arabisch gelernt und den Koran gelesen, und dann bin ich schwanger geworden. Damit war der Traum vom Studium aus.«
»Und Sie haben geheiratet?«
»Ja, 1962. Und 63 wurde unsere Tochter geboren. Da hab ich mir meinen ersten Fotoapparat gekauft.«
»Für Babyfotos.«
»Für Babyfotos, genau. Die ersten zwei Jahre hab ich nur Babyfotos gemacht. Bis wir 1964 auf unsere große Wüstenreise gegangen sind – mein Mann hatte einen Auftrag vom NDR –, mit dem Bus nach Spanien und über Gibraltar nach Marokko, nach Algier und weiter in die Wüste bis In Salah und dann mit dem Lastwagen weiter nach Süden bis Tamanrasset, zu den Tuareg. Campieren unter freiem Himmel, Couscous mit den Fingern. Mein Mann hatte seine kleine Filmkamera dabei und ich meinen Fotoapparat.«
»Wie alt waren Sie da?«
»Zweiundzwanzig. Ganz jung.« Sie deutet auf ein Bild: »Hier waren wir bei der Fremdenlegion. Ich hatte meinen Minirock an, das war so was von aufregend zwischen diesen vielen Männern.« Nonchalant schlägt sie die Seite um. »Und hier das Hammelessen mit dem algerischen Präsidenten.«

twenty-six when she met him. "I was very impressed by this man when I was seventeen; he was so intelligent and he wrote and published books." Naturally, she graduated before moving to Berlin with him. "I started classes in Oriental studies. I actually wanted to become an architect, but he thought I should learn Arabic; so I learned Arabic and I read the Koran and then I got pregnant. That ended my dream of studying."
"And did you marry?"
"Yes, in 1962. And in '63 our daughter was born. That is when I bought my first camera."
"For baby pictures."
"That's right. For baby pictures. For the first two years I only took pictures of the baby. Until 1964, when we went on our big trip through the desert—my husband had an assignment with NDR—we traveled with the bus to Spain and then through Gibraltar to Morocco, then to Algeria and into the desert. To In Salah and then with a truck further south to Tamanrasset, to the Tuareg. Camping out in the open, eating couscous with our fingers. My husband had his small movie camera and I, my photo camera."
"How old were you at the time?"
"Twenty-two. Very young." She points to a photograph: "Here we are with the Foreign Legion. I was wearing a miniskirt, which was very exciting among all those men." She turns the page nonchalantly. "And here we are eating mutton with the Algerian president."

1966 bekam ihr Mann eine Stelle beim *Stern.* Meinst Du, habe sie ihn gefragt, wenn ich gut fotografiere, könntest du mich bei deinen Aufträgen mitnehmen? Ja, das gehe. Also habe sie an der Kunsthochschule zu studieren begonnen und sich im Keller eine Dunkelkammer eingerichtet. Erste Aufträge zeigen Bernhard Minetti in *Warten auf Godot,* die Weißenhofsiedlung in Stuttgart, das Geburtshaus von Franz Liszt, den Bankier Abs vor einem Kirchner-Gemälde, ein Gefährt, neben dem am Kontaktbogen steht: Schwimmauto. Aber auch Bilder eines Happenings von Bazon Brock in Hannover. »Wunderschöne Bilder von Brock«, kommentiert Angelika Platen, »leider unscharf, alles unscharf. Aber da fing es an. Das waren so die ersten Kunstsachen.«

Angelika Platen holt einen neuen Stapel der schwarzen Hefte aus einem der weißen Schleiflackschränke ihres Büros, das eher einem Vorstandssekretariat als einem Künstleratelier gleicht, ein weißer L-förmiger Schreibtisch mit geordneten Büroutensilien, hohe Aktenschränke, Hängeregistraturen. Der erste Kunstmarkt in Köln, September 1967, war ein wichtiges Datum für sie. Danach fotografierte sie die Sammlung Ströher, den *Prospect* in Düsseldorf, die Sammlung der Deutschen Bank für *DIE ZEIT,* und vor allem die Beuys-Eröffnung im Van Abbemuseum in Eindhoven.

»Das waren die ersten guten Fotos.«

»Was heißt gut für Sie?«

»Ab da wurden die Fotos einfach immer gut. Ab da ging es. Wenn man

In 1966 her husband got a job with the magazine *Stern.* “Do you think,” she asked him, “if my photographs are good, you could take me along with you on your assignments?” He said yes. So she began studying at the art academy and set up a darkroom in the basement. Her first assignments were of Bernhard Minetti in *Waiting for Godot,* the Weissenhof housing development in Stuttgart, the house where Franz Liszt was born, the banker Hermann Josef Abs in front of a Kirchner painting, and a vehicle labeled “floating car” on the contact sheet. There were also photographs of a happening by Bazon Brock in Hanover. “Wonderful pictures of Brock,” Angelika Platen comments. “Unfortunately out of focus, all of them were out of focus. But that is when it all began. These were the first art things.”

Angelika Platen takes a new pile of black notebooks out of a white lacquered cabinet in her office—more like the office of a manager’s secretary than an artist’s studio—a white L-shaped desk with neatly arranged office utensils, tall filing cabinets, hanging files. The first art fair in Cologne, September 1967, was an important date for her. After this she photographed the Ströher Collection, *Prospect* in Düsseldorf, the Deutsche Bank Collection for *DIE ZEIT,* and, most importantly, the Beuys opening at the Van Abbemuseum in Eindhoven.

“Those were the first good pictures.”

“What do you mean by ‘good?’”

“After this the photographs were just all good. After that it was easier. When

die ansieht, merkt man, jetzt war ich professionell. Zum ersten Mal geht es wirklich um Kunsträume. Nachdem ich die Fotos von Beuys in Eindhoven gemacht hatte, wurde ich sofort ständig veröffentlicht. Ganz schnell.«
»Lag das daran, dass Sie ihre Generation fotografiert haben?«
»Dass ich die Richtigen fotografiert habe.«
»Wie wählten Sie aus? Viele waren damals ja noch relativ unbekannt.«
»Willi Bongard, der bei der *ZEIT* für den Kunstmarkt verantwortlich war, hat mich sehr gepusht und immer auf Ausstellungen und Kunstmärkte geschickt. Wobei ich die Szene aber auch selbst schon gut kannte. Ich weiß noch: Eines Tages rief mich Franz Dahlem an, der Galerist, und sagte: ›Du, der Beuys ist in Hamburg, wenn Du willst, kommen wir zu Dir zum Abendessen.‹ Und dann kamen die, und der Franz Dahlem hatte eine große Mappe dabei mit vielen schönen Beuys-Zeichnungen und sagte: ›Die kann ich Dir verkaufen, für fünfzig Mark.‹ Und da musste ich sagen: ›Du Franz, die fünfzig Mark, die ich hatte, die habe ich jetzt für das Abendessen ausgegeben. Ich hab euch nämlich einen Rehrücken gemacht, mit Kronsbeeren und Kroketten.‹ Das war damals ganz neu, diese tiefgefrorenen Kartoffelkroketten.«
»Kronsbeeren?«
»Ja, diese Beeren, die man zu Wild isst.«
»Preiselbeeren?«

André Villers, Angelika Platen **2000**

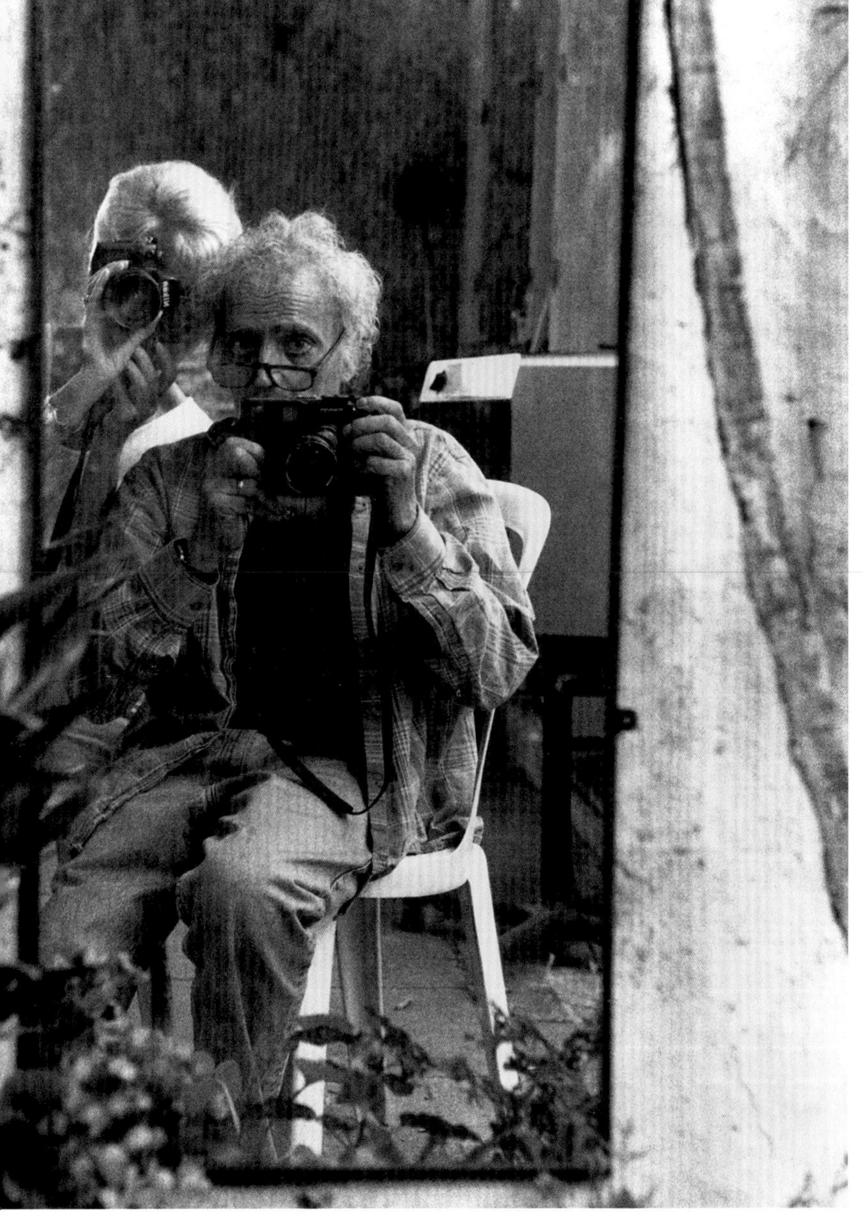

you look at them, you can see that then I was a professional. For the first time it was really about art spaces. After I took photographs of Beuys in Eindhoven, my work was constantly being published. It all happened very fast."
"Was that because you photographed artists from your own generation?"
"It was because I photographed the right artists."
"How did you choose? Many of them were still relatively unknown."
"Willi Bongard, who was responsible for covering the art market at *DIE ZEIT,* really pushed me and constantly sent me to exhibitions and art fairs. Although by that time I was already very familiar with the scene. I still remember how one day Franz Dahlem, the gallery owner, called me and said: 'Listen, Beuys is in Hamburg; if you want we can come to your place for dinner.' And then they came, and Franz Dahlem had a big portfolio with him that contained lots of wonderful Beuys drawings and he said to me, 'I can sell you these for fifty marks.' And then I had to tell him: 'Franz, the fifty

»In Hamburg nennt man die Kronsbeeren. Jedenfalls: Das Abendessen für Beuys war für mich eine Riesenausgabe, und so konnte ich die Zeichnungen nicht kaufen.«
»So hanseatisch nüchtern, wie Sie sich selbst beschreiben: Was hat Sie an der verschwenderischen, offenen Kunst dieser Generation angezogen?«
»Ich mag ja nicht unbedingt das, was mir selbst gleicht.«
»Man hat eine sichere Position hinter der Kamera?«
»Ja, das mag sein.«
»Haben Sie sich als Vermittlerin verstanden? Sie hatten ja Teil an einem Aufbruch. Wollten Sie ihre Künstler bekannt machen?«
»Nein, überhaupt nicht. Ich war nur die, die ihnen ins Gesicht und in die Seele schauen wollte.«
»In die Seele?«
»Ja.«
Sie nickt und ich warte, ob sie dazu noch etwas sagt, doch sie schweigt.
»Wäre es nicht verlockend gewesen, sich auch als Künstlerin zu verstehen?«
»Nein, gar nicht. Hab ich gar nicht dran gedacht. Es hat mir Spaß gemacht, so zu fotografieren. Es gab ja auch nur wenige, die Künstler fotografiert haben. Es gab die Abisag Tüllmann, es gab den Benjamin Katz, es gab die Ute Klophaus, und es gab den Bernd Jansen. Viel mehr gab es nicht, die das gemacht haben, so aus der Hand, wie ich.«

marks that I had I just spent on dinner. I cooked you a saddle of venison, with lingonberries and croquettes.' They were a brand new product back then, those frozen potato croquettes."
"Lingonberries?"
"Yes, the berries that you eat with game."
"Cranberries?"
"In Hamburg they were called lingonberries. In any event, the dinner for Beuys was a huge expense for me and that is why I could not buy the drawings."
"Such Hanseatic reserve, just like you describe yourself. What attracted you to the unlimited, open art of this generation?"
"I do not necessarily like things that are similar to me."
"It is safe behind a camera?"
"Yes, that could be."
"Did you see yourself as a mediator? You were part of a new movement. Did you want to help make your artists famous?"
"No, not at all. I was just the one who wanted to look into their eyes and souls."
"Into their souls?"
"Yes."
She nods and I wait to see if she wants to say something else, but she says nothing.

»Und warum schwarz-weiß? Ist Farbe bei Künstlerfotos nicht naheliegend?«
»Es gibt ja Farbfotos von mir. Etwa die Bilder von Gerhard Richter. Aber eigentlich hat es mich nicht gereizt. Mein Sehen ist schwarz-weiß, ich sehe nicht in Farbe. Ich habe das Gefühl, bei Farbfotografien fehlt etwas.«
»Da fehlt etwas?«
»Sie würden sagen, da ist mehr drin?«
»Schon.«
»Sehen Sie. Mir kommt es aber so vor, als fehlte Farbaufnahmen etwas. Vielleicht, weil man bei Schwarz-Weiß-Fotos anfangen muss, etwas hinzu zu tun.«
Wir stehen auf und gehen in den riesigen Dachraum hinüber. Ringsum lehnen gerahmte Abzüge an den Wänden. »Hier zum Beispiel«, sagt sie und

Angelika Platen fotografiert von/ photographed by Sigmar Polke **1971**

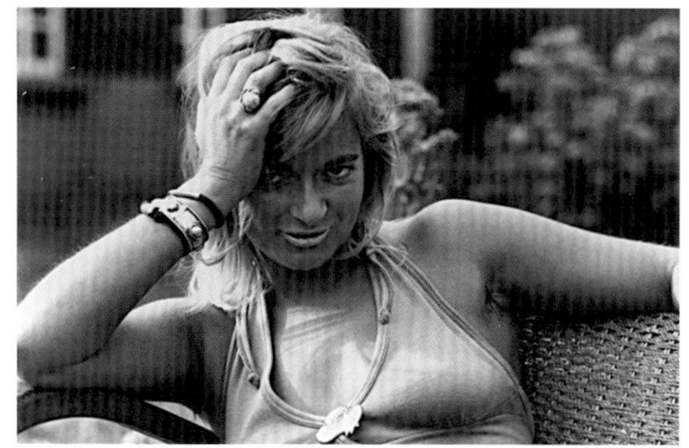

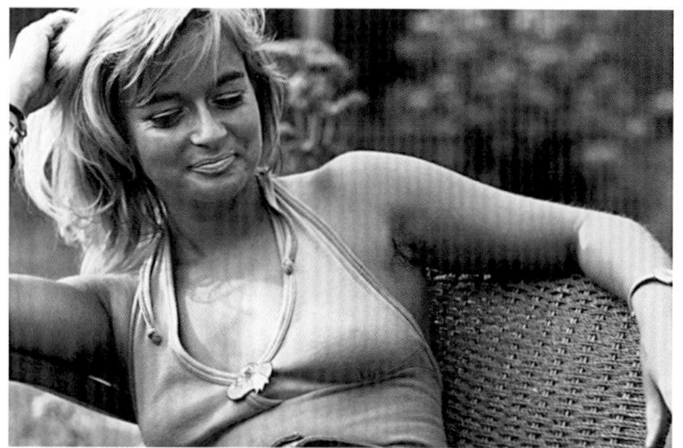

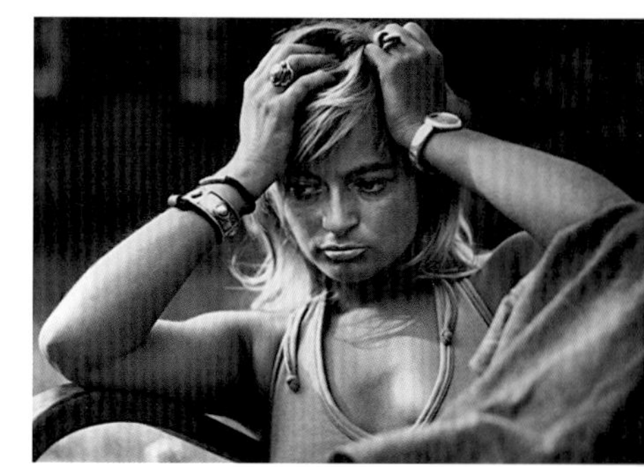

"Wouldn't it have been tempting to also see yourself as an artist?"
"No, not at all. It never even occurred to me. I just liked taking those kinds of pictures. There were very few photographers taking pictures of artists. There was Abisag Tüllmann and Benjamin Katz and Ute Klophaus and Bernd Jansen. There were not too many others who worked in the informal way I did."
"And why black and white? Isn't color an obvious choice when photographing artists?"
"I did take some color photographs. Of Gerhard Richter, for example. But I never really found it that intriguing. I see in black and white; I do not see color. With color photographs, I have the feeling something is missing."
"Something is missing?"
"Would you say there is more in them?"
"I think so."
"You see, I have the feeling that something is missing from color images. Perhaps that's because one has to add something to black-and-white photographs."
We stand up and move over to the loft space. Framed prints lean against all the walls. "Here for instance," she says, pointing to a picture: "One asks: what kind of a strange bathrobe is he wearing? Is it blue and white? Chinese? Or is it red and white perhaps? No, it has to be a blue-and-white

deutet auf ein Bild: »Man fragt sich: Was hat der denn für einen komischen Bademantel an? Ist das einer dieser blau-weißen? Dieser chinesischen? Oder ist es vielleicht ein rot-weißer? Nee, das muß ja wohl ein blau-weißer sein. Die Imagination kommt dazu. Bei Farbfotos ist alles da, darum sind sie flach.«

1968 zeigt sie in der Galerie Die Insel in Hamburg erstmals eigene Arbeiten. Einige der auf MDF aufgezogenen Fotos sind letzthin wieder aufgetaucht und lehnen in einer Ecke des Raums. Ich schaue sie durch.

»Das war alles mein Jahrgang, etwas älter meist«, kommentiert sie. »Und es sind fast alles Männer gewesen. Natürlich war da so ein Appeal da. Zwischen der Fotografin und den Künstlern.«

»Das sieht man.«

»Das sieht man, nicht? Es war natürlich einfach für mich, die vor die Kamera zu bekommen.«

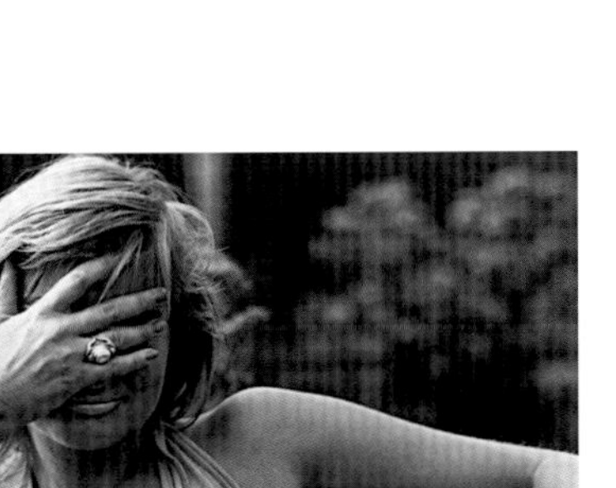

»War Ihnen das bewusst?«

»Das hat sich so ergeben.«

Ich muss an ihr Buch *Sigmar Polke mitten in der Luft* denken, dessen Bilder 1971 entstanden sind. Glaubt man zunächst, man sähe darin dem jungen Künstler dabei zu, wie er mit der Kamera flirtet und also dem Betrachter, offenbaren zwei Vignetten, die den Künstler und die Fotografin zeigen, etwas ganz anderes. Darauf sieht man offenkundig ein Paar, erschöpft und sehr entspannt, und versteht, dass das Buch ein Duett dokumentiert,

one. Imagination comes into play. With color prints everything is there; that is why they are flat."

In 1968, in the gallery Die Insel she presented her own work for the first time. Some of the photographs, which were mounted on MDF, have recently resurfaced and now lean up against a corner in the room. I look through them.

"They were all around my age, usually a bit older," she comments. "And they were almost all men. Of course there was a kind of attraction there. Between the photographer and the artist."

"Yes, you can see that."

"You *can* see it, can't you? Naturally it was easy for me to get them to pose for the camera."

"Were you aware of that?"

"It just worked out that way."

I have to think of her book *Sigmar Polke mitten in der Luft* (Sigmar Polke in Midair), with photographs from 1971. At first you think you see the young artist flirting with the camera and thus with the viewer, but two vignettes showing the artist and the photographer reveal something completely different. They clearly show a couple, exhausted and very relaxed, and the viewer understands that the book depicts a duo in which one partner is not visible, as is always the case with photographers. Except in this one shot that Sigmar Polke took of Angelika Platen. Her gaze avoids the lens,

dessen einer Partner unsichtbar ist, wie Fotografen es immer sind. Außer eben auf dieser einen Aufnahme, die Sigmar Polke von Angelika Platen gemacht hat. Ihr Blick weicht dem Objektiv aus und geht nach unten. Sie hat beide Hände an der Stirn, ein Bein über die Lehne des Stuhls gelegt, trägt ein im Nacken gebundenes Oberteil, Bänder und Ringe. Auf ihren nackten Unterarmen blonde Härchen im Gegenlicht. Ein Bild von betörender Jugendlichkeit.

»Natürlich war da eine Spannung zwischen uns beiden. Ich weiß nicht, ob er das heute noch zugibt, aber da war eine große Spannung.«

»Sie sagten, der Ansatz ihrer Fotografie sei dokumentarisch. Auf diesen Aufnahmen aber geht es doch darum, dass man etwas teilt, oder?«

»Da haben wir etwas geteilt, das stimmt. Da habe ich nichts dokumentiert, denn die Sachen hat er nur für mich gemacht. Aber wissen Sie: Fotografie ist für mich immer Dialog. Es gibt ja viele Künstler, die Aktionen für mich gemacht haben. Walter De Maria, Dennis Oppenheim, Dan Graham und die anderen.«

Ihre Fotografie ist in all ihrer Diskretion zugleich auf eine beinahe radikale Weise subjektiv. Sie gründet in der Person der Fotografin, ohne dass das etwas mit Selbstausdruck zu tun hätte. Vielmehr ist sie sich selbst ein Mittel. Wie bei einem Handwerker hat das gelungene Bild scheinbar nichts mit ihr zu tun und ist zugleich ohne sie undenkbar. Nicht zufällig, denke ich, bildet oftmals ein Kunstwerk des jeweilig Porträtierten die Rückwand

Sigmar Polke, Angelika Platen **1971**

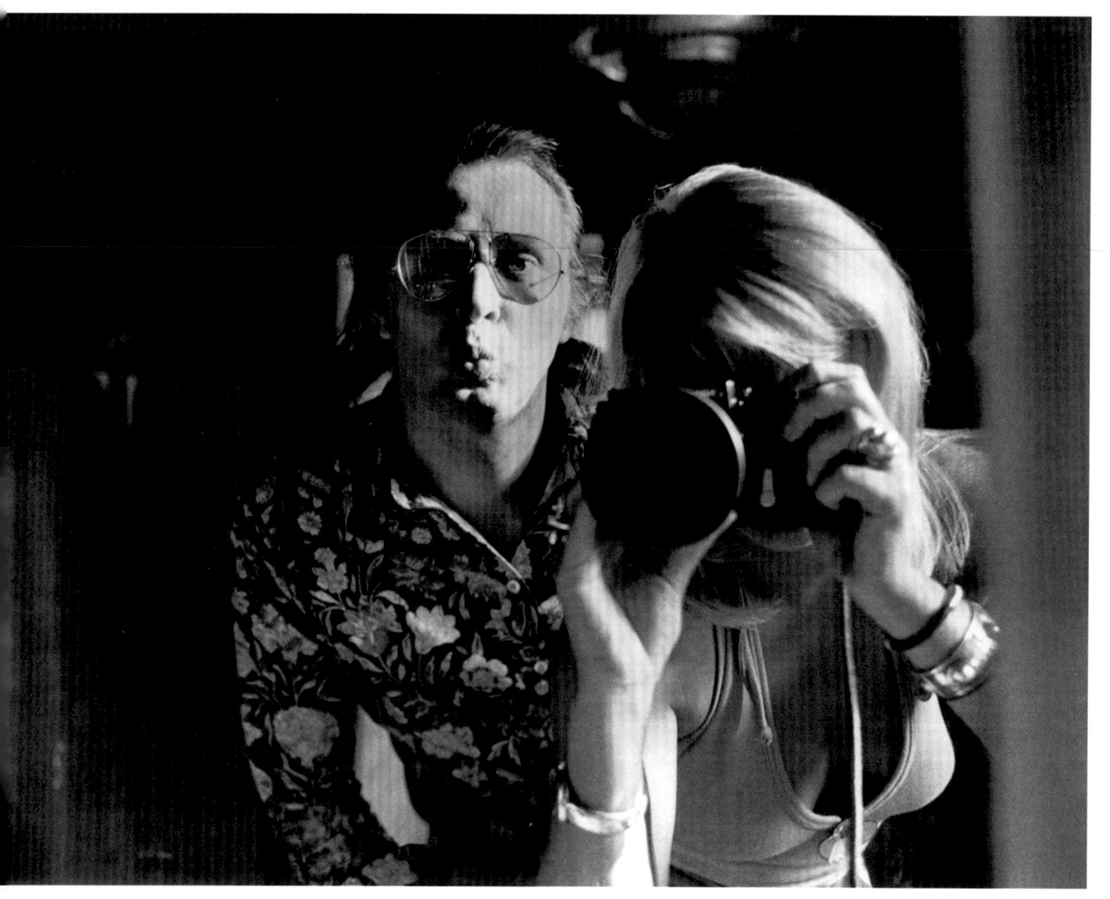

looking downward. She has both hands on her forehead, with her arm leaning on the chair, and is wearing a halter top, bracelets, and rings. The blond hair on her forearm shimmers against the light. An image of beguiling youth.

"Naturally there was a lot of tension between us. I do not know if he would still admit that today, but there was tension there."

"You said that your approach to photography was documentary. But these shots are about sharing, aren't they?"

"We did share something, that's true. I wasn't documenting anything because he only did this for me. But you know, for me, photography is always a dialogue. There were many artists who

ihrer Bildräume. Es ist, als öffneten ihre Fotografien den Freiheitsraum der Kunst in die Wirklichkeit hinein.

»Schublade drei ist ein glückliches Zwischenspiel. Das waren die Jahre, in denen ich bei der *ZEIT* den Kunstmarkt machte und dann die Galerie von Gunter Sachs leitete.«
»Das war 1972. Wie kam es dazu?«
»Er schickte mir ein Ticket, und ich flog zu ihm nach Sylt. Auf dem Flugplatz wartete er mit seinem Motorrad.«
»Mit dem Motorrad?«
»Ja. Aber ich nahm lieber ein Taxi. Dennoch waren wir uns schnell einig. Also hab ich eine Nanny eingestellt – ich hatte ja inzwischen zwei Töchter und lebte von meinem Mann getrennt – und vier Jahre diese Galerie gemacht. Das war eine sehr glückliche Zeit.«
»Man liest da Verschiedenes. Es stimmt nicht, dass es dort die erste Warhol-Ausstellung in Europa gegeben habe, oder?«
»Nein, die war bei Bischofberger. Aber dass Warhol zu unserer Eröffnung kam, war schon toll. Und die ganze Hamburger Szene war natürlich auch da.«
»Was haben Sie sonst gezeigt?«
»Wir haben Pistoletto gemacht, Spoerri, Ben, Kosuth, eine Max-Ernst-Ausstellung, die wir von Brusberg übernahmen, Uecker, Palermo, eine große Ausstellung von Robin Page.«

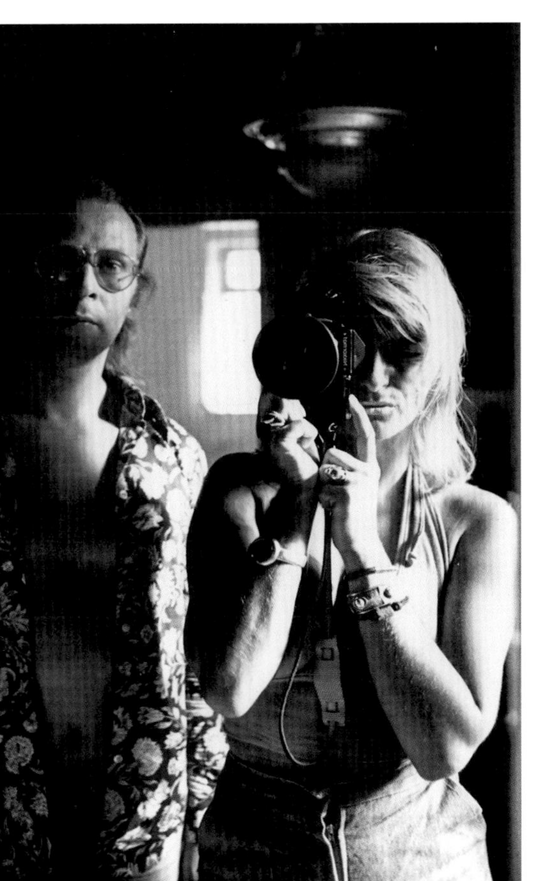

performed happenings for me: Walter De Maria, Dennis Oppenheim, Dan Graham, and the others."
For all its discretion, her photography is also subjective in an almost radical way. It is based in the photographer's personality, without having something to do with self-expression. She rather acts as her own medium. Like the work of a craftsman, a successful photograph seems to have nothing to do with the artist and yet is unthinkable without her. It is no coincidence, I think, that an artwork by the portrayed person often forms the background for her pictorial space. It is as if the photographs were opening up a breathing space for art in reality.

"Drawer three is a happy interlude. Those were the years in which I worked for the arts section of *Die Zeit* and when I ran Gunter Sachs's gallery."
"That was in 1972. How did that happen?"
"He sent me a ticket and I flew to Sylt to meet him. He was waiting for me at the airport with his motorcycle."
"With a motorcycle?"
"Yes. But I preferred to take a taxi. All the same, we quickly came to an agreement. So I hired a nanny—I had two daughters by this time and I was separated from my husband—and I ran the gallery for four years. It was a wonderful time."

»Das ging bis 76. Und dann? Schublade vier?«
»Ja, Schublade vier: Saint-Tropez.«
»Saint-Tropez?«
Das, sagt sie, sei eine Schublade, die zu bleibe. Denn darin liege eine Geschichte, die ihr ganzes Leben so sehr verändert habe, dass es für die Kunst keinen Platz mehr gegeben habe und nicht einmal für die Fotografie. Und deshalb tue Schublade vier jetzt nichts zur Sache.
»Sie waren vierunddreißig, als Sie nach Frankreich gingen?«
»Ja. Und ich habe keine Ausstellung mehr besucht und kein Foto mehr gemacht. Für zwanzig Jahre.«
Man weiß nicht, sagt sie das stolz oder entsetzt. Bezeichnend jedoch, dass sie, fast mit Bedauern, hinzufügt, das sei sicher nicht leicht für mich, dieser Sprung in ihrem Leben. Sie wisse auch nicht, wie man das schreiben könne.

»Eine meiner Töchter fragte irgendwann: ›Mama, wo sind denn eigentlich die Fotos, die Du früher gemacht hast?‹ ›Die liegen da alle im Schrank‹, hab ich gesagt. ›Hol die doch mal raus‹, sagte sie, und das tat ich dann.«
»Nach zwanzig Jahren?«
»Ja. Ich weiß, das kann man nicht verstehen, aber das war ein anderes Leben. Doch als ich in Paris die Bilder wieder auspackte und meinen drei Kindern zeigte, war alles wieder da. Und als dann noch eine Anfrage aus

"Various things have been written about it. It's not true that Warhol had his first exhibition in Europe there, is it?"
"No, that was at Bischofberger. But it was great that Warhol came to our opening. And naturally everyone from the Hamburg art scene was there, too."
"What other shows did you put on?"
"We did a Pistoletto show, Spoerri, Ben, Kosuth, a Max Ernst exhibition that we took over from Brusberg, Uecker, Palermo, a major Robin Page show."
"That was until 1976. And then? Drawer four?"
"Yes, drawer four: Saint-Tropez."
"Saint-Tropez?"
That, she says, is a drawer that is going to stay closed. Because in that drawer is a story that changed her life to such an extent that there was no more room for art or even for photography. And that is why drawer four will stay closed.
"You were thirty-four when you went to France?"
"Yes. And I did not go to any more exhibitions or take a single picture. For twenty years."
It is not clear if she says that with pride or with horror. It is significant, however, that she adds, almost with regret, that this break in her life was not easy for her. She doesn't know how it should be written about it either.

Köln kam, man bereite ein Buch zum dreißigsten Kölner Kunstmarkt vor und wolle gern meine alten Bilder, hab ich angefangen, die Negative zu sichten, hab Excellisten angelegt und alles aus diesen alten Heften hier in den Computer gebracht,
damit war ich wochenlang beschäftigt. Dann hab ich mir ein Schwarz-Weiß-Labor gesucht, das etwa vierhundert Fotos vergrößert hat, einige davon schickte ich nach Köln, und aus anderen hab ich den Dummy eines Buches gebastelt. Eins ergab sich aus dem andern: Stemmle in Zürich hat das Buch gemacht, *Platen Artists,* es gab eine Ausstellung im Museum für Moderne Kunst in Frankfurt, und 1999 bin ich schließlich zurück nach Deutschland gekommen und habe wieder zu fotografieren begonnen. Das ist die fünfte Schublade.«
»Wie war das, nach einer so langen Zeit wieder damit anzufangen?«
»Wie eine Sprache zu lernen. Ich kannte ja nichts und niemanden. Aber es war sehr faszinierend, sich das alles zu erarbeiten, diese ganzen neuen künstlerischen Positionen. Fünf Jahre lang, von Mitte bis Ende der Neunzigerjahre, bin ich in alle Ausstellungen gegangen, rumgereist und habe vor allem Auktionskataloge studiert, alle Kataloge, die ich in Frankreich bekommen konnte.«
»Was bedeutet es für Sie, nicht mehr dasselbe Alter wie die Künstler zu haben, die Sie fotografieren?«
»Das ist ein Riesenunterschied. Früher gab es da eine unwillkürliche Nähe,

"One of my daughters asked me at some point, 'Mom, where are the photographs that you once took?' 'They're all in the closet,' I said. 'Go get them,' she said and then I did."
"After twenty years?"
"Yes. I know it's hard to understand, but it was another life. Yet, when I unpacked the pictures in Paris and showed them to my three children, it all came back to me. At the same time, I got a request from someone in Cologne who was putting together a book for the thirtieth anniversary of the Cologne art fair and who wanted my old photographs; I started going through the negatives, compiled Excel spreadsheets, and put everything from these old notebooks onto the computer. I was busy for weeks. Then I looked for a black-and-white photo lab, who then enlarged almost four hundred photographs, some of which I sent to Cologne, and from the others I put together a dummy for a book. One thing led to another: Stemmle in Zurich published the book, *Platen Artists;* there was an exhibition in the Museum für Moderne Kunst in Frankfurt; and in 1999, I finally returned to Germany and began to photograph again. That is the fifth drawer."
"What was it like to start up again after such a long time?"
"Like learning a language. I knew nothing and no one. But it was fascinating to learn all about these totally new artistic positions. For five years, from the mid-nineties to the end of the decade, I went to every exhibition,

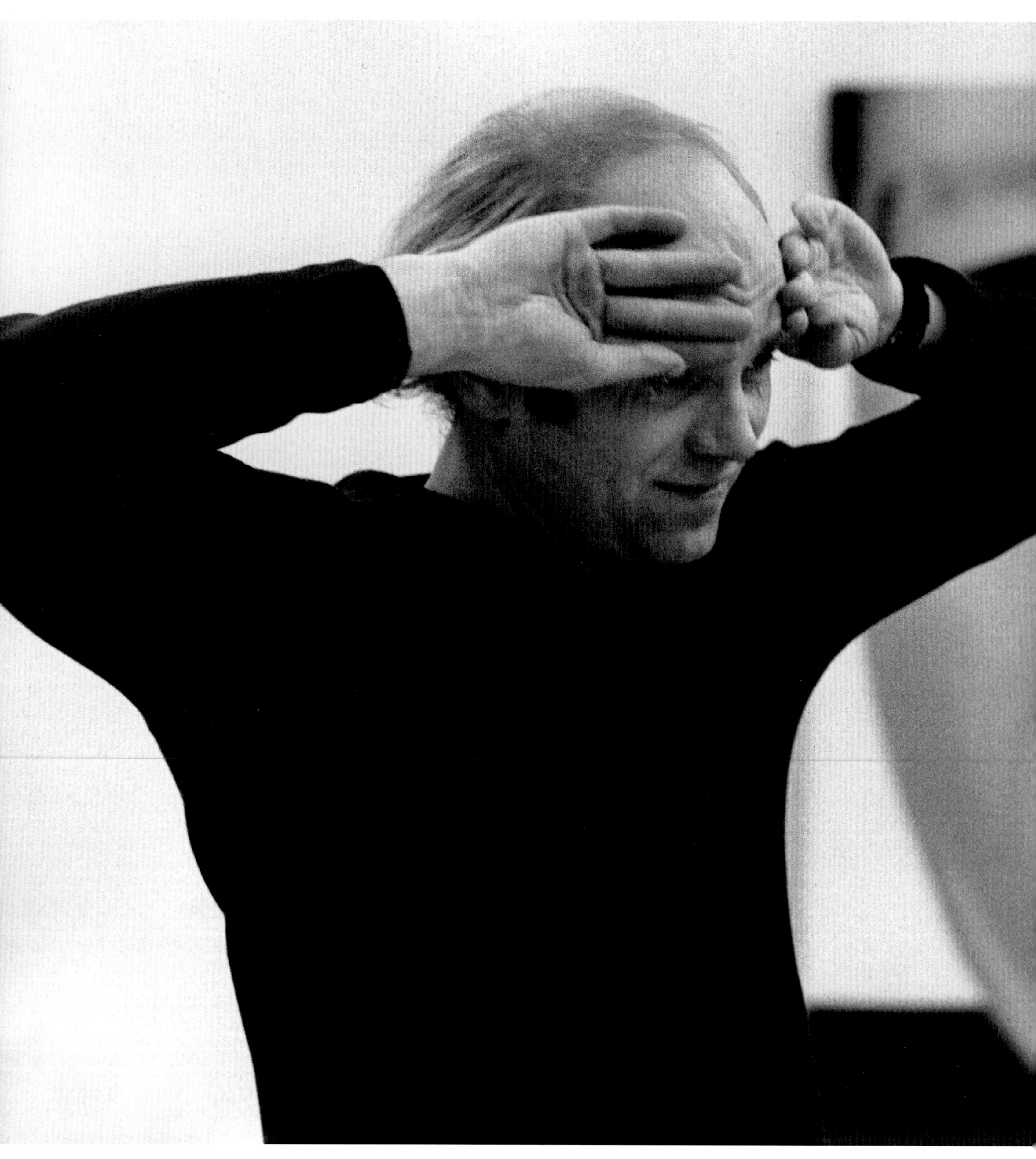

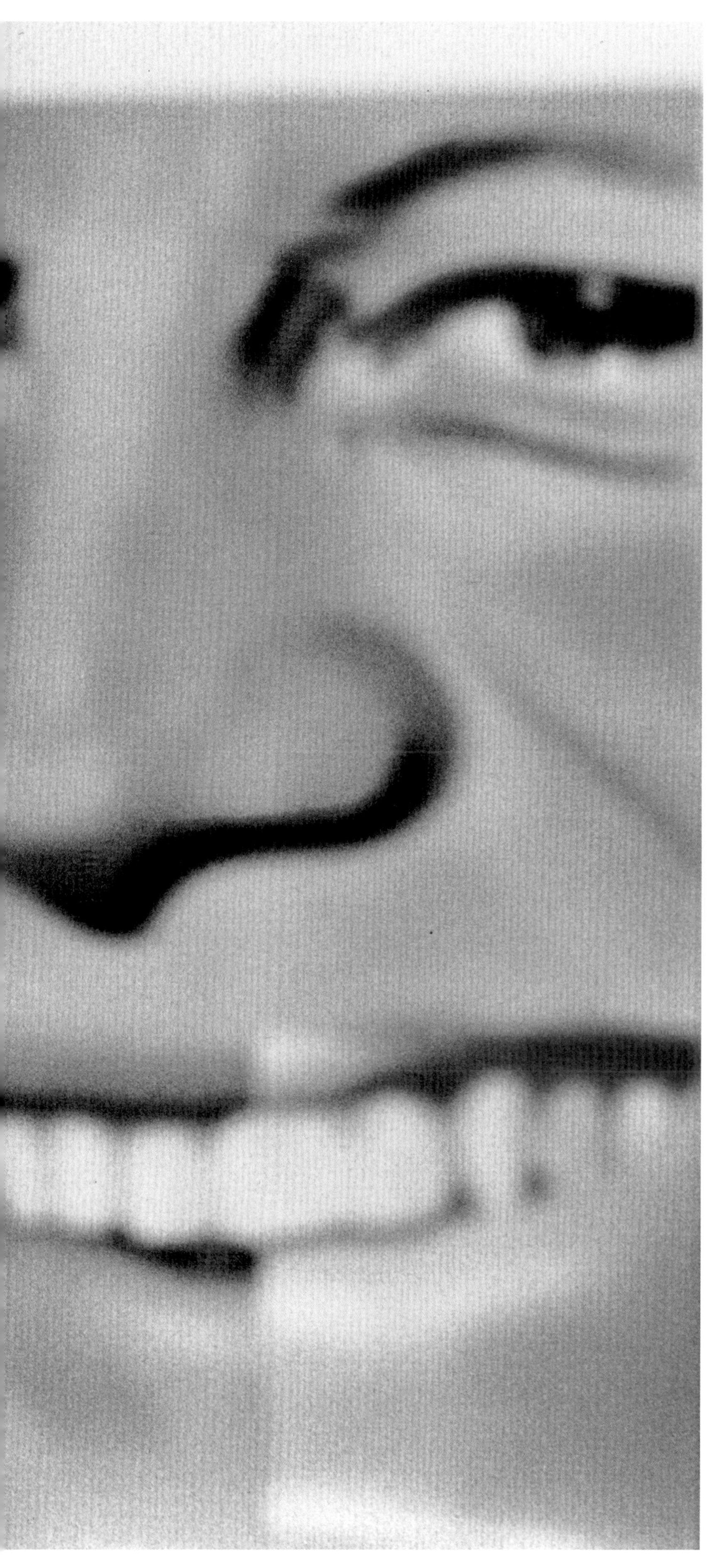

die ist weg. Und auch meine Technik irritiert viele, dass ich nach wie vor analog fotografiere und nur schwarz-weiß.«
»Sie porträtieren aber auch Künstler erneut, die Sie in den Siebzigerjahren fotografiert haben. Ist es nicht grausam, wiederzukommen? Sie halten das Altern von Menschen fest, die doch an etwas Bleibendem arbeiten. Bei Gotthard Graubner, bei Arnulf Rainer.«
»Auch bei Uecker. Und der Uecker ist so ein schöner Mann geworden. Es gibt viele Künstler, die im Alter schöner sind, als sie als junge Männer waren.«
Ich nicke hinüber zu dem Bild von Hanne Darboven, auf das mein Blick schon die ganze Zeit fällt. »Dieses Bild da verfolgt mich.«
»Dieses?«
»Ja.«
»Vanitas.«
»Man sieht, wie unglücklich ihre Kunst die Künstlerin macht.«
»Krank ist sie.«
»Aber auch nicht glücklich.«
»Sie war auch schon auf den Bildern unglücklich, die ich von ihr gemacht habe, als sie noch jung und wunderschön war.«
Noch einmal gehen wir in den großen Raum hinüber, in dem es inzwischen zu dämmern begonnen hat. Die mächtigen weißen Balken leuchten aus dem Grau hervor. Angelika Platen zeigt mir die Bilder der Darboven-Serie.

I traveled around, and, above all, I studied auction catalogues, all the catalogues I could get in France."
"What is it like for you to no longer be the same age as the artists you are photographing?"
"It is totally different. In the past there was an instinctive intimacy. That is gone. And many people are confused by my methods because I still take analogue pictures in black and white."
"You also make new portraits of artists whom you once photographed in the nineteen-seventies. Isn't it terrible to go back? You capture the aging of a person who is working on something enduring. Like with Gotthard Graubner or Arnulf Rainer."
"The same is true of Uecker. And Uecker has become such a handsome man. There are many artists who are better looking now than they were as young men."
I nod at a picture of Hanne Darboven, which has been attracting my gaze for a while. "That picture there haunts me."
"This one?"
"Yes."
"Vanitas."
"You can see how unhappy her art makes her."
"She is sick."
"But she is not happy either."

Wie wählt man aus? Wie entscheidet man, welches Bild das beste ist? Wir stellen mehrere Aufnahmen nebeneinander.
Es sei ein langer Prozess, aus vielleicht siebzig Aufnahmen das eine, beste Foto auszuwählen. »Aber dieses Bild hier ist ein Vanitas-Bild, und jenes zeigt noch etwas von der vergangenen Schönheit der Künstlerin. Das ist stärker.«
»Stimmt.«
»Aber es gibt noch einen anderen Grund, weshalb ich es ausgewählt habe.«
»Welchen?«
»Es ist schärfer.«
Sie lacht und freut sich über die Pointe. Die Grausamkeit der Fotografin, die noch das Leid, in dem Moment, in dem sie es fotografiert, professionalisiert. Doch dann verschwindet ihr Lächeln. »Ich hab den Kontakt zu Hanne in Berlin wieder aufgenommen. Sie hat mich eingeladen, und ich bin nach Harburg gefahren und hab sie in ihrem Haus besucht. Und als ich reinkam – aber das dürfen Sie nicht schreiben! –, hat sie mich auf den Mund geküsst. Da war ich ganz erschüttert.«
»Und dann?«
»Dann hat sie mich fotografieren lassen, aber ganz wenig, bei jedem Aufenthalt nur fünf bis zehn Minuten.«
»Sie waren mehrmals bei ihr?«

Angelika Platen fotografiert von / photographed by James Rosenquist **1972**

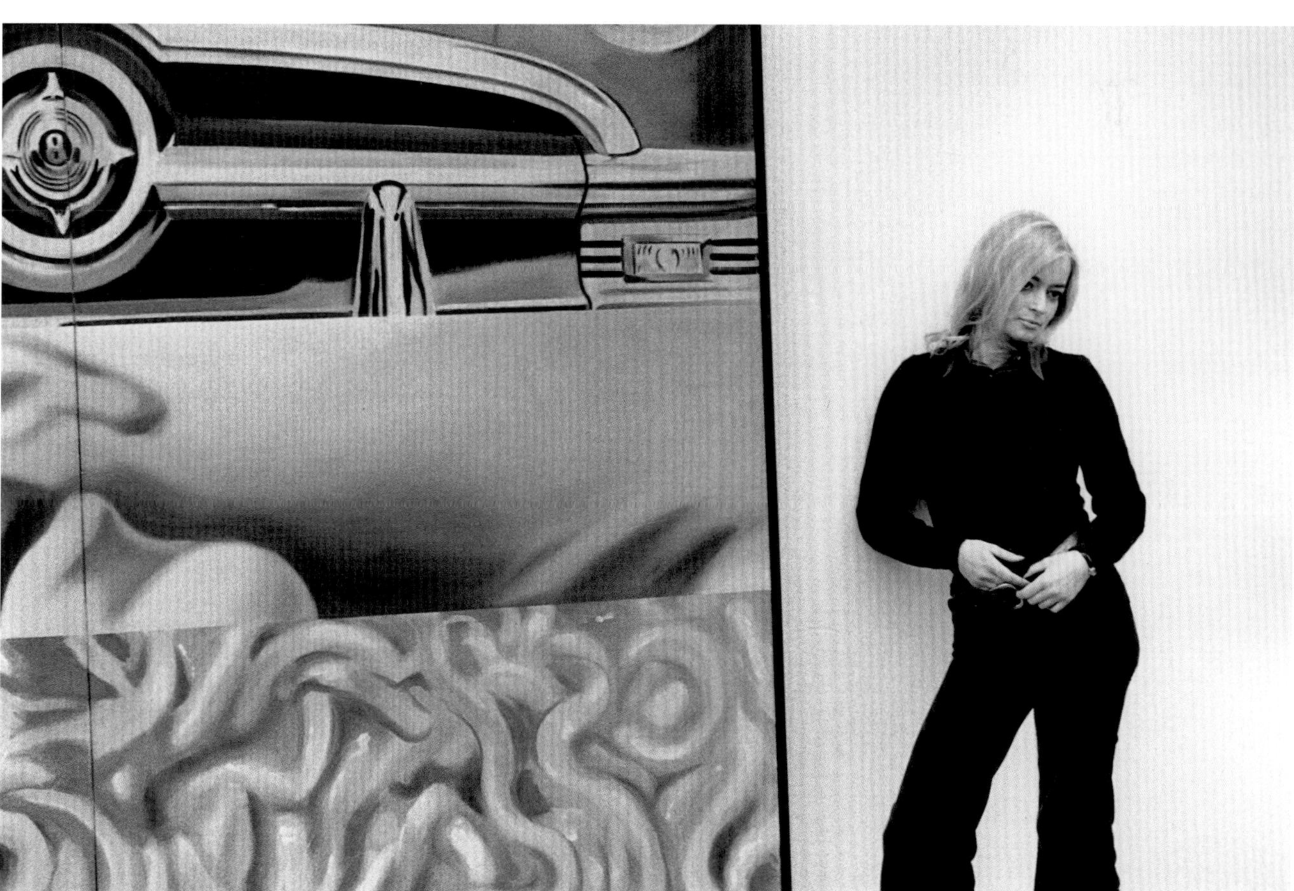

»Ja, drei oder vier Mal. Ich durfte jedes Mal bei diesen langen Besuchen zehn Minuten fotografieren, fast zweihundert Fotos hab ich gemacht, aber es war nichts dabei. Es war nie genug Zeit.«
»Kennen Sie das Gefühl von Indiskretion?«
»Bei ihr ja, ganz stark. Jedes Mal, wenn ich draufdrückte, hatte ich das Gefühl, ich bin indiskret. Sie setzte sich immer neben eine Tür, sodass ihr Gesicht völlig im Dunkeln war. Zwischen uns stand ein kleines Tischchen, und darauf stellte sie immer zwei kleine Gläschen und wir unterhielten uns. Aber ich konnte sie überhaupt nicht fotografieren, weil sie im Gegenlicht saß. Das machte sie mit Absicht. Einmal habe ich gesagt: ›Bitte, Hanne, geh doch mal zu der Orchidee dort‹, und da ist dann diese Serie entstanden. Sie stand einfach nur still da und hat geraucht, und ich hab mich um sie herumbewegt, vor und zurück, hin und her. ›Hanne‹, hab ich gesagt, ›kannst Du denn die Zigarette nicht mal lassen.‹ Da sagte sie, ganz langsam sagte sie das: ›Nein, das mach ich nicht.‹ Und nach zehn Minuten: ›Jetzt ist Schluss.‹«

"She was even unhappy in the pictures I took of her when she was still young and beautiful."
We go back into the large room, where it is getting dark. The enormous white beams stand out from the gray. Angelika Platen shows me the photographs from the Darboven series. How does one choose? How does one decide which picture is the best? We place many pictures next to one another. It is a long process, choosing the best one from nearly seventy photographs.
"But this photo here is a vanitas image, and that one shows something of the artist's past beauty. That one is more powerful."
"Right."
"But there is another reason I chose it."
"Why?"
"The image is more in focus."
She laughs and smiles at her own answer. The cruelty of the photographer, who, at the moment she takes a picture, professionalizes the suffering. But then her smile disappears. "I got back in touch with Hanne when I returned to Berlin. She invited me to visit her and I went to Hamburg and visited her at home. And when I entered—but you cannot write this!—she kissed me on the lips. I was completely shocked."
"And then?"
"And then she let me photograph her, but just for a little while, only for five or ten minutes on each visit."

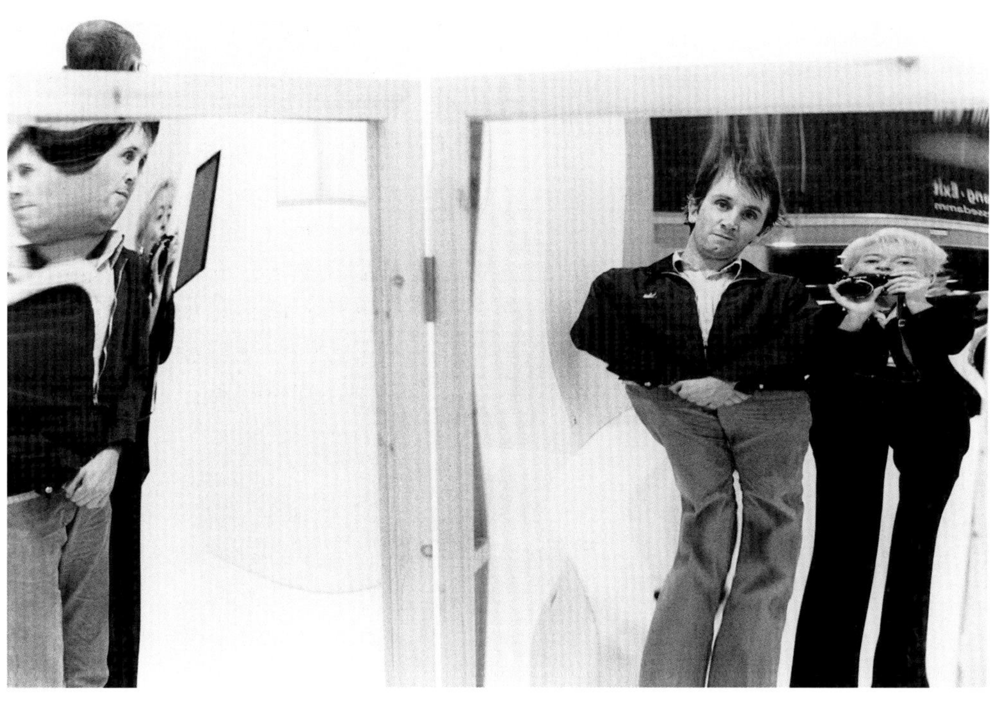

Angus Fairhurst, Angelika Platen **1999**

“You visited her more than once?”
“Yes, three or four times. During each of these long visits I photographed her for ten minutes, I took almost two hundred pictures, but none of them was really great. There was never enough time.”
“Are you familiar with the feeling of indiscretion?”
“With her, yes, very much so. Every time I pushed the shutter release, I had the feeling I was being indiscreet. She would always sit next to a door so that her face was completely dark. Between us was a small table on which she would place two small glasses and we would talk. But I could never photograph her because she always sat so that she was backlit. She did that intentionally. I once said to her, ‘Please, Hanne, go over to the orchids there,’ and that was when I created this series. She just stood there and smoked and I moved around her, back and forth. ‘Hanne,’ I said, ‘can't you stop smoking for a bit?’ Then she said, very slowly, ‘No, I don't want to do that.’ And then, after ten minutes, ‘That's it.’”

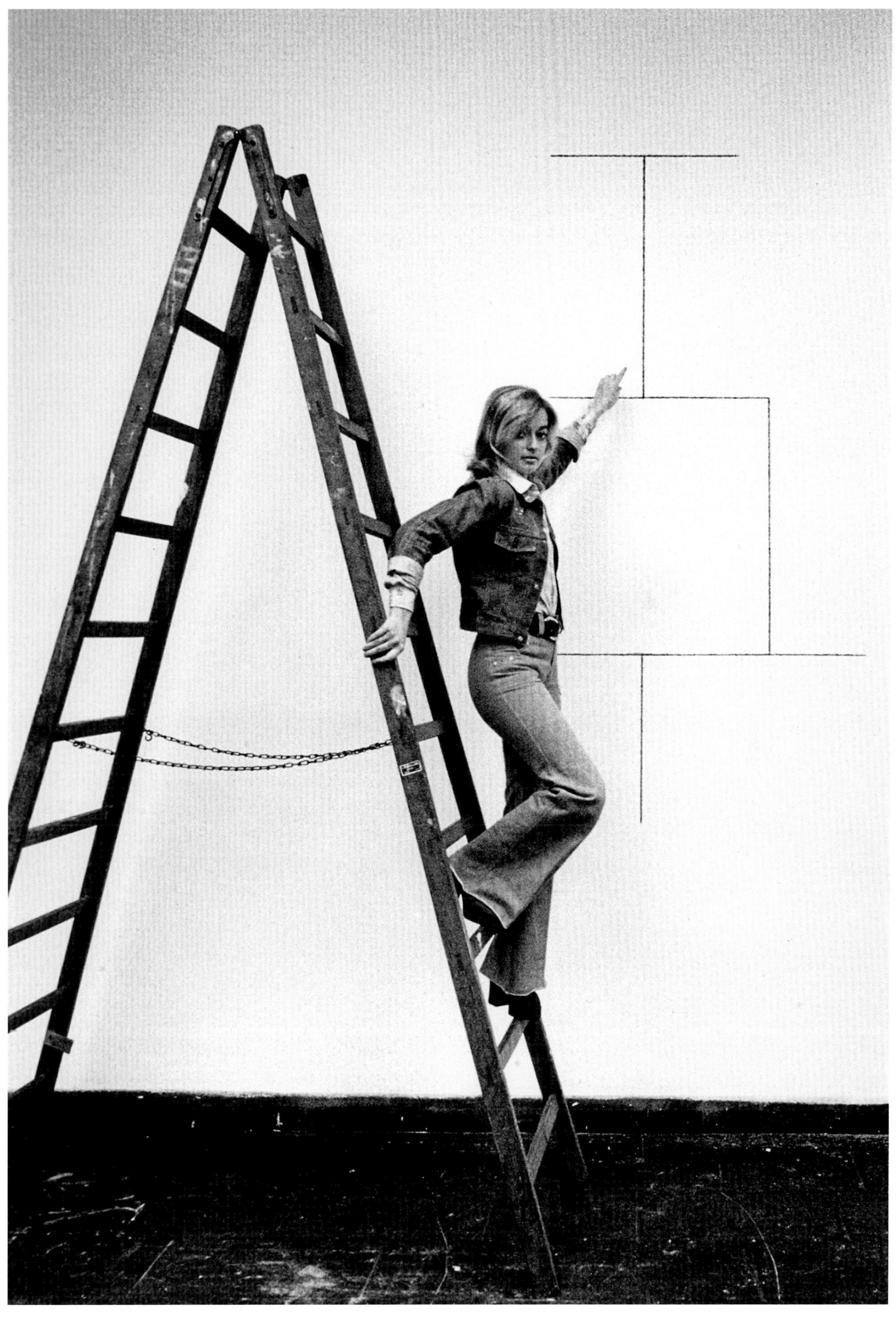

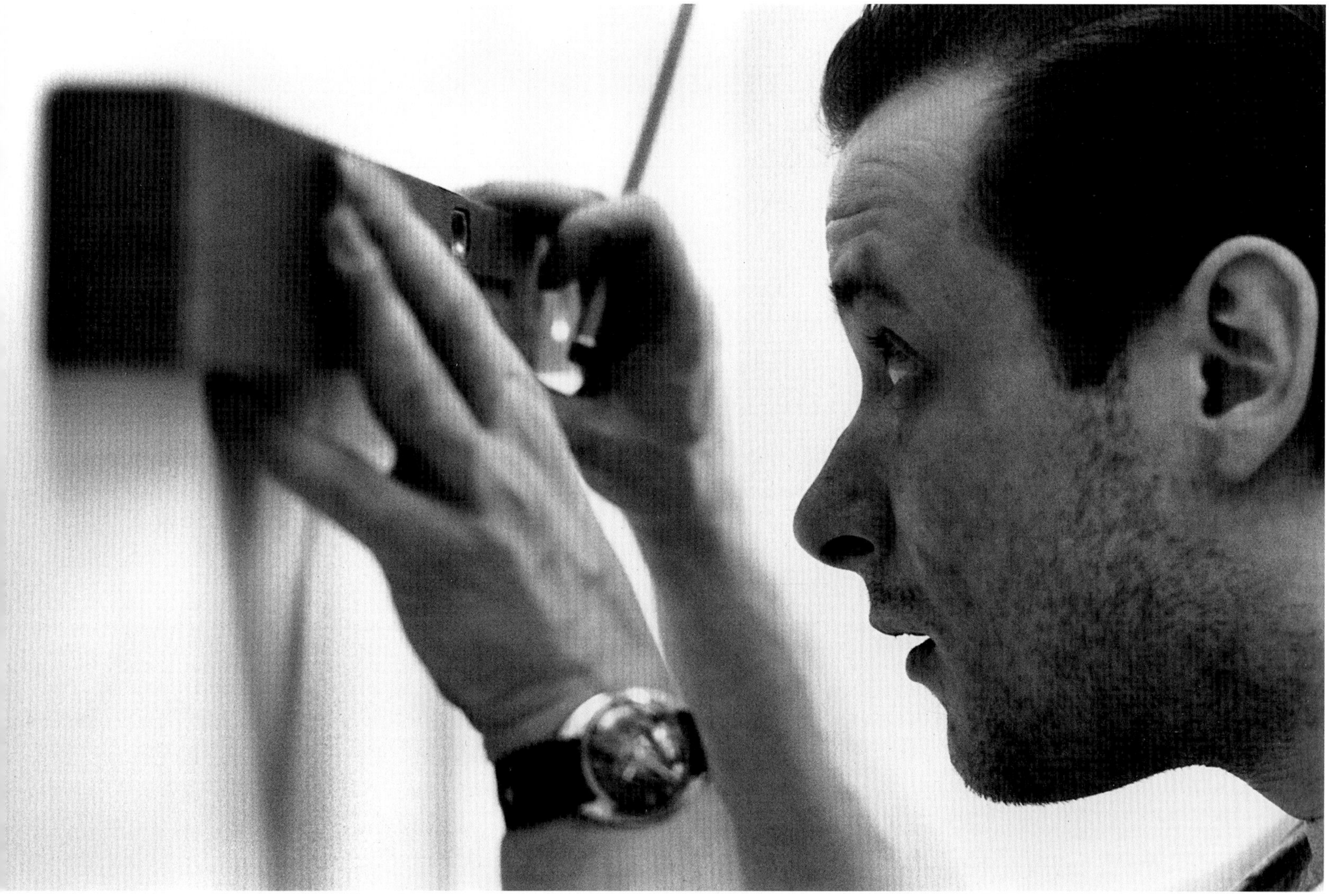

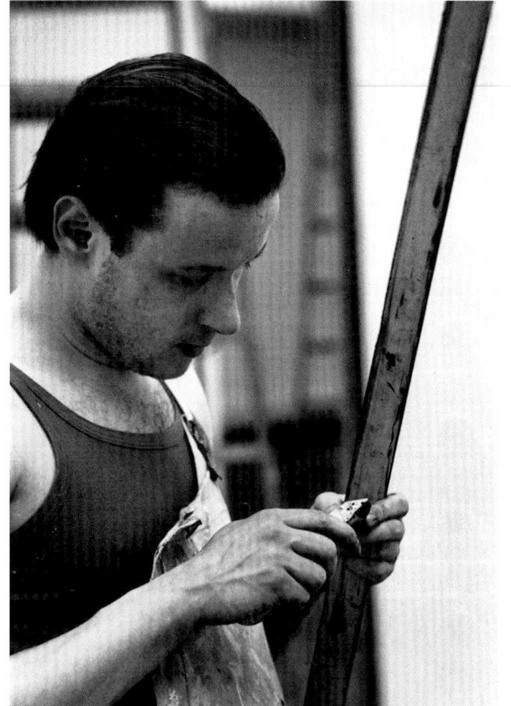

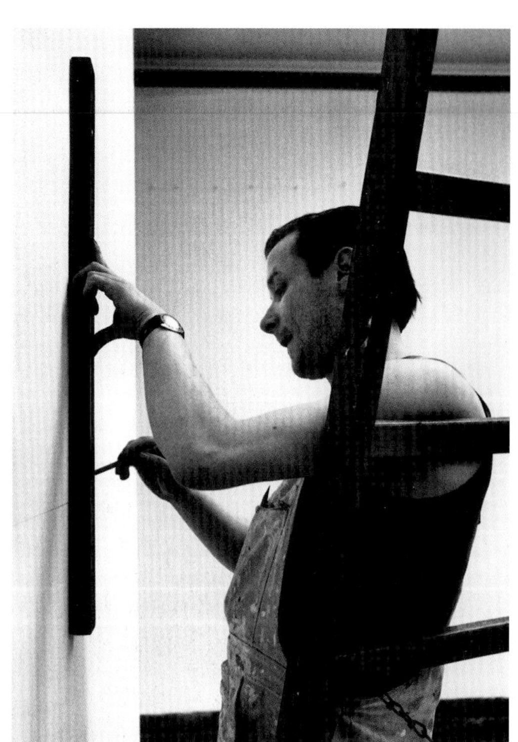

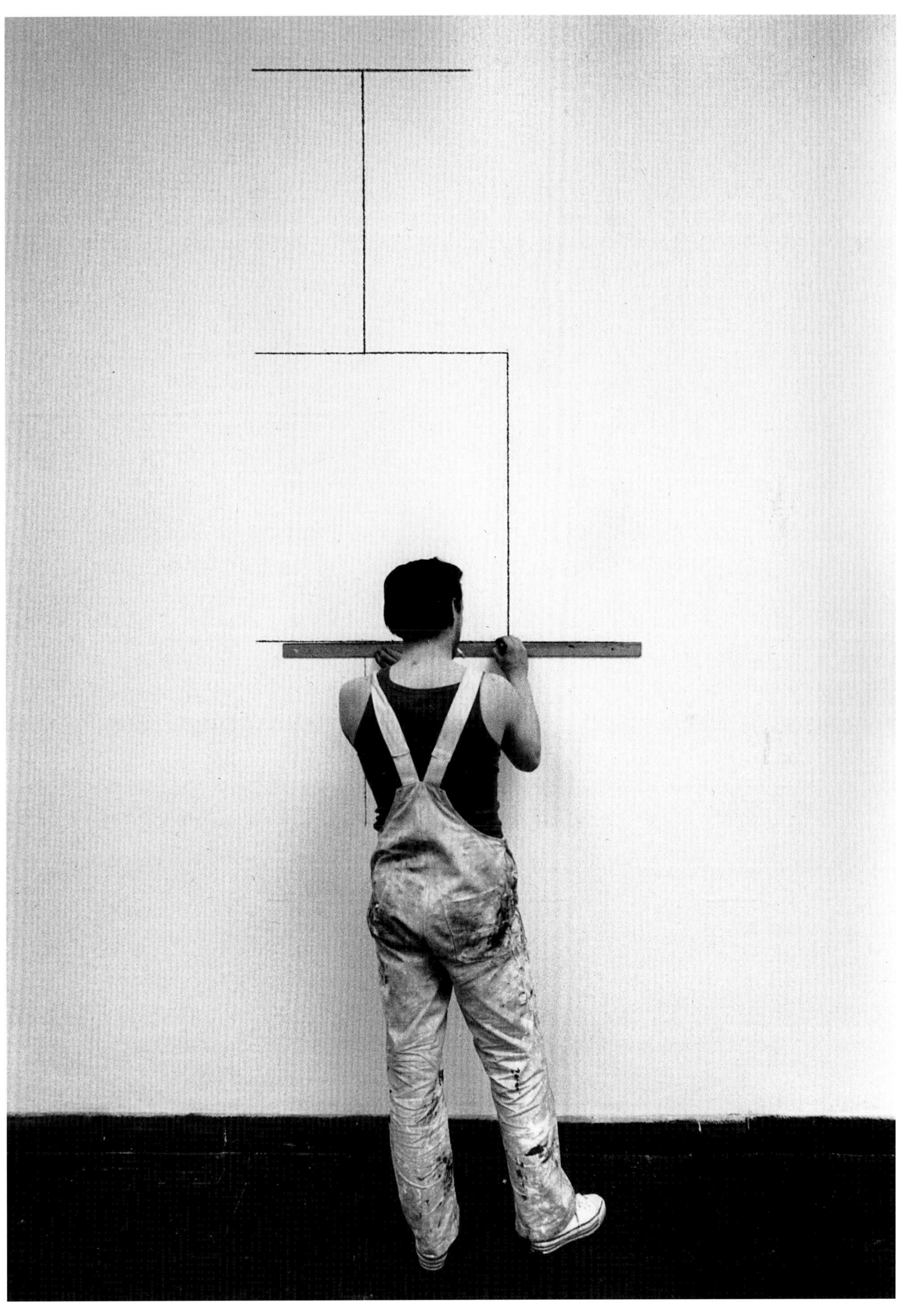

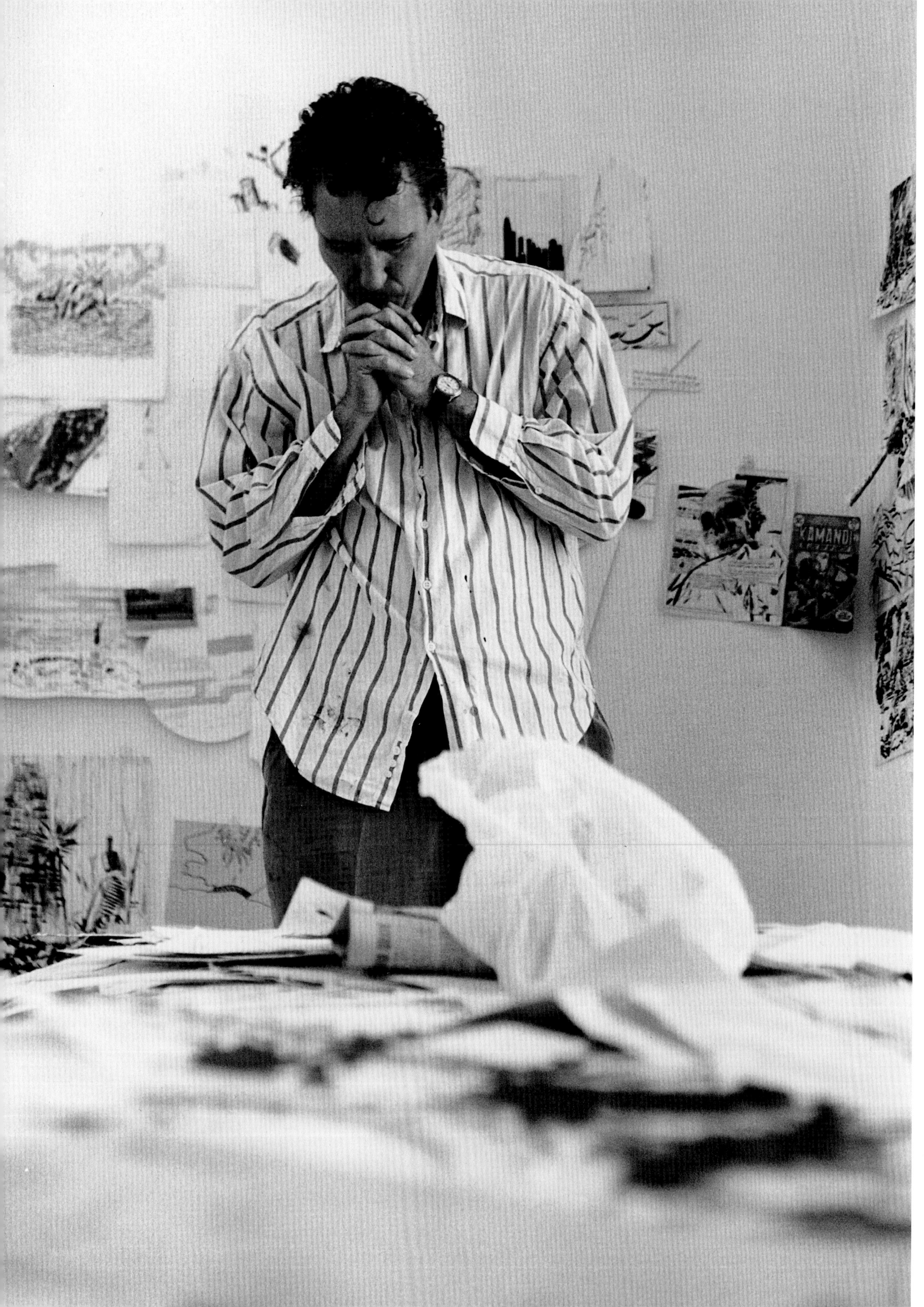
KAMANDI

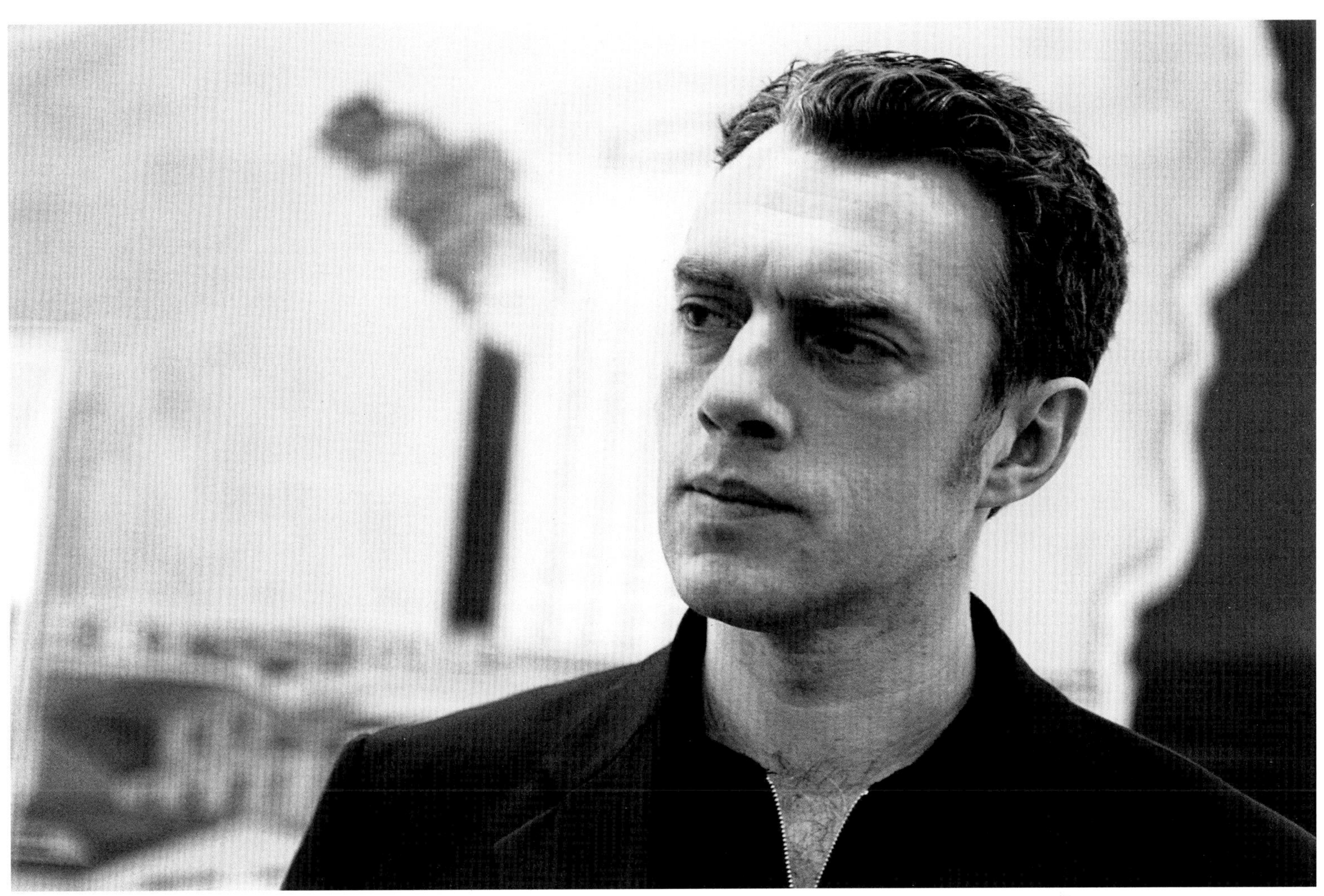

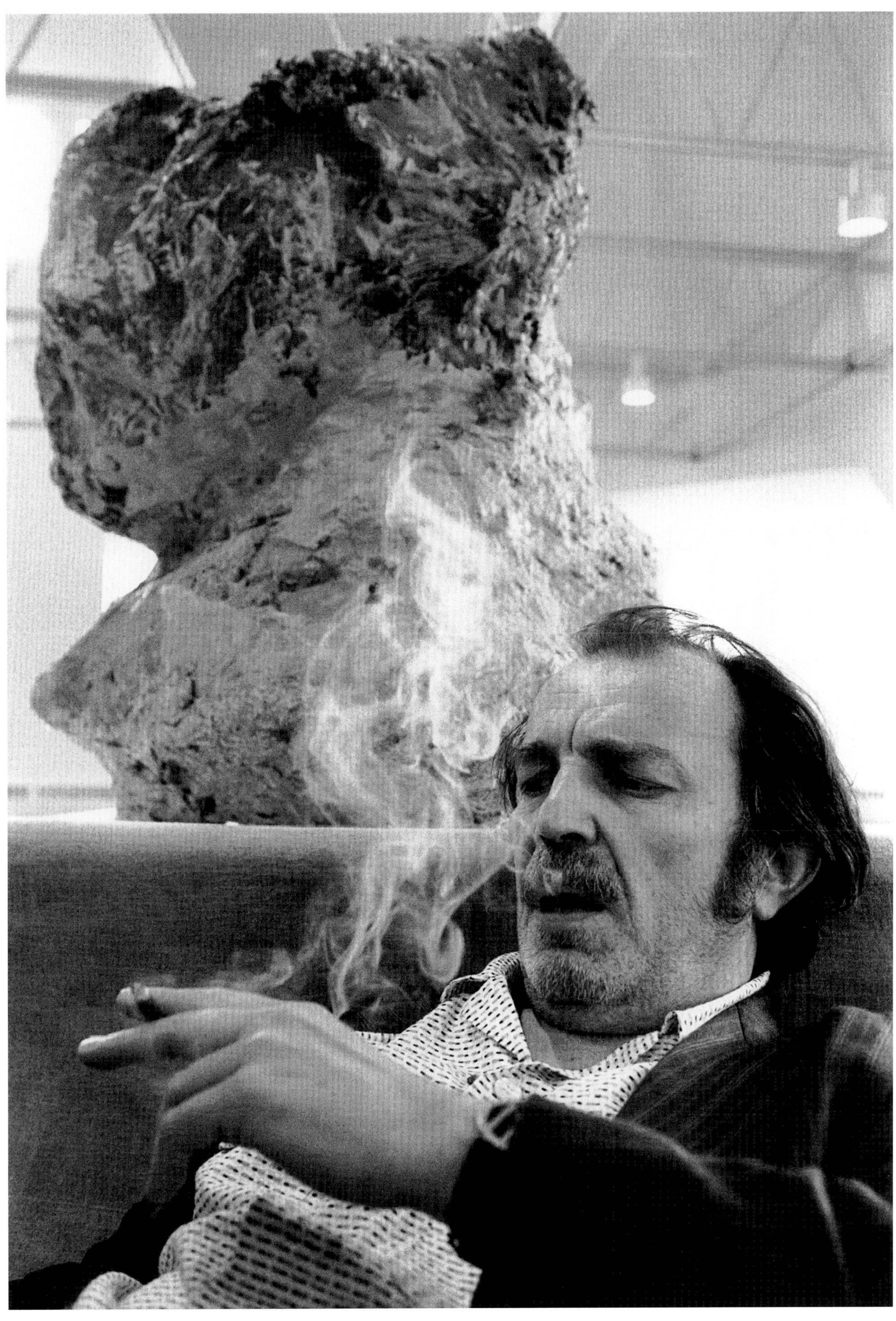

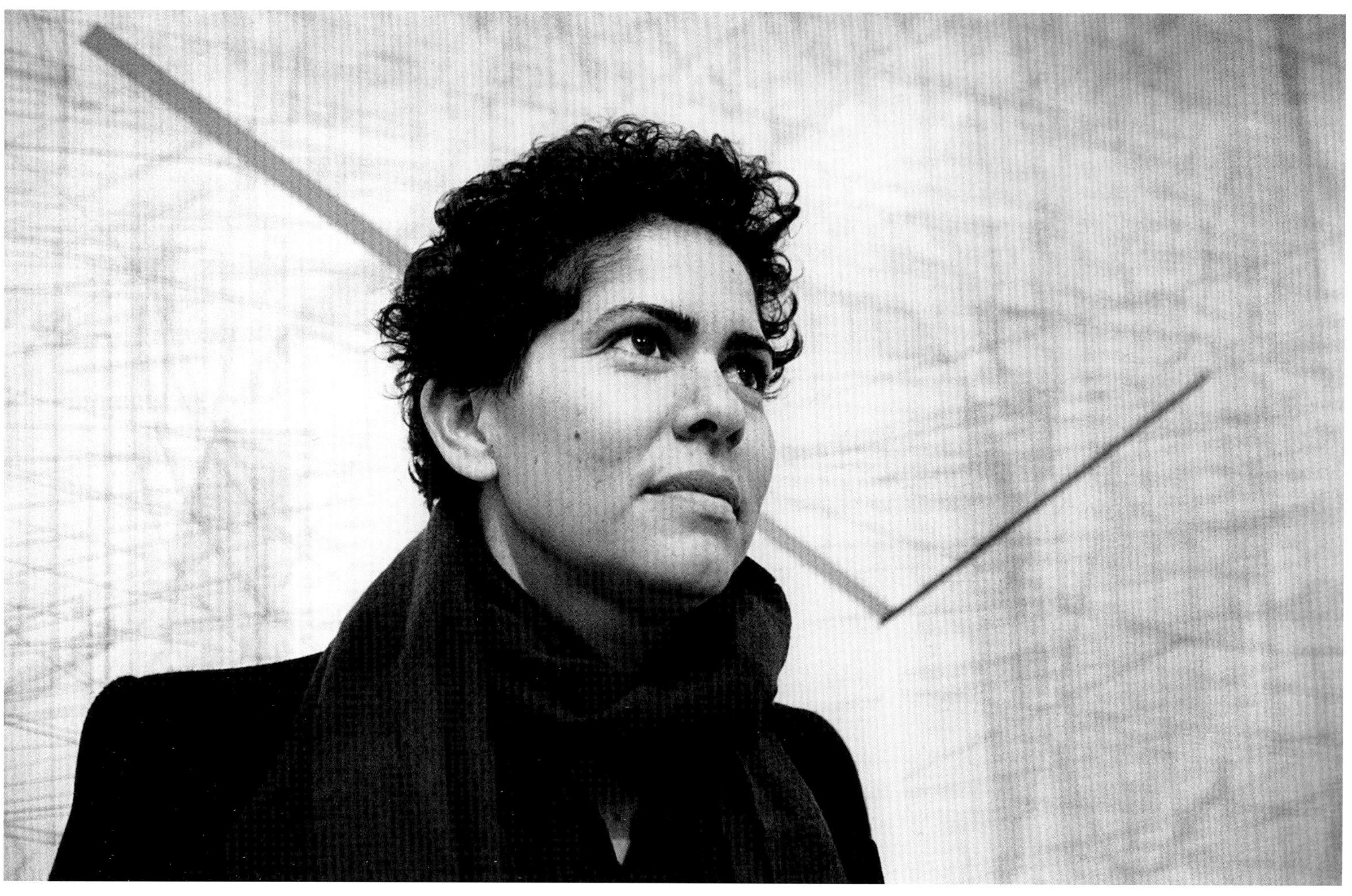

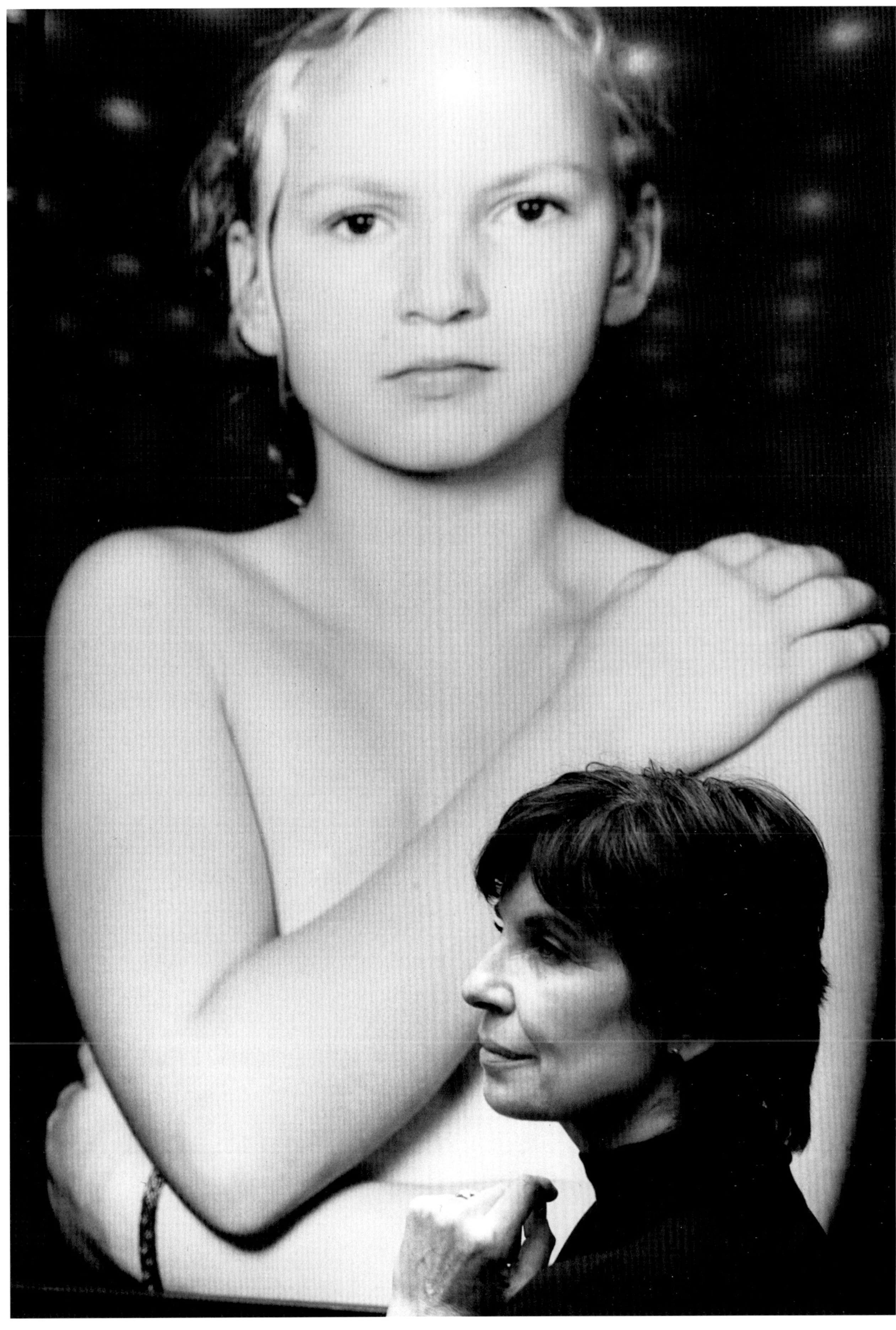

Günther Uecker (geboren 1930) geht an einem trüben Tag in der Mitte seines achten Lebensjahrzehnts über die öde Freifläche im Todeslager Buchenwald auf die Katakombe der Steine zu. Er hat sie in einem dunklen Verlies angehäuft zum Zeichen der versteinerten Erinnerung an das bei Weimar, einer Hauptstadt deutscher Dichter und Denker, und andernorts im Namen Deutschlands millionenfach gemordete Leben. Der Künstler, dessen Zeichensetzung während der Fünfzigerjahre unter der zukunftsweisenden Bezeichnung ZERO mit Hilfe eines eingeschlagenen Nagels vom Nullpunkt aus ihren Lauf nahm, hat sein Material bis an die Schmerzgrenzen menschlicher Erfahrung expandieren lassen. Uecker bestellt sein Feld seit einem halben Jahrhundert und macht den Eindruck, seine Hand werde erst im einhundertsten Lebensjahr den letzten Nagel als Schlusspunkt ins Lebenswerk treiben. Er ist dreißig Jahre alt, als er unübersehbar hinter den Nagelplantagen hervorkommt. Nachdem er Farbflächen mit einer Nagelbürste gekämmt, Fenster und Türen mit Stahlpelzen überzogen, Möbel und Instrumente unter eisernen Kolonnen ihrer Zweckbestimmung entfremdet hat, beherrscht er das Nagelprinzip als rituelles Verfahren. Er spickt die Wände enger Korridore mit Dolchklingen. Das Jahr 1968 begleitet er mit dem martialisch rasselnden Klang eines *Terrororchesters.* Nägel legt er wie Menschen an die Kette. Den eigenen Körper bringt er durch Übermalung stufenweise Schwarz in Schwarz und Weiß in Weiß zum Verschwinden. Zwischen Urwäldern und Wüsten, in den Lebensbereichen von Indianern und Inuits, findet er Motive für die strukturelle Formulierung extremer Existenzweisen. Als er einen handschriftlichen, protestierenden *Brief an Peking* auf meterlangem Tuch entrollen möchte, belegen ihn die chinesischen Behörden mit Ausstellungsverbot. Totalitäre Systeme dulden keine Unterwanderung durch kämpferische, knallharte Künstlerpoesie.

Günther Uecker (born 1930) moves across a deserted open space in the Buchenwald death camp toward the catacomb of stones on a cloudy day in the middle of the eighth decade of his life. He piled the rocks up in a dark dungeon as a symbol of the petrified memory of the millions of people, who, in the name of Germany, were murdered near Weimar—a center for German poets and thinkers—and elsewhere. The artist, whose mark-making began in the nineteen-fifties, under the visionary name ZERO, with the help of a hammered-in nail, expanded his material to include the pain threshold of human experience. Uecker has cultivated his field for half a century and gives the impression that only in his hundredth year will his hand drive a final nail into his life's work like a full stop. He is thirty years old when he conspicuously emerges from behind the nail plantation. After combing color fields with a nail brush, covering windows and doors with steel fur, stripping furniture and instruments of their purpose under iron columns, he mastered the nail principle as a ritual process. He lines the walls of narrow corridors with dagger blades. He accompanies the year 1968 with the martial rattling sound of a *Terrororchester* (Orchestra of Terror). He lines up nails like people on a chain. He makes his own body disappear by gradually painting it black on black and white on white. He finds motifs for the structural formulation of extreme modes of existence between the jungles and deserts where the Indians and Inuits dwell. When he wishes to unroll a handwritten protest, *Brief an Peking* (Letter to Beijing), written on a meter-long piece of cloth, the Chinese authorities impose an exhibition ban. Totalitarian systems do not tolerate any infiltration in the form of aggressive and ferocious poetry by artists.

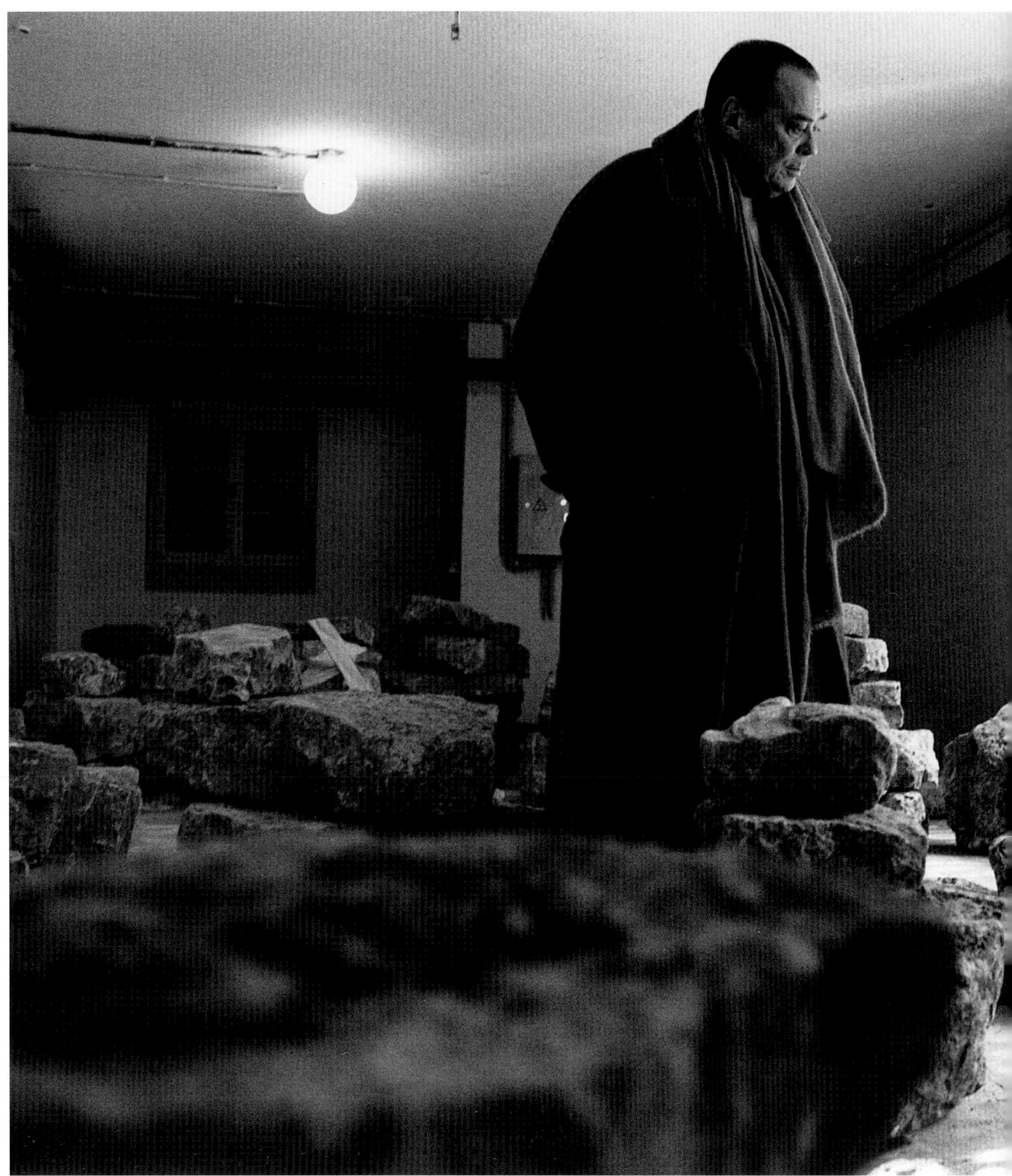

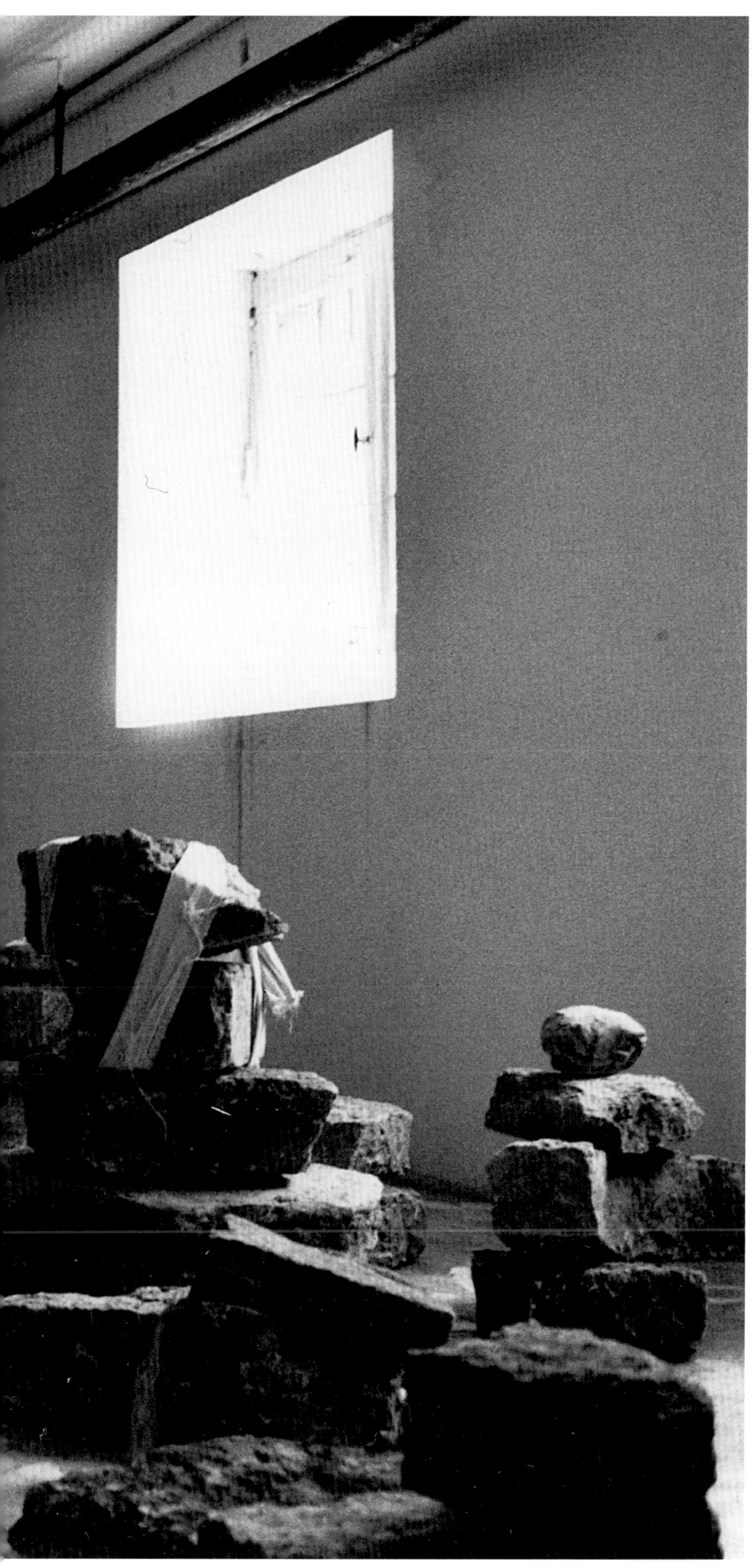

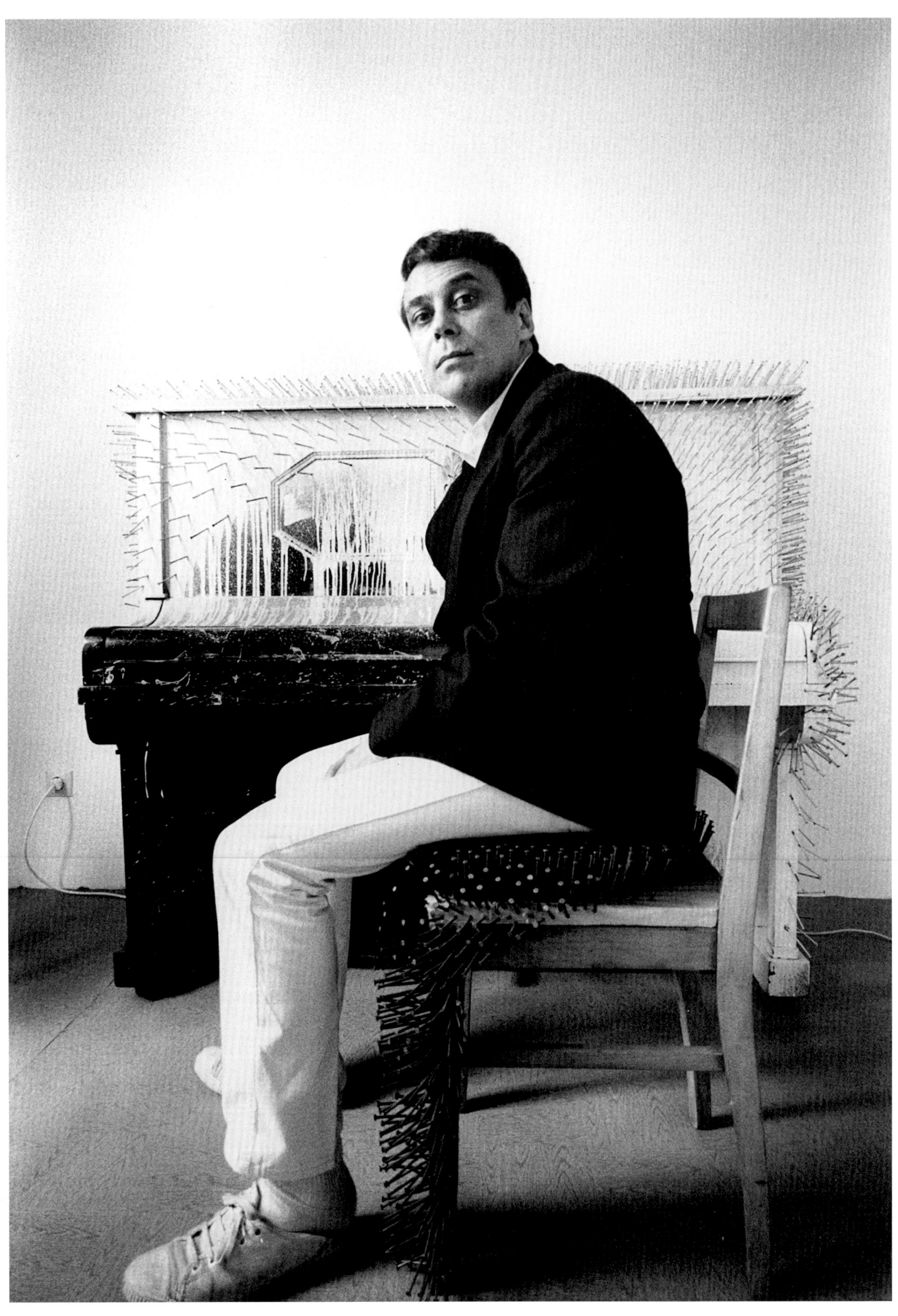

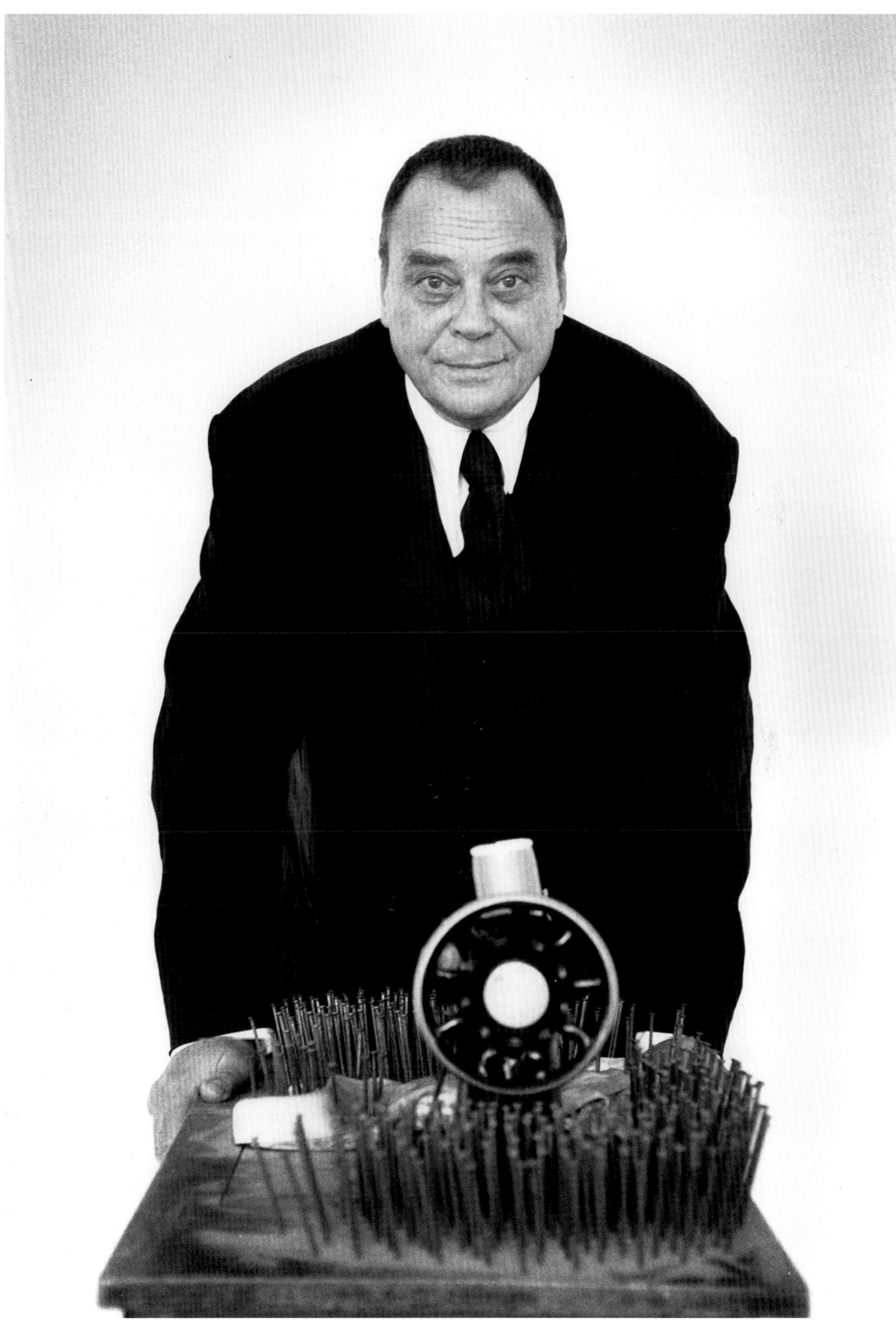

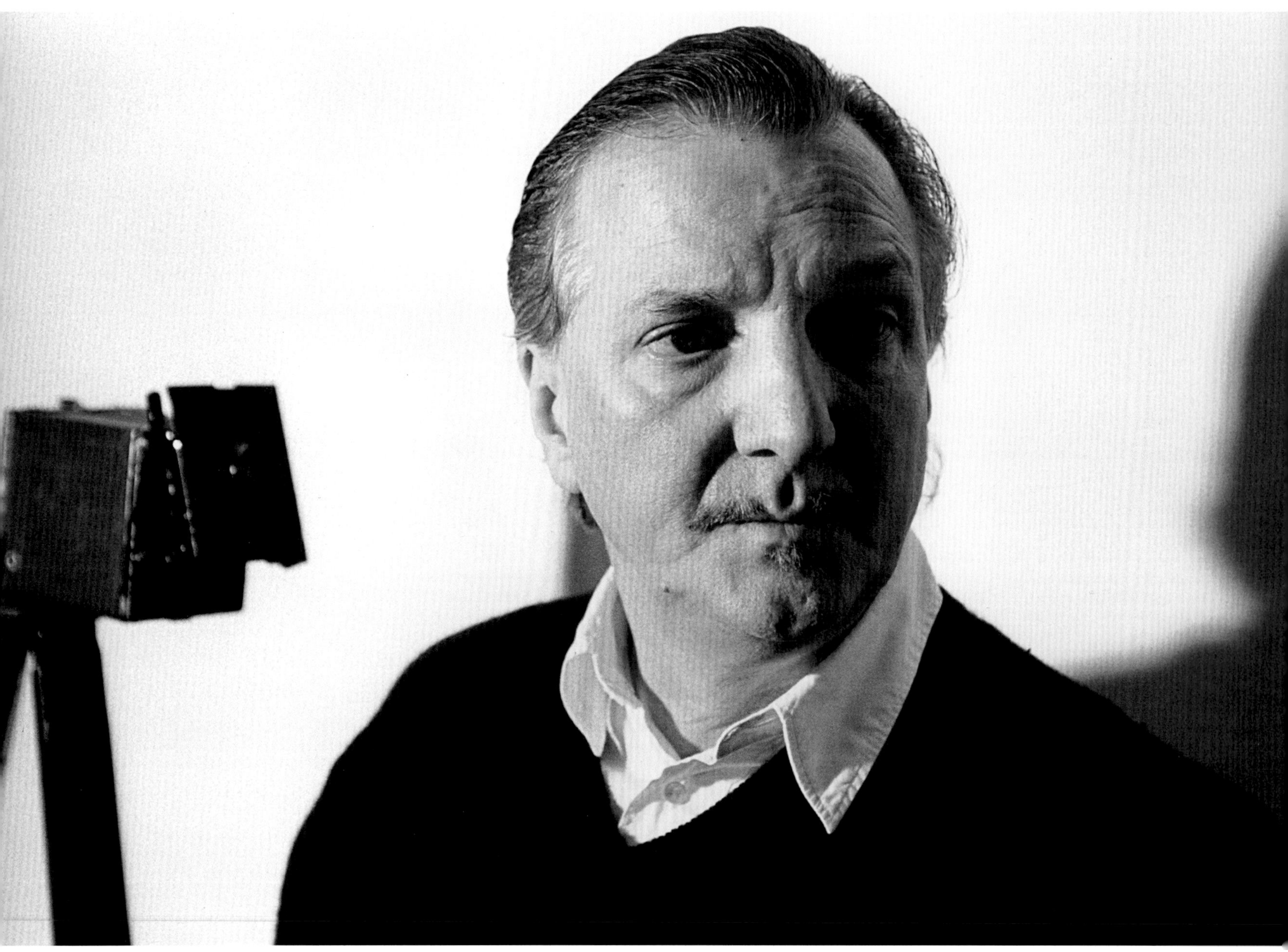

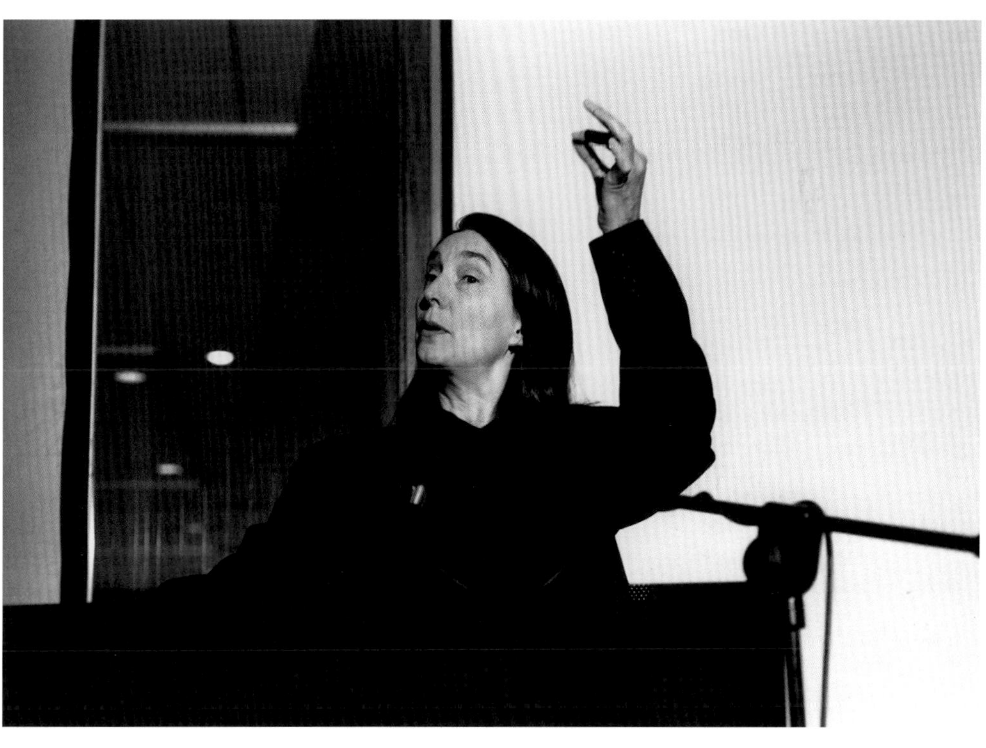

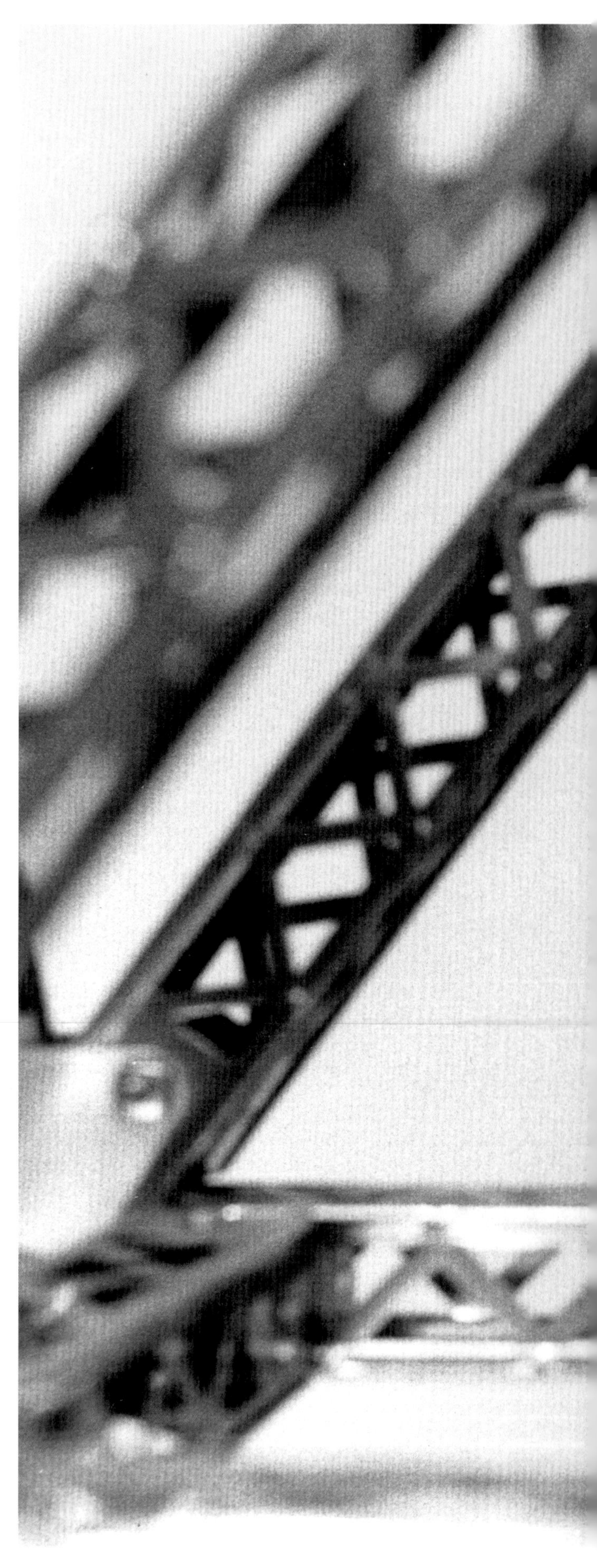

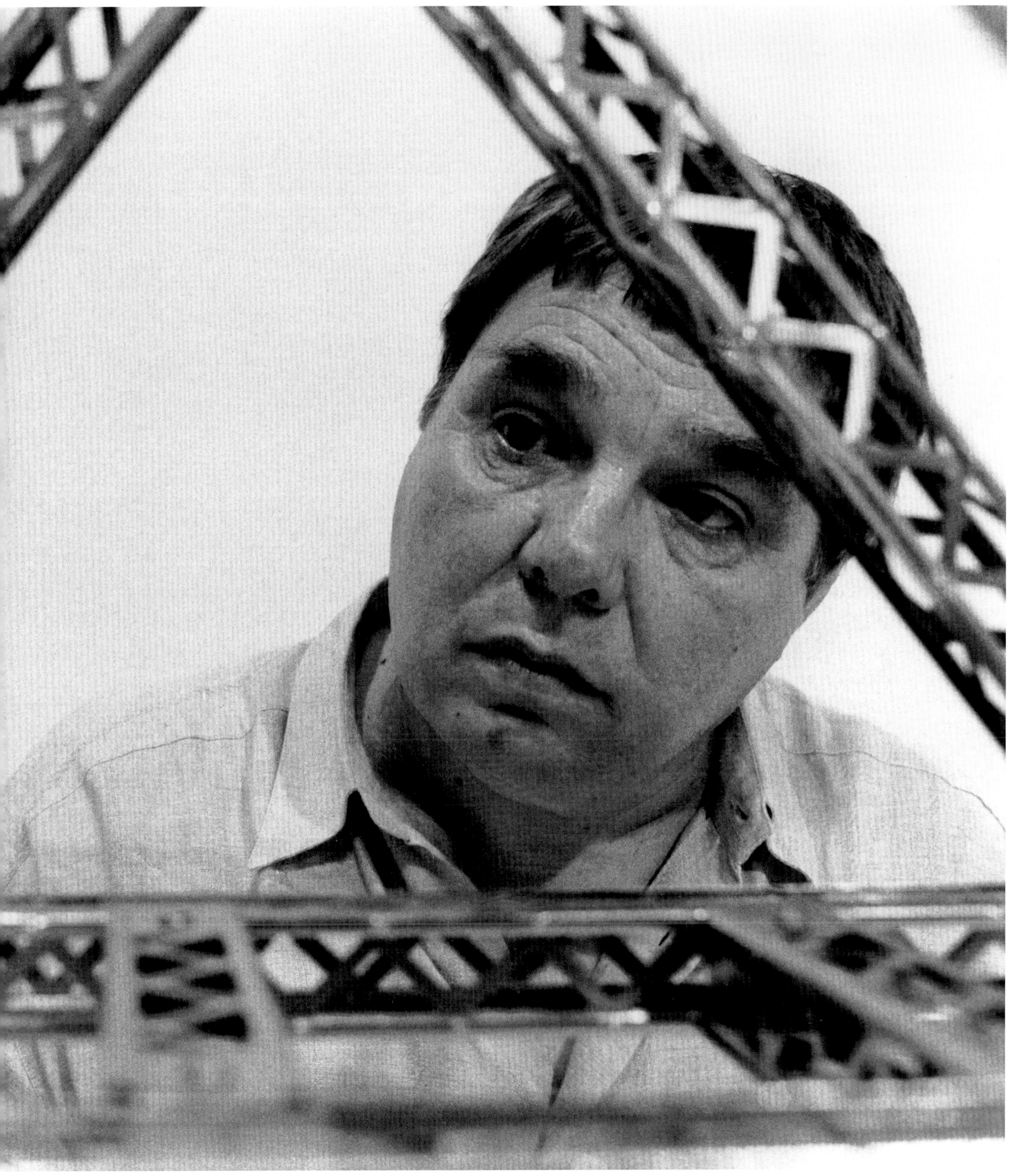

Gotthard Graubner (geboren 1930) bekennt sich in seinem Atelier zu Barnett Newman. Was aber den Gebrauch der Farbe betrifft, so sind kaum größere Gegensätze denkbar. Gegen den amerikanischen Farbfeldmaler (1905–1970) eröffnet der deutsche Künstler seine weiche Front. Das plakative Porträt des studierten Philosophen und malenden Mystikers Newman schaute schon vor vierzig Jahren zu, als Graubner im Atelier am Düsseldorfer Drakeplatz, Wand an Wand mit Joseph Beuys, Farben implodieren ließ. Vier Jahrzehnte nach Newmans Tod sympathisiert der Deutsche im weiträumigen Wohnatelier neben dem Museum Insel Hombroich bei Neuss noch immer mit dem Dogmatiker der offensiven, vertikal ausgerichteten Colorfields. Er weiß sich allerdings ungefährdet. Newmans schneidender Kolorismus war 1982 in der Berliner Neuen Nationalgalerie und 1997 im Stedelijk Museum Amsterdam attackiert worden. Die suggestive Titelfrage *Who's Afraid of Red, Yellow and Blue,* von einem Betrachter in Berlin auf zerstörerische Weise beantwortet, wäre bei Graubner von vornherein fehl am Platz. Seine Bilder schüren keine Ängste und keine Angriffslust. Farbraumkörper und Lichttrampoline sind gesättigt mit dem leuchtenden Stoff, aus dem Romantiker und Impressionisten ihre Landschaften gezaubert haben.

Gotthard Graubner (born 1930), in his studio, professes his faith in Barnett Newman. Yet there is no greater contrast imaginable with regard to the use of color. The German artist presents the soft front side of his paintings to the American Color Field painter (1905–1970). The poster portrait of the trained philosopher and painting mystic, Newman, was already watching over the artist forty years ago when Graubner, wall-to-wall with Joseph Beuys, made colors implode in his studio on Drakeplatz in Düsseldorf. Four decades after Newman's death, the German—in his spacious live-in studio next to the museum island Hombroich near Neuss—still sympathizes with the dogmatist of assertive, vertically aligned color fields. Yet he knows that he is not in danger. Newman's sharp colorism was attacked in 1982 in Berlin's Neue Nationalgalerie and again in 1997 in the Stedelijk Museum in Amsterdam. The question suggested by the title *Who's Afraid of Red, Yellow and Blue,* which was answered by a visitor to the Berlin museum in a destructive manner, would have been inappropriate for Graubner right from the beginning. His paintings do not stir up fear or aggression. Bodies of color and trampolines of light are saturated with the shining matter out of which the Romantics and Impressionists conjured up their landscapes.

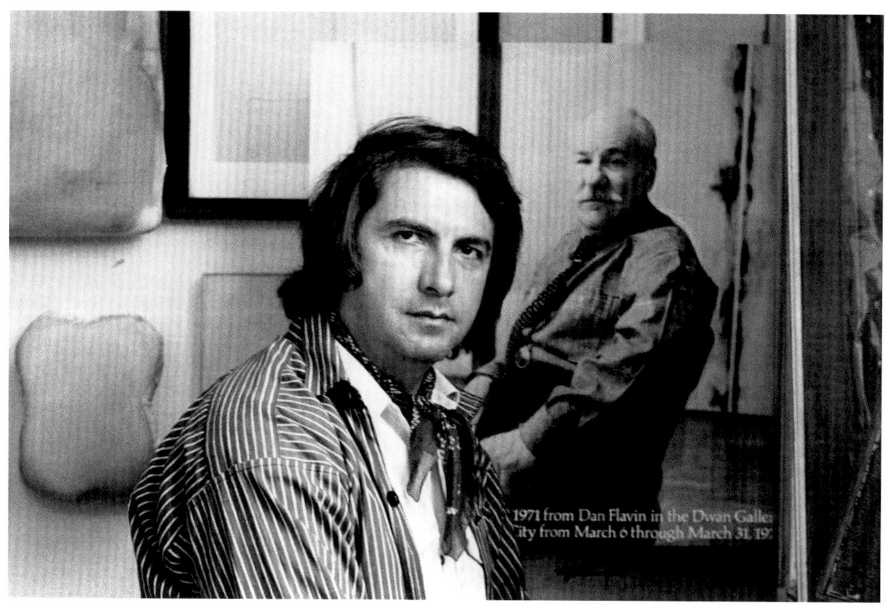
1971 from Dan Flavin in the Dwan
from March 6 through March 31,

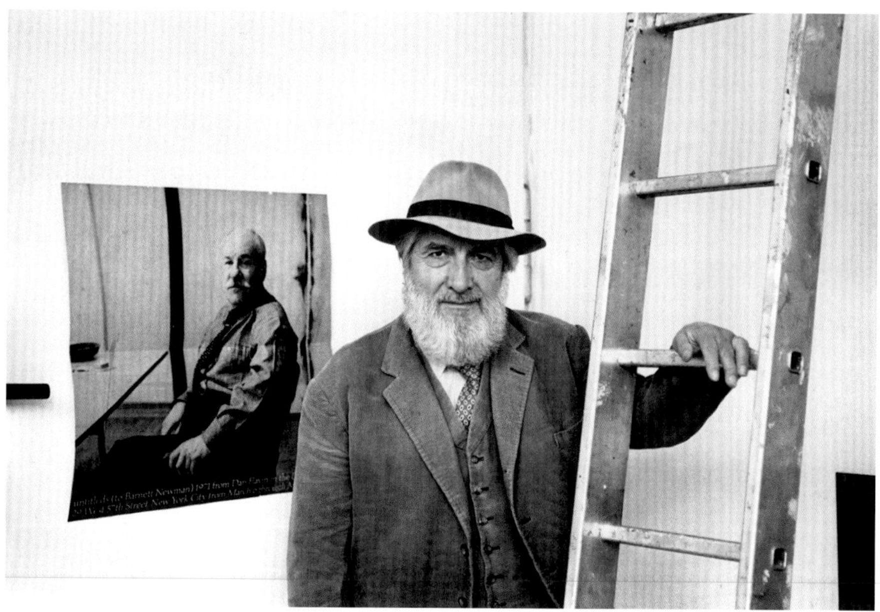

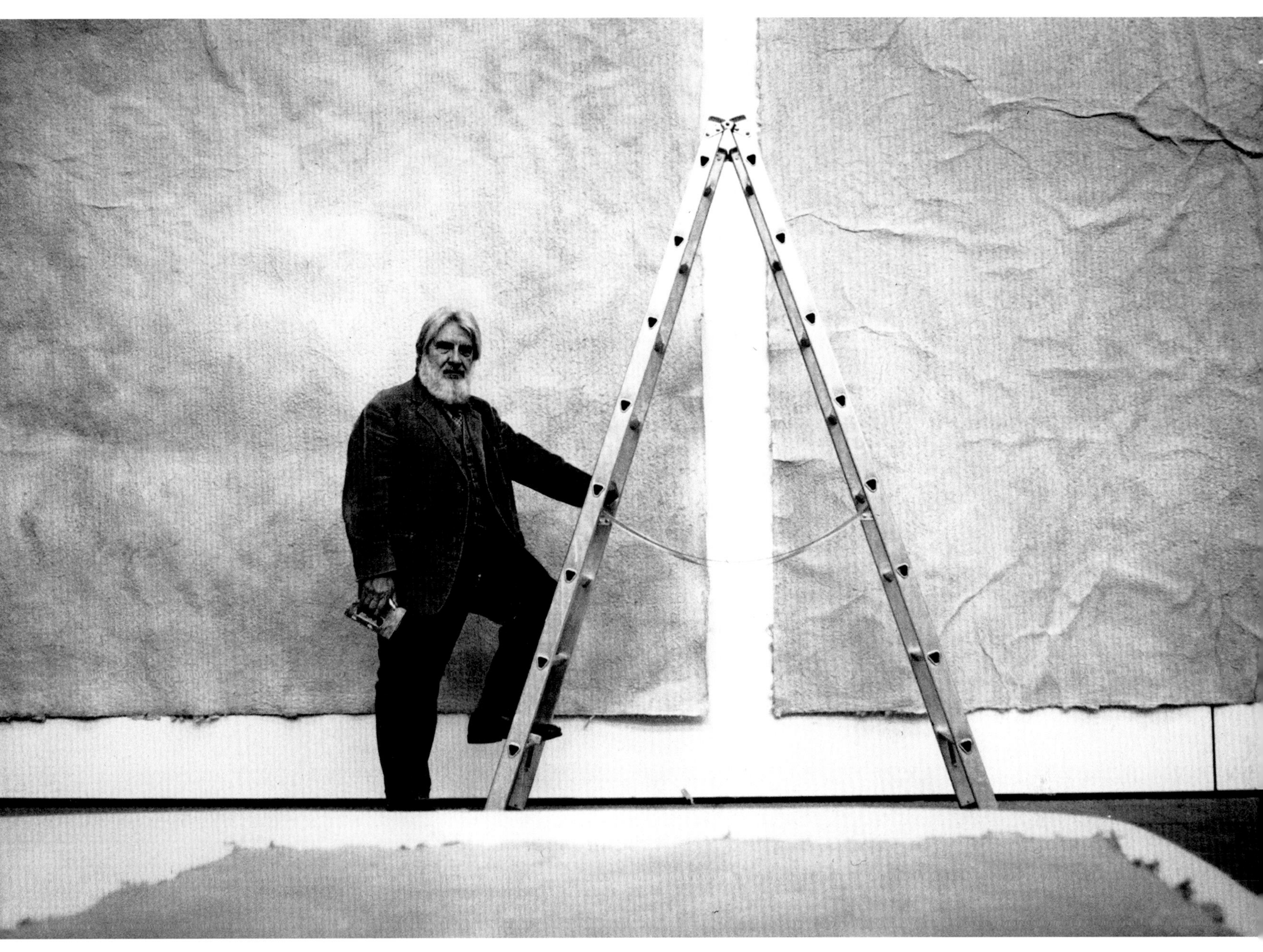

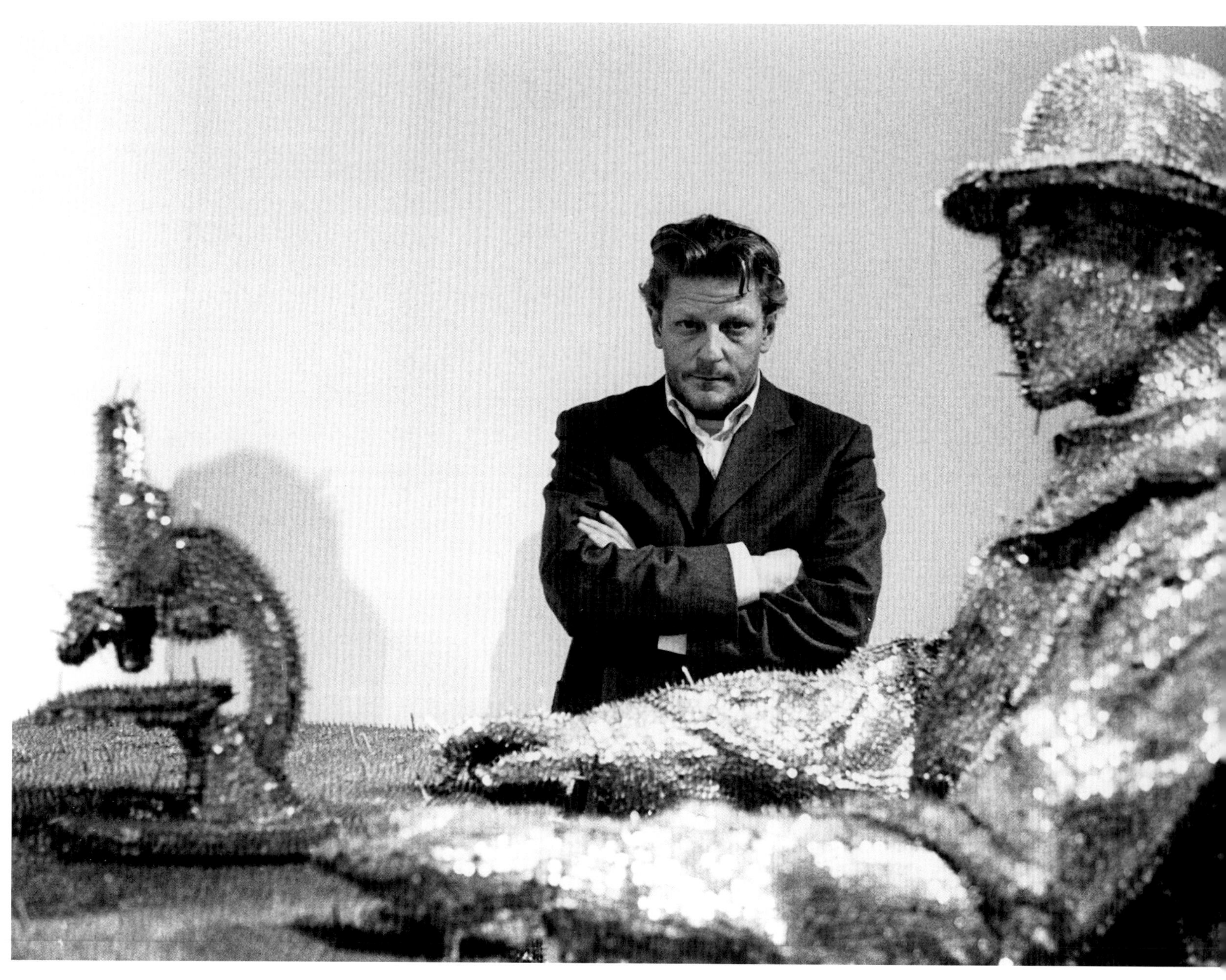

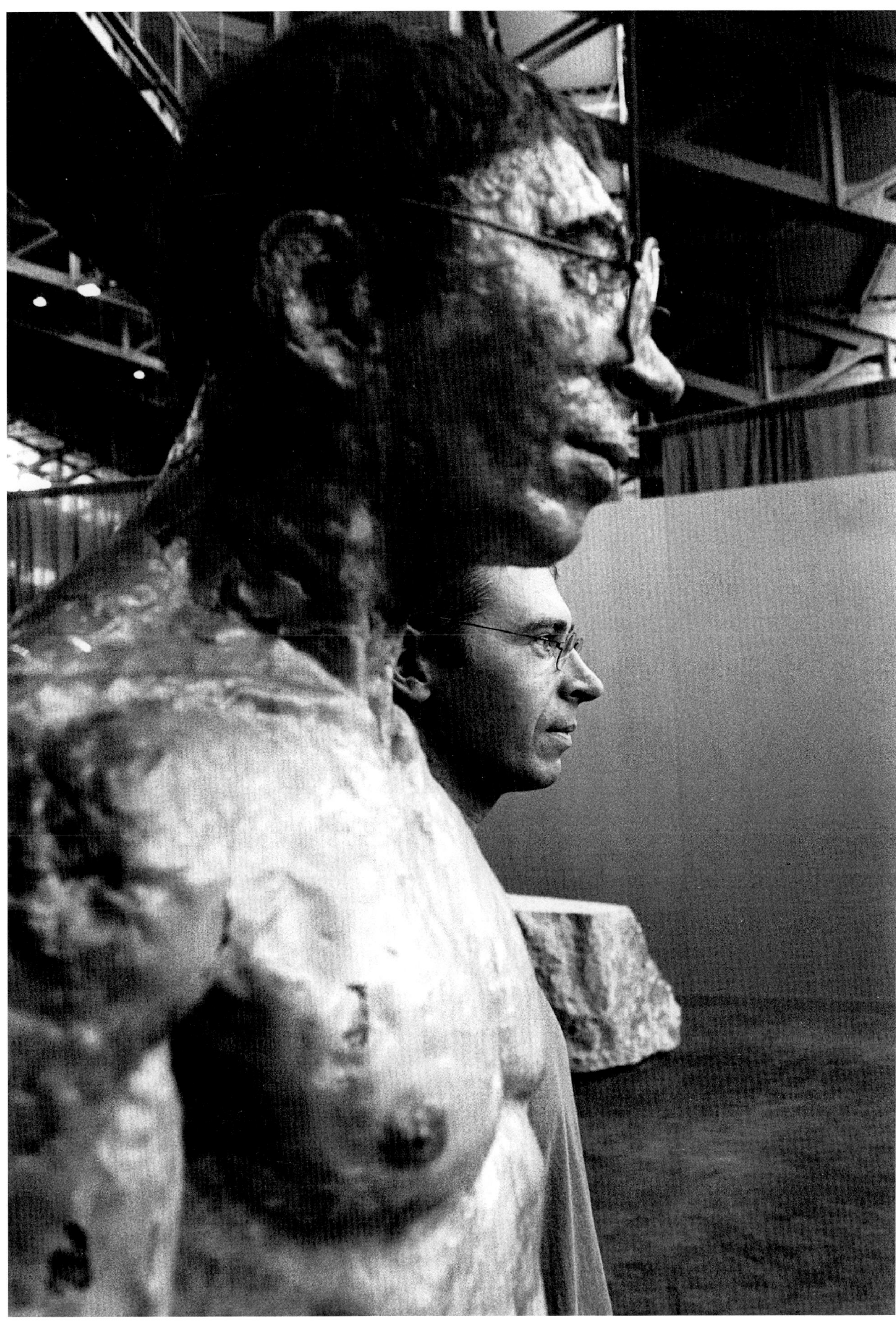

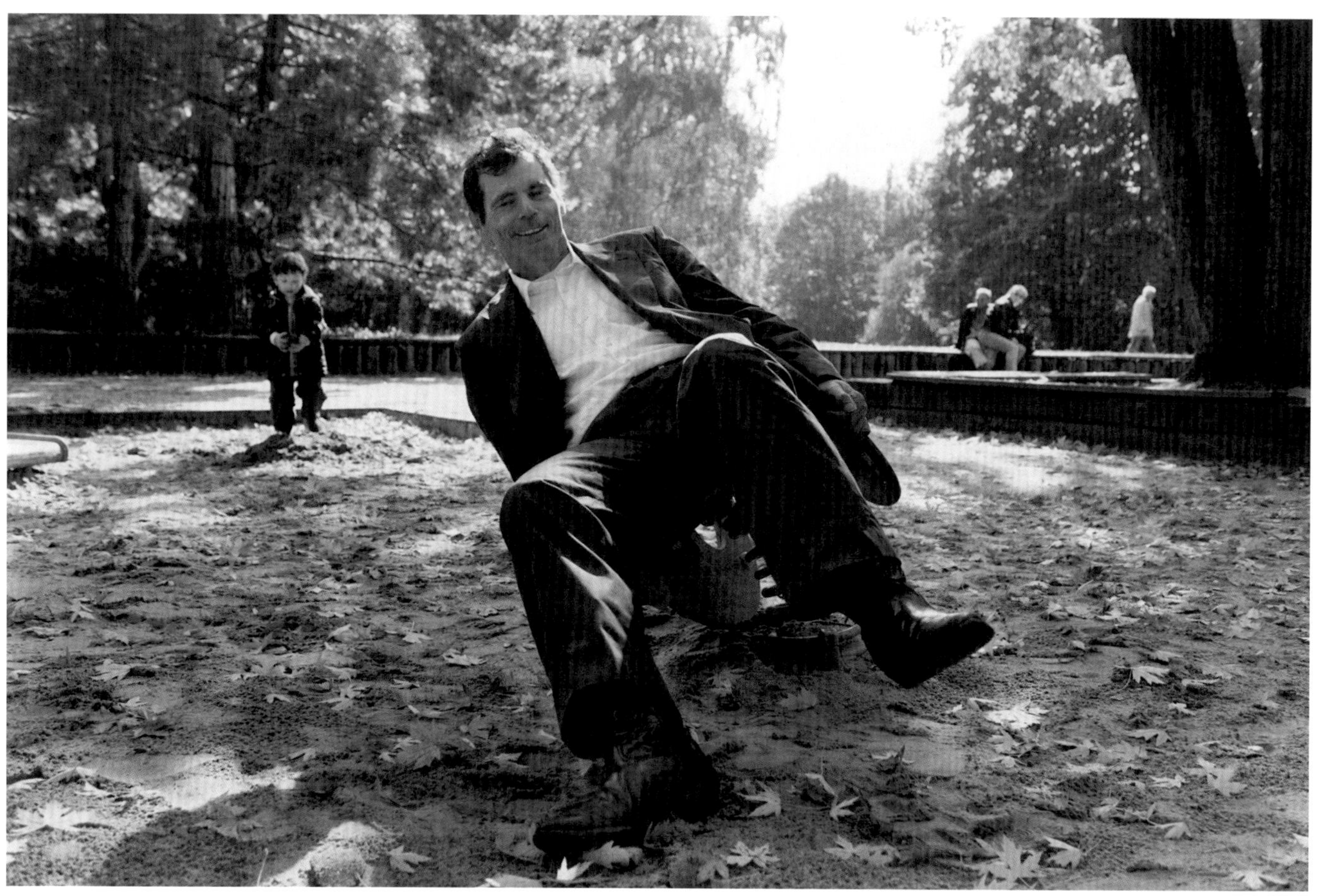

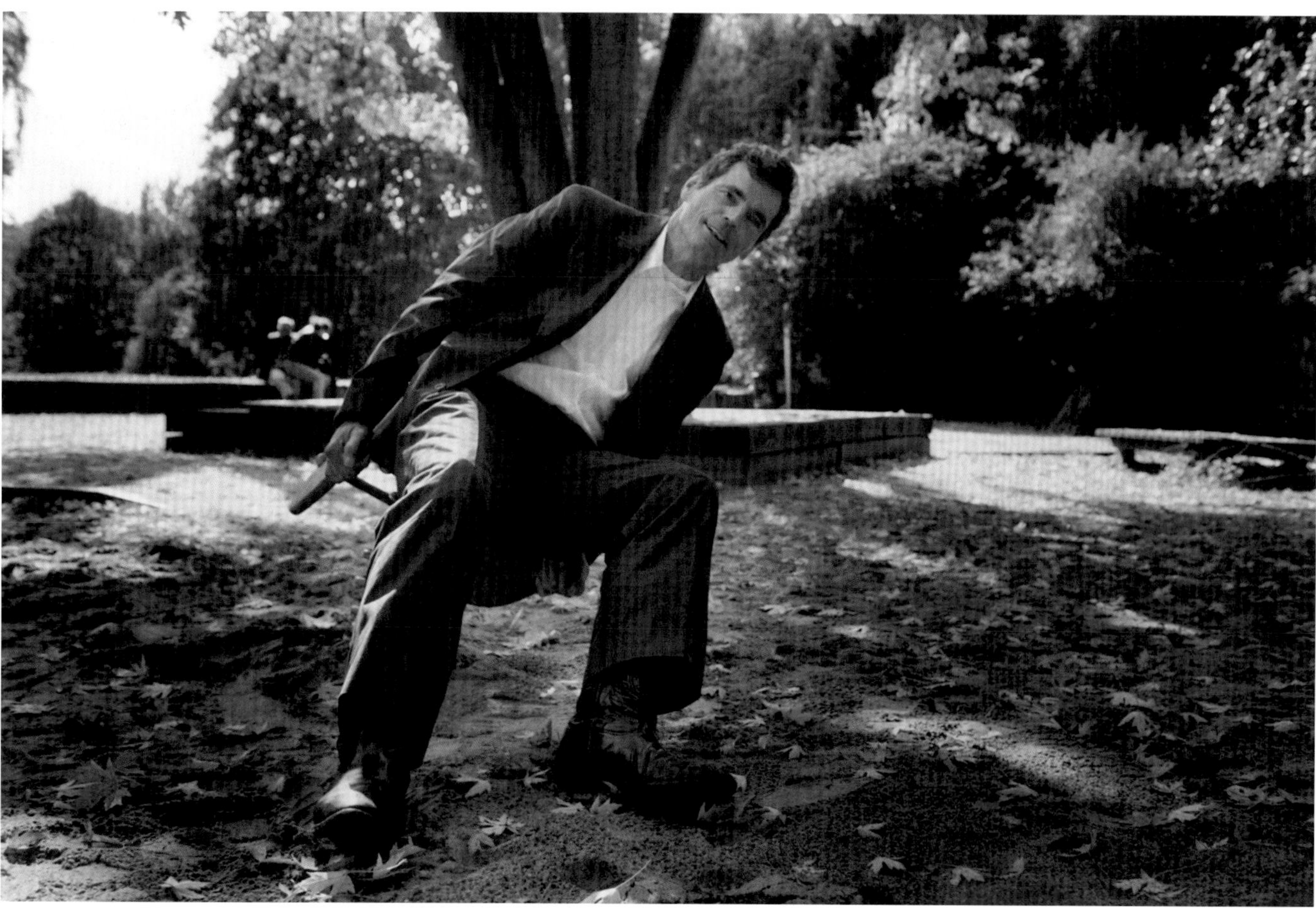

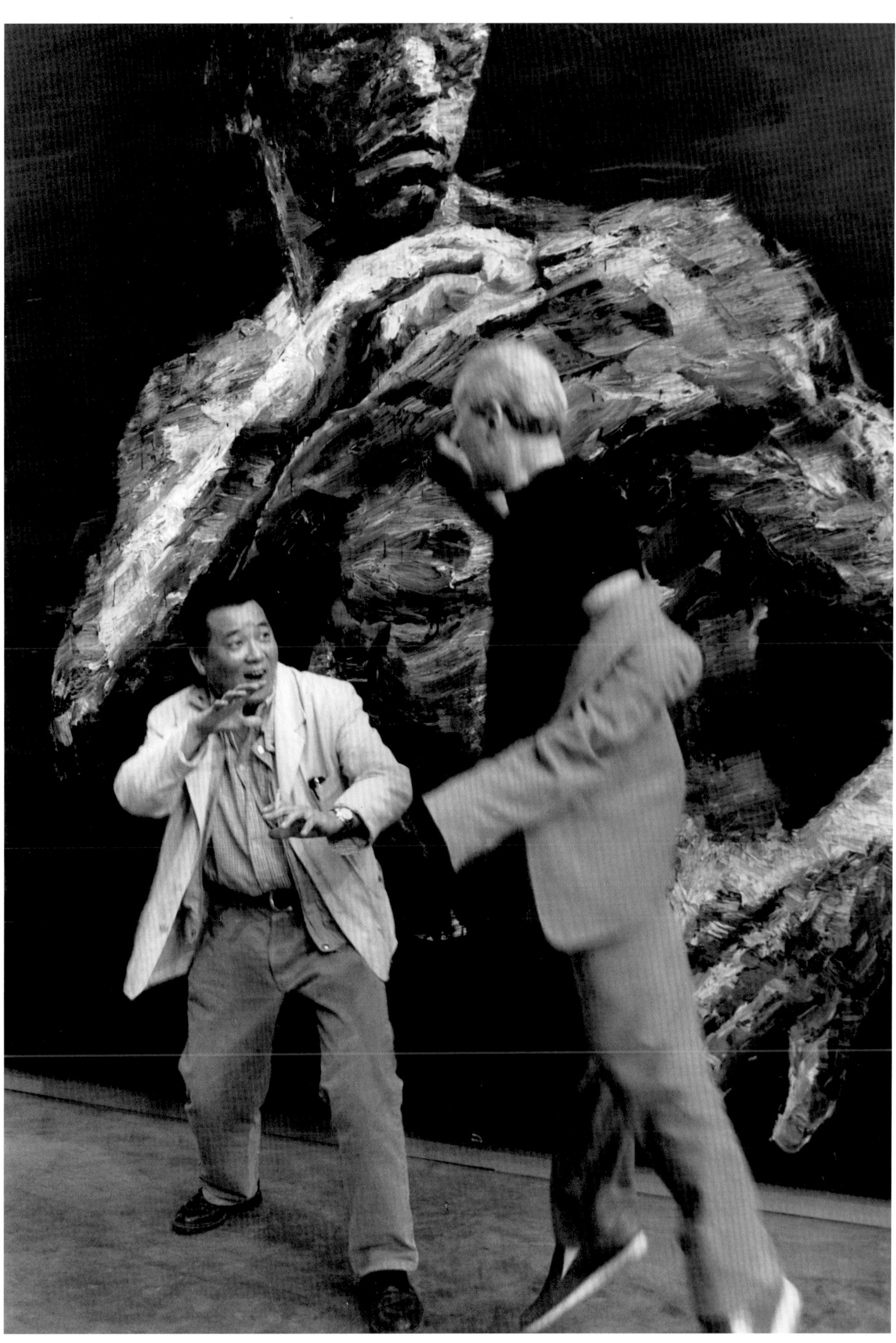

Joseph Beuys (1921–1986) richtet den Blick, mit Auguste Rodins inspirierender Gebärde im Rücken, 1968 auf das ferne Ziel seiner Sozialskulptur. Als Meisterschüler des mit christlichen Motiven befassten Bildhauers Ewald Mataré hat er seine Mission Mitte des 20. Jahrhunderts an der Düsseldorfer Kunsthochschule im Zeichen der Kreuzform begonnen. »Cross over« verkündet er als Lehrer am gleichen Ort ein Jahrzehnt später im Rahmen rituell geprägter Handlungen und Aktionen (wie Happening und Fluxus) die Botschaft, dass in jedem Menschen ein Künstler stecke. Mit beträchtlichem Material- und Zeitaufwand betreibt Beuys Bedeutungsspiele, wobei er vorzugsweise Kupfer als leitendes sowie Fett und Filz als speicherndes Energiepotenzial einsetzt. Szenen und Schaubilder für die Vereinigung von Natur und Geist, Ökologie und Politik sind heiß umstritten. Sinnbild seiner Lebensexpedition wird *Das Rudel* aus dem Jahr 1969: zwanzig mit Filzrolle, Fett und Taschenlampe bepackte, aus einem Volkswagenbus quellende Schlitten. Bei Art Intermedia, in einem Keller der Kölner Domstraße, findet am 14. Oktober 1968 um 20 Uhr die Aktion *Vakuum ‹–› Masse* statt: Hundert Luftpumpen und insgesamt hundert Kilogramm schwere, mit Plus oder Minus als Fettbatterien gekennzeichnete Margarineklumpen bilden das Handlungsmaterial. Hundertmal bewältigt Beuys den Kraftakt, die Klumpen um die Pumpöffnung zu kneten, durch starken Druck die mit angesaugtem Fett behafteten Röhren aus dem Pumpgehäuse zu reißen und gegen den Deckel eines Eisenbehälters in Form eines halbierten Kreuzes zu schleudern. Die mit Fett und Pumpen gefüllte Kiste wird abschließend zu Orgelklängen verschweißt und zum »energetischen Monument« für den Begriff Pneuma erhoben – ein Behälter für Atem und Geist.

Joseph Beuys (1921–1986) directs his gaze, in 1968, toward the distant goal of his social sculpture, Auguste Rodin's inspiring gesture behind him. As a student of the sculptor Ewald Mataré, much of whose work dealt with Christian motifs, Beuys began his mission, in the spirit of the cross, in the mid-twentieth century at the Düsseldorf Academy of Art. As professor at the same school a decade later, he proclaimed "cross over" and, within the framework of activities influenced by ritual (such as happenings and Fluxus actions), the message that there is an artist in everyone. With a considerable expense of time and materials, Beuys pursued games of meaning, using copper for conductive energy and fat and felt to represent storage capacity. Scenes and displays uniting nature and spirit, ecology and politics, are highly controversial. The symbol of his life's expedition is his work *Das Rudel* (The Pack), from 1969. Twenty sleighs loaded with rolls of felt, blocks of fat, and flashlights extend out of a Volkswagen van. At Art Intermedia, on October 14, 1968, at 8 p.m., in a basement on Domstrasse in Cologne, the action *Vakuum ‹–› Masse* (Vacuum ‹–› Mass) takes place: materials include one hundred air pumps and blocks of margarine weighing a total of one hundred kilograms and marked with plus and minus signs that serve as fat batteries. Beuys repeats the feat one hundred times: kneading the clumps of margarine around the pump openings, using pressure to rip the tubes, which were attached using suctioned fat, out of the pump casings and hurling them against the top of an iron chest in the form of a half-cross. In conclusion the chest—filled with fat and pumps—is welded together to organ music and elevated to a "dynamic monument" symbolizing the idea of pneuma—the receptacle for breathing and the spirit.

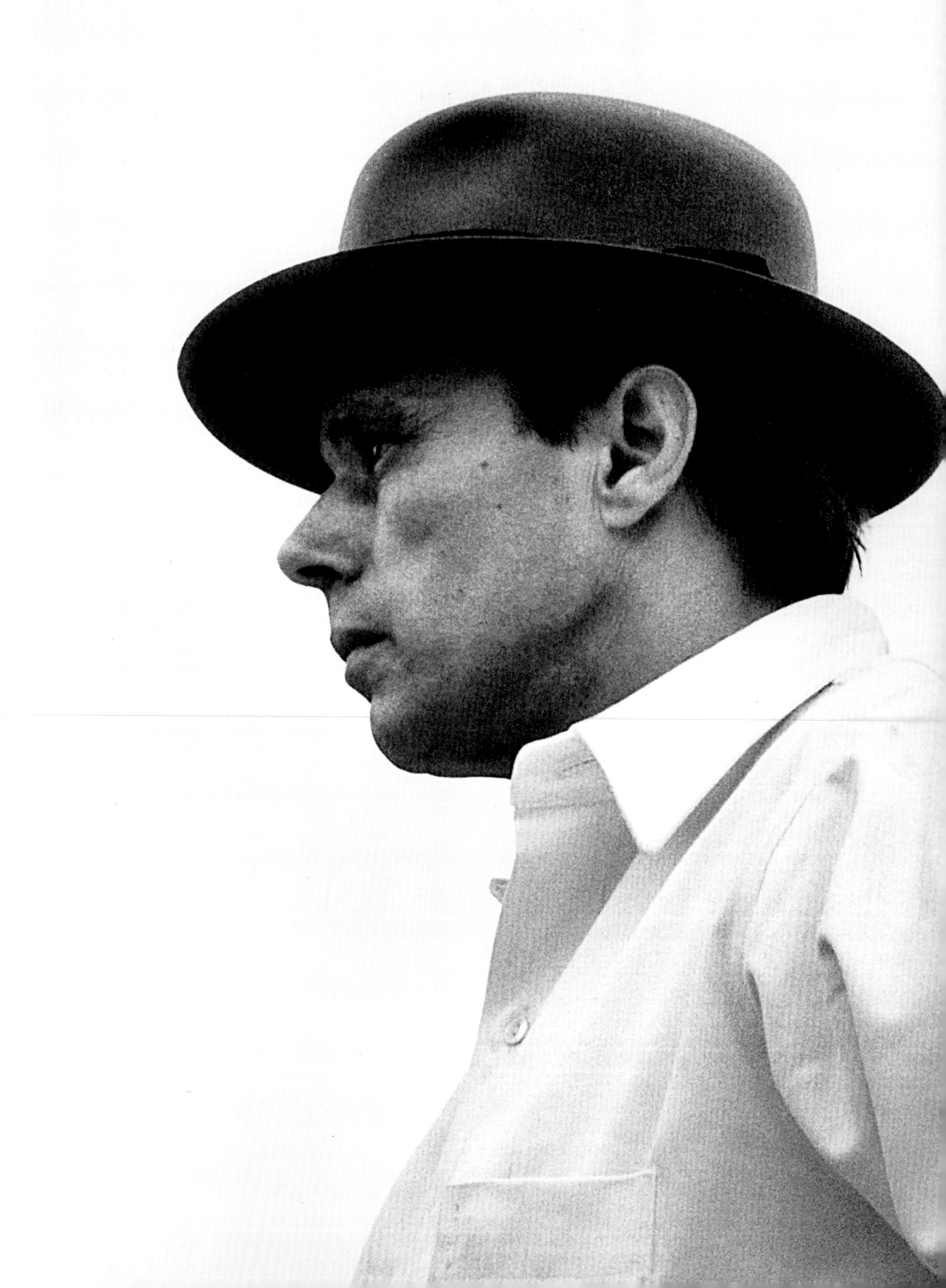

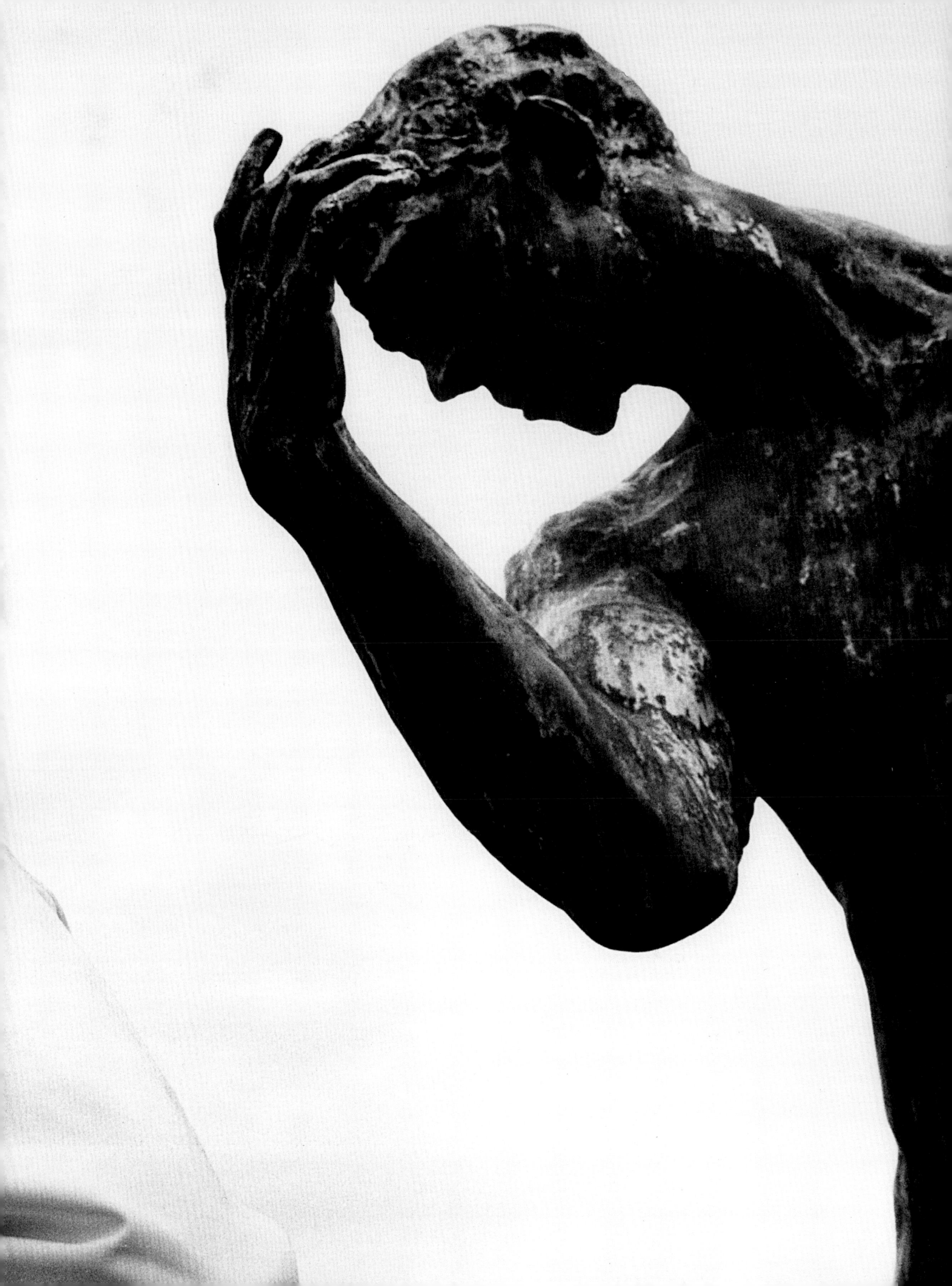

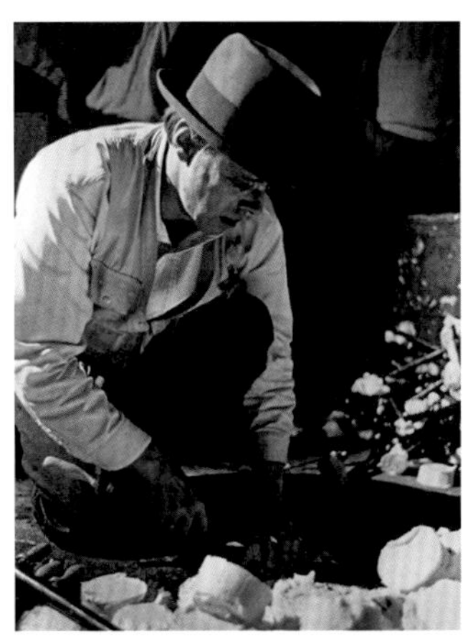
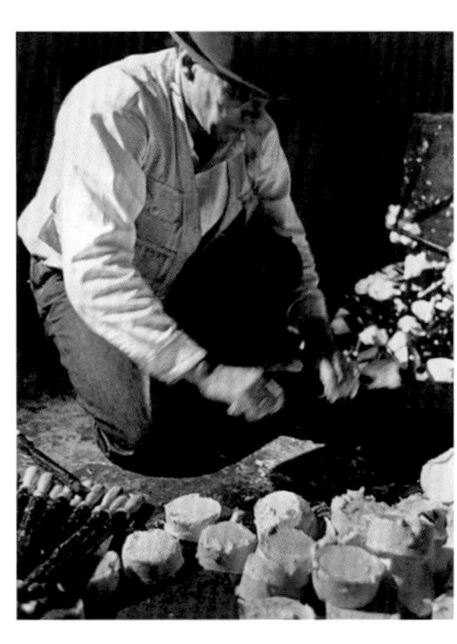
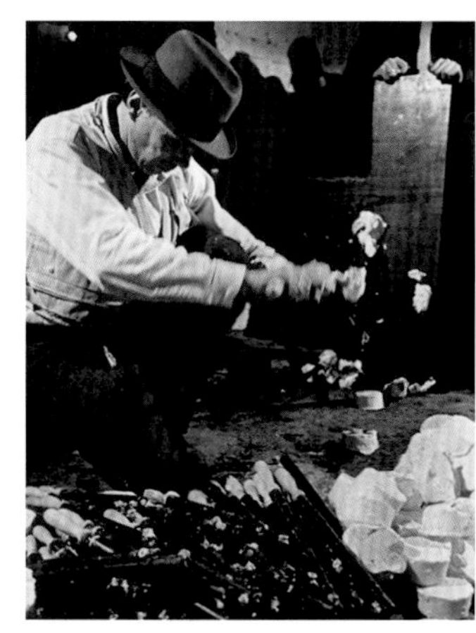
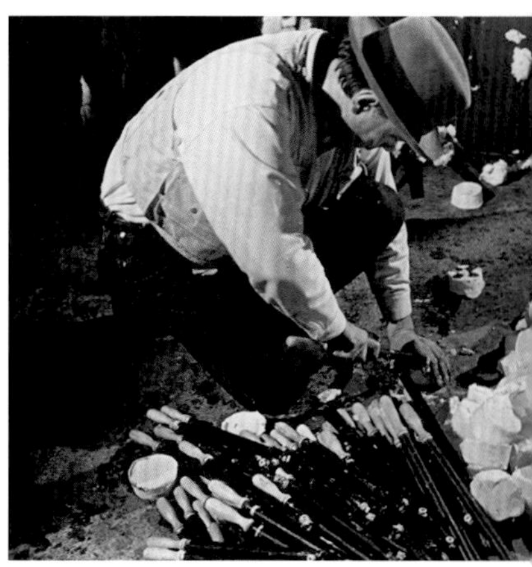
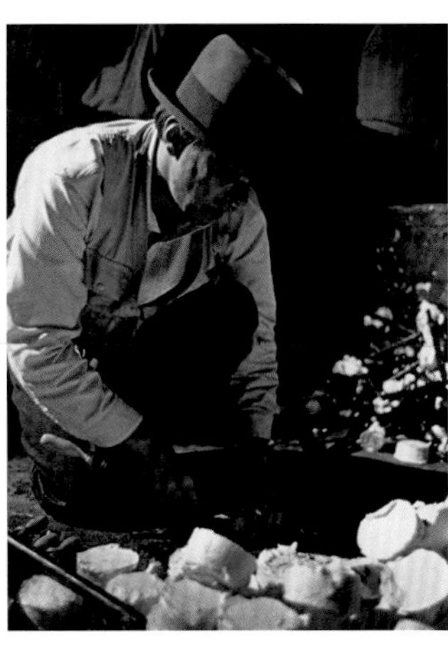
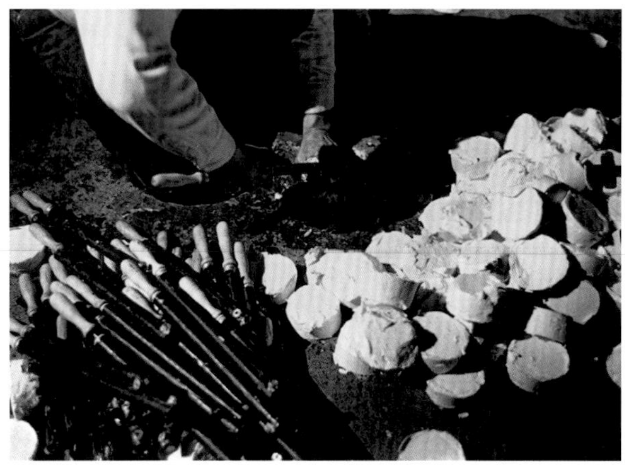
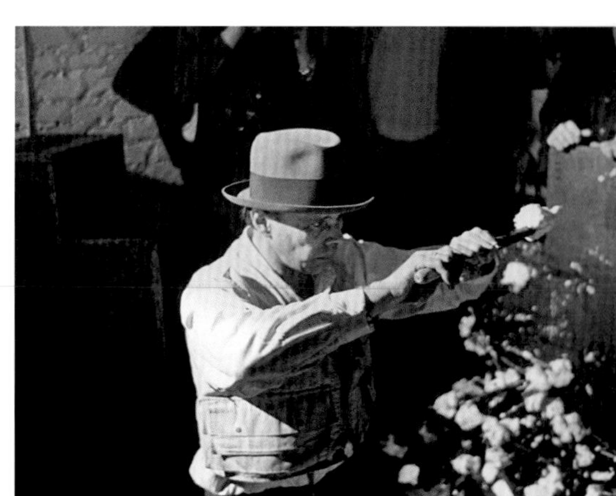

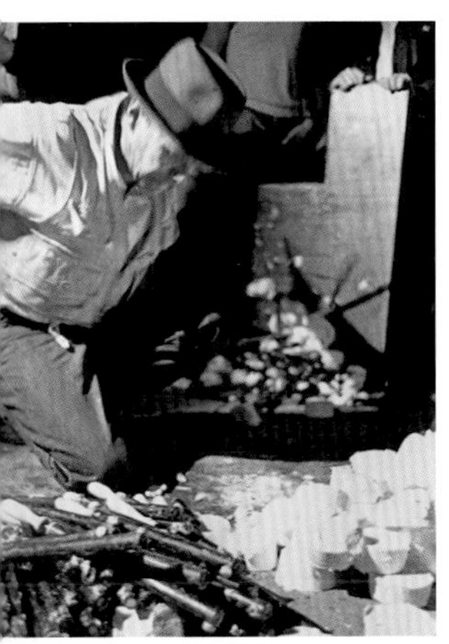

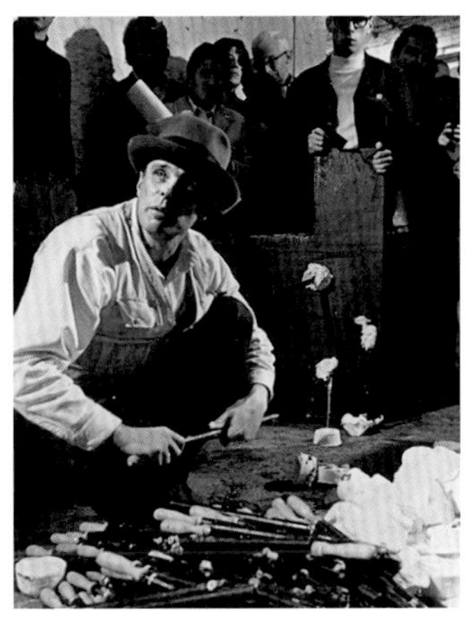

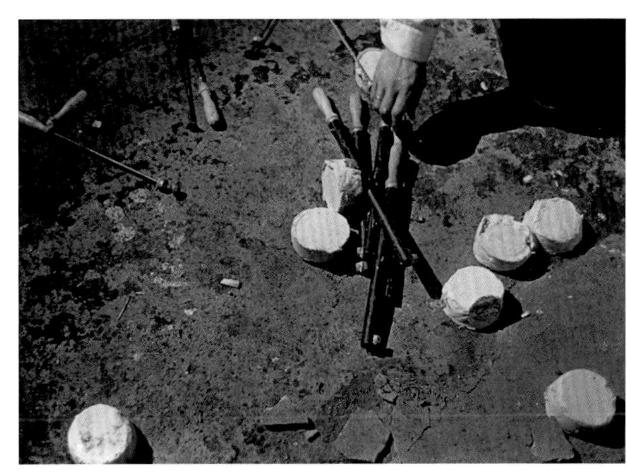

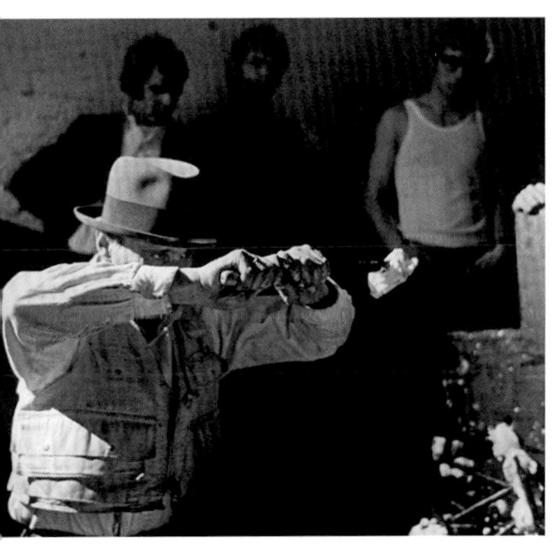

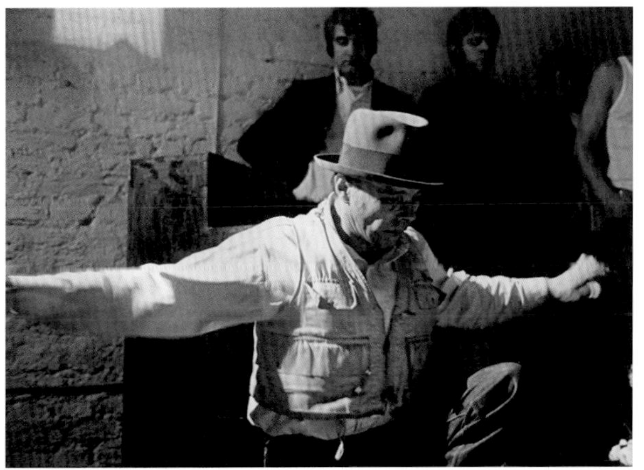

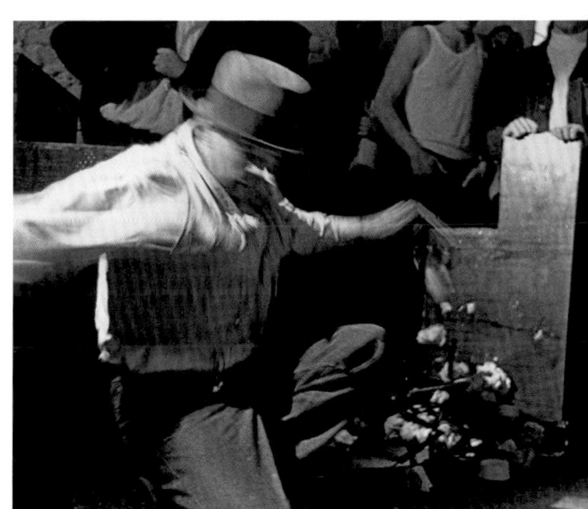

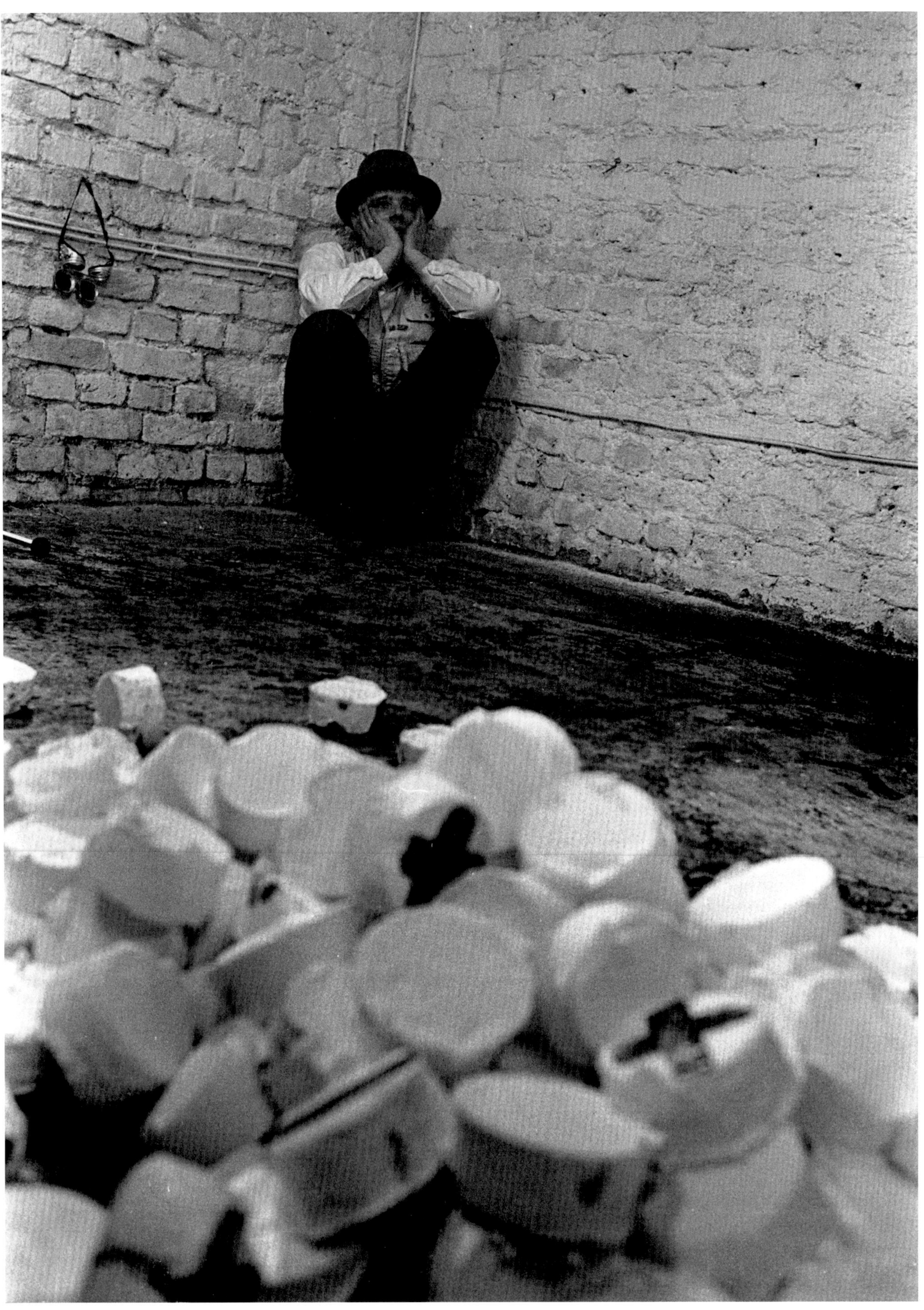

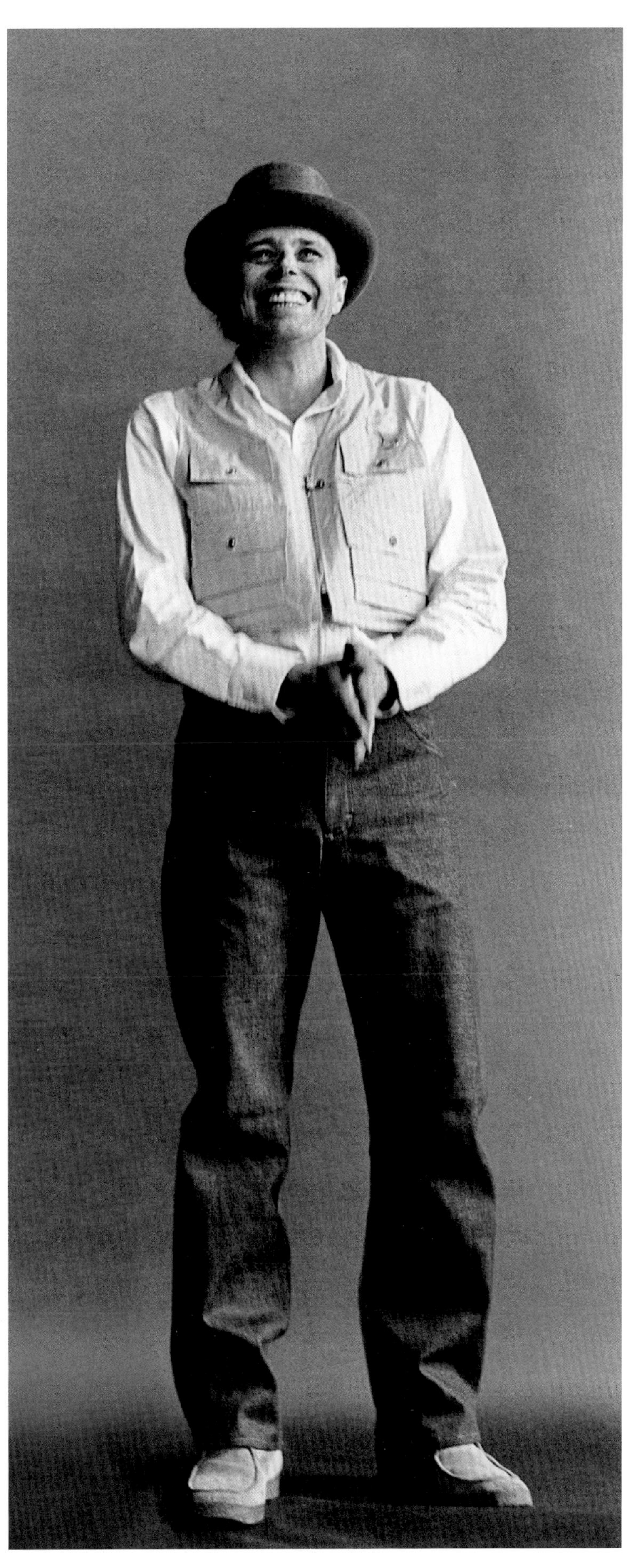

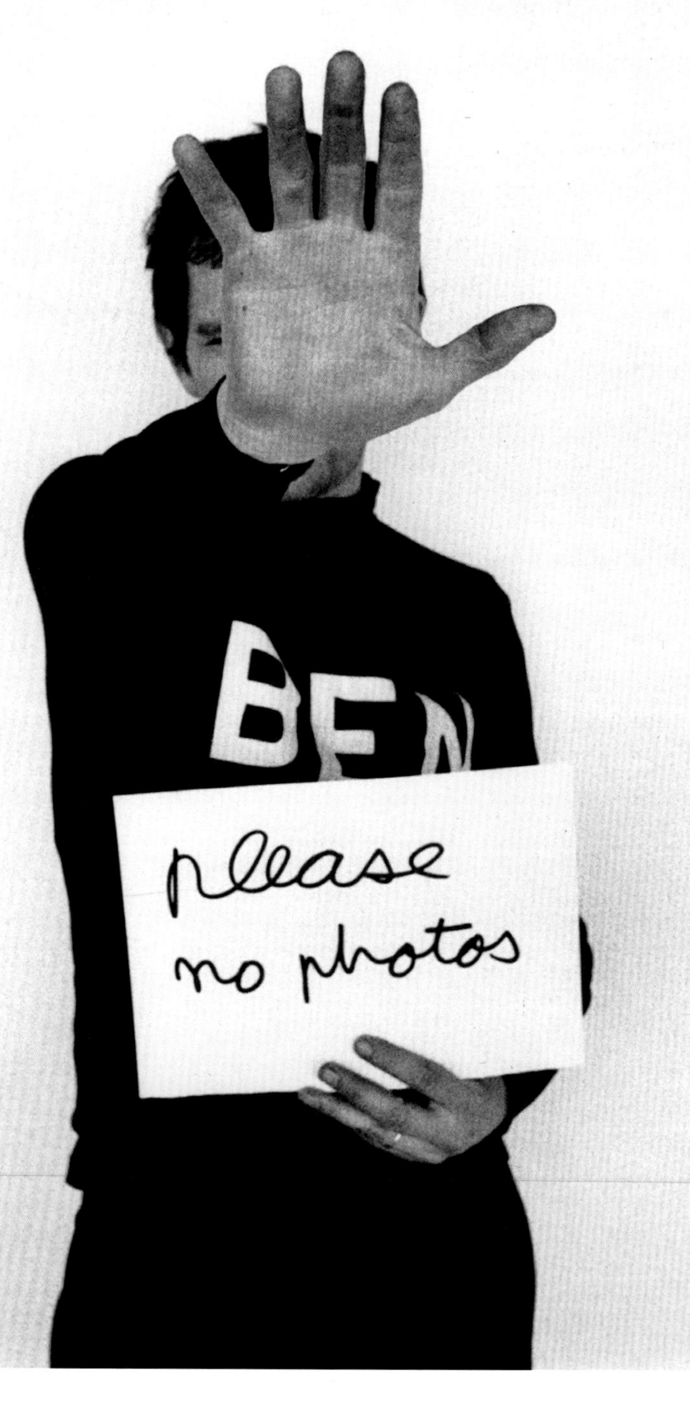
BEN
please
no photos

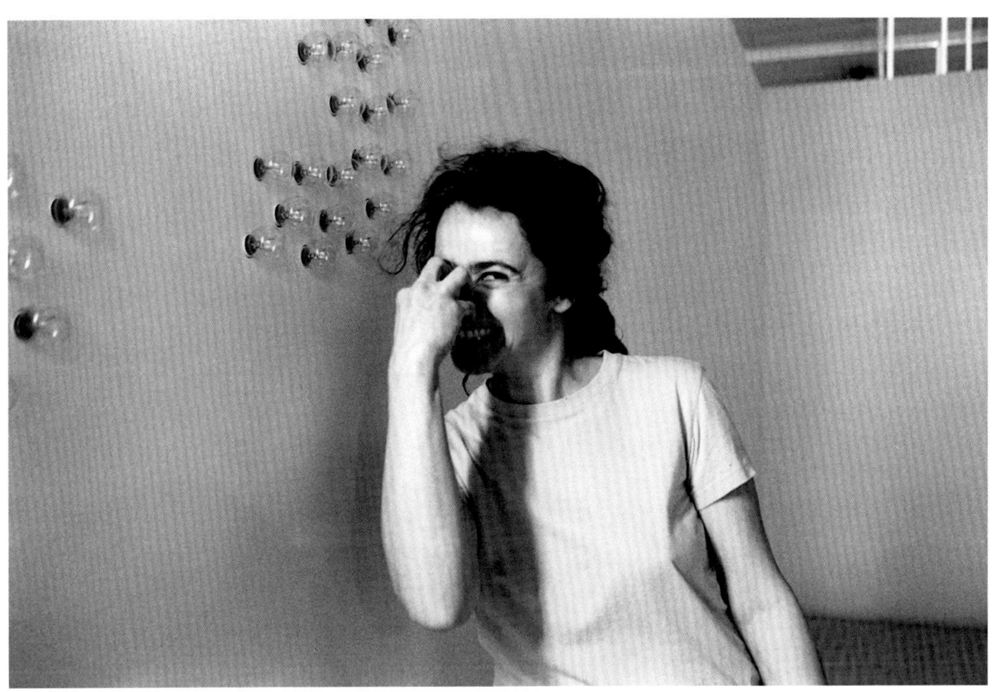

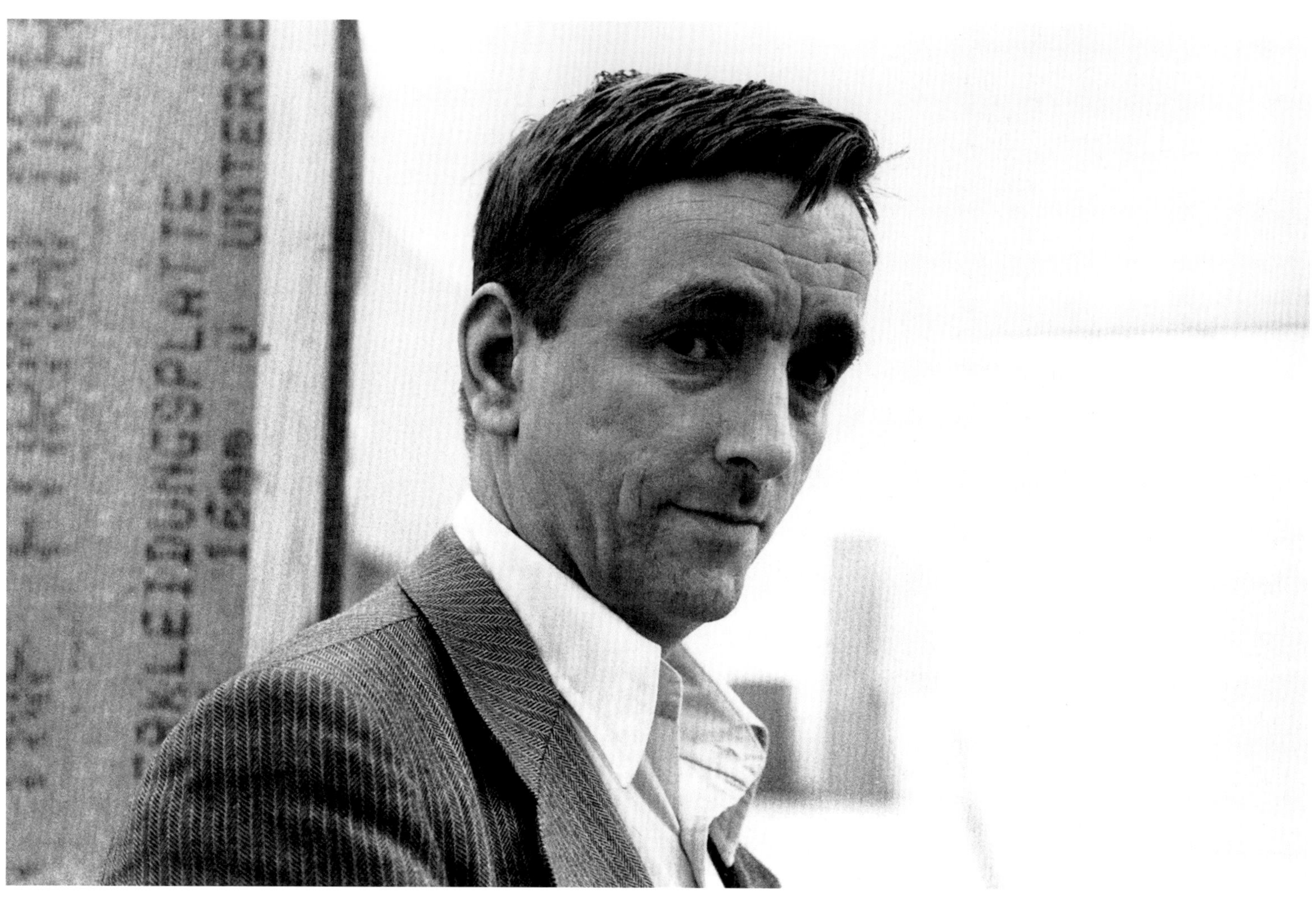

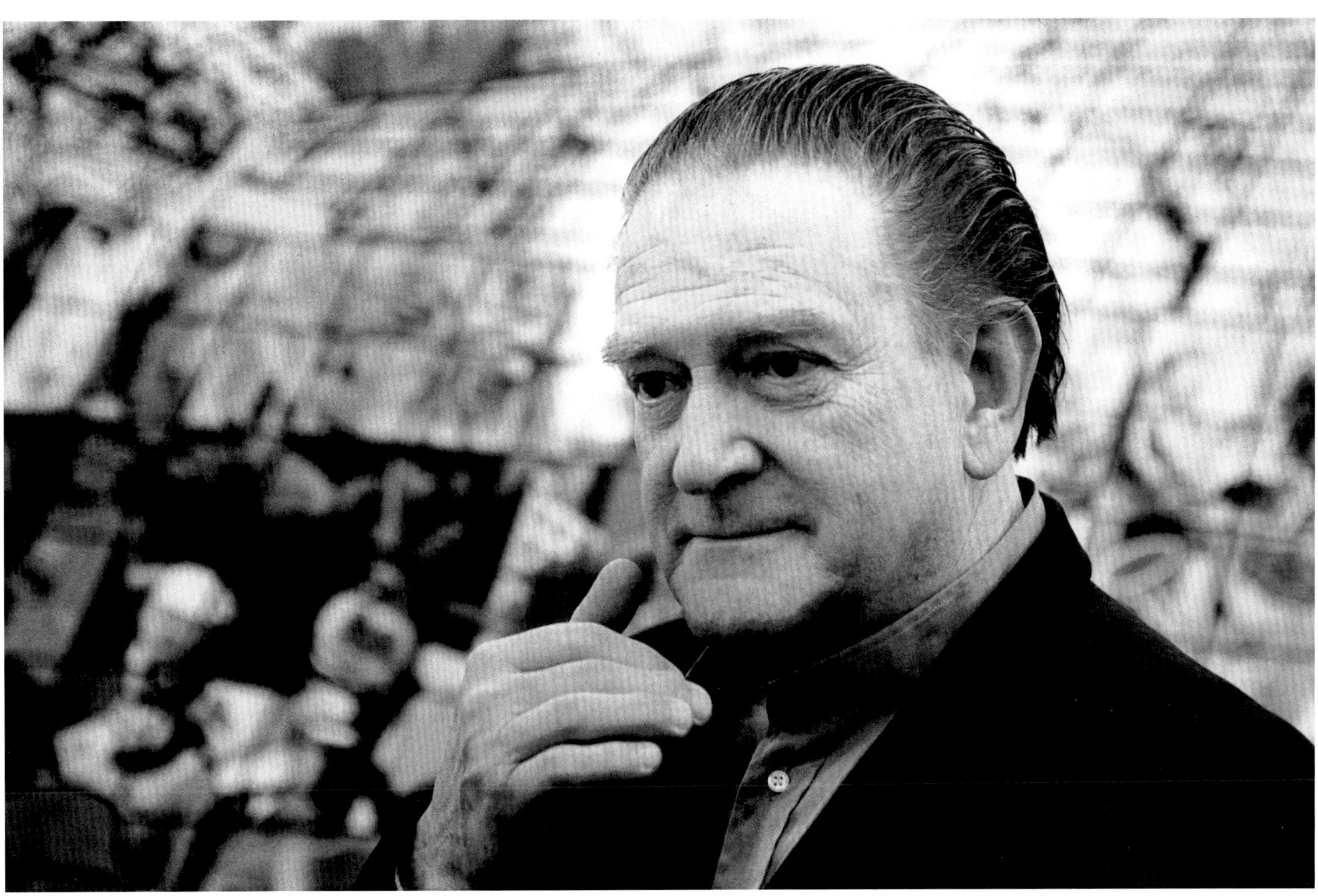

Georg Baselitz (geboren 1938) steht 1972 an der Seite seiner kopfüber in die Malerei gestürzten Frau Elke. Fünfunddreißig Jahre später bezieht er vor weiß belassener Leerstelle in einem seiner »Russenbilder« Position: Längst entmachtete, vom Künstler stets missachtete Leitfiguren aus einer Jugend im Einflussbereich des sozialistischen Realismus lösen sich in zerbrochenen Linien und sprühenden Farben auf. Seit vier Jahrzehnten wahrt Hans-Georg Kern, der den Künstlernamen vom Geburtsort Deutschbaselitz herleitet und als Georg Baselitz auf der Weltrangliste ganz nach vorn drang, vor seiner kopfstehenden Welt die Haltung des aufrechten Verfechters einer Malerei, deren siegreiche Strategie die Überwältigung durch den Sturzflug der Farbe ist. Menschen, Tieren, Bäumen lässt er die Farbe in den Kopf schießen, weil dies dem Ausdruck dienlich ist. Inzwischen sichtet Baselitz die Gestürzten auf den koloristischen Schlachtfeldern nochmals aus verschiedenen Richtungen. Wie frühere Motive aussehen können, wenn der Urheber ihre damalige Erscheinung verwirft, um aus vertrauten Zutaten einen »Remix« anzurichten, das zeigt Baselitz, indem er souverän über die alten Figuren hinweggeht, sie auf hellem Grund im Netzwerk zerfetzter Farblinien dreht und wendet, stehen und fallen und liegen lässt. Er selbst behält den Kopf oben.

Georg Baselitz (born 1938) stands at the side of his wife in 1972. Elke has plunged head first into painting. Thirty-five years later he assumes his position in front of the white, unpainted empty spaces of one of his "Russian paintings": long since stripped of their power and always disdained by the artist, these models from a childhood under the influence of Socialist Realism dissolve into broken lines and splattered colors. For four decades Hans-Georg Kern—who derived his pseudonym from his birthplace, Deutschbaselitz, and who, as Georg Baselitz, made his way to the very top of the world rankings—has maintained, in front of his upside-down world, the posture of the upright advocate of a kind of painting whose winning strategy is to overwhelm with nose-diving paint. He makes colors shoot into the heads of people, animals, and trees because it furthers expression. These days, Baselitz looks again at the fallen figures on colorist battlefields from different directions. The artist shows the viewer what past motifs can look like when their creator rejects their earlier appearance in order to arrange a "remix" of familiar ingredients, passing over the old figures unperturbed, twisting and turning them in a network of mangled lines of color on a light background, allowing them to stand and fall, and leaving them be. He, on the other hand, keeps his own head upright.

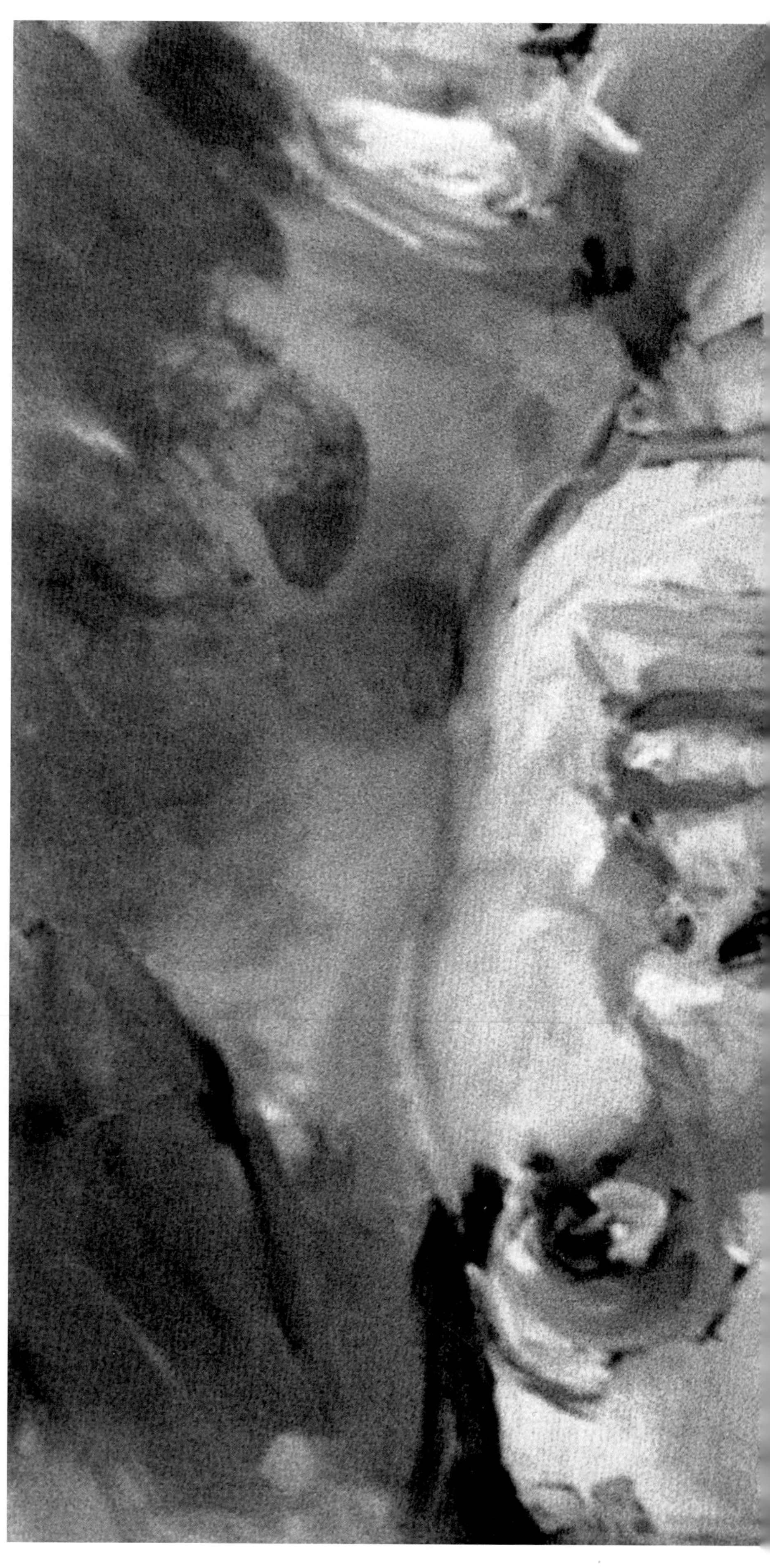

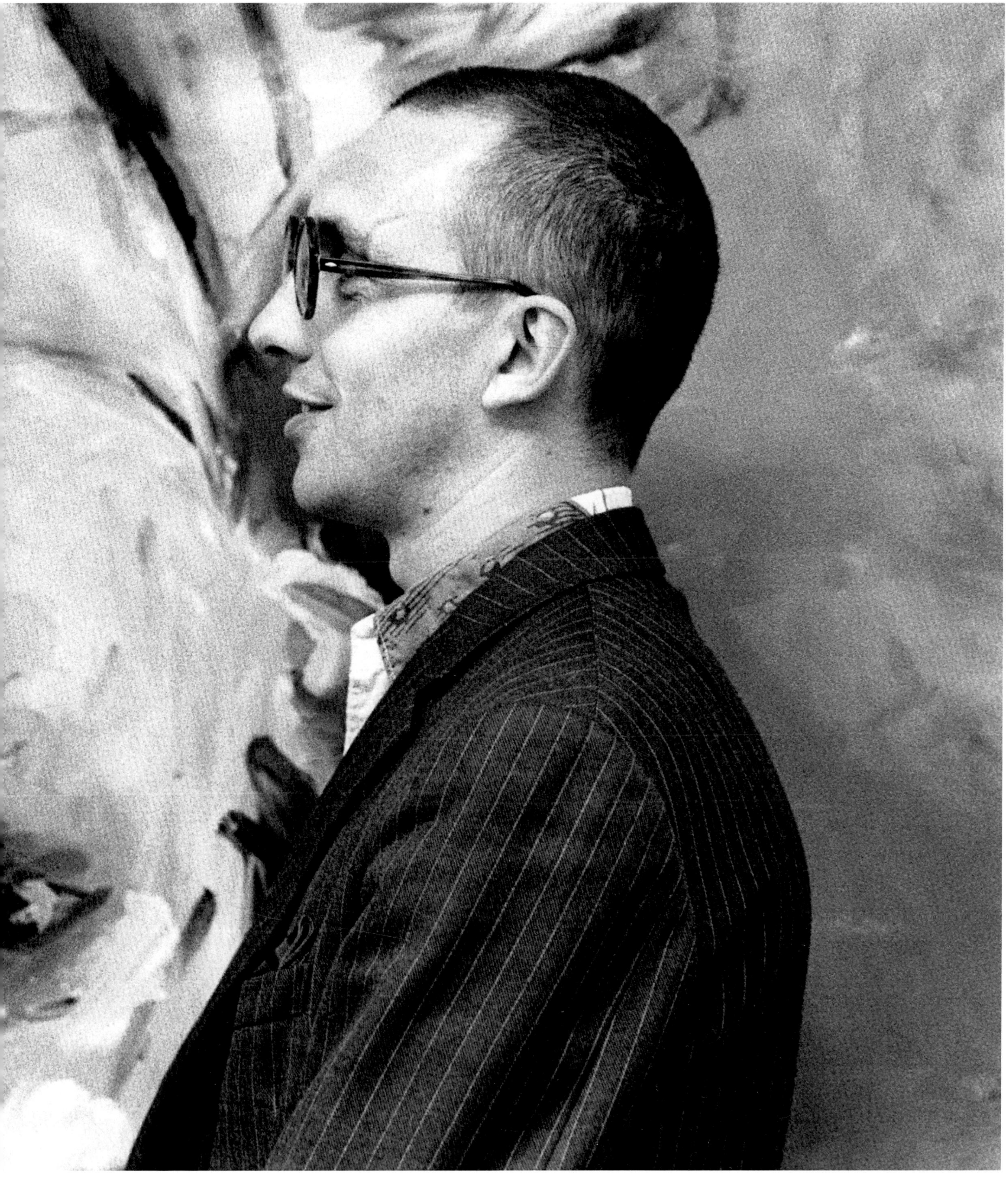

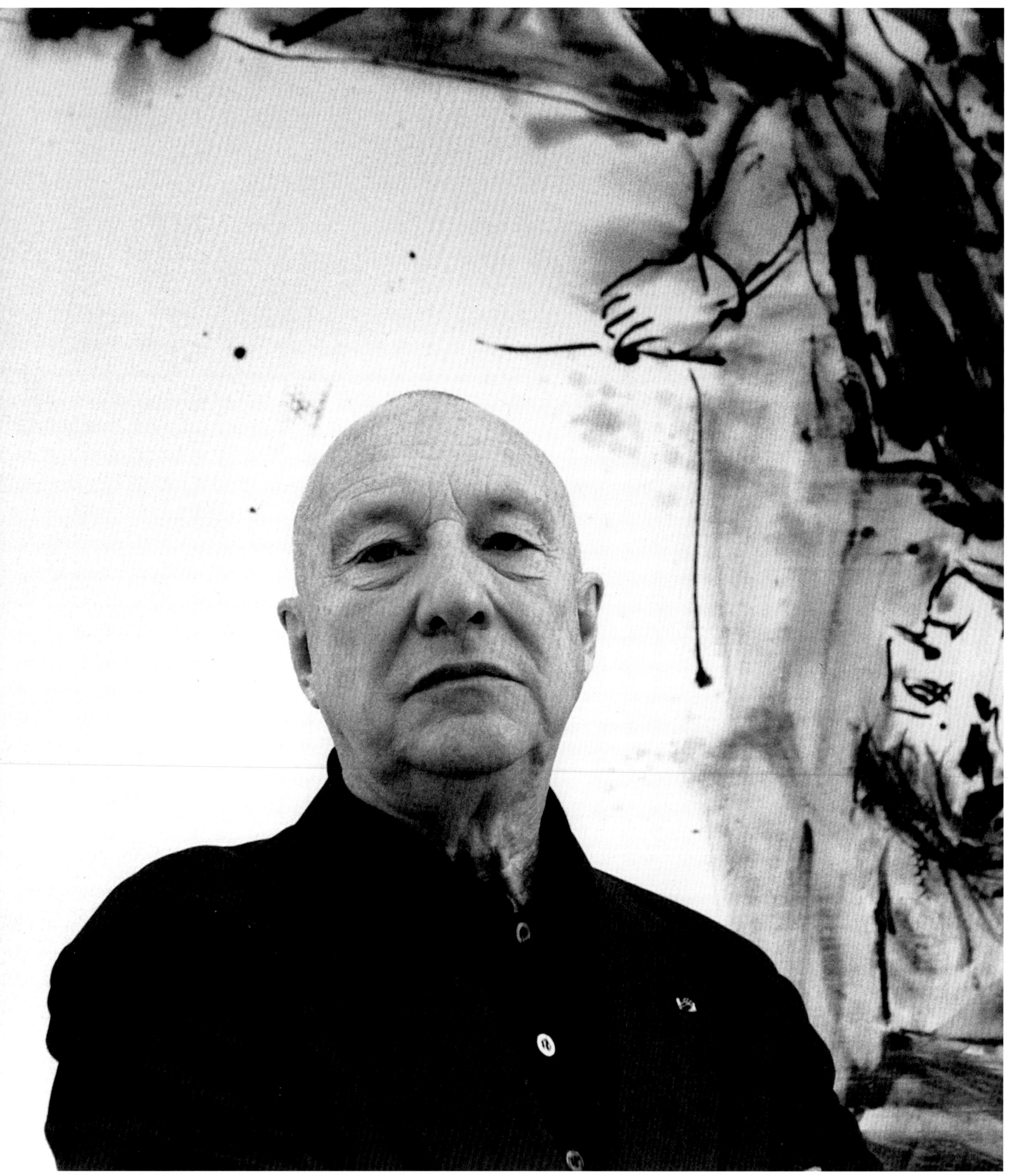

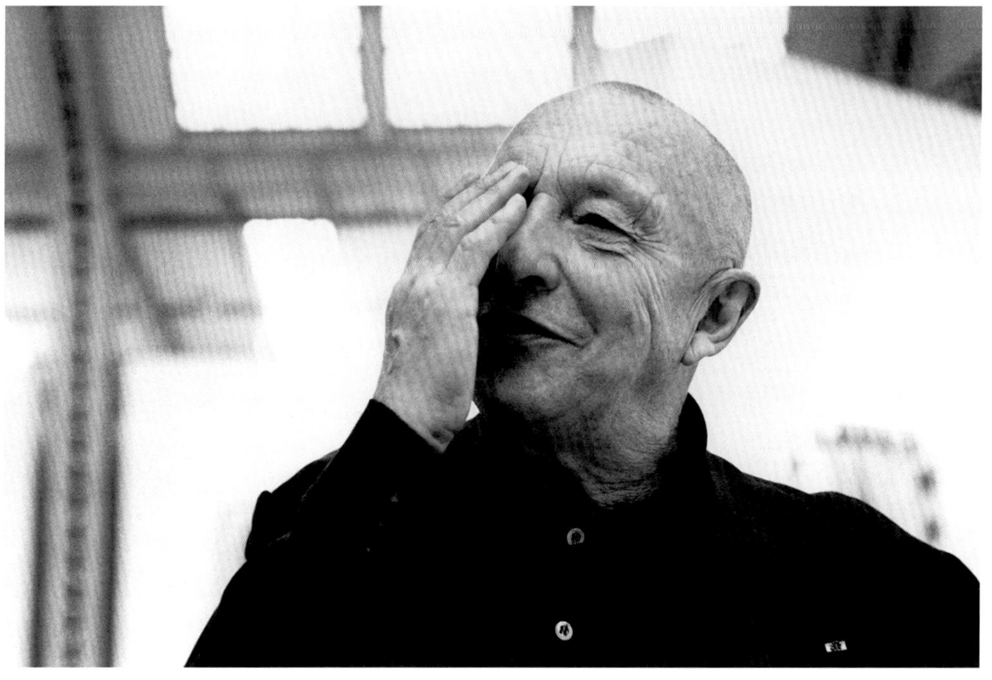

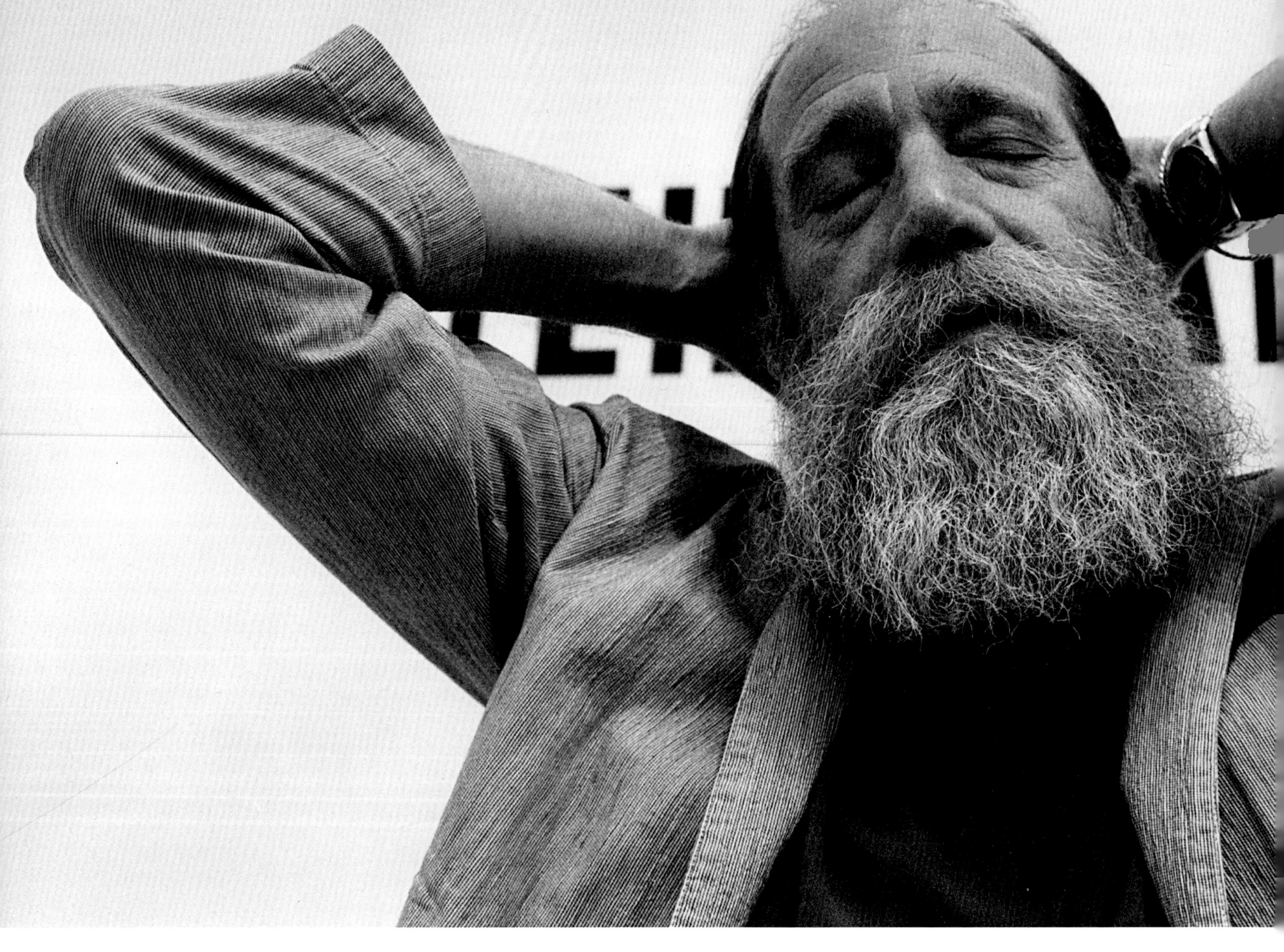
ETWAS AN
ETWAS

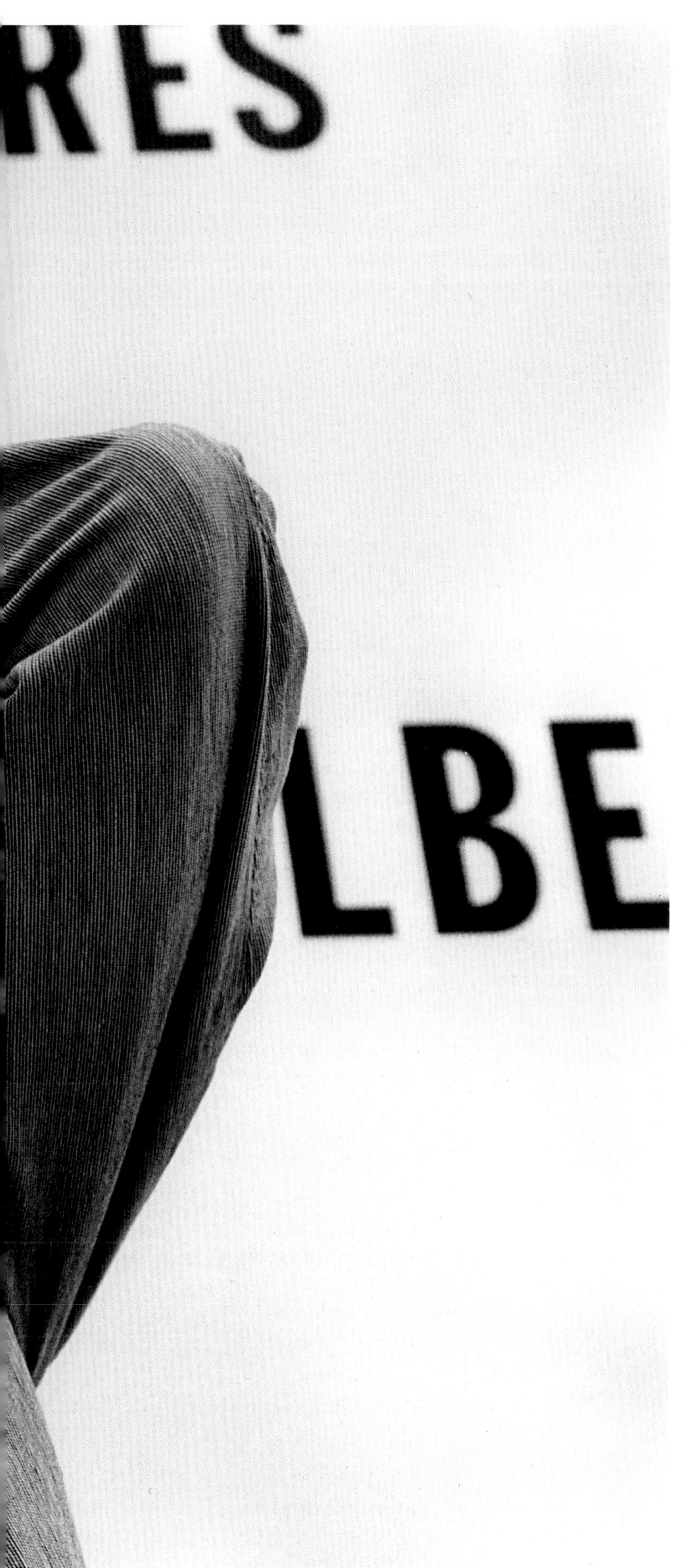
RES
LBE

Michel Majerus (1967–2002) weiß noch nicht, dass der tragische Abbruch seines raketengleichen Starts in die Kunstszene unmittelbar bevorsteht, als er sich im Berliner Atelier vor die rund gemalte Post-Pop-Pointe *Nothing Is Permanent* setzt. Heiter und versonnen spielt er an diesem Herbsttag mit den Schablonen einzelner Großbuchstaben. Aus ihnen bildet er die Schlagzeilen für den Crash der Motive im Großformat von Wallpaintings. Lachend hält er sich drei Buchstaben vor die Brust: »t o t« lautet das fatale Signal, und tot wird er schon zwei Jahre später sein, am 6. November 2002, als die Maschine aus Berlin in seine luxemburgische Heimat kurz vor der Landung abstürzt. Als Maler hat Majerus immer auf volles Risiko gesetzt. Bereits im Jahr 2000 warnte er die Benutzer seiner sechsundvierzig Meter langen und zehn Meter breiten Skateboard-Halfpipe: »das betreten des feldes der mathematik heißt zu riskieren als ›ich‹ ausgelöscht zu werden.« Im gleichen Schriftbild fand er sich mit der Auslöschung ab: »If we are dead, so it is.« Weil aber Michel Majerus paradoxe Haltungen und Fiktionen liebte, erscheint auch die andere Seite seines Wesens in den Bildern – zuversichtlich, heiter, ganz und gar todesfern. Mit Micky Maus und Super Mario, seinen Helden aus den Walt-Disney-Studios und dem Nintendo-Konzern, hat Super Michel gewagte Farbfeldzüge über Flächen bis zu siebzig Quadratmeter unternommen. Die aus Comics und Hollywoodstudios rekrutierten Gefechtsfiguren Lara Croft und Space Invaders machten im Klima gemalter Leuchtschriftparolen und gigantischer Buttons der Malerei wieder Beine.

Michel Majerus (1967–2002), sitting in front of his round, post-Pop climax *Nothing Is Permanent,* does not know that his rocket launch into the art world is about to end tragically. Serene and thoughtful, he plays around with stencils for single uppercase letters on this fall day. From these he creates the headlines for the crash of motifs in the large-format wall paintings. Laughing, he holds up three letters in front of his chest: *t o t,* "dead," reads the fateful message. Two years later, on November 6, 2002, he will die when the airplane carrying him from Berlin to his homeland of Luxembourg crashes just before it lands. As a painter, Majerus always took great risks. As early as 2000 he warned the users of his forty-six-meter-long and ten-meter-wide skateboard half pipe: "Entering the field of mathematics is to risk becoming extinguished as an 'I.'" In the same text image he came to terms with obliteration: "If we are dead, so it is." However, because Michel Majerus loved paradoxical outlooks and fictions, another side of his being also appeared in his works—optimistic, cheerful, totally removed from death. With Mickey Mouse and Super Mario—his heroes from Walt Disney and Nintendo—Super Michel engaged in risky painting expeditions on surfaces as large as seventy square meters. The action figures Lara Croft and Space Invaders, recruited from comics and Hollywood studios, gave art new energy in a climate of painted neon slogans and gigantic buttons.

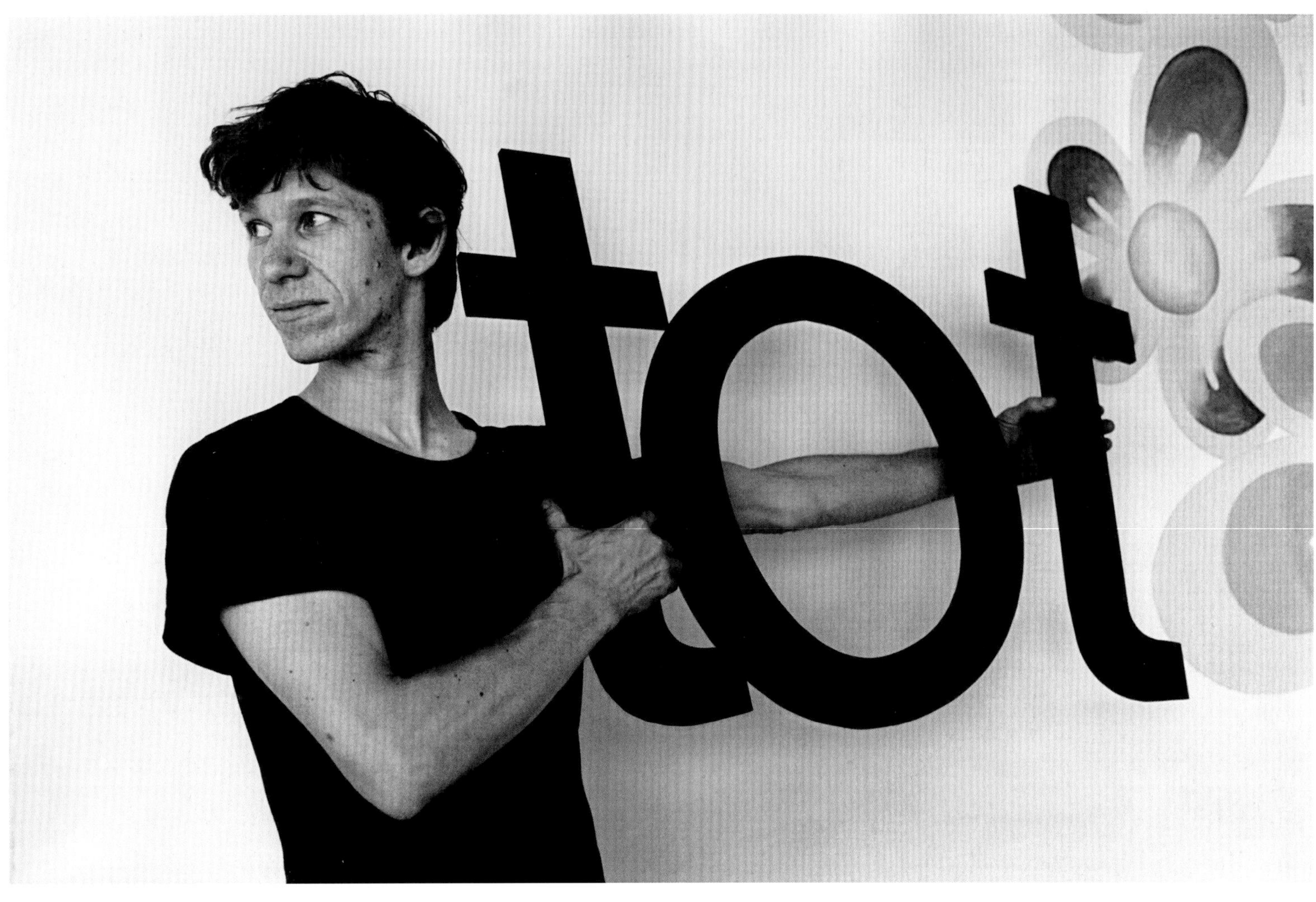
tot

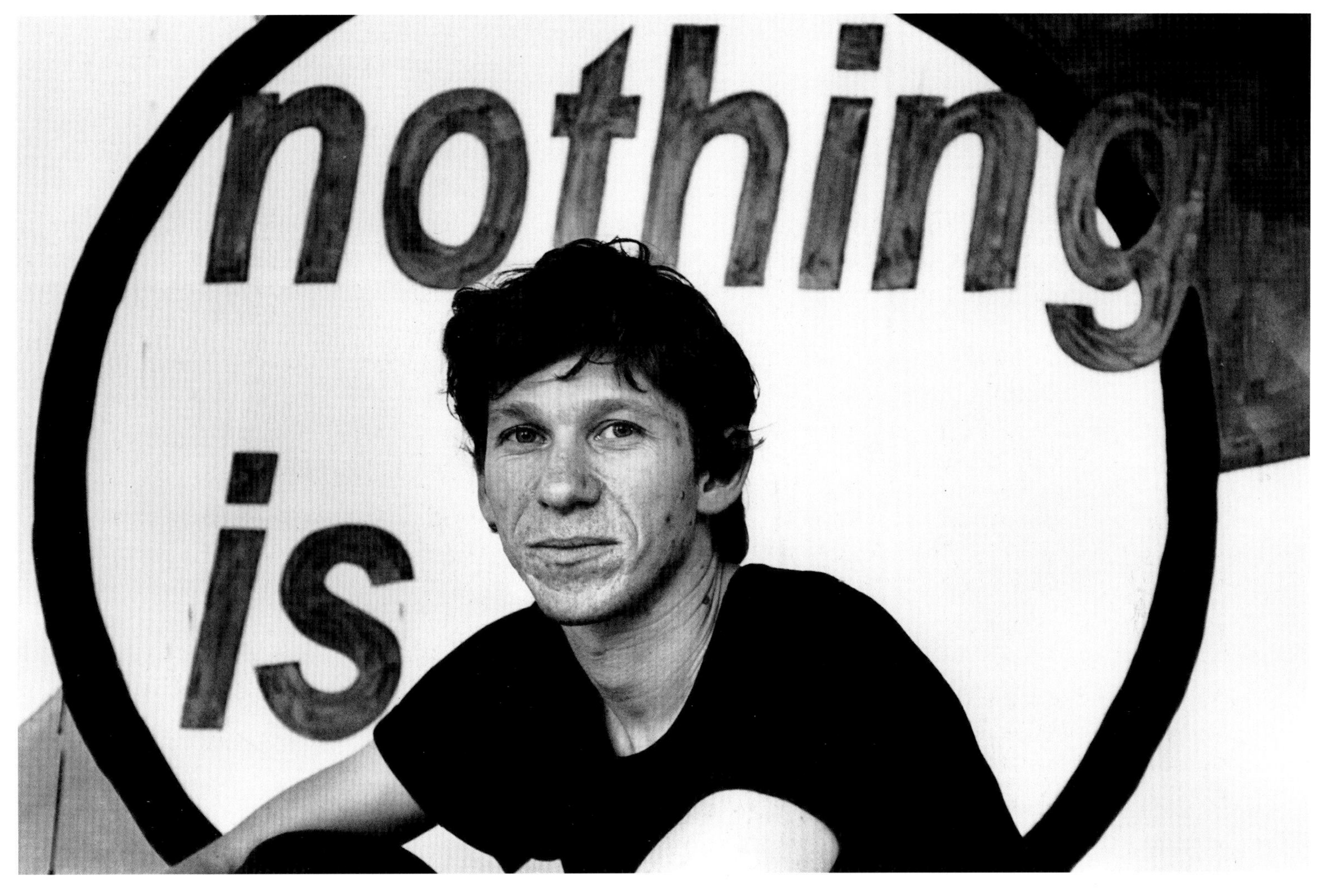
nothing
is

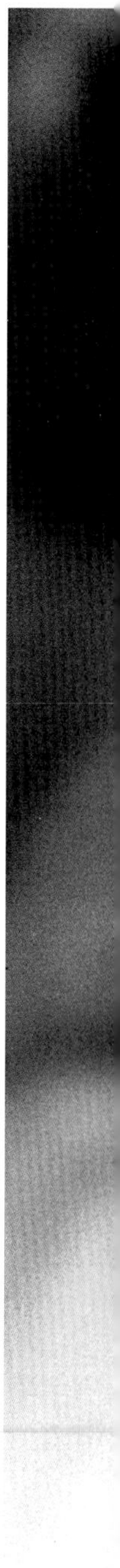

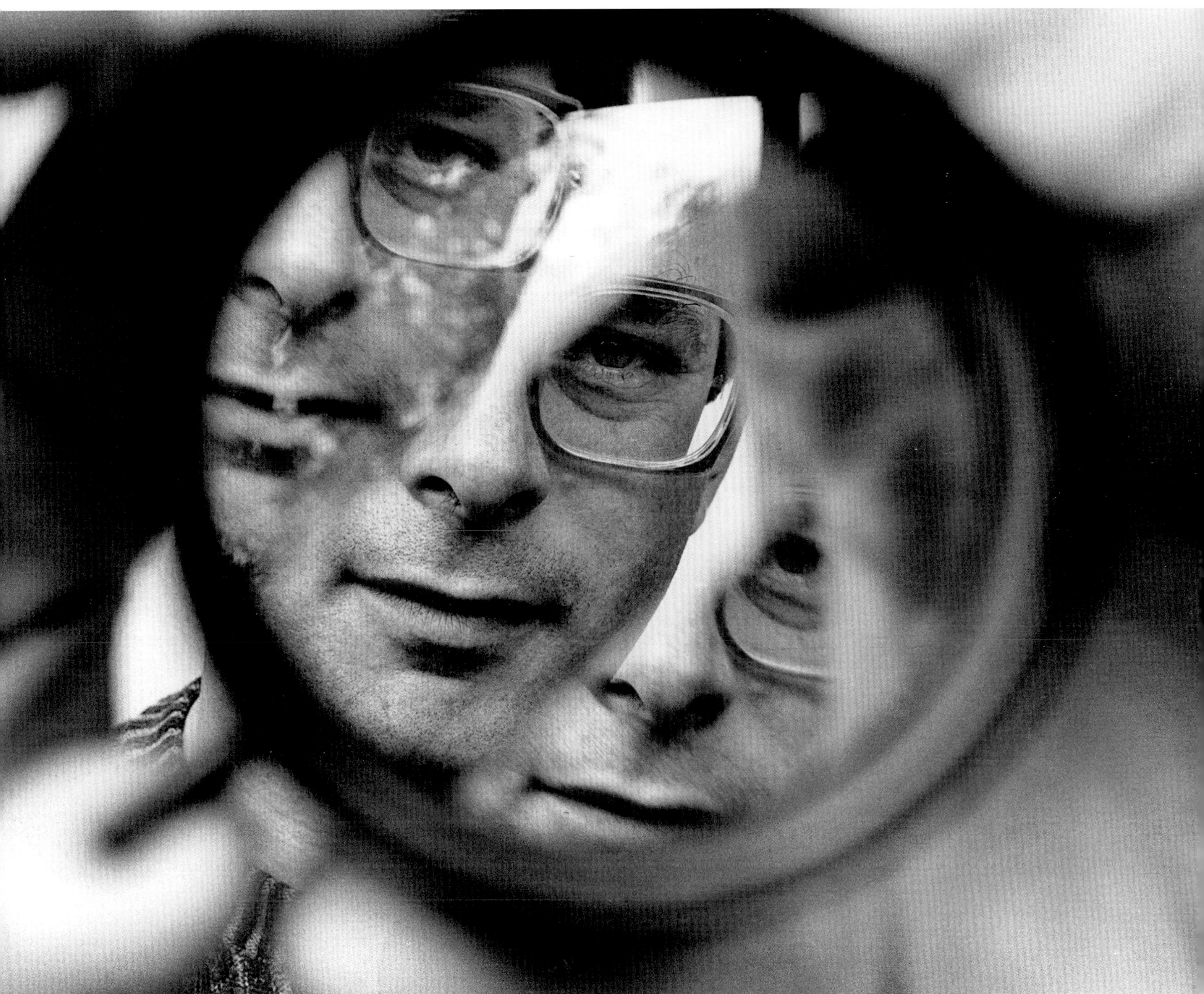

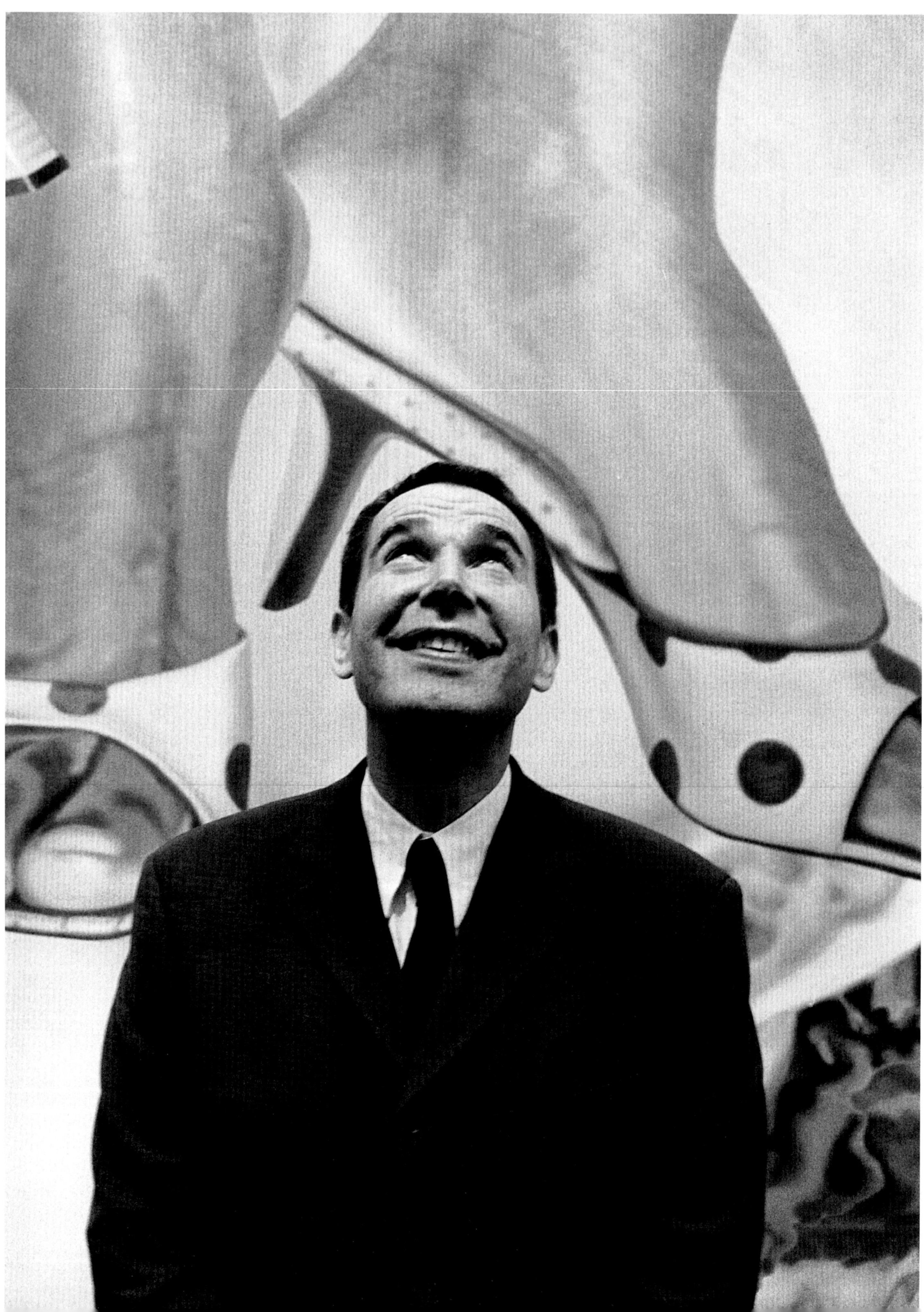

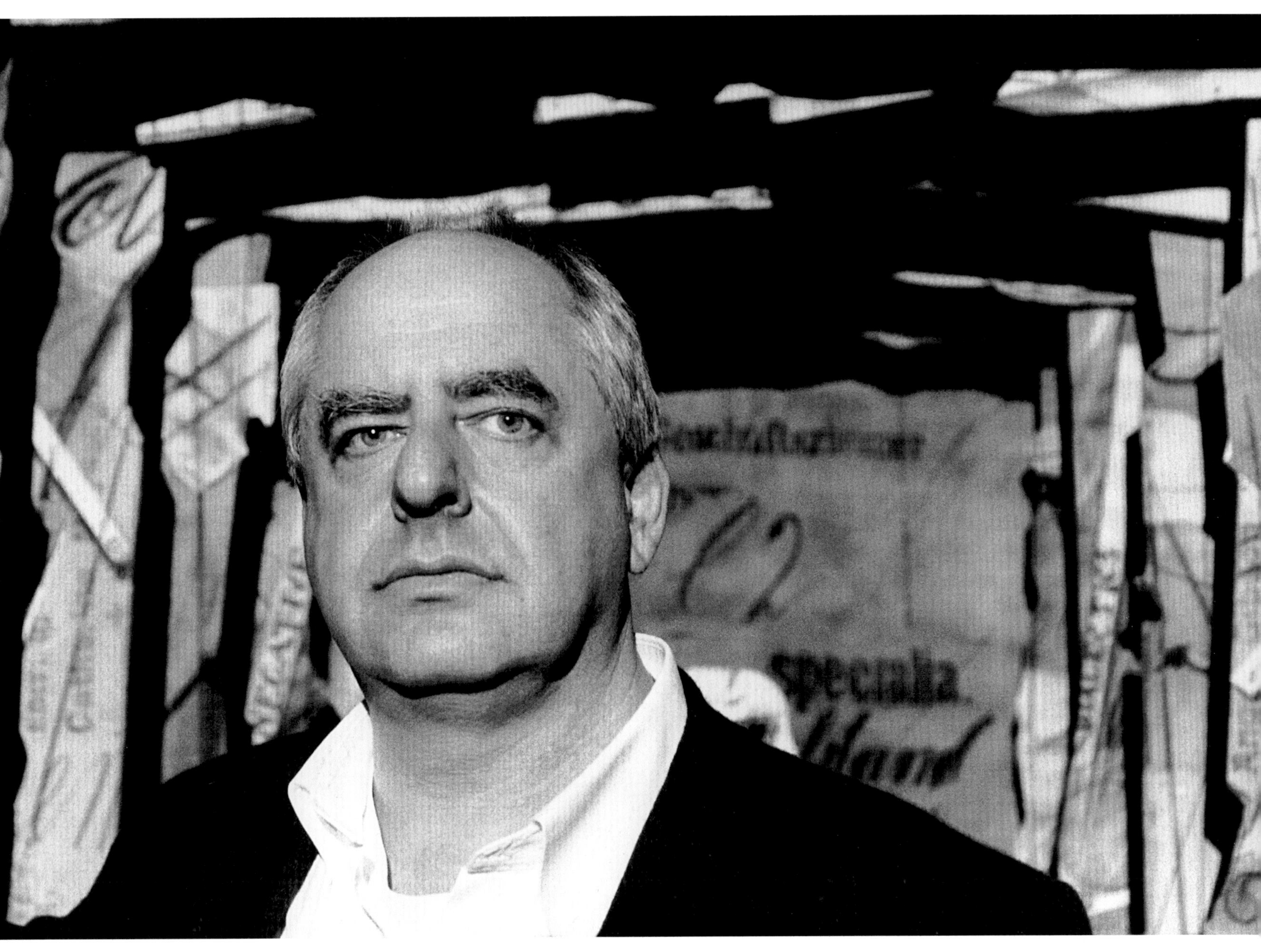

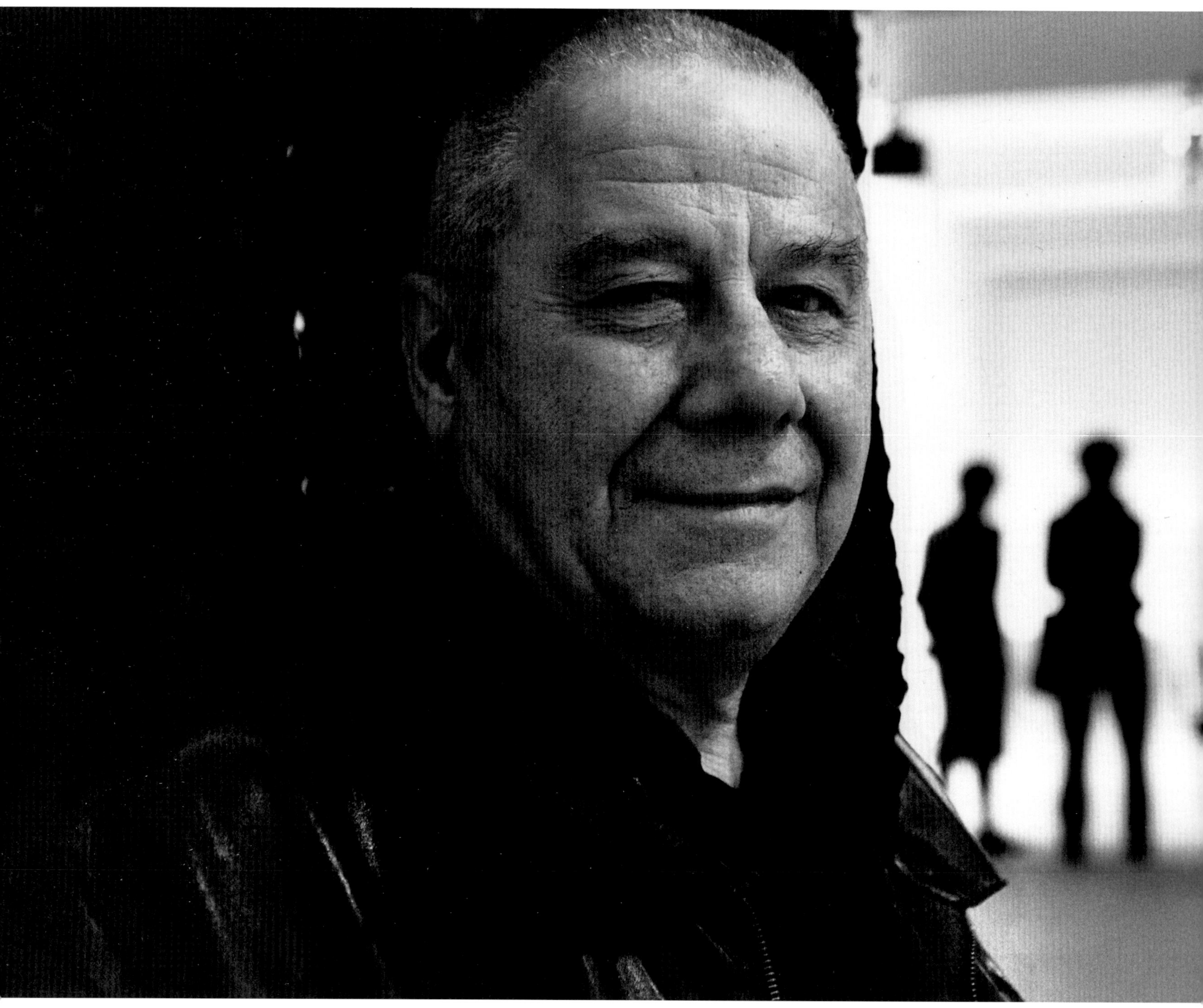

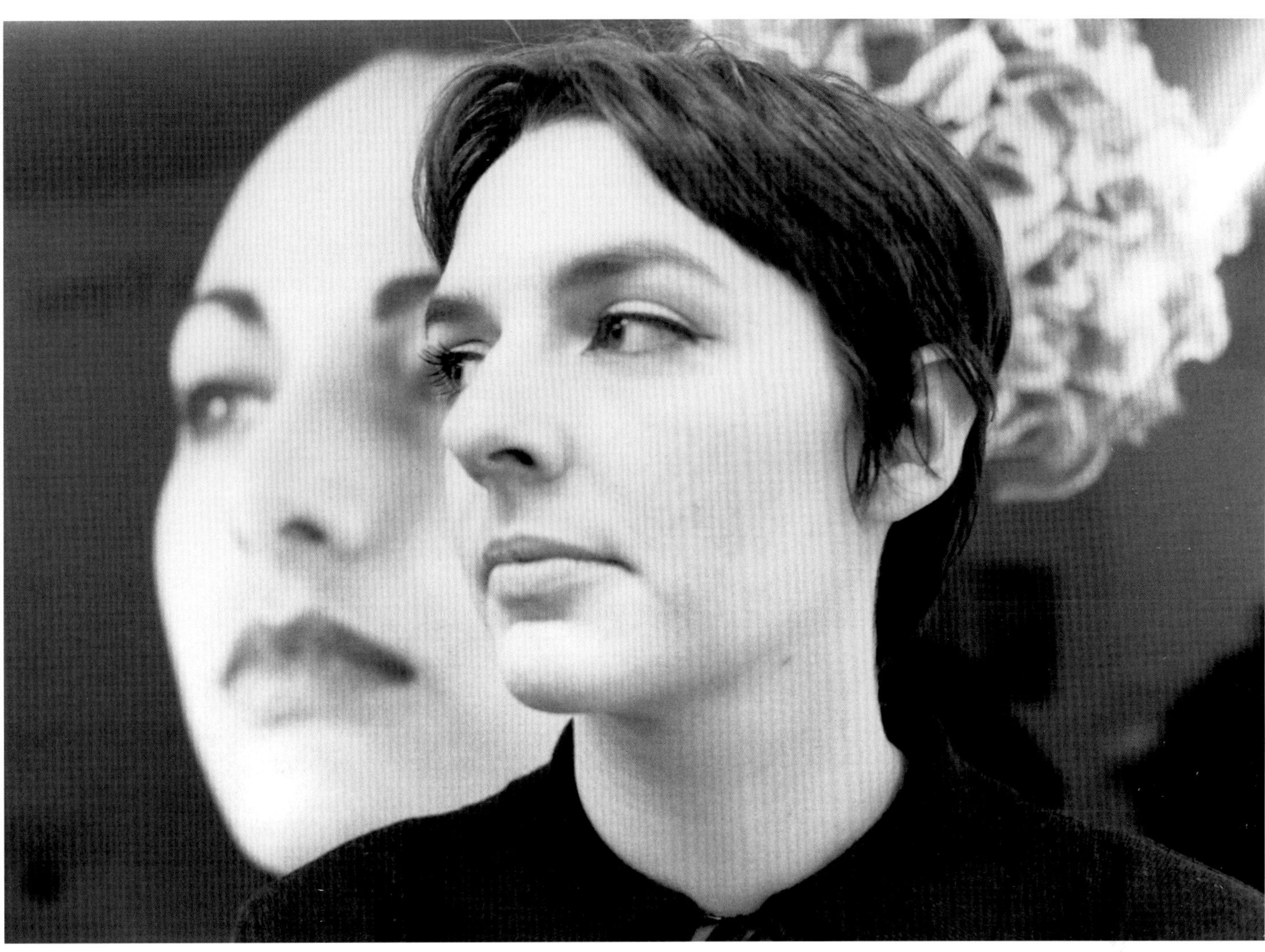

Hanne Darboven (1941–2009) steht 1971 mit rätselhaft anmutigem Lächeln wie eine kühle nordische Sibylle vor ihrer *Schreibzeit*-Wand. Sie hat auf Millimeterpapier ein zeichnerisches Regelwerk für Denkvorgänge und Zeitabläufe entworfen. Jetzt zählt sie zu den treibenden Kräften der Concept-Art. Fünfunddreißig Jahre später lässt sie sich in ihrem Bauernhaus bei Hamburg besuchen. Die gealterte Künstlerin blickt versonnen auf Alltagsreliquien aus mehr als hundert Jahren. Inmitten der labyrinthisch archivierten Kollektion tausender Fund- und Schriftstücke nistet sie für den Rest ihres Lebens, wirklich besorgt nur noch um eine Ziege, die immer wieder Micky heißt und schließlich im Garten ihren Grabstein neben den anderen Mickies erhalten wird. Auch das gehört zum konzeptuellen Leben. Seit dem Schönschreibunterricht ihrer Schulzeit hat Hanne Darboven mit obsessiver Akribie darauf geachtet, nicht nur ihre eigene Existenz, sondern gleich die ganze Weltgeschichte auf Linie zu bringen. Von Homers *Odyssee* bis zum *Ulysses* des James Joyce, von Johann Wolfgang von Goethes auf neunhundert Din-A4-Seiten angepeilter Epoche bis in die *Bismarckzeit* verbindet sie ihr Dasein in prozessualer Folge mit überlieferten mythischen, historischen, literarisch erfundenen Lebensläufen. Die beschriebenen Blätter haben sich im Laufe der Zeit über eine kilometerlange Strecke hinweg als Notationen in Kästchen und Kürzeln zu frei schweifender Individualgeometrie verdichtet: Selbst größte Ereignisse werden – mit stenografischer Logik – innerhalb des Darboven-Systems vergittert, verschlossen und unter die Kontrolle eines scheuen, vielleicht sogar furchtsamen Gemüts gebracht.

Hanne Darboven (1941–2009) stands like a cool, Nordic sibyl in front of her *Schreibzeit* (Written Time) wall in 1971, a mysteriously charming smile on her face. On graph paper she designed a system of rules for thought processes and time sequences. Then she was considered one of the driving forces of conceptual art. Thirty-five years later, she allows a visit to her farmhouse near Hamburg. The aged artist gazes pensively at everyday relics that span more than a century. She has built her nest here, where she will spend the rest of her life, in the middle of this labyrinthine and archived collection of thousands of found objects and writings. She is only really worried about a goat, who, like the others before it, is called Micky, and who will finally get its gravestone in the garden, just like all the other Mickys. That, too, is part of the conceptual life. Since the writing lessons of her school days, Hanne Darboven has, with obsessive meticulousness, seen to it that not only her own existence but also the entire history of the world has been brought in line. From Homer's *Odyssey* to James Joyce's *Ulysses,* from Johann Wolfgang von Goethe's era—on nine hundred DIN-A4 pages—through the *Bismarckzeit* (Bismarck Period), the artist united her existence in procedural succession with handed-down, mythical, historical, and fictitious literary life stories. Over the years, these written pages have consolidated into a stretch more than a kilometer long and, as abbreviations and notations in small boxes, have become a roaming individual geometry: even major events are captured—with stenographical logic—in the Darboven system, locked up and brought under the control of a timid, perhaps even timorous, soul.

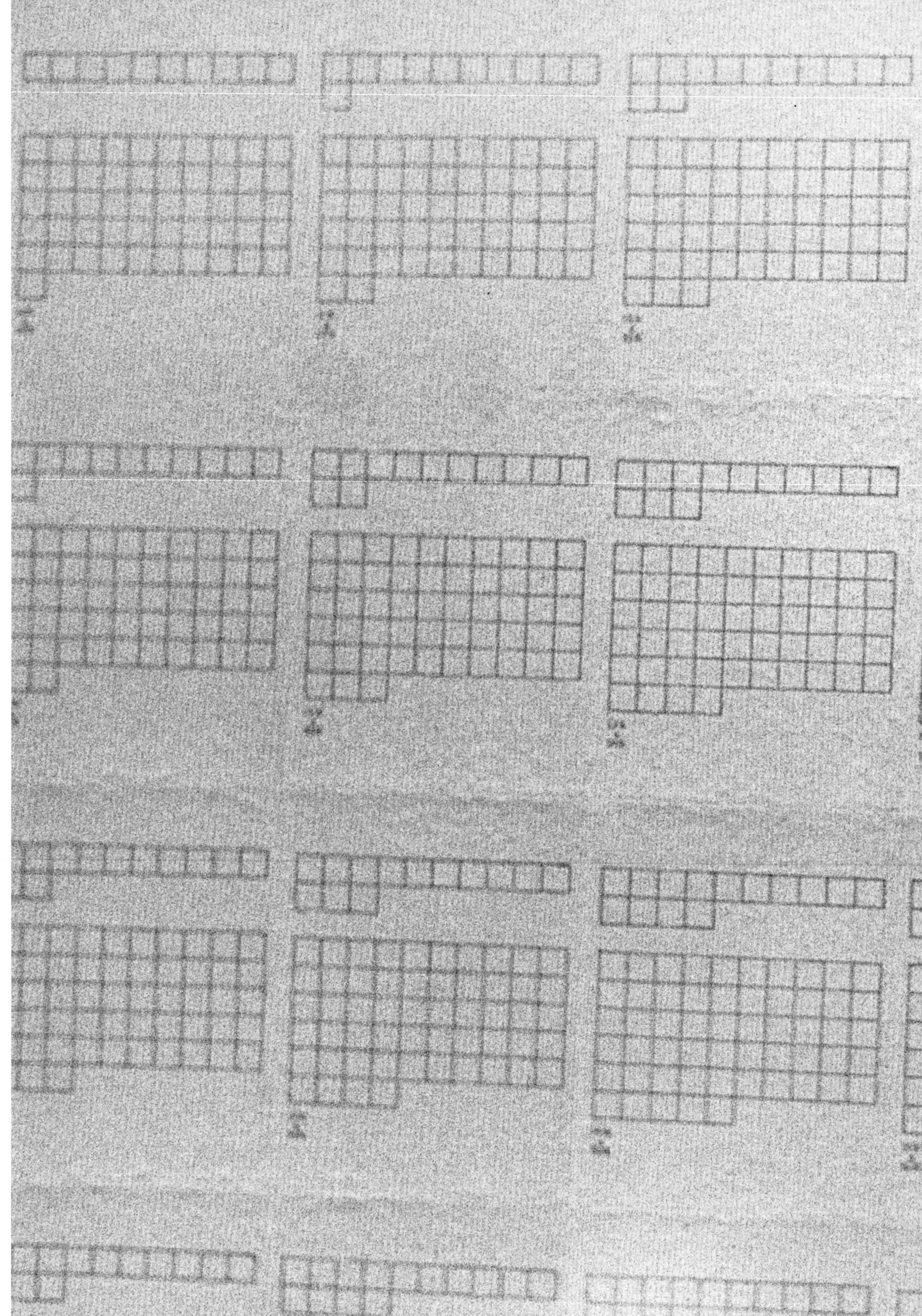

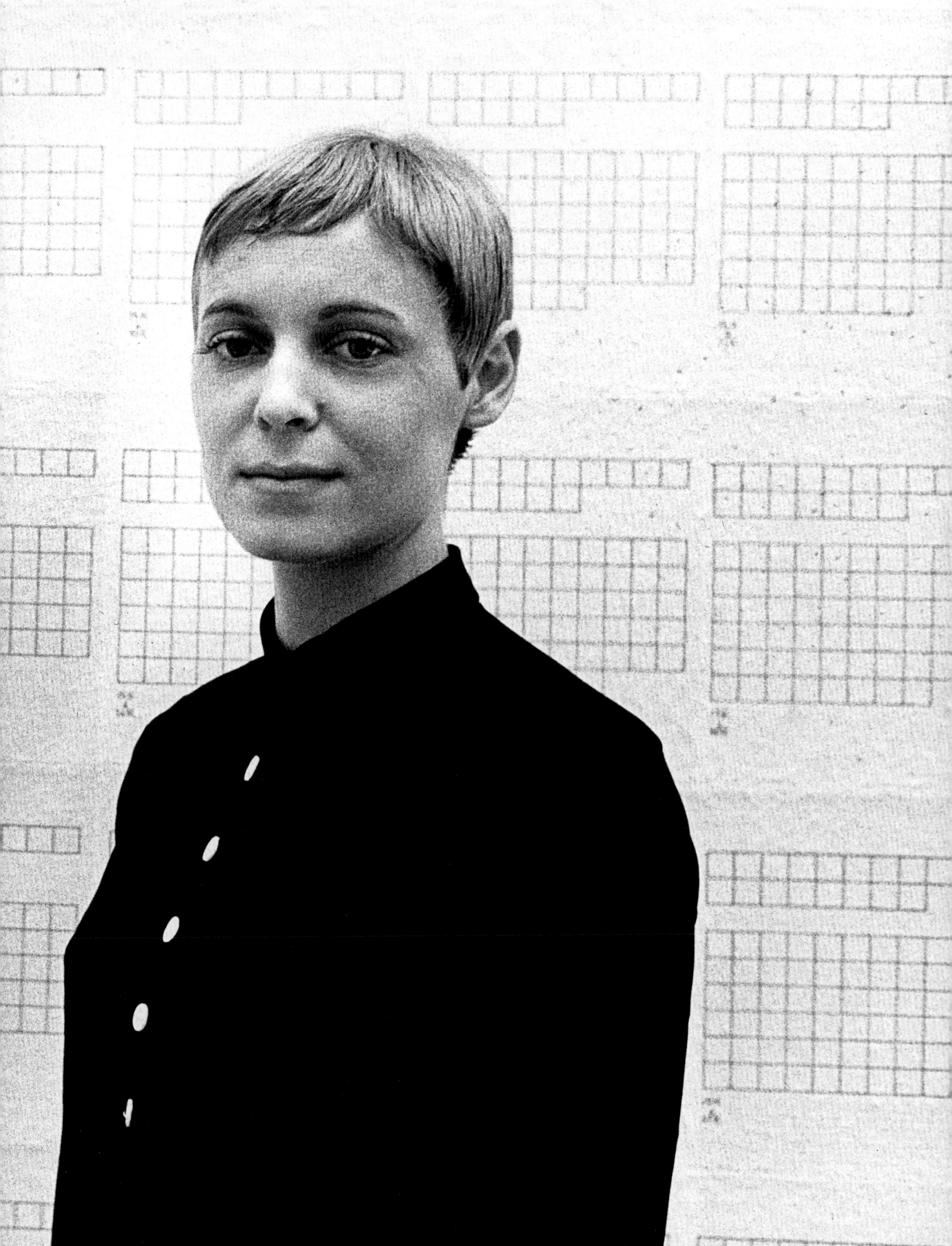

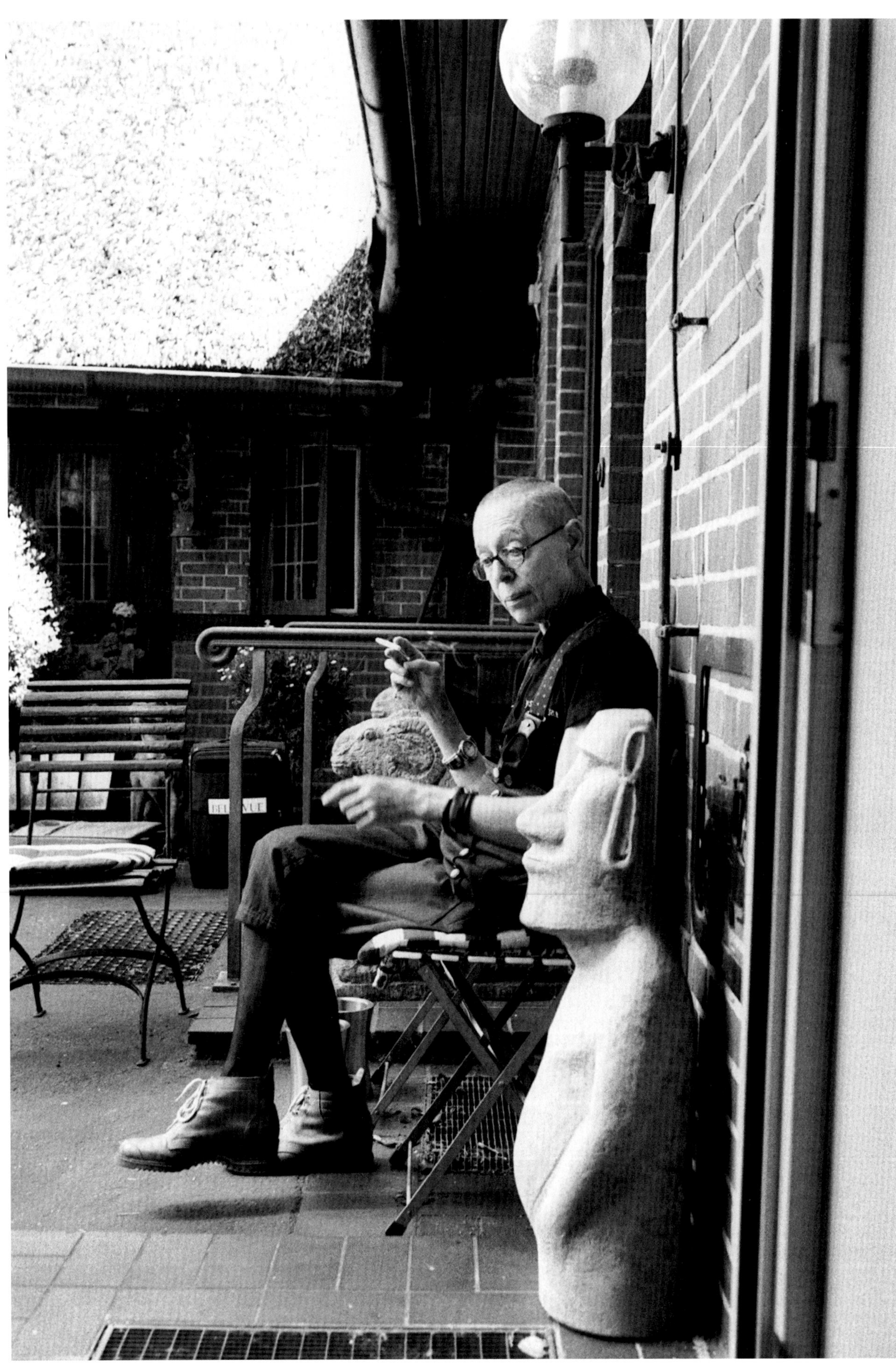

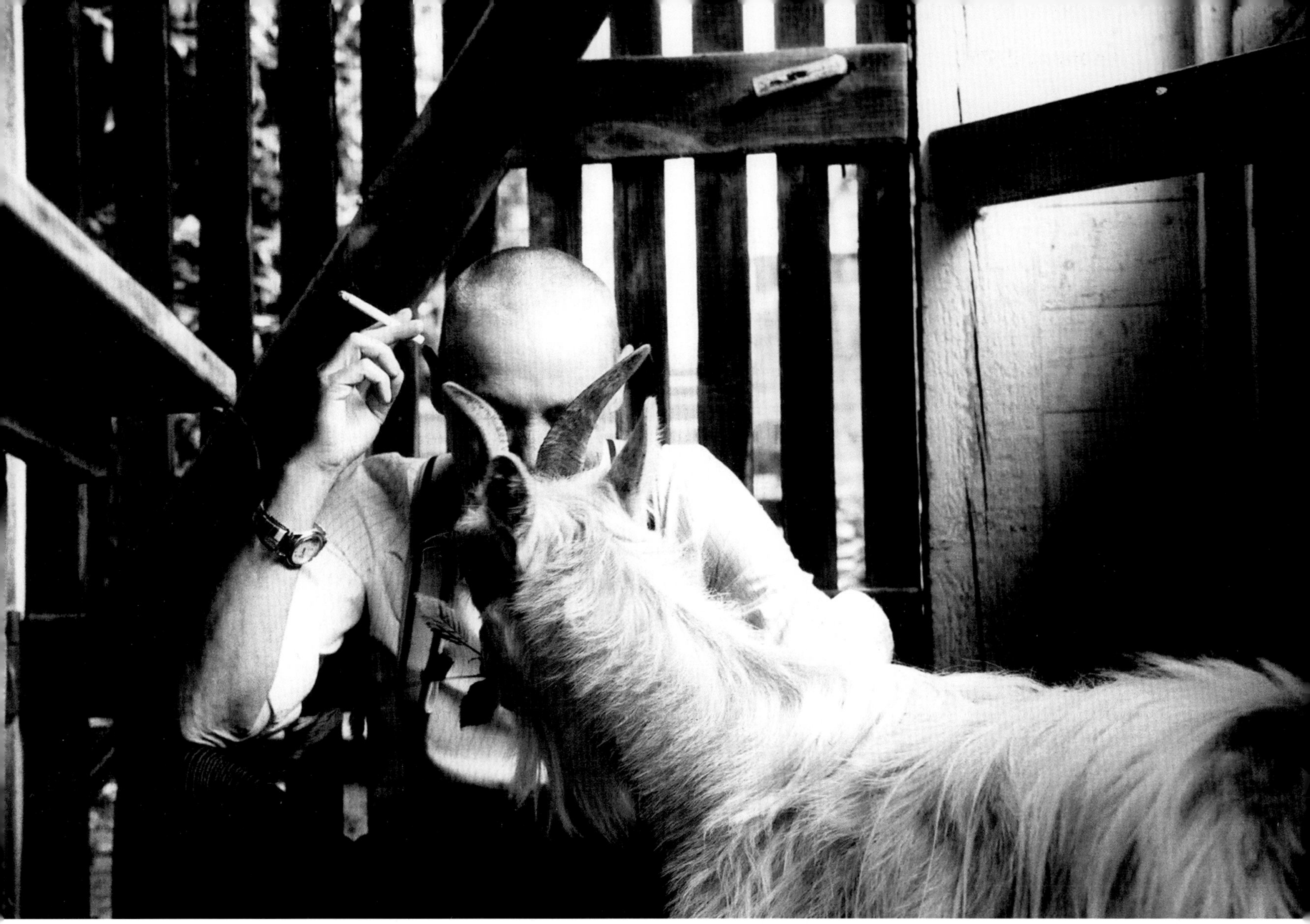

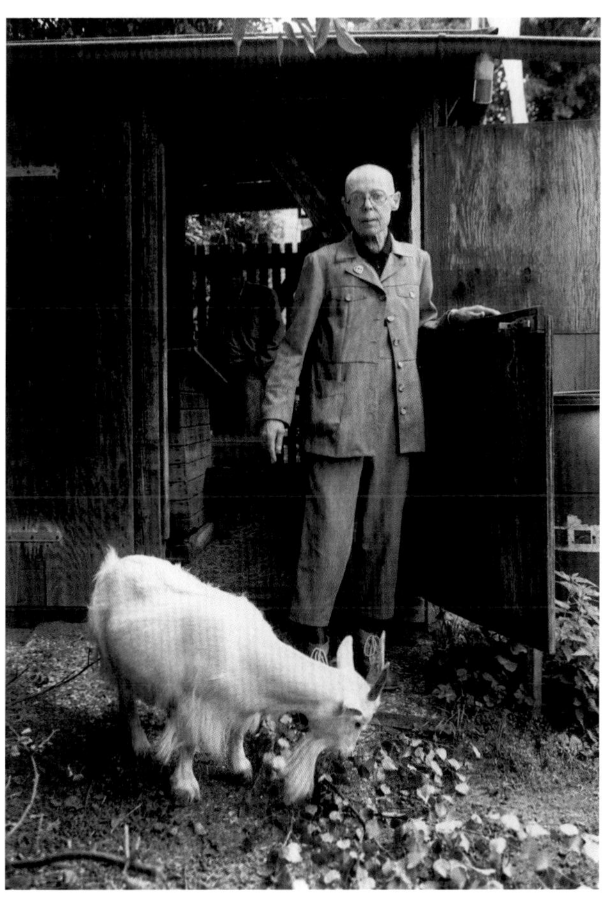

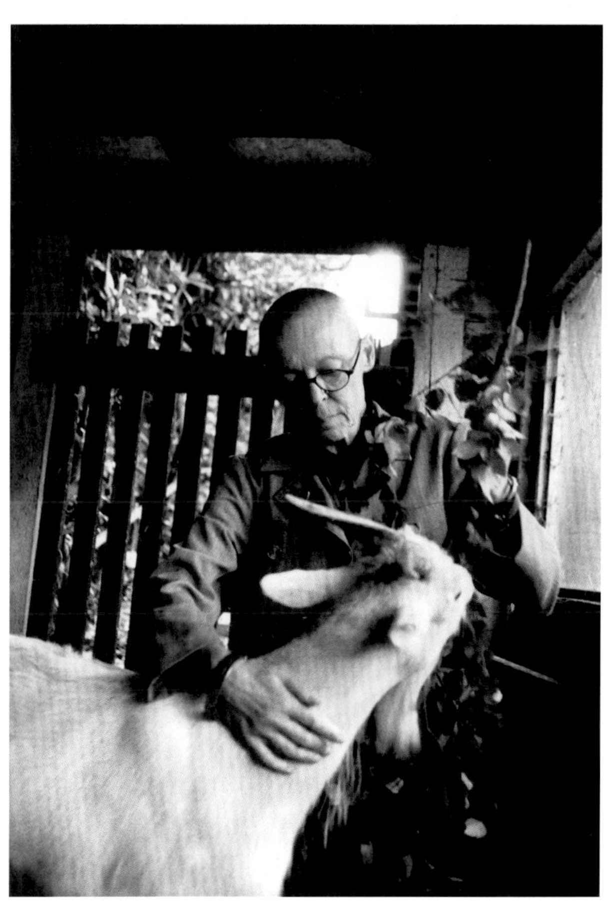

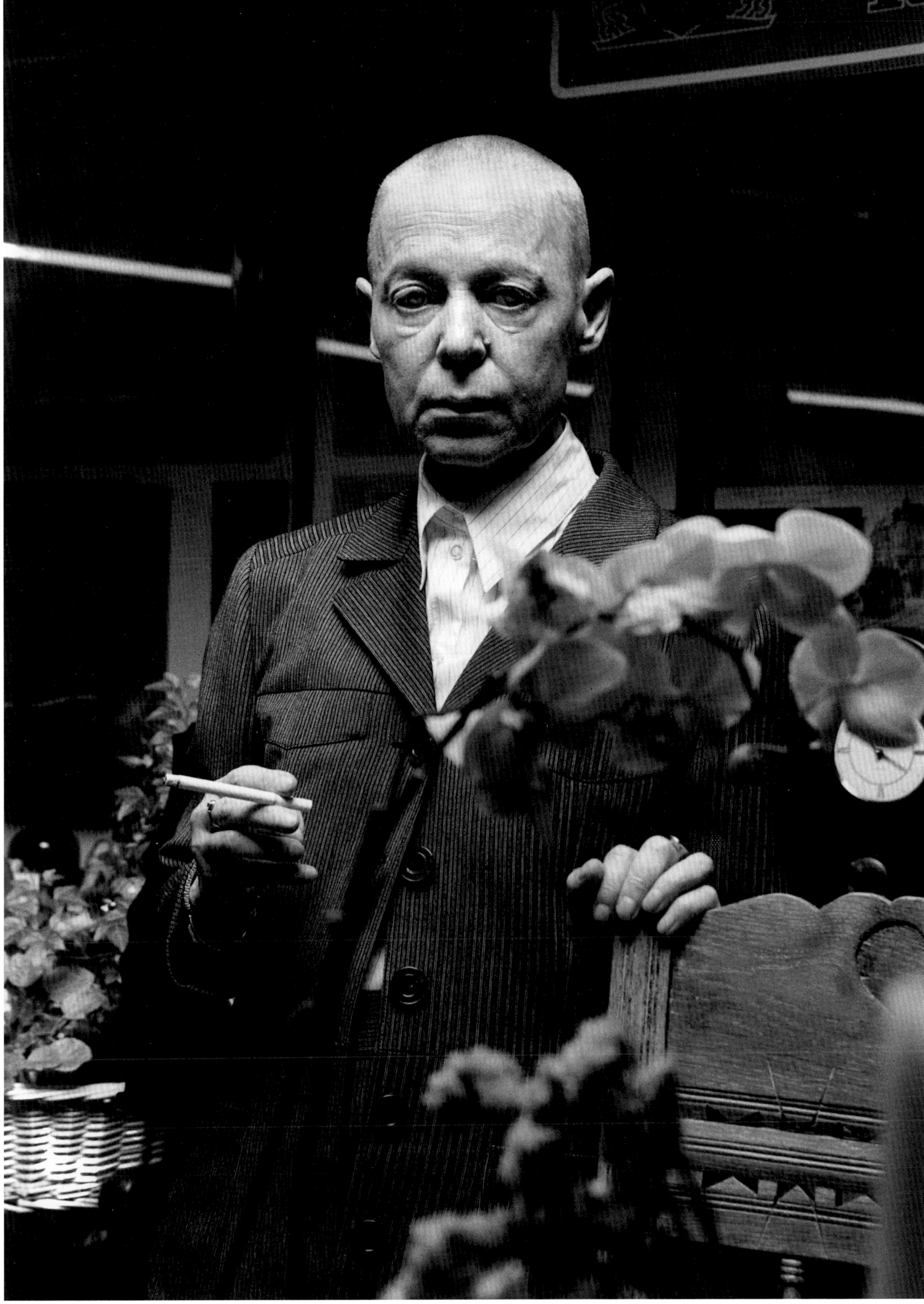

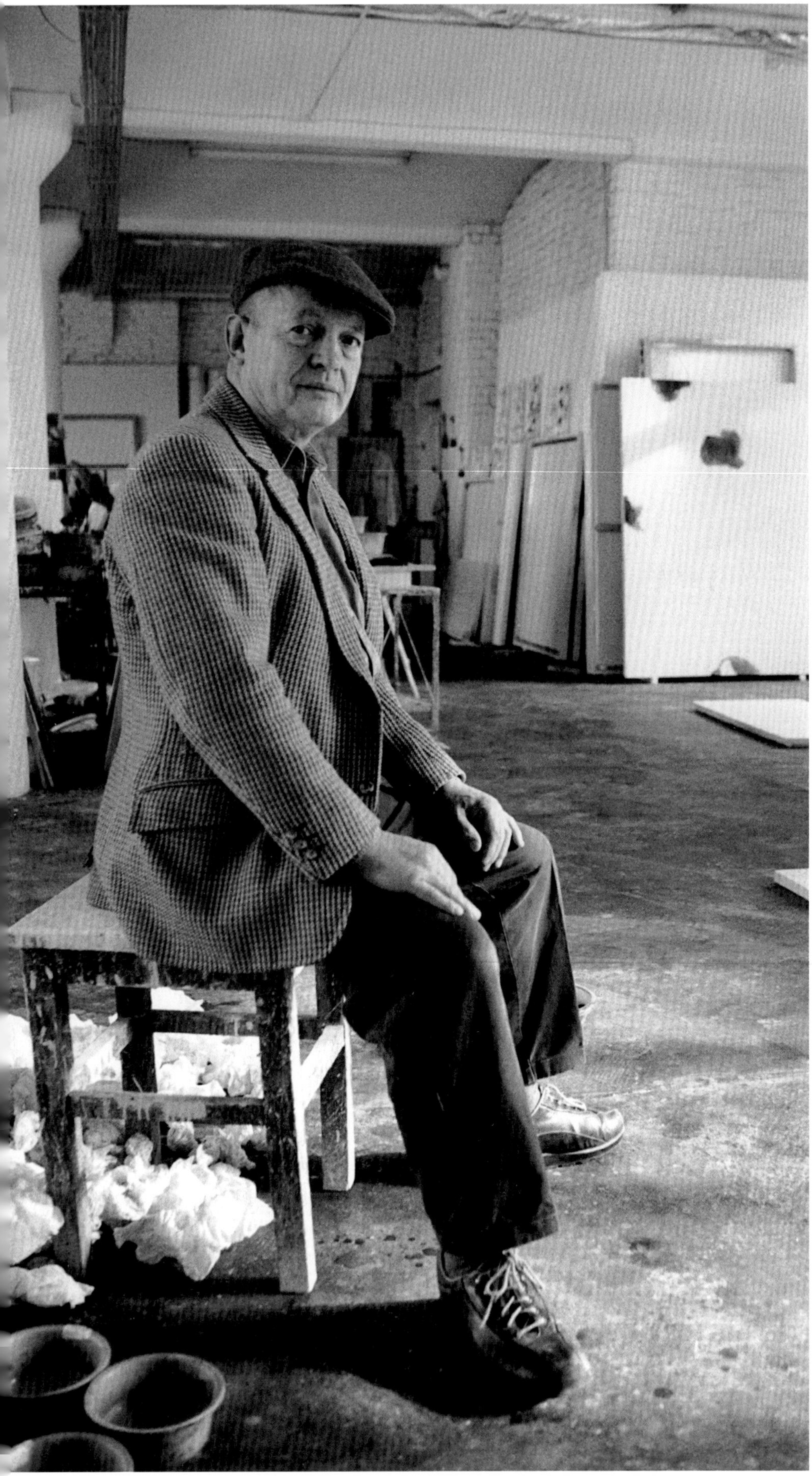

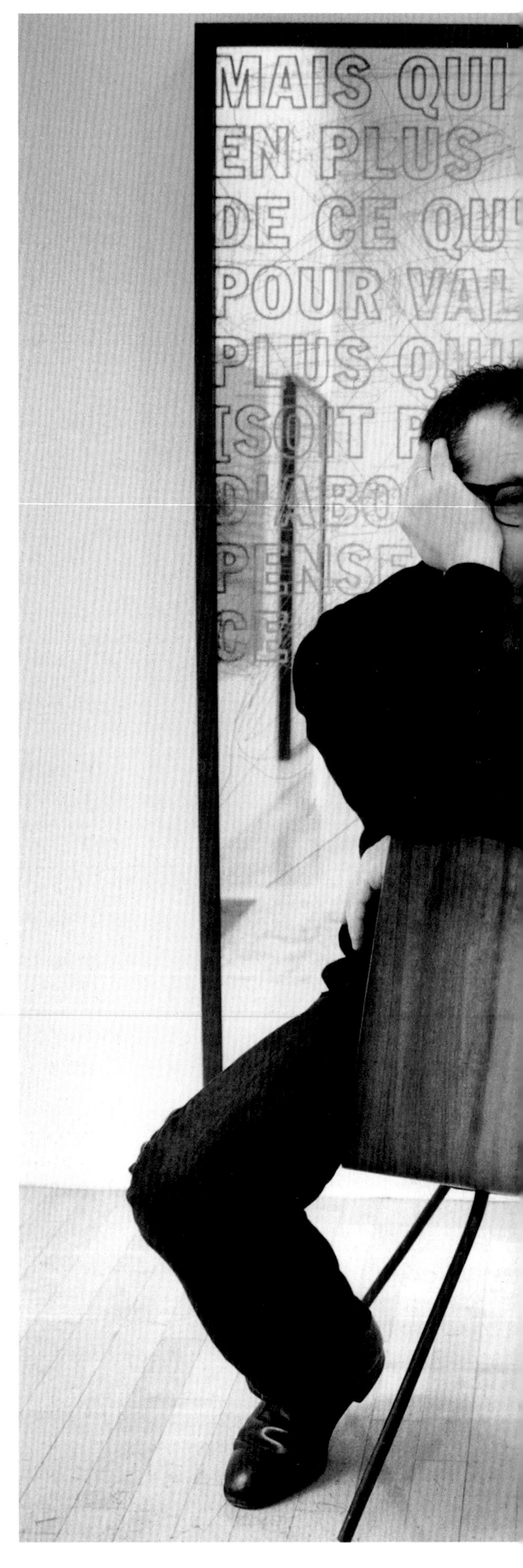
MAIS QUI
EN PLUS
DE CE QU
POUR VAL
PLUS QU

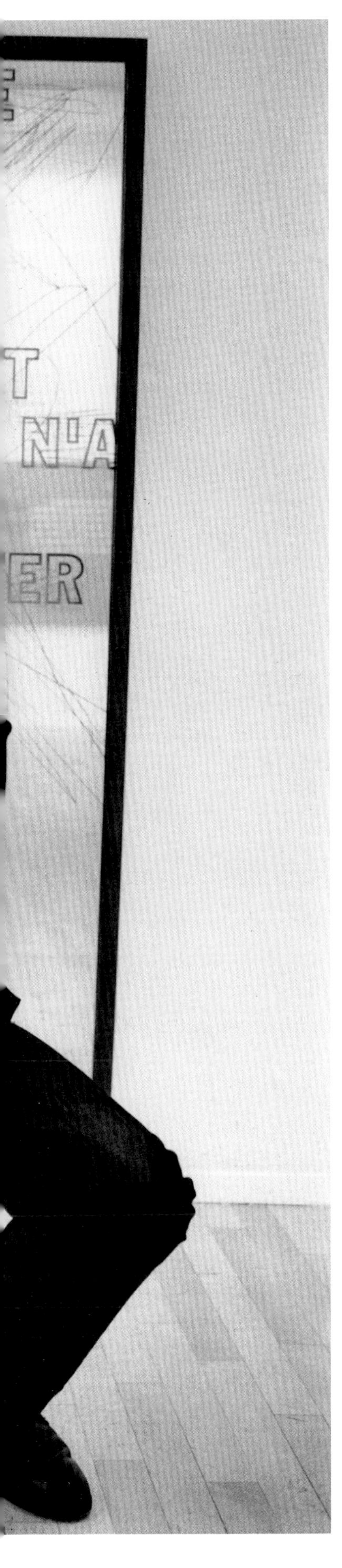
T
N'A
ER

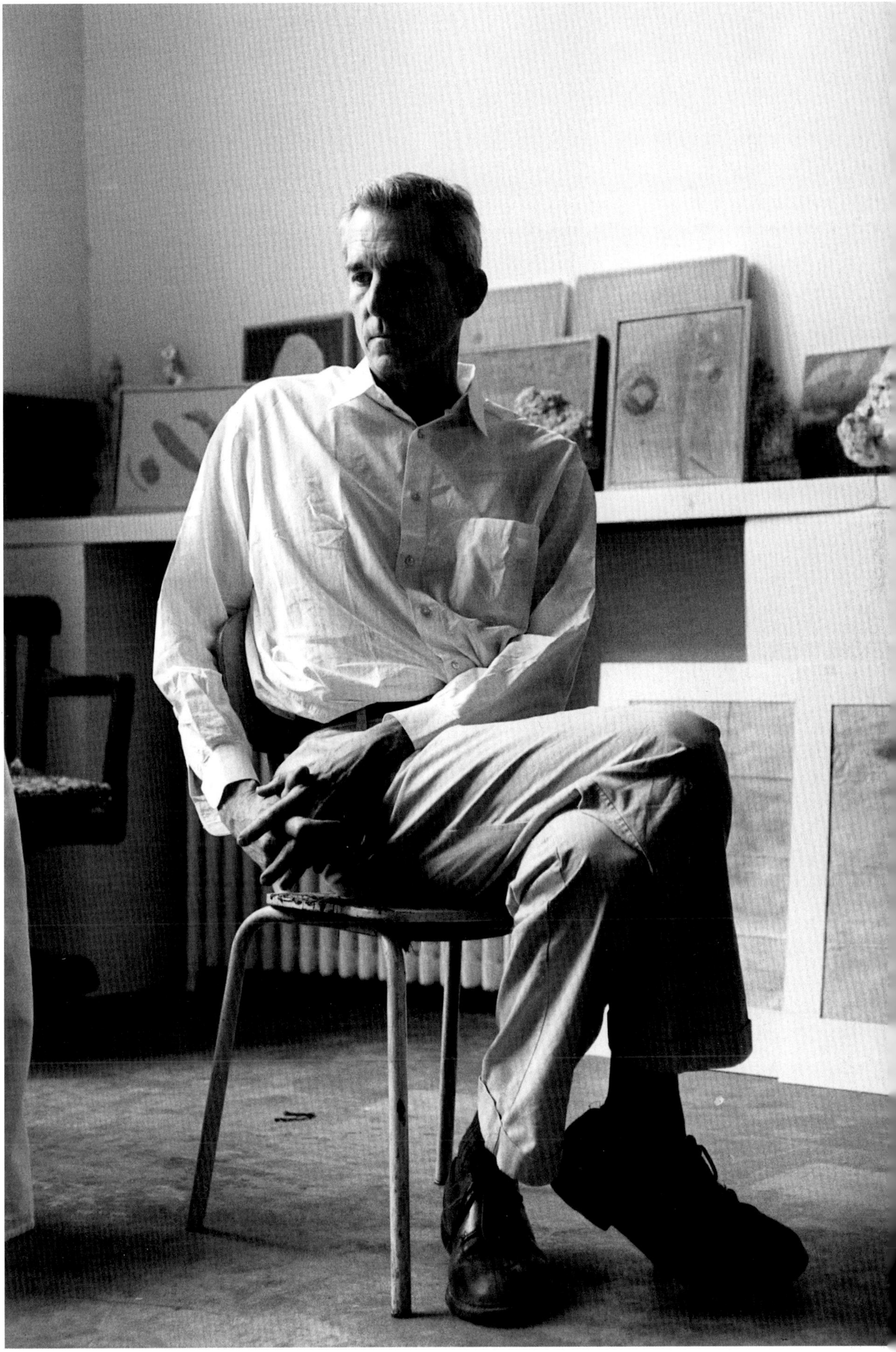

Roman Opalka (geboren 1931) markiert, als folge er dem Taktschlag eines Tonsetzers, die Progression seines verstreichenden Künstlerlebens. Im achthundertjährigen Herrenhaus von Bazerac (Périgord) demonstriert er 1999 das malerische Konzept der mit seiner Lebenszeit ins Millionenfache fortschreitenden Zahl. Von eins bis unendlich, also bis zu dem auf lange Zeit ungewissen Zeitpunkt des körperlichen Verlöschens, erstreckt sich der konzeptuelle Prozess. *Detail* heißen folglich diese Manifestationen der irreversiblen Zeit. Sie werden mit jeweils einem Pinsel des kleinsten Durchmessers auf den immer 196 mal 135 Zentimeter messenden Untergrund gemalt. Seit dem Unendlichkeitszeichen auf der ersten Leinwand mit dem Titel *OPALKA 1965/1 – ∞* erstreckt sich die Zahlenfolge derzeit in Richtung der zehnten Million, wobei sie beim jeweils nächsten *Detail* in der um ein Prozent weiß aufgelichteten Fläche allmählich erbleicht. Zugleich benennt Opalkas Stimme in polnischer Sprache jede neu entstandene Zahl auf dem Tonband, das ebenso wie der verbrauchte, mit den gemalten Zahlen bezeichnete Pinsel und das mit dem Maler alternde, selbst ausgelöste Porträtfoto zu jedem *Detail* gehört. Seit den Zahlen 1, 22, 333 und 4 444, die auf der ersten, bis 35327 reichenden Leinwand Platz fanden, kam die Zahl 55 555 zwar bereits im zweiten *Detail* vor, doch dann verstrichen sieben Jahre bis zur Niederschrift der Zahl 666 666. Die erste Million war 1973 erreicht, die zweite Million erschien 1977 auf einem *Detail* im Besitz der Berliner Nationalgalerie. Damals rechnete Opalka aus, dass er bis zur Zahl *7 777 777* noch dreißig Jahre brauchen werde und die achtmalige Ziffer 8 jenseits seiner Lebenserwartung liegt.

Roman Opalka (born 1931) marks the progression of his elapsing life as an artist as if following the rhythm of a composer. In 1999, in an eight-hundred-year-old mansion in Bazerac (Périgord), he demonstrates the artistic concept of a number advancing into the millions with the advance of his own life. The conceptual process spans from one to infinity, thus to that unknown, far-away point in time of physical extinction. These manifestations of irreversible time are consequently called *Detail.* Each of these is painted using a brush with a minute diameter on a painting ground that is always 196 x 135 centimeters in size. Since placing the symbol for infinity on the first canvas called *OPALKA 1965/1* – ∞ the sequence of numbers now stretches toward the tens of millions, whereby he lightens each new *Detail* by adding one percent more white to the ground so that the grounds gradually become lighter.

At the same time, Opalka records himself calling out each number in Polish as he paints it. This is a fixed element of every *Detail,* as are the used brushes, marked with the numbers they were used to paint, and the photo portraits—aging with the artist—that the artist takes of himself in front of the painting he is currently working on. The numbers 1, 22, 333, and 4,444 were reached on the first canvas up to 35,327; the number 55,555 already appeared on the second *Detail,* but then it took seven years to reach 666,666. The first million were reached in 1973; the second million appeared in 1977 on the *Detail* owned by the Nationalgalerie in Berlin. Back then, Opalka calculated that he would need another thirty years to reach 7,777,777 and that the eight-digit number 8 would lie somewhere beyond his life expectancy.

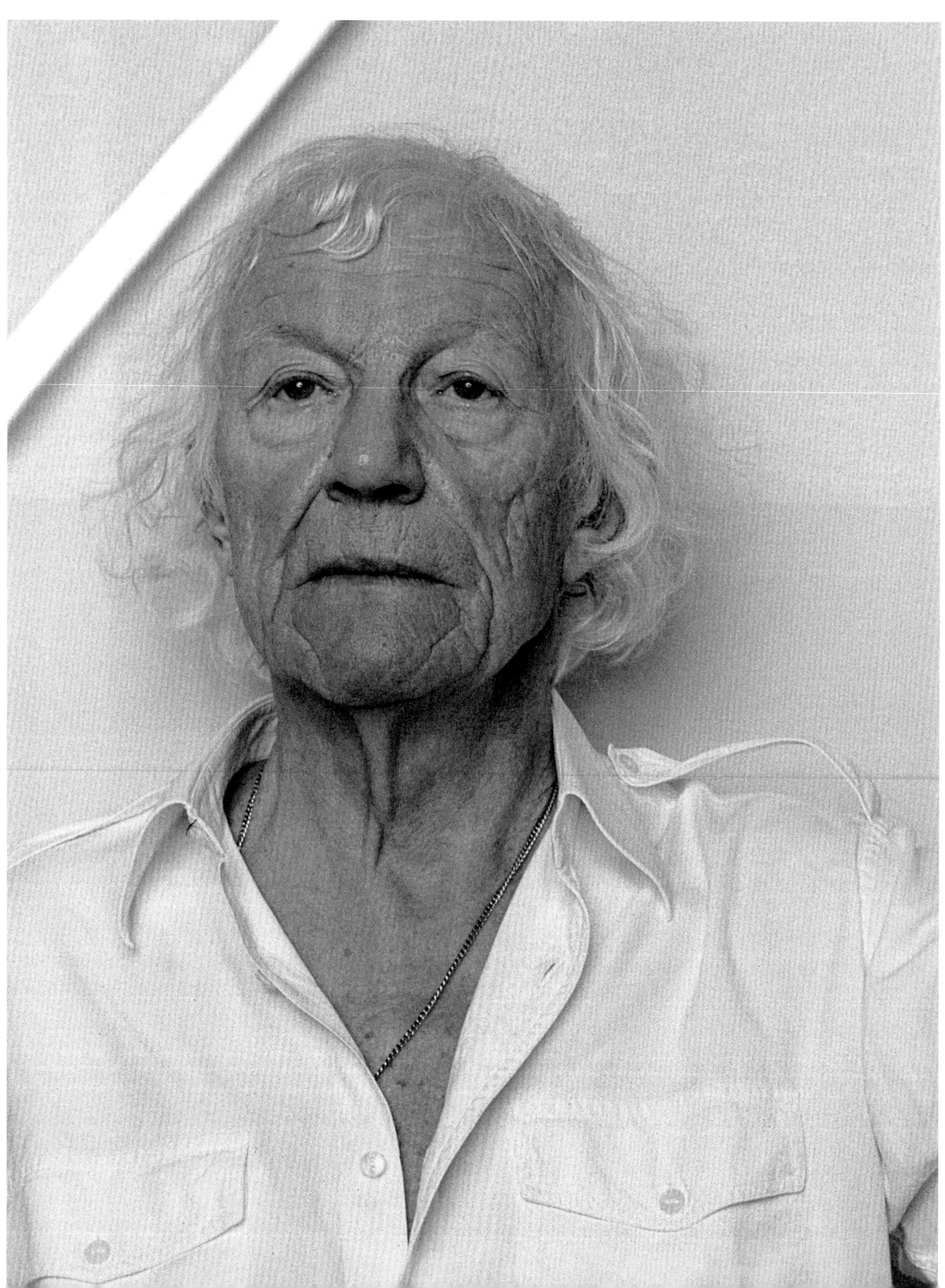

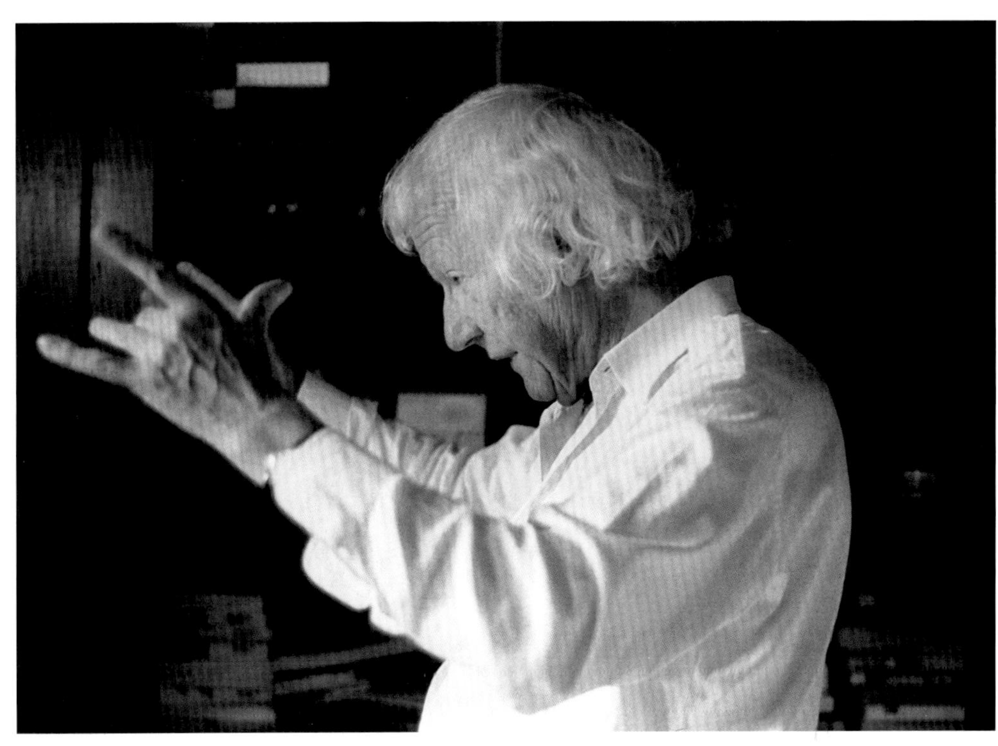

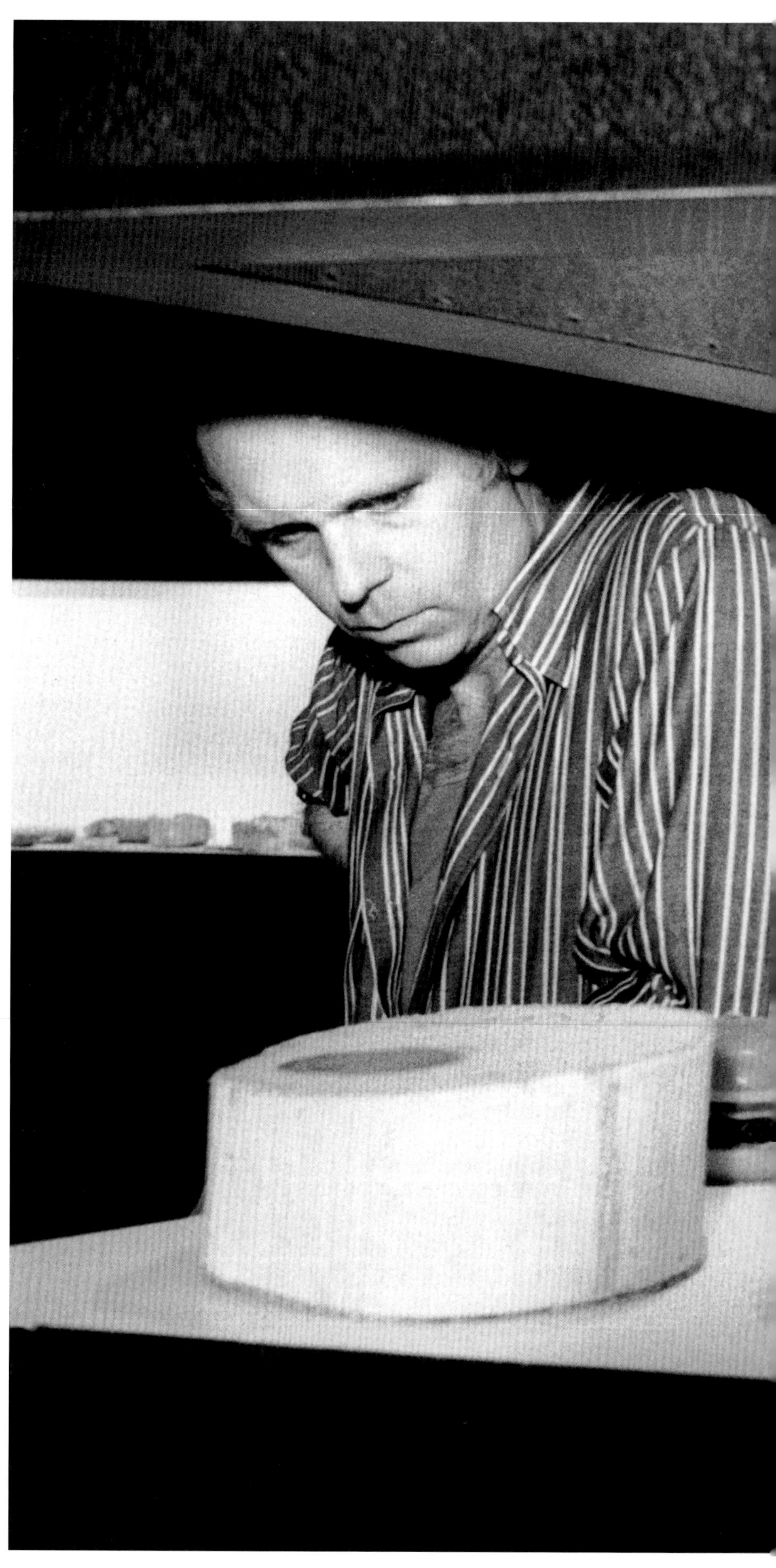

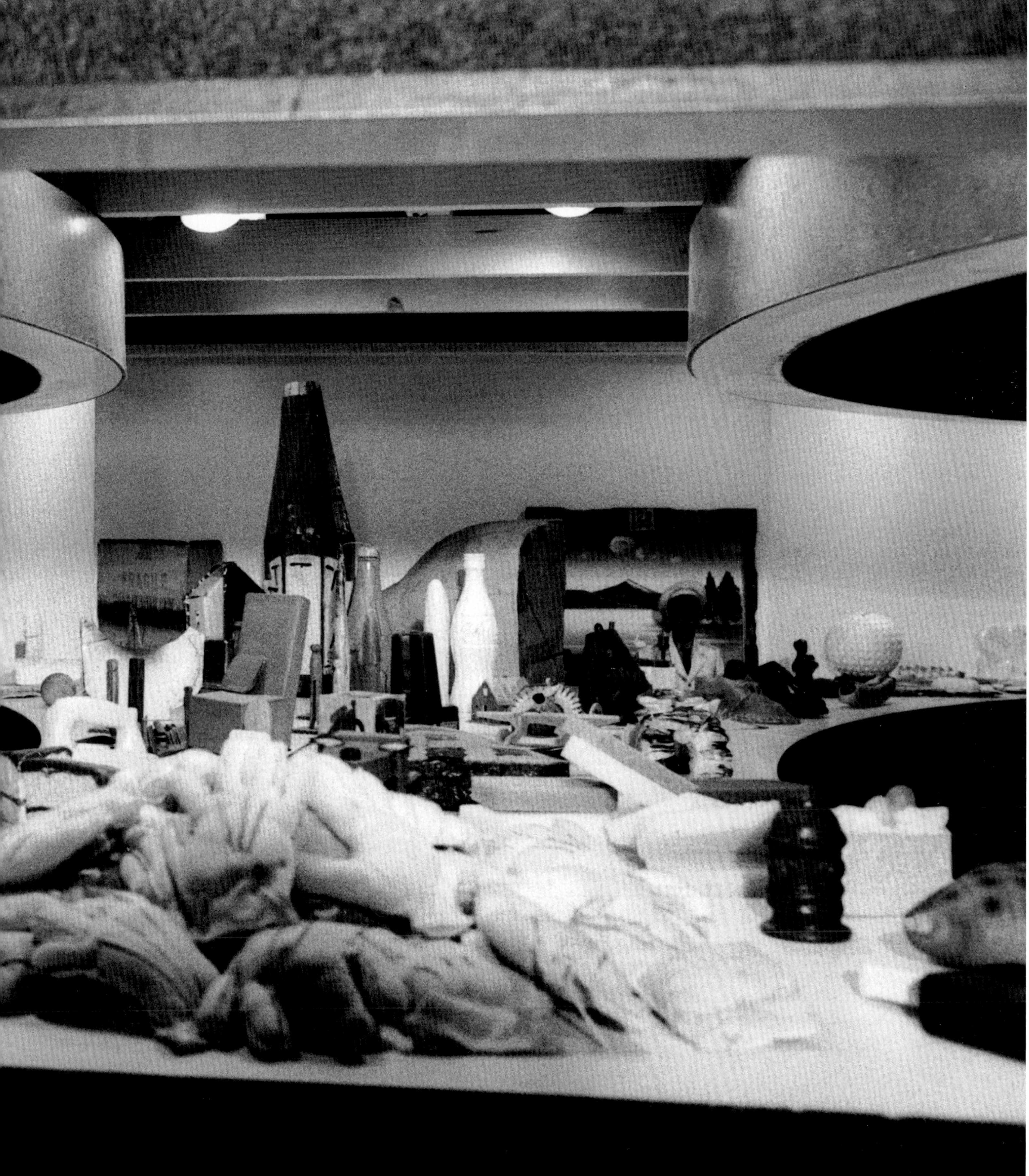

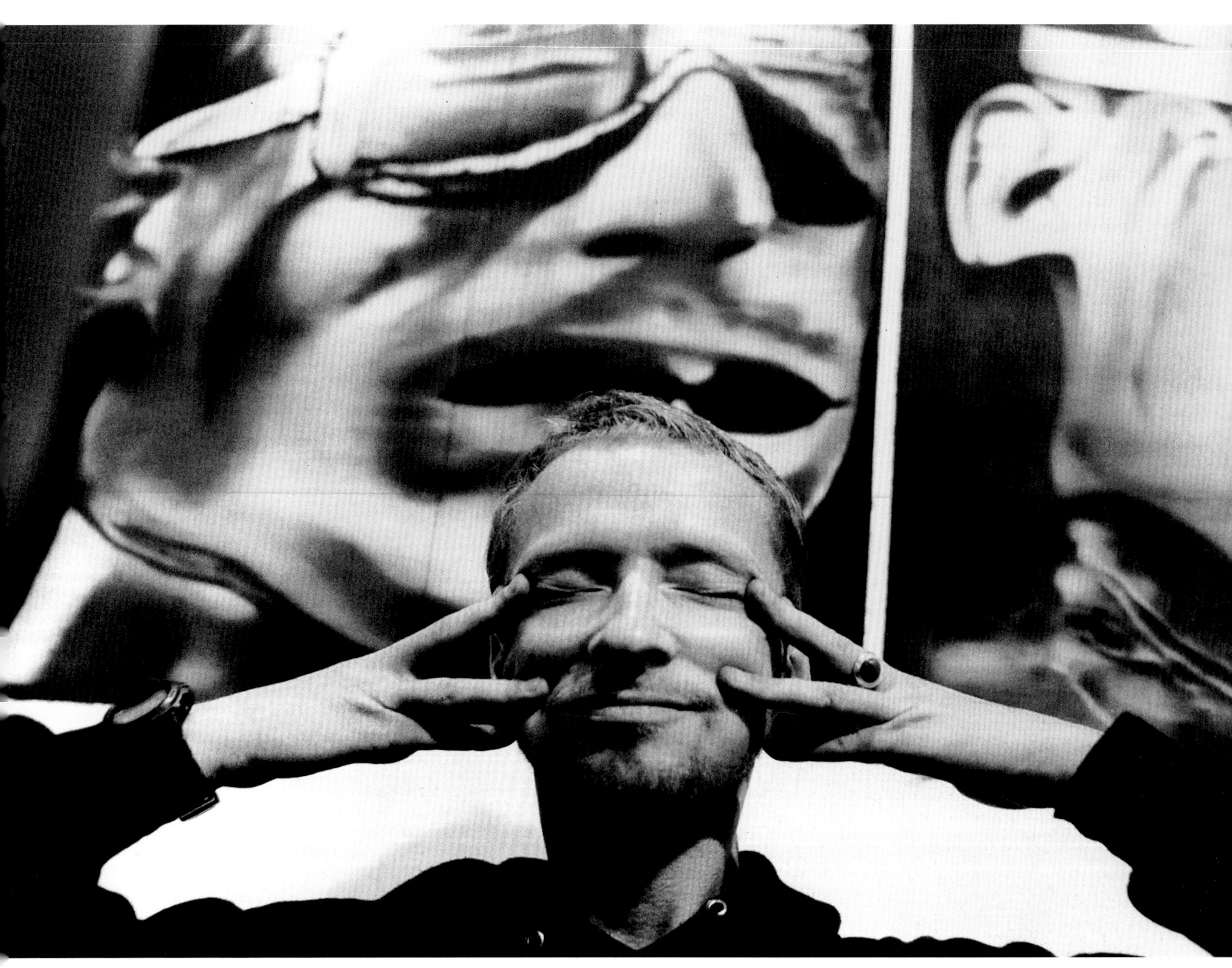

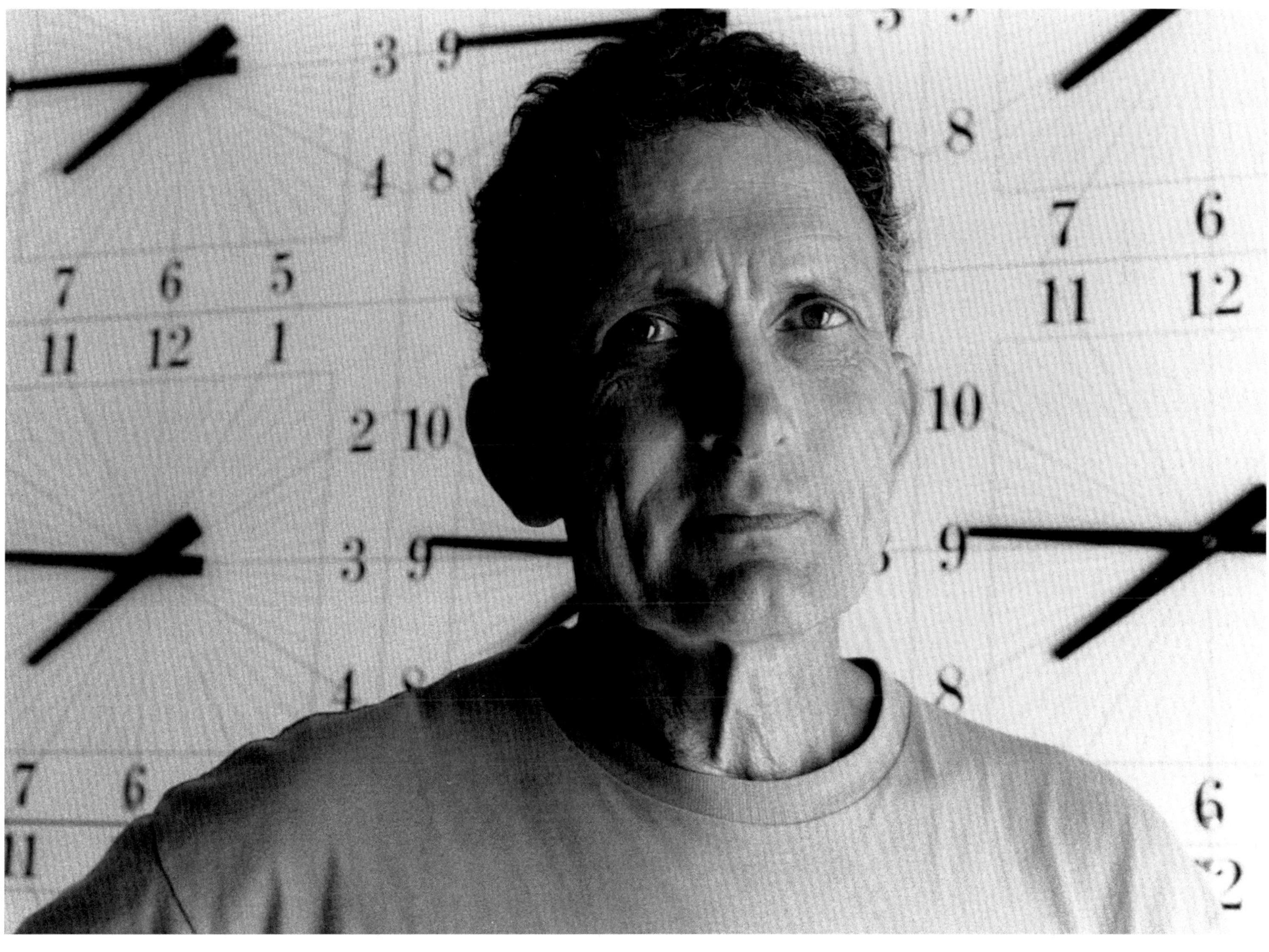

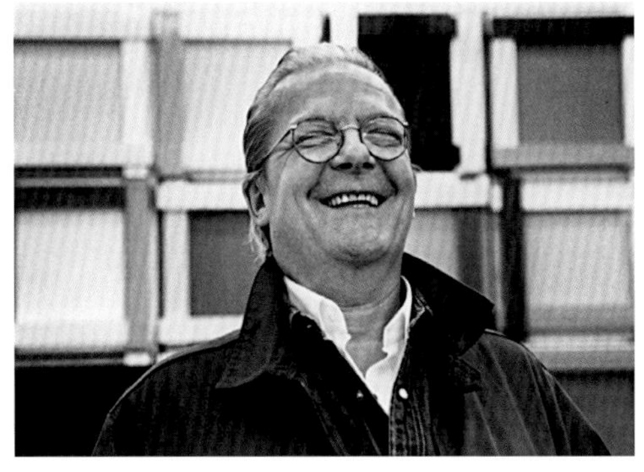

Imi Knoebel **2003**

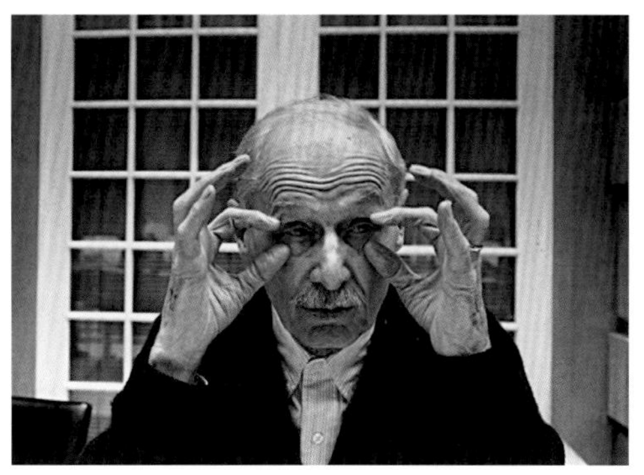

Richard Artschwager **2003**

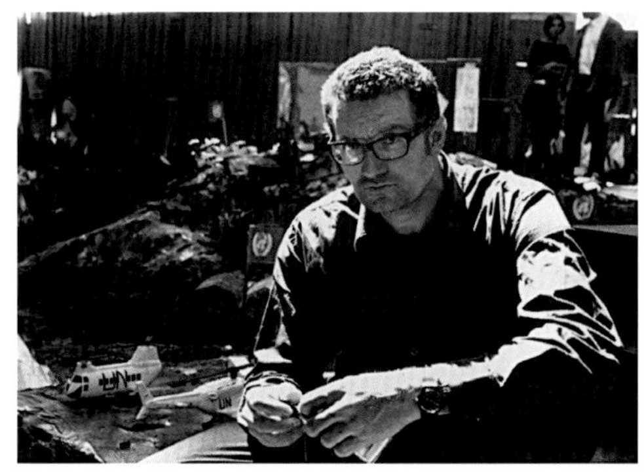

Thomas Hirschhorn **2000**

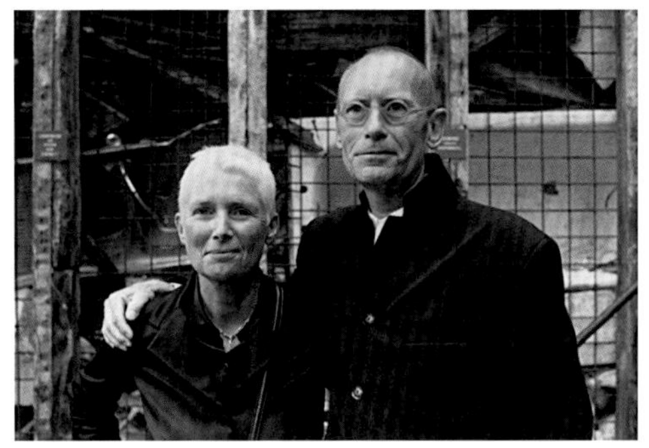

Ann & Patrick Poirier **2000**

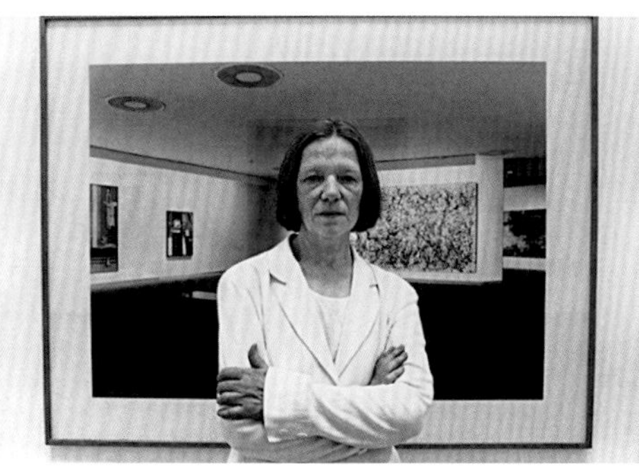

Candida Höfer **2003**

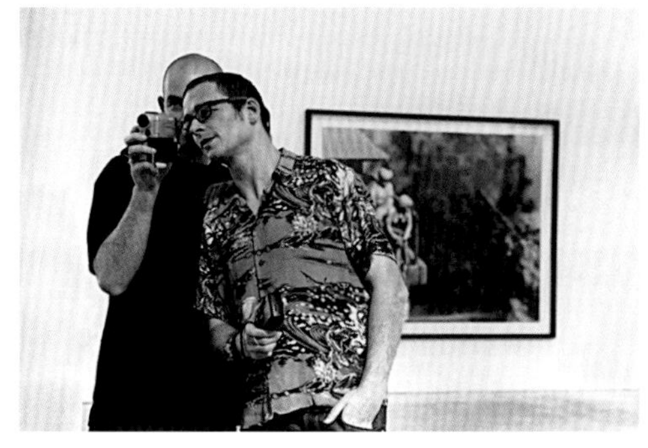

Jake & Dinos Chapman **2000**

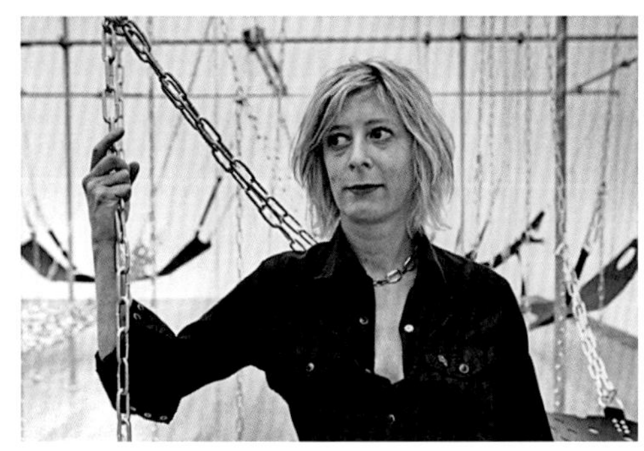

Monica Bonvicini **2005**

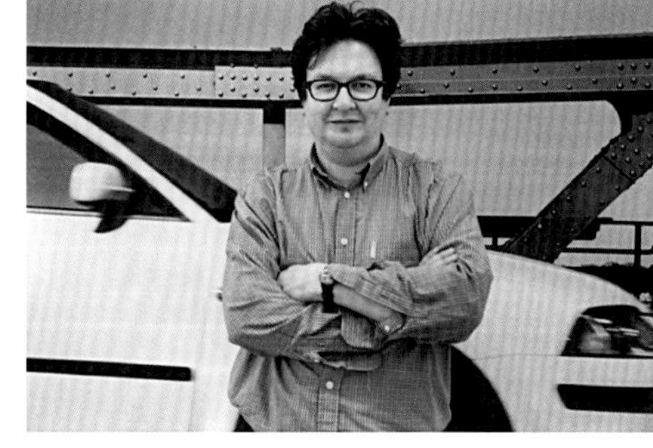

Mark Wallinger **2005**

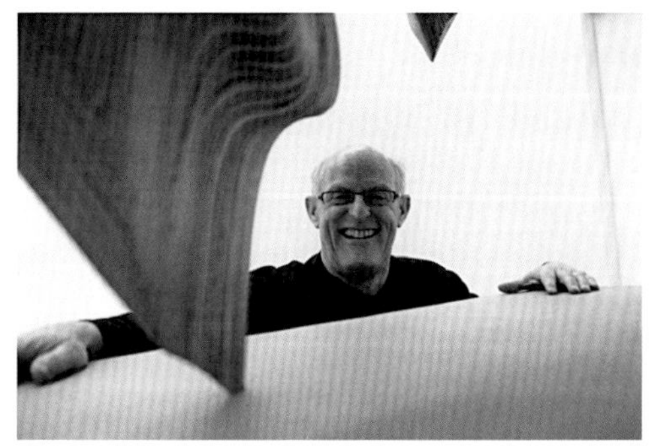

Tony Cragg **2006**

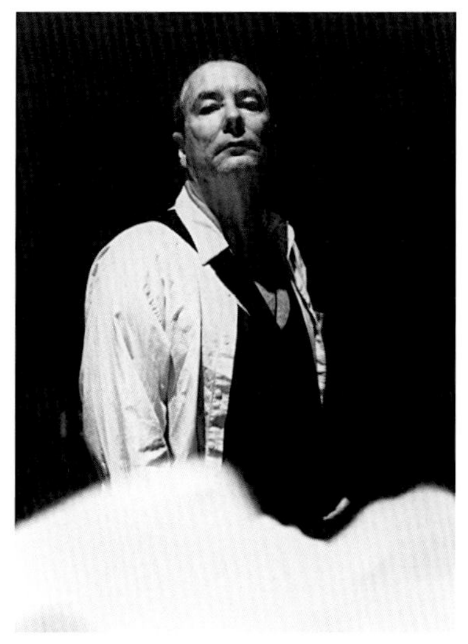

Mike Kelley **2003**

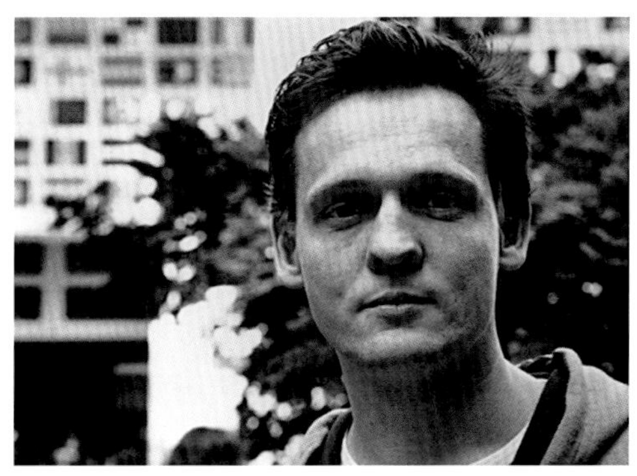

Carsten Nicolai **2001**

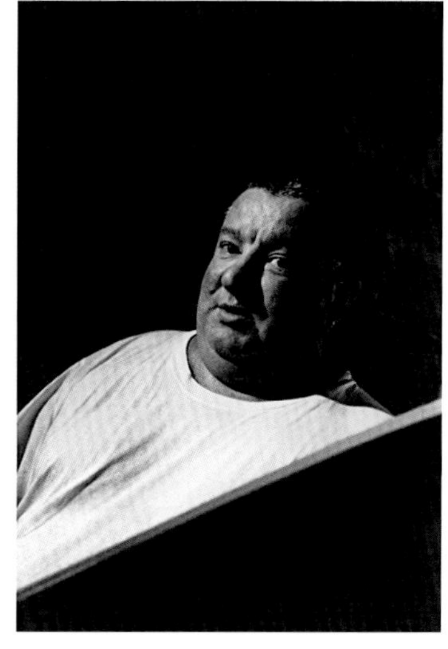

Claude Lévêque **2003**

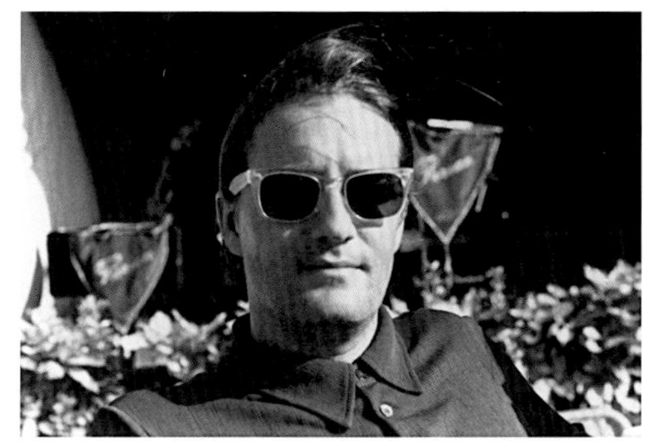

Olafur Eliasson **1999**

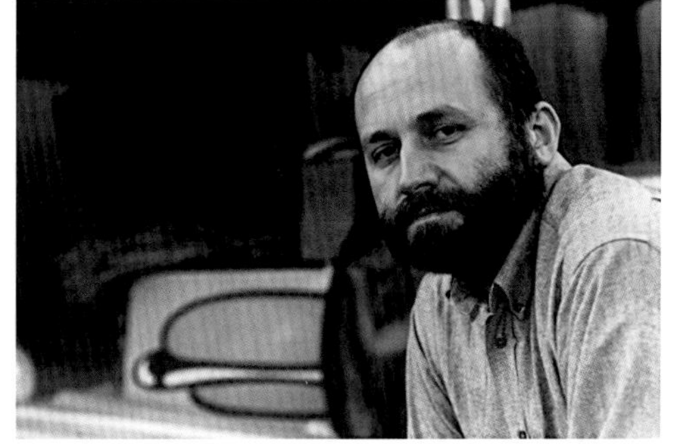

Nedko Solakov **2000**

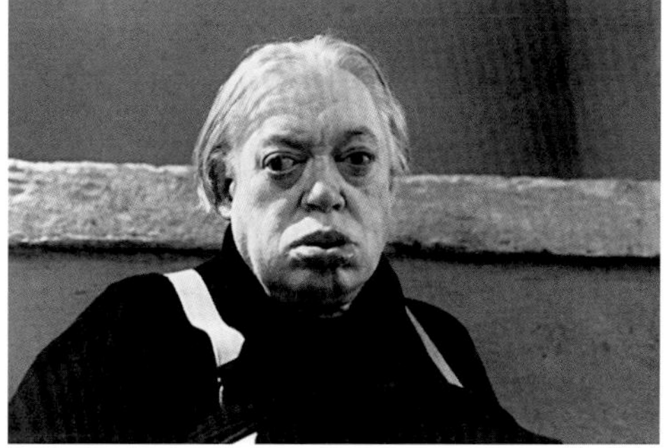

Bruno Gironcoli **2003**

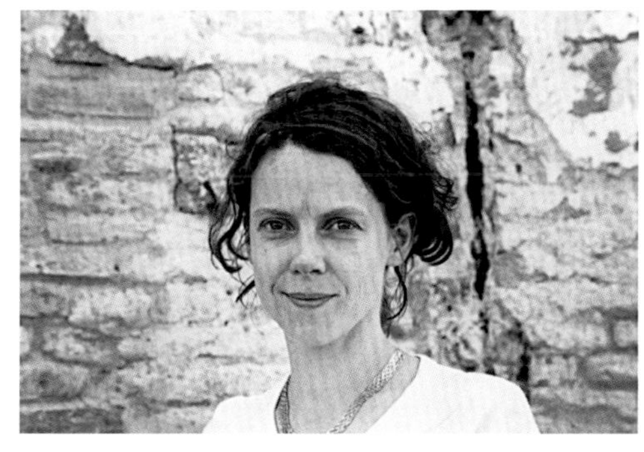

Amelie von Wulffen **2003**

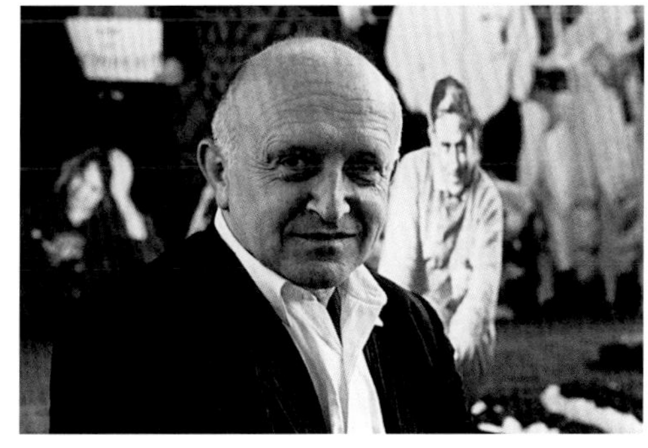

Bertrand Lavier **2000**

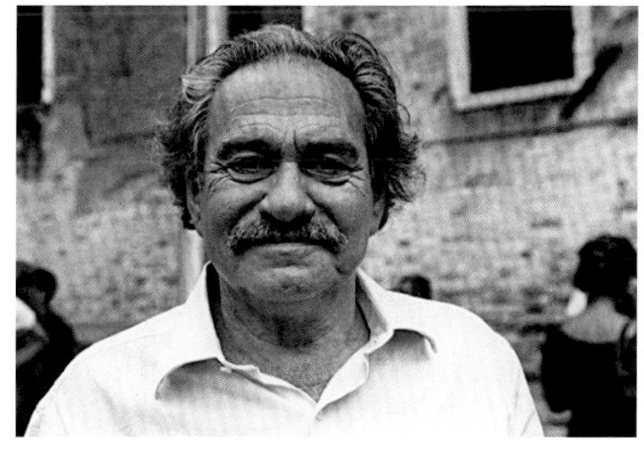

Jannis Kounellis **2003**

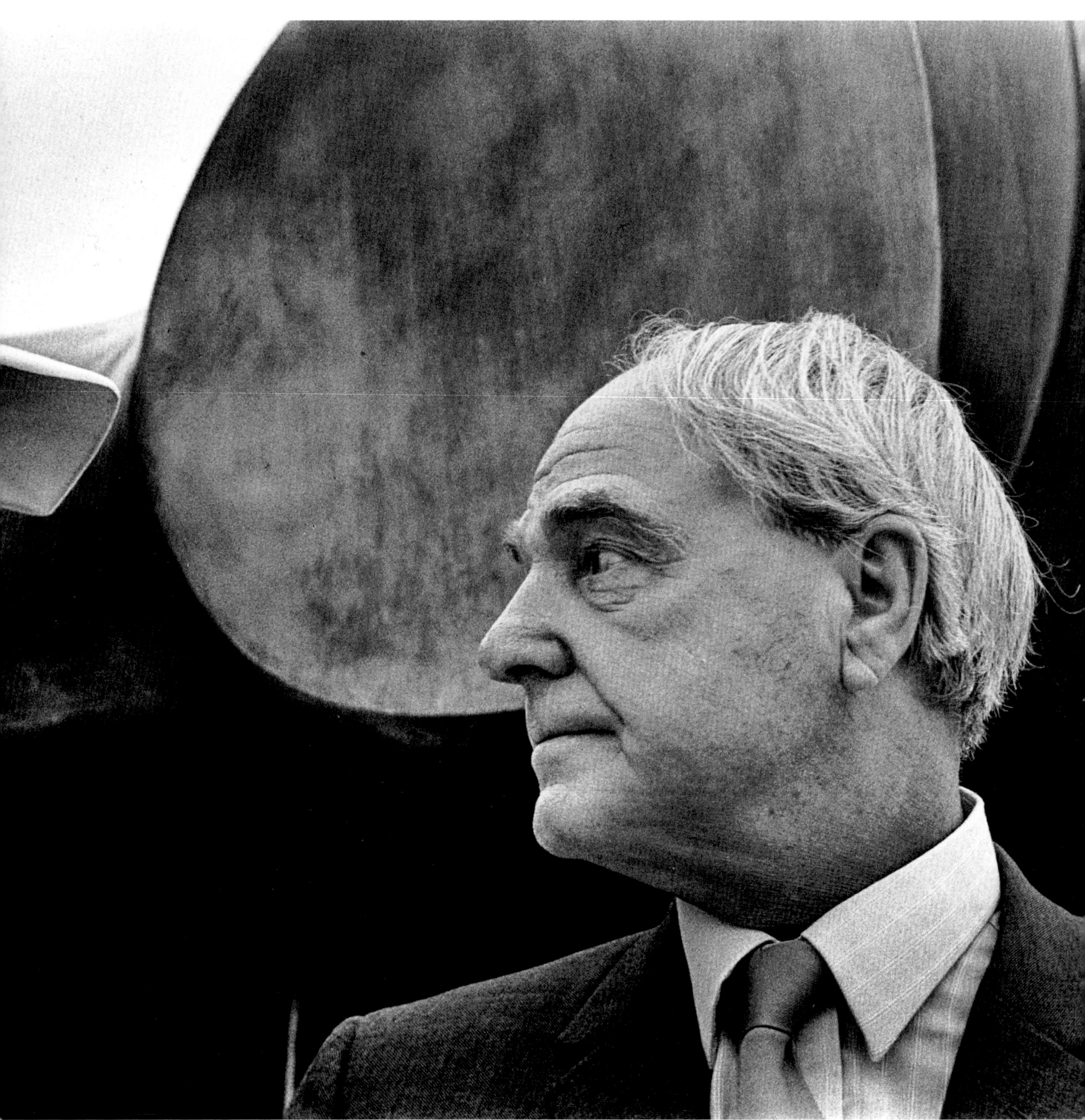

Charlotte Moorman (1933–1991) spielt ein Cello der televisionären Art. Drei Bildschirme sind mit vier Saiten überspannt, als sie 1971 während eines Fluxus-Festivals im Bochumer Ruhrpark das weiße Rauschen auf den Monitoren mittels Bogen zum Vibrieren bringt. Nam June Paik, koreanischer Komponist und Pionier der Videokunst, hat den Klangbildkörper für die gemeinsamen Aktionen gebaut. Charlotte, in Texas zum »Master of Music« gereift, macht sich im weißen Cellophankleid durchschaubar und spielt Cello vorzugsweise oben ohne, nachdem sie das American Symphony Orchestra verlassen und 1963 im New Yorker Central Park ein Avantgarde-Festival ausgerufen hat. 1967 bekommt die Polizei Witterung von der *Opera Sextronique.* Obwohl die Uraufführung in privatem Kreis stattfindet, wird die transparente Cellistin wegen Erregung öffentlichen Ärgernisses verhaftet. Aber der Skandal, der keiner ist, hat lediglich zur Folge, dass die New Yorker Behörden fortan dank Charlottes Überredungskunst zur Duldung ausgefallener Performances bereit ist. Die »Jeanne d'Arc der Neuen Musik« (Edgar Varèse) dankt den Ordnungshütern auf angemessene Weise: Sie stellt ihre Brüste für die Projektion der ersten amerikanischen Mondlandung am 20. Juli 1969 zur Verfügung. Auf zwei Miniaturfernsehern, von Nam June Paik an delikatem Ort montiert, ist das Großereignis live zum Saitenspiel zu sehen. John Cage und Yoko Ono füttern daraufhin die Moorman-Paik-Cellos mit effektvollen Tontraktaten. Joseph Beuys näht für Charlotte ein Cello in Filz – gleichsam die Vorwegnahme des instrumentalen Verstummens infolge eines Krebsleidens mit tödlichem Ausgang.

Charlotte Moorman (1933–1991) plays a cello of the televisionary kind. Four strings span across three screens as she makes the white noise on the monitors vibrate using a bow during a Fluxus festival in Bochum's Ruhrpark in 1971. Nam June Paik, a Korean composer and pioneer of video art, built the sound-image boxes for their joint performances. Charlotte, who received her master of music in Texas, made herself transparent in a white cellophane dress and preferred to play the cello topless after she left the American Symphony Orchestra in 1963 and established an Avant Garde Festival in New York's Central Park. In 1967 the police caught wind of *Opera Sextronique.* Although the premiere was performed in front of a private audience, the transparent cellist was arrested on charges of indecent exposure. But the only consequence of the scandal—which, in fact, was not a scandal at all—was that, from that point on, the New York authorities were willing to tolerate such offbeat performances, thanks to Charlotte's persuasive powers. The "Jeanne d'Arc of New Music" (Edgar Varèse) thanked the guardians of the law in an appropriate manner: she put her breasts at the public's disposal as a projection surface for America's first lunar landing, on July 20, 1969. The great event could be seen live—accompanied by string music—on two miniature televisions attached to the delicate site by Nam June Paik. After this, John Cage and Yoko Ono fed the Moorman-Paik cellos with expressive sound treaties. Joseph Beuys sewed a felt cello for Charlotte—as if in anticipation of the instrument's silence caused by terminal cancer.

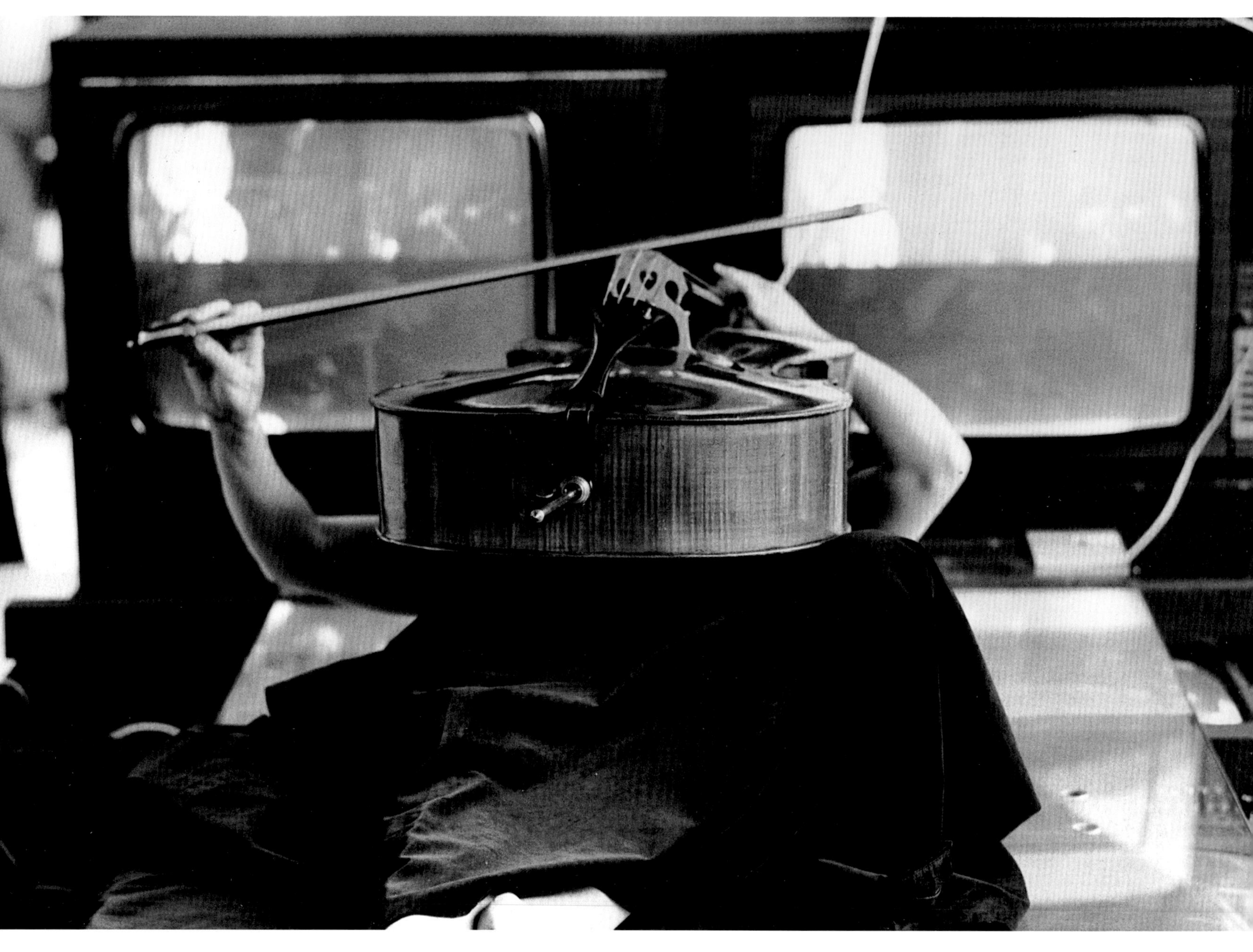

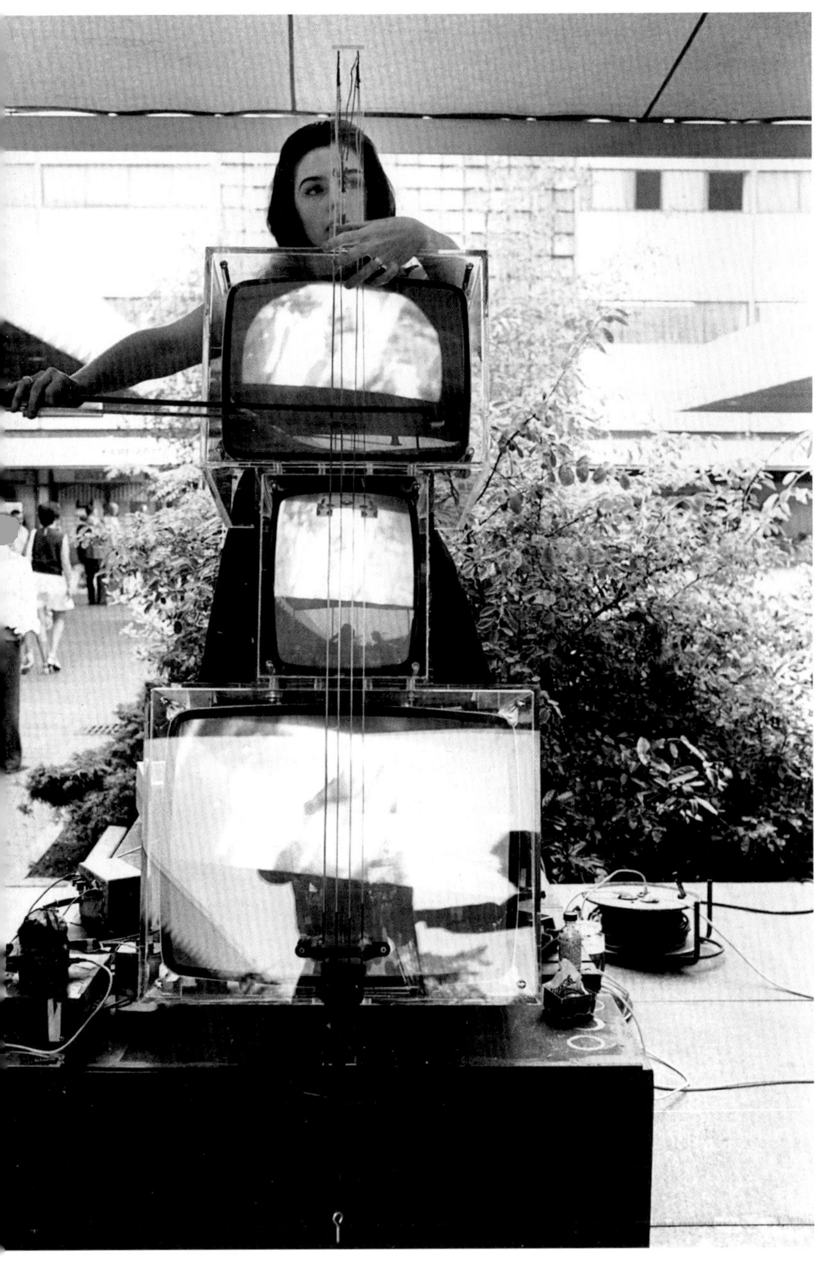

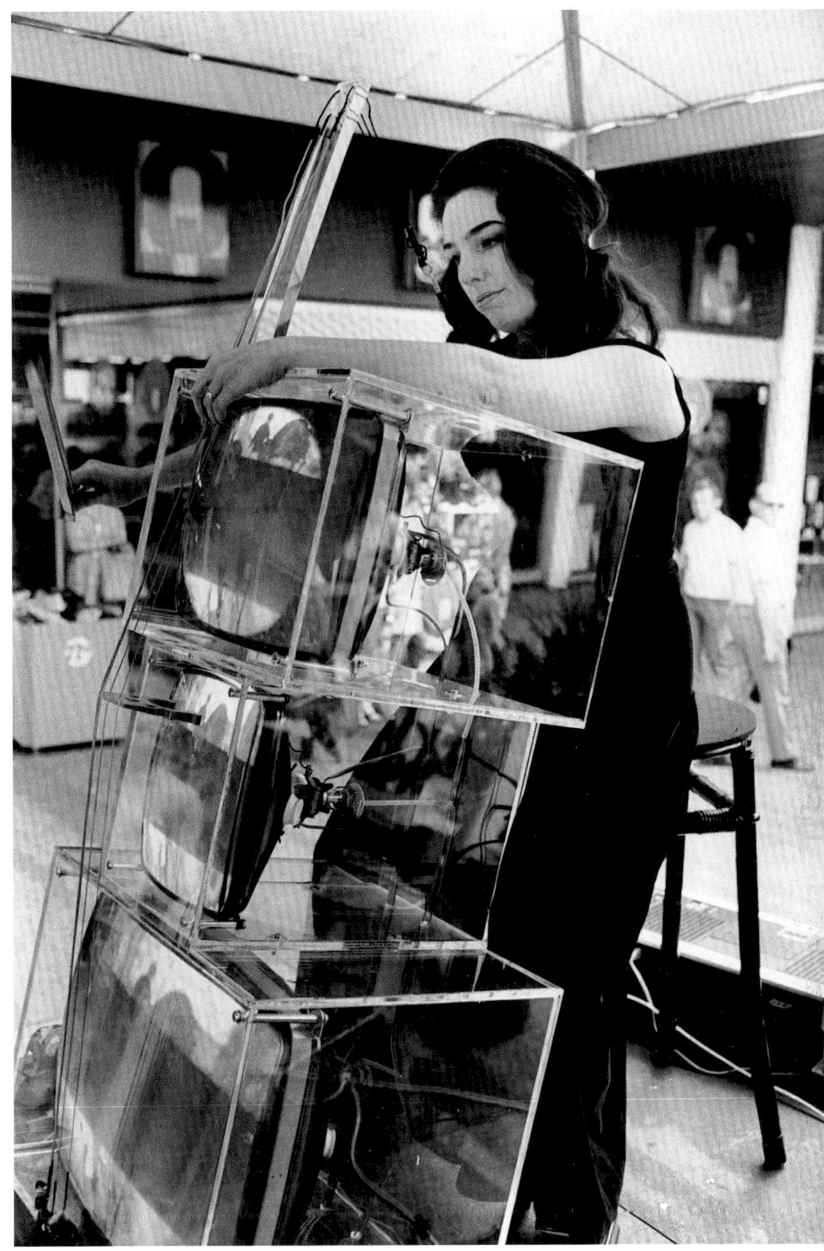

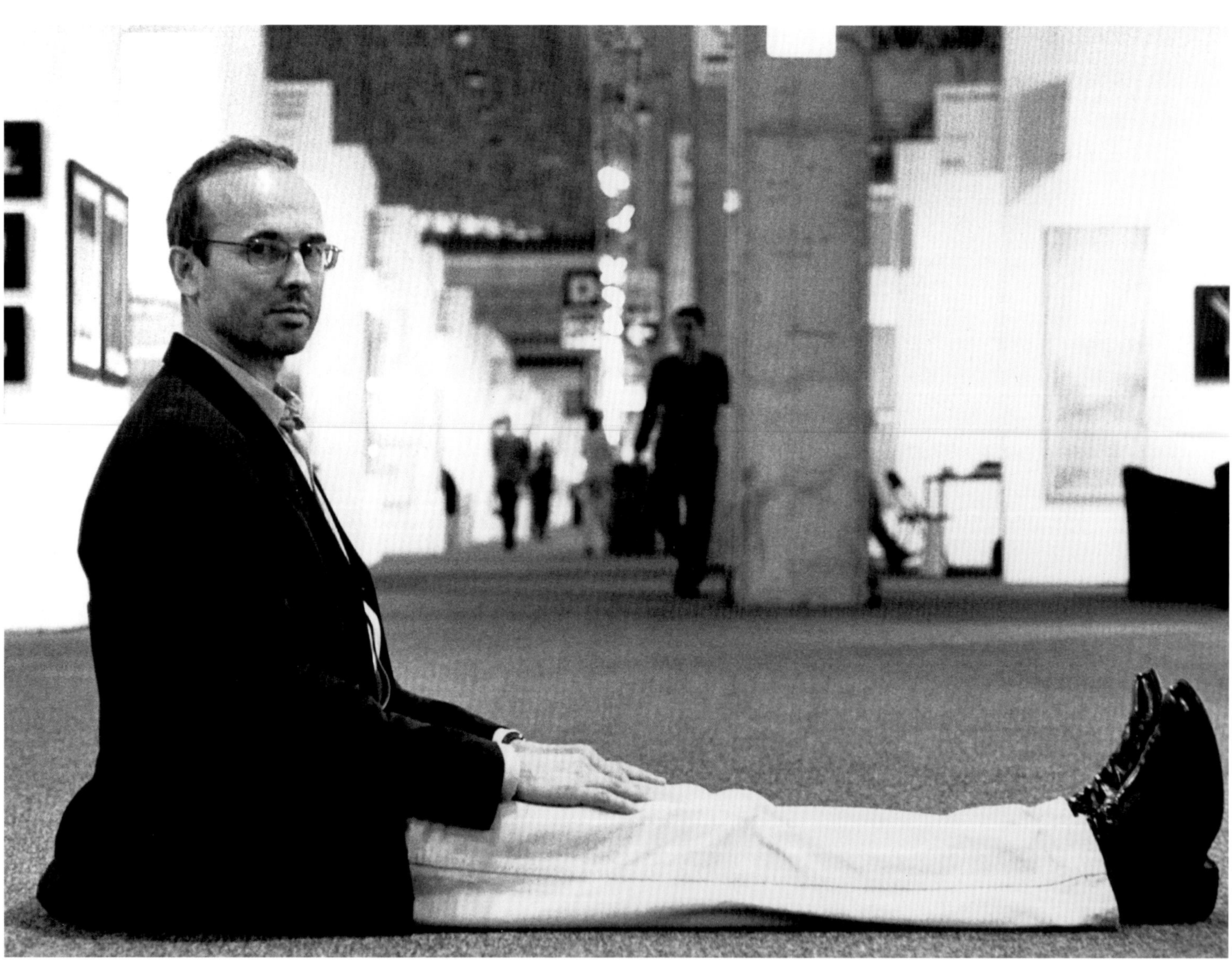

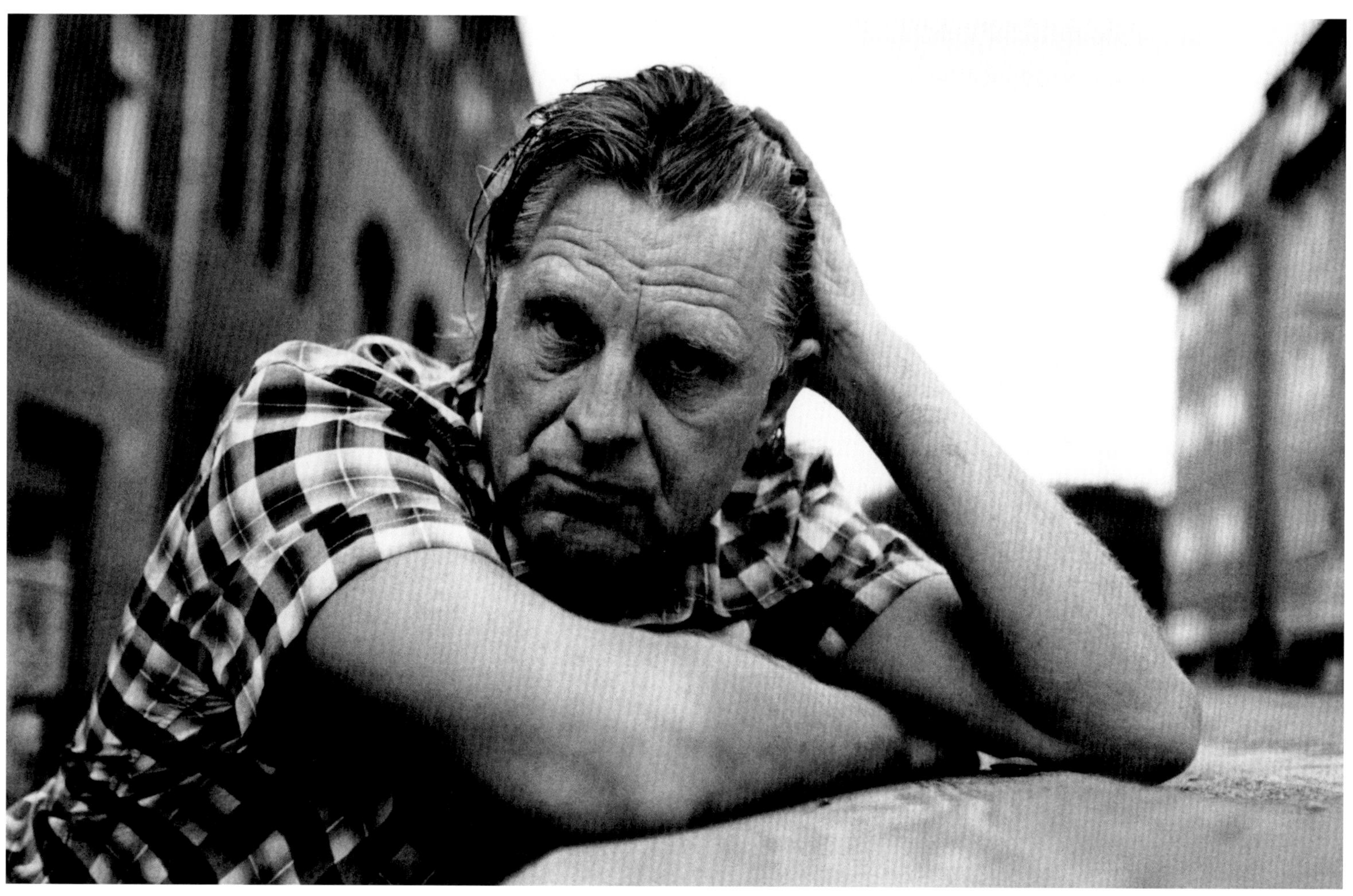

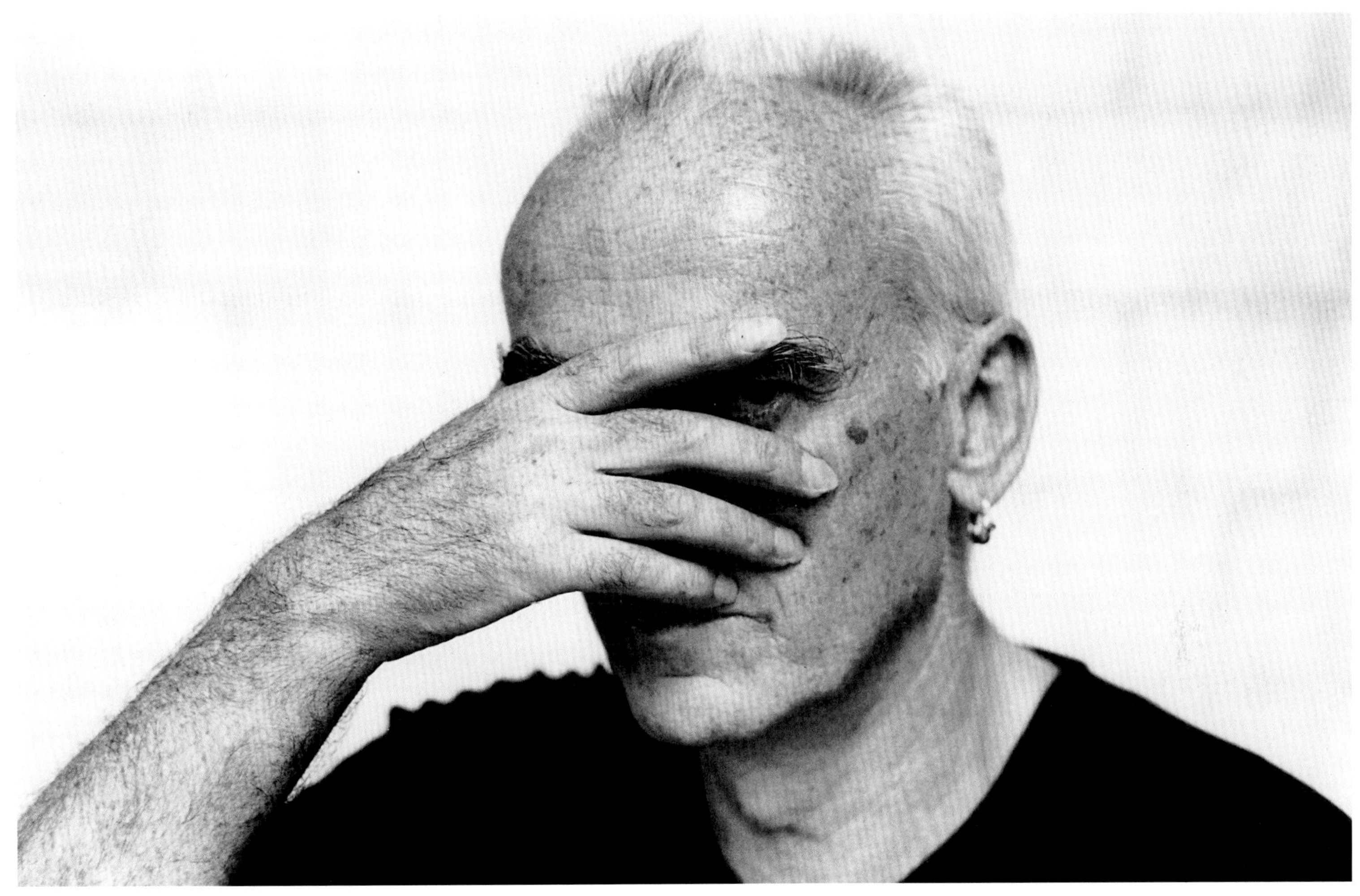

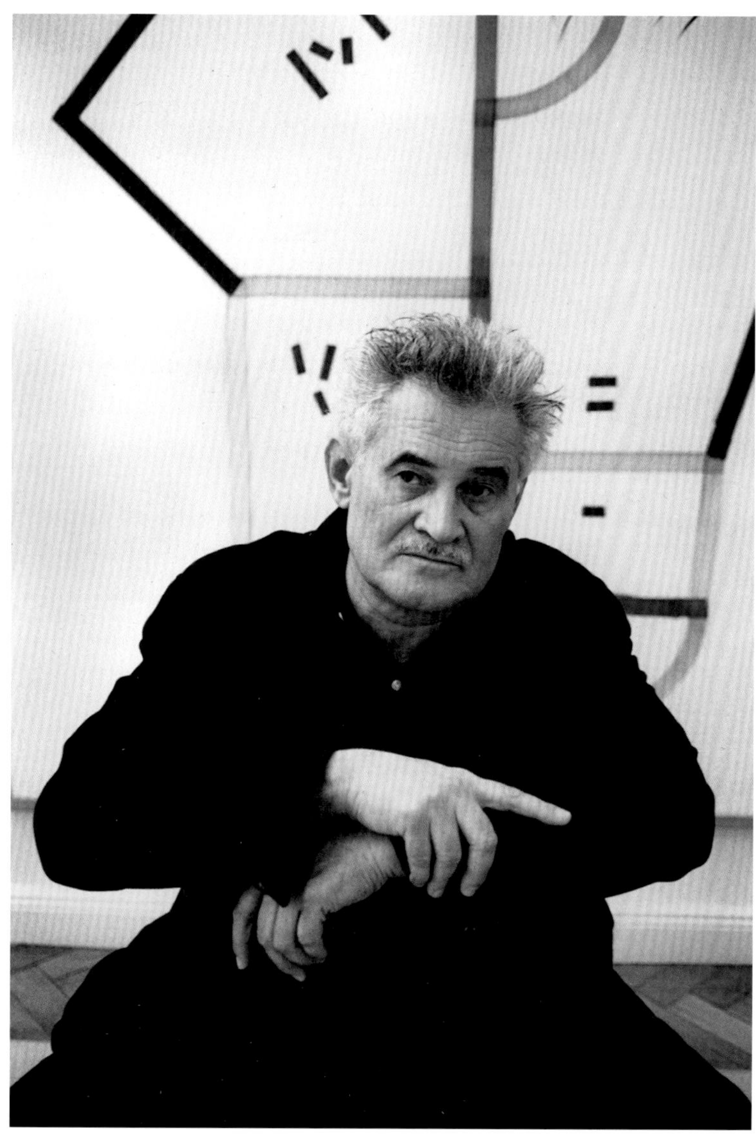

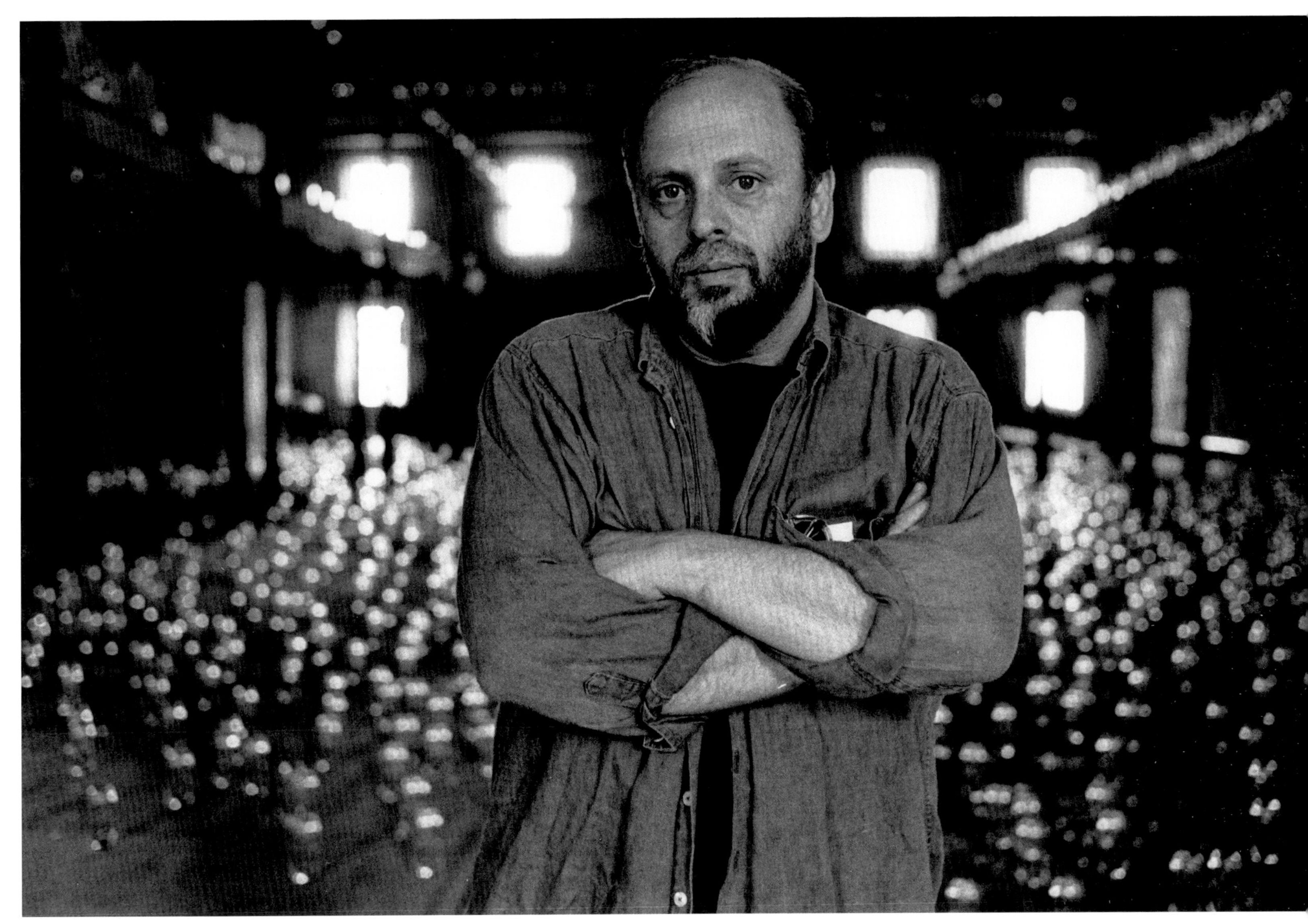

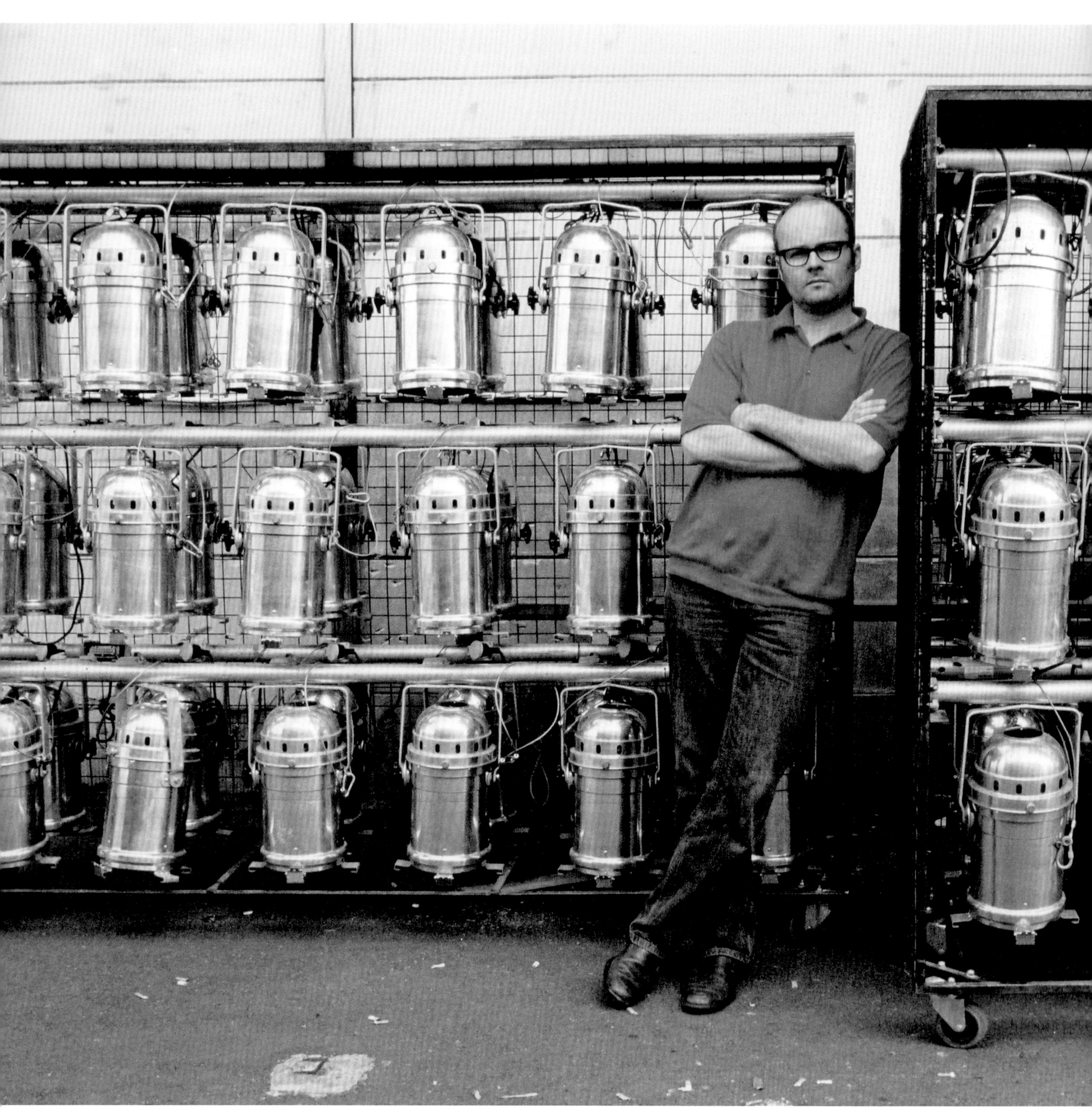

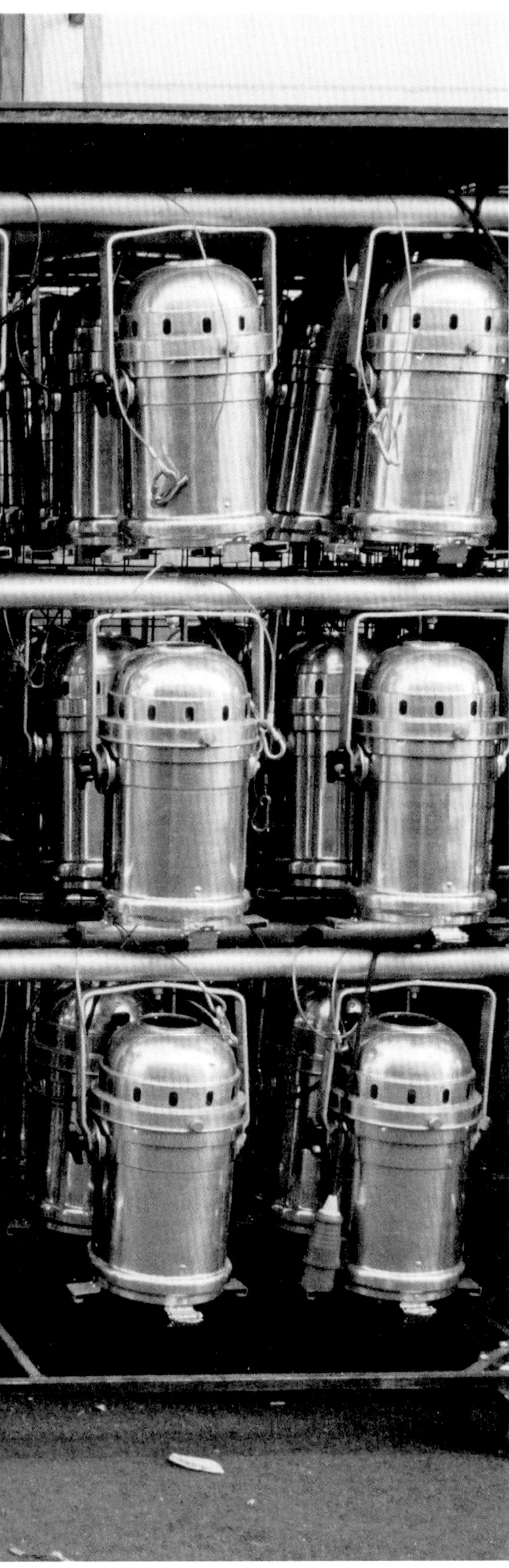

Marcel Broodthaers (1924–1976) lässt sich fotografisch von Kopf bis Fuß zerlegen. Die erwünschte Maßnahme findet 1972 in Düsseldorf parallel zu Harald Szeemanns documenta V der »Individuellen Mythologien« statt, für die Broodthaers eine Art Werberaum zu seinem *Museum Moderner Kunst, Abteilung Adler* eingerichtet hat. Dieses eigenartige Institut propagiert der ehemalige Antiquar in der Rolle als Poet und Schriftkünstler ab 1968 aus seinem Brüsseler Domizil heraus. Das ironische Gedankenspiel zielt darauf ab, die Institution Museum auf ein jeweils per Kunstgriff vereinzeltes, aber vermehrbares Motiv zu konzentrieren. Freie Hand gab ihm sein Inspirator René Magritte, der 1929 die Abbildung einer Pfeife mit dem Titel *Ceci n'est pas une pipe* versehen und damit die Unterscheidung eines Gegenstandes von seiner malerischen Erscheinung angeordnet hatte. Es kommt auch im »Adler-Museum« auf die kategorische Trennung von Wort und Begriff an und darauf, Gegenstände durch Schriftbilder in die Vorstellung zu übertragen. Magrittes Diktum, dass ein Bild keine Pfeife ist, wird von Broodthaers radikalisiert: »Dies ist kein Kunstwerk.« Die Spannweite des Wappenvogels ist beträchtlich: Es findet sich das Zitat des von Rembrandt gemalten Adlers Zeus, der den schönen Jüngling Ganymed raubt, um ihn auf dem Olymp als Mundschenk der Götter wohlgefällig betrachten zu können, aber auch das simple Wirtshausschild »Zum Adler«. Der Imaginist Broodthaers betrieb mit seinen eingebildeten Adlern ebenso wie die Wahlverwandten Stéphane Mallarmé (mit bildreicher Dichtung) und Kurt Schwitters (mit lautmalerischen Wortbildern) »Poesie als Störung von Weltordnung«.

Marcel Broodthaers (1924–1976) allows himself to be dissected photographically from head to toe. The requested action took place in 1972 in Düsseldorf, parallel to Harald Szeemann's Documenta V on "Individual Mythologies." Broodthaers established a kind of advertising space for his *Musée d'art moderne, Départements des aigles* (Museum of Modern Art, Department of Eagles). In the role of poet and text artist, the former antiquarian propagated this unusual institution from his Brussels residence starting in 1968. The ironic intellectual game was designed to focus the museum institution on an artificially isolated, yet reproducible, motif. Broodthaers was inspired by René Magritte, who had titled his 1929 painting of a pipe *Ceci n'est pas une pipe* (This is Not a Pipe), thereby making a distinction between an object and its artistic appearance. The "Eagle Museum" is also based on the categorical separation of word and idea and uses titles to convey objects into the imagination. Broodthaers radicalizes Magritte's dictum that a painting is not a pipe: "This is not an artwork." The range of the heraldic bird is considerable: the bird appears in the simple sign for the pub "Zum Adler" as well as in Rembrandt's painting of the eagle of Zeus carrying the young Ganymede off to Mount Olympus so that the god could take pleasure in observing him in the role of cupbearer to the gods. Like his chosen forebears Stéphane Mallarmé (with his image-rich poetry) and Kurt Schwitters (with his onomatopoetic word images) the imaginist Broodthaers pursued, with his imaginary eagles, "poetry as the disruption of the world order."

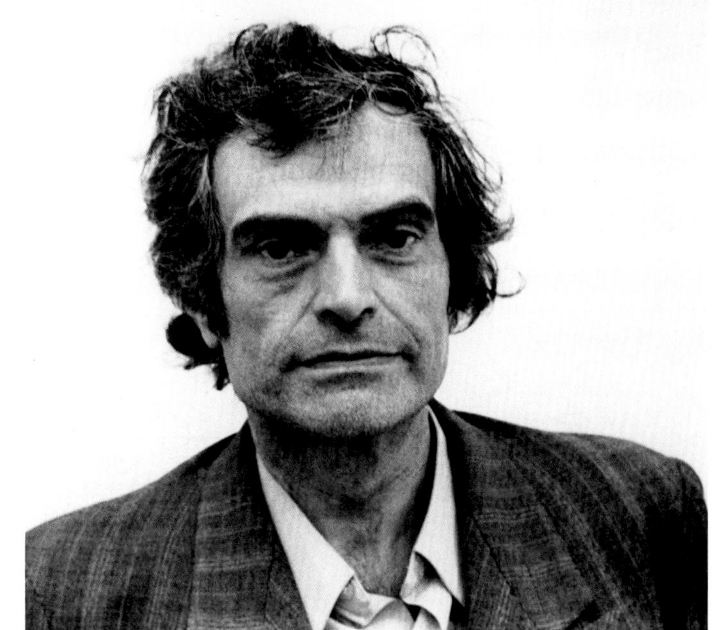

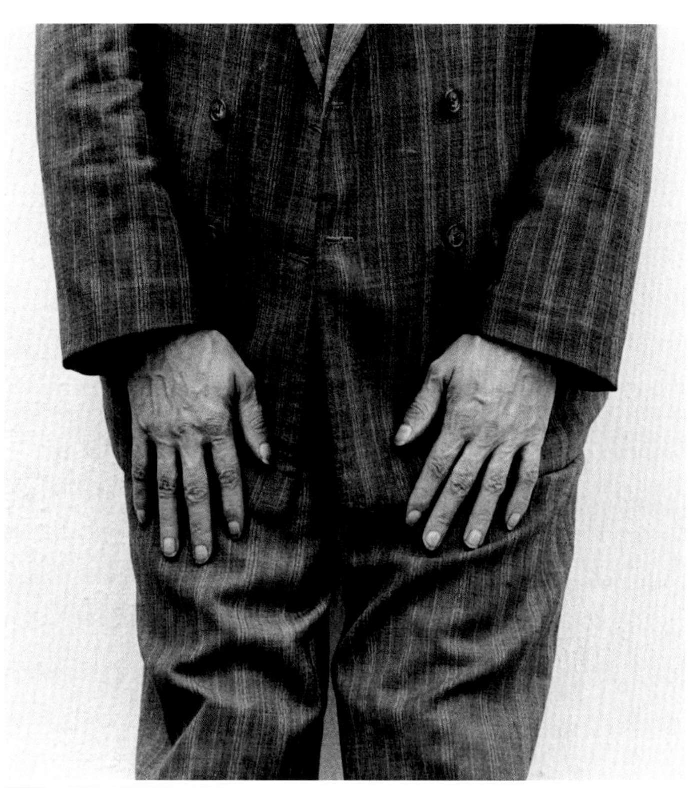

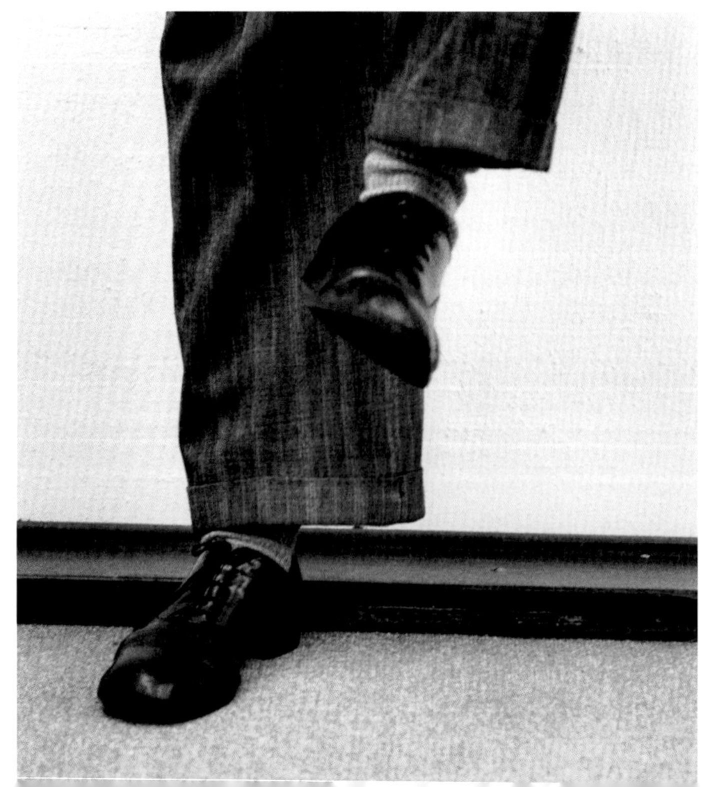

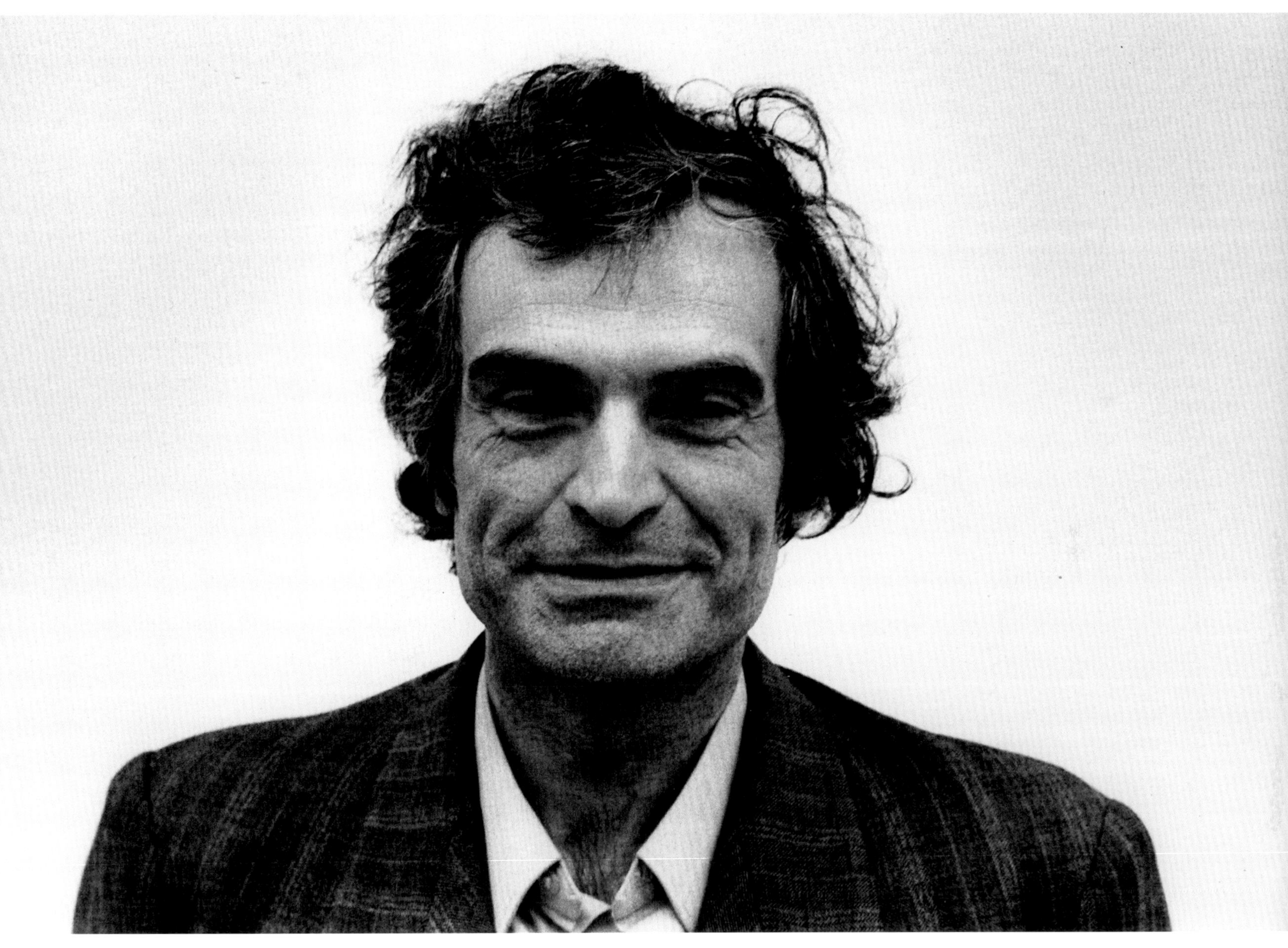

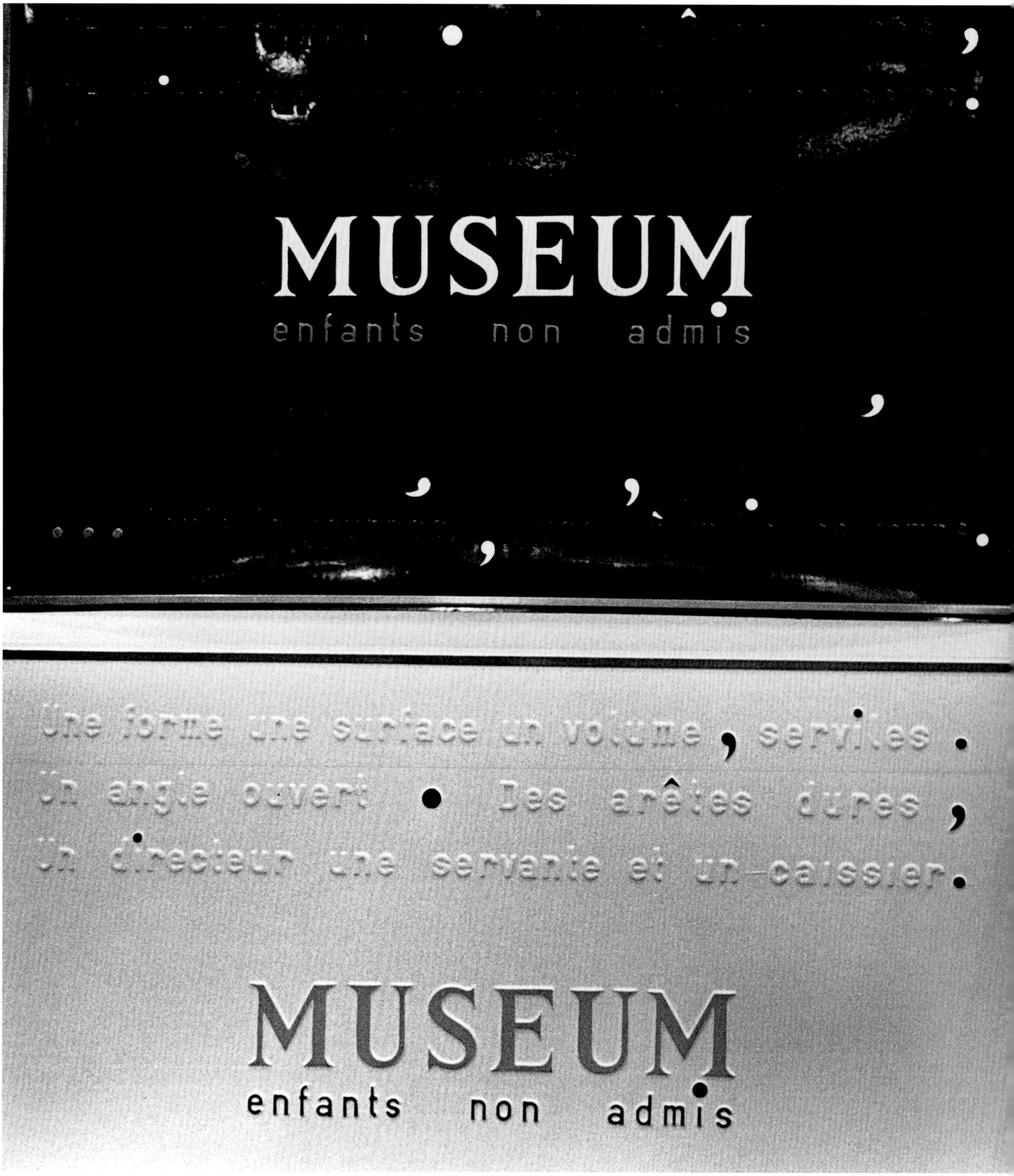

MUSEUM

enfants non admis

Une forme une surface un volume , serviles .
Un angle ouvert . Des arêtes dures ;
Un directeur une servante et un caissier.

MUSEUM

enfants non admis

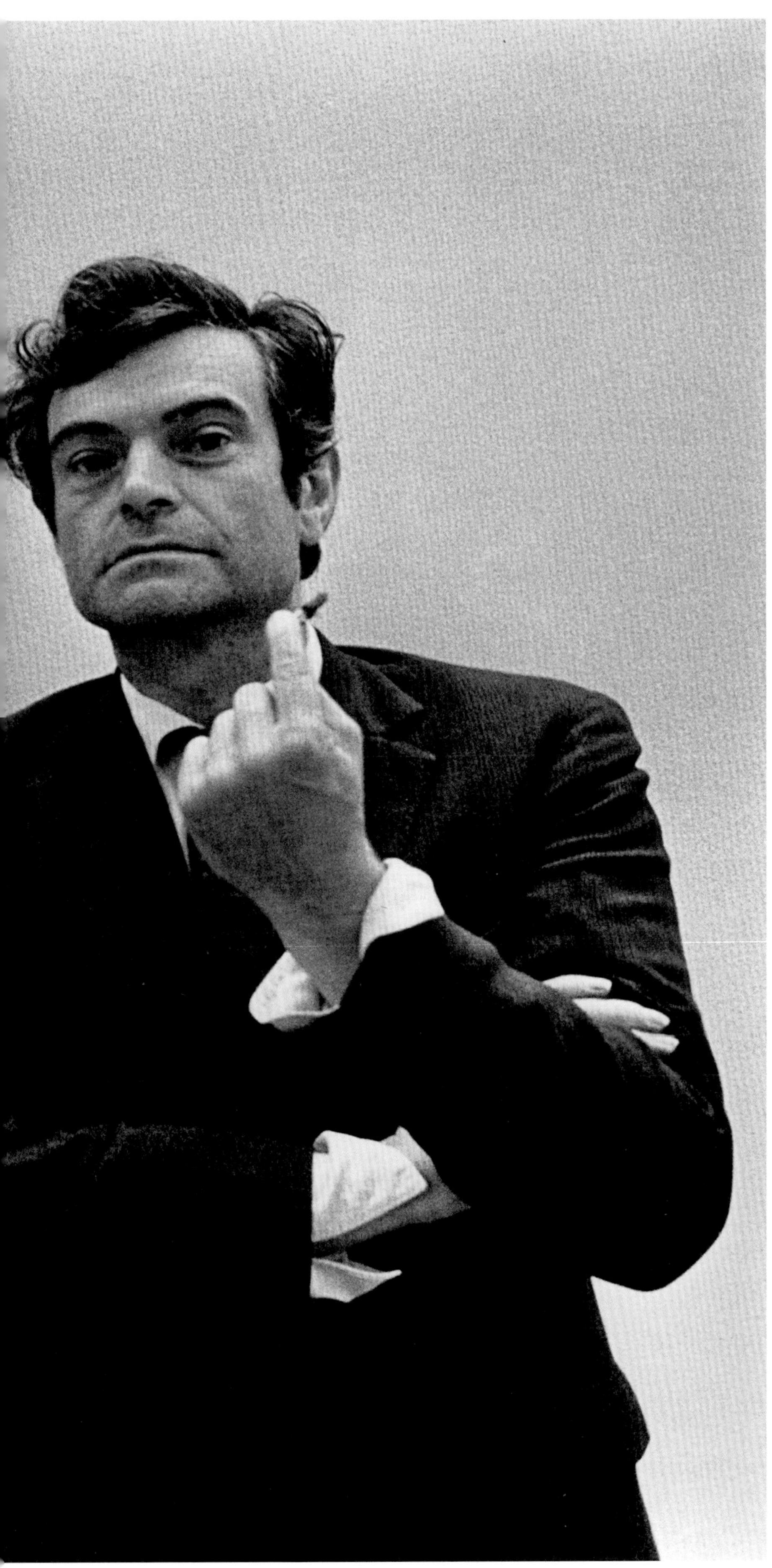

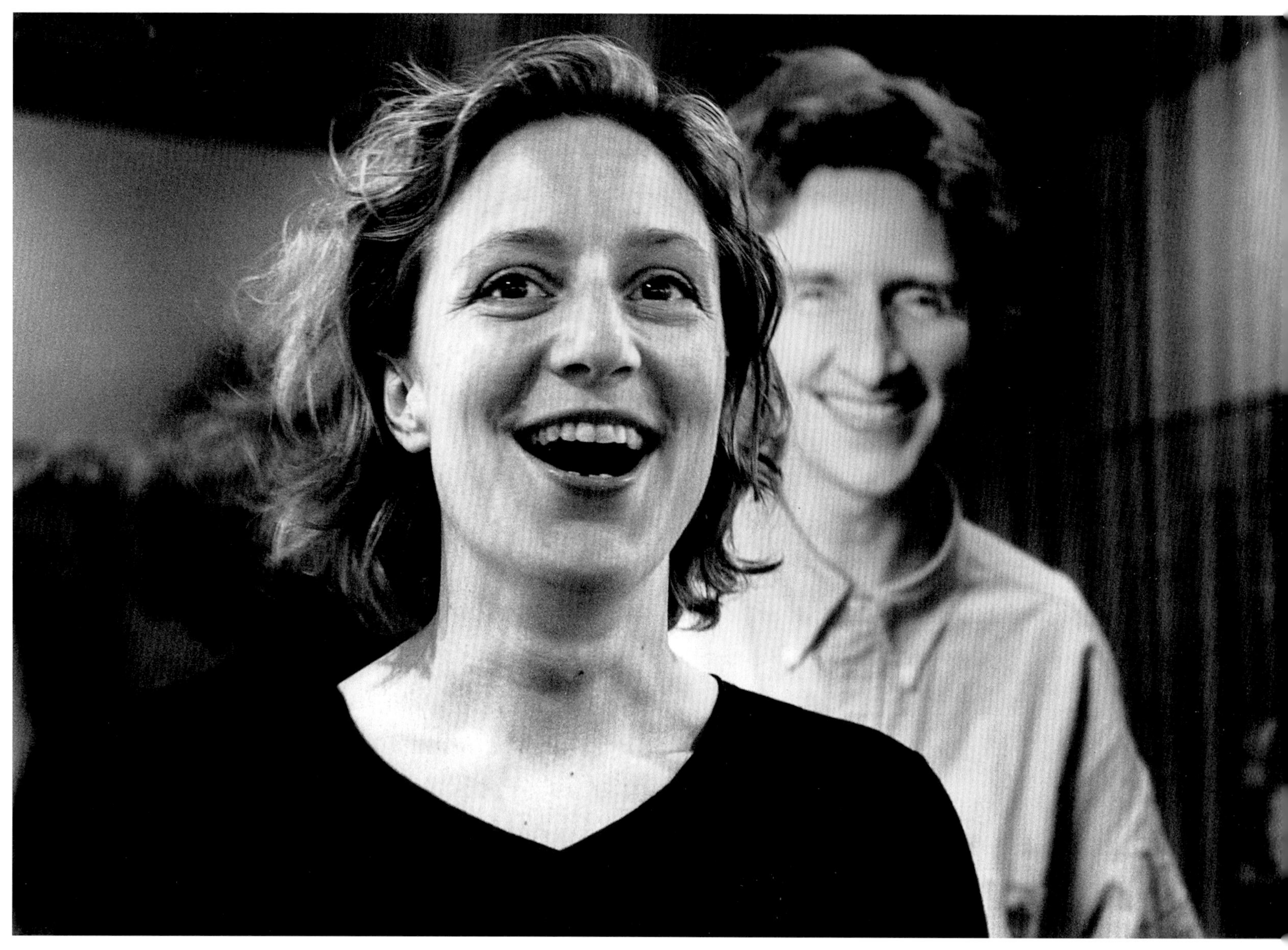

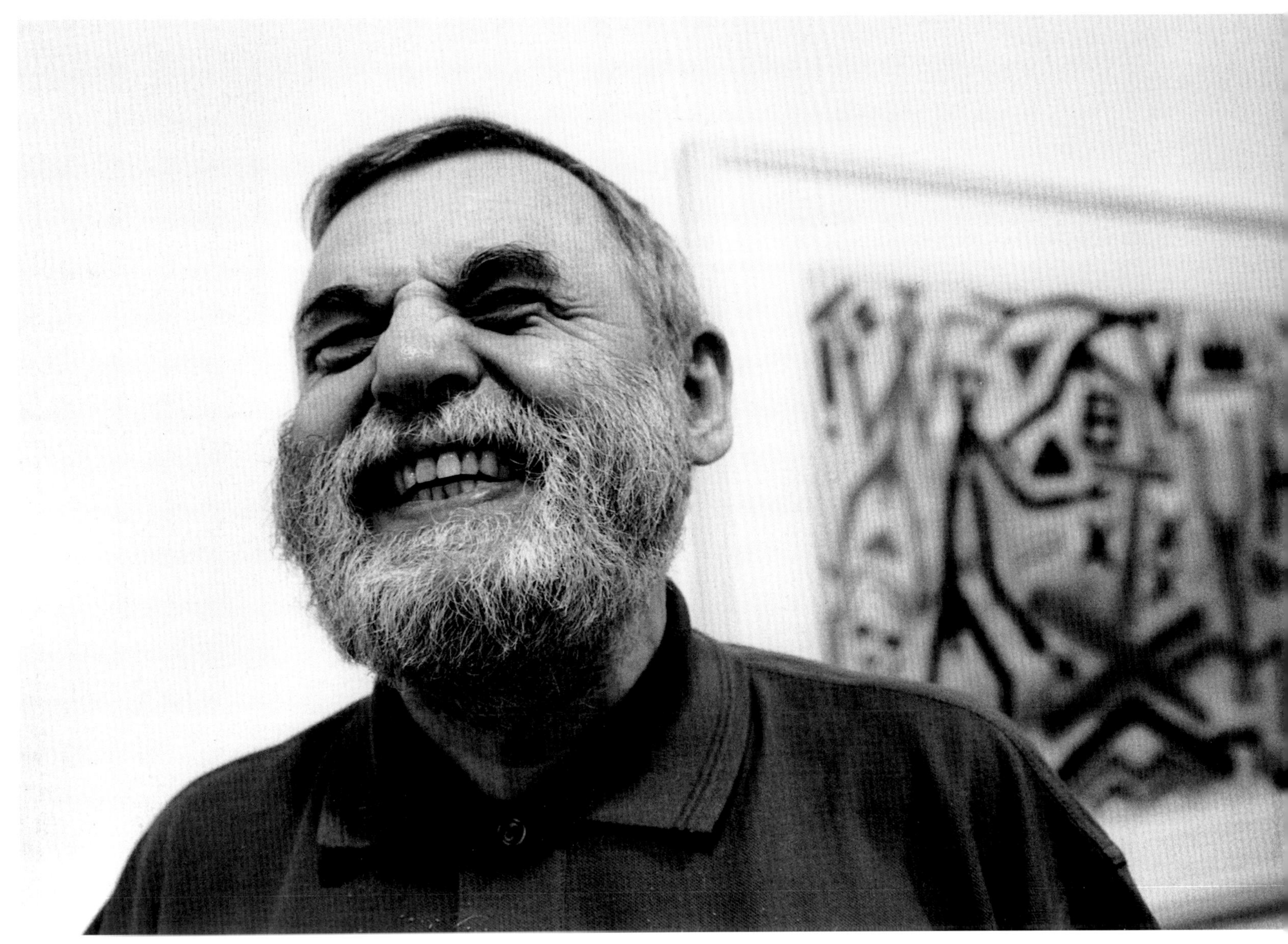

André Thomkins (1930–1985) verschwindet am Lerchenfeld in einem Spind der Hamburger Hochschule für bildende Künste. Er ist ja auch als Zeichner ein Meister des Versteckspiels, warum sollte er also 1971 nicht zeigen, wie man sich in den engen Schrank zwängt, die brennende Zigarette auf dem Kleiderhaken ablegt, seine Jacke auszieht und auf einen Bügel hängt, die Tür hinter sich schließt – und plötzlich nicht mehr da ist? Mit Feder und Bleistift, in Wasserfarben und auf Lackskins hat Thomkins die optischen Tricks des Vexierbildes geistreich zugespitzt. Als Anatom kraft eigener Fantasie ist er schon als Student in Luzern aufgefallen, als er zeichnend die Sinnesorgane deformierte, Knochen als Baumaterial für architektonische Gebilde nutzte und Augenbrauen miteinander sprechen ließ. In dieser Art führt er zehn Jahre später mit seinem Freund Daniel Spoerri vor, *Wie man Wünsche beim Schwanz packt,* frei nach Pablo Picassos kleinem Theaterstück. Und wieder fünfzehn Jahre später erfindet er für Tristan Tzaras Dada-Farce *Das Gasherz* in Düsseldorf einen kopfstehenden Bühnenraum, dessen Mobiliar samt Auge, Nase, Ohr an der Decke hängt. Auf den Spuren des Dadaismus zeichnet sich Thomkins zurück in die Renaissance und zu den alten Niederländern, wo noch viele ungelöste Bildrätsel als Stoff für die surrealen Fantasten des 20. Jahrhunderts lagern. Mit seiner Technik ist er der Traditionalist, mit seinen Motiven der Alchimist, mit seinen Pointen der Aphoristiker unter den Künstlern der Fluxus-Bewegung. Seine Anagramme ziehen einen Rattenschwanz von Begriffspaaren hinter sich her. Der Umkehrwitz seiner Palindrome (»reize vitaler stiere–bereits relative zier«, »DOGMA I AM GOD«, »nee, die ideen«) dehnt sich sogar auf die Lebensdaten aus: Mit einem 11.8. vor Augen ist er geboren, nach einem 8.11. hat er die Augen geschlossen.

André Thomkins (1930–1985) disappears into a locker belonging to the Hamburg Academy of Fine Arts at Lerchenfeld. As a draftsman he was also a master of hide-and-seek, so why should he not demonstrate, in 1971, how he can squeeze into his own locker? Placing his burning cigarette on the coat hook, he takes off his jacket and places it on a hanger, shuts the door after himself—and suddenly he is gone. With ink pen and pencil, in water colors, and on *Lackskins* (paint skins), Thomkins cleverly sharpened the optical trick of the picture puzzle. As an anatomist by virtue of his own fantasy, he already attracted attention as a student in Lucerne when he deformed the sense organs in drawings, used bones as a building material for architectural structures, and enabled eyebrows to converse with each other. Ten years later, in this same vein, he and his friend Daniel Spoerri performed *Wie man Wünsche beim Schwanz packt* (How to Grab Wishes by the Tail), adapted freely from a short play by Pablo Picasso. And then, after another fifteen years, he created an upside-down stage set for Tristan Tzara's Dada farce *Das Gasherz* (The Gas Heart) in Düsseldorf, the furnishings of which all hung from the ceiling, including eye, nose, and ear. Following the trail of Dadaism, Thomkins drew himself back to the Renaissance and the old Netherlandish painters, where many unsolved image puzzles could be found that served as material for twentieth-century Surrealist dreamers. In his technique he was a traditionalist, in his motifs an alchemist, and with his punch lines the aphorist among the artists of the Fluxus movement. His anagrams gave rise to a host of new pairs of terms. The reverse wit of his palindromes (DOGMA I AM GOD, STRATEGY GET ARTS) even extended into his biographical data: his eyes opened to the world on 8/11 (August 11) and closed to it on 11/8 (November 8).

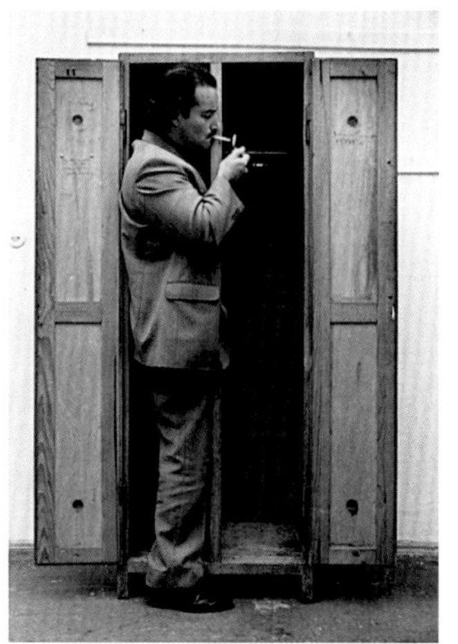

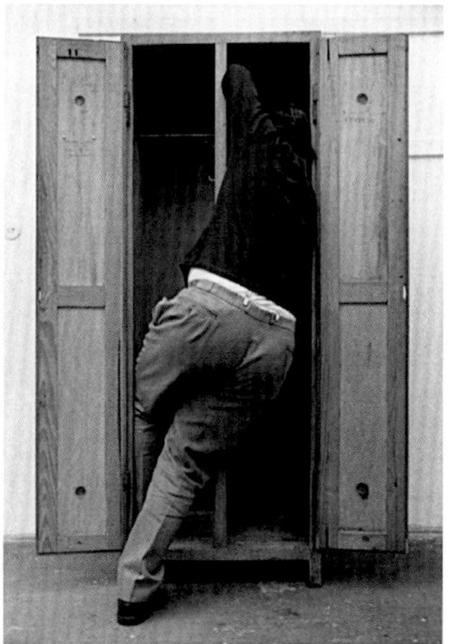

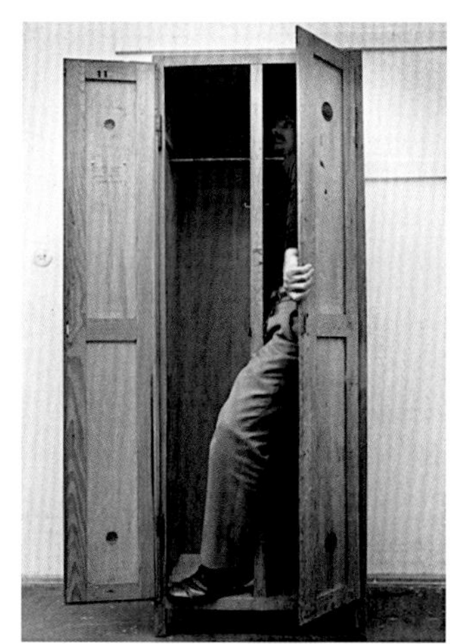

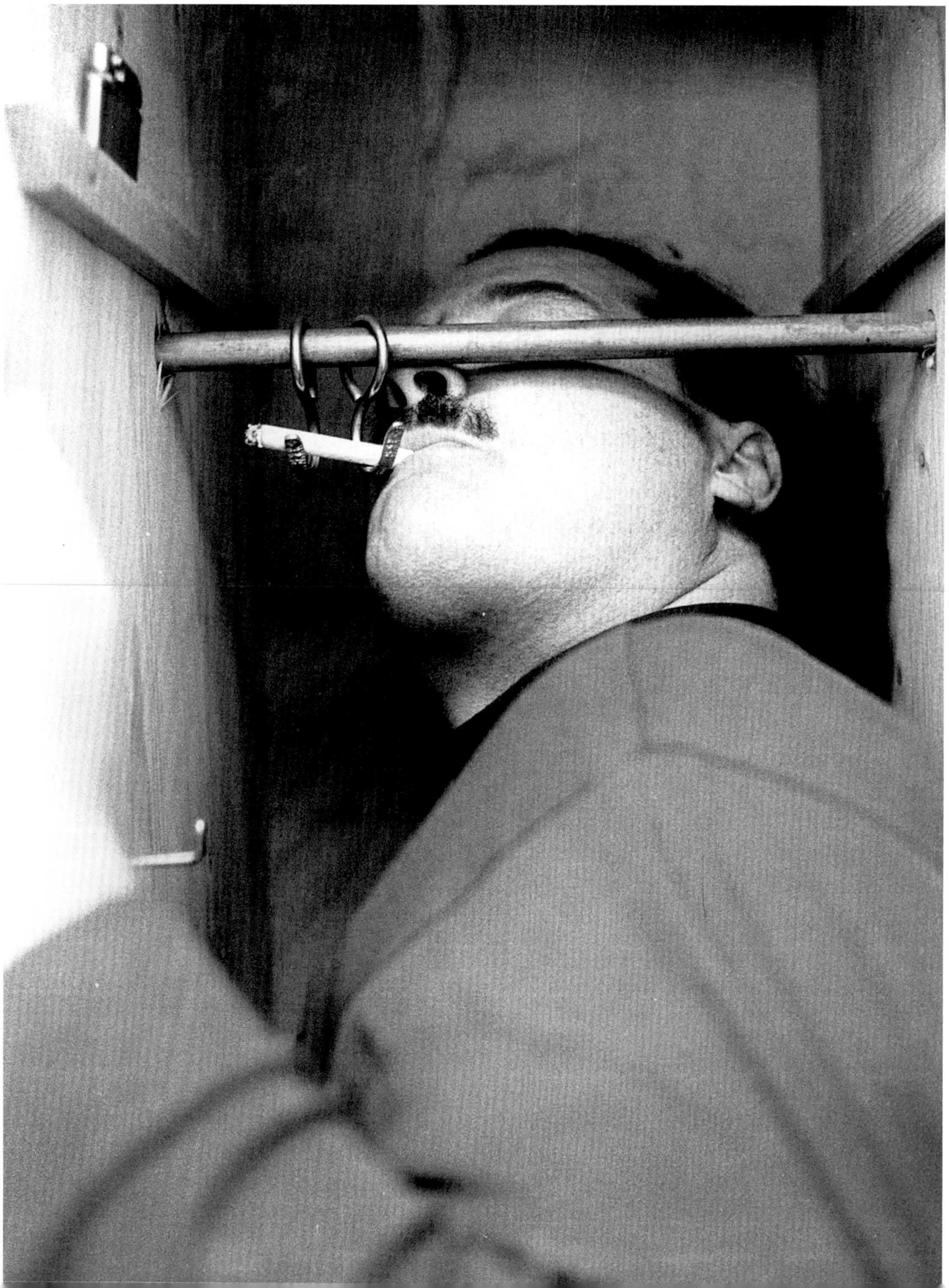

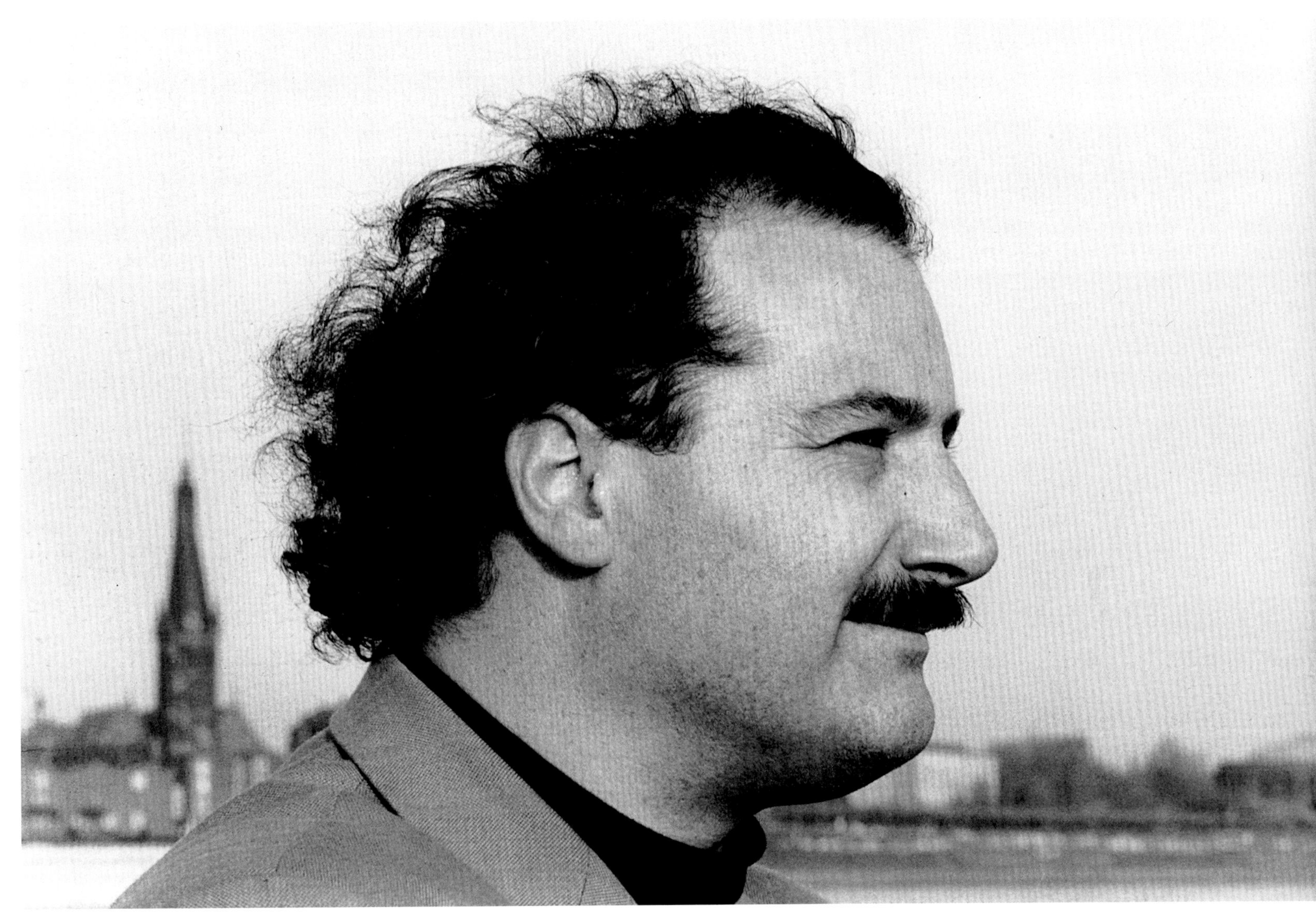

Du sollst Dir ein Bildnis machen – oder auch zwei

Heinz Peter **Schwerfel**

You Shall Make an Image—Or Even Two

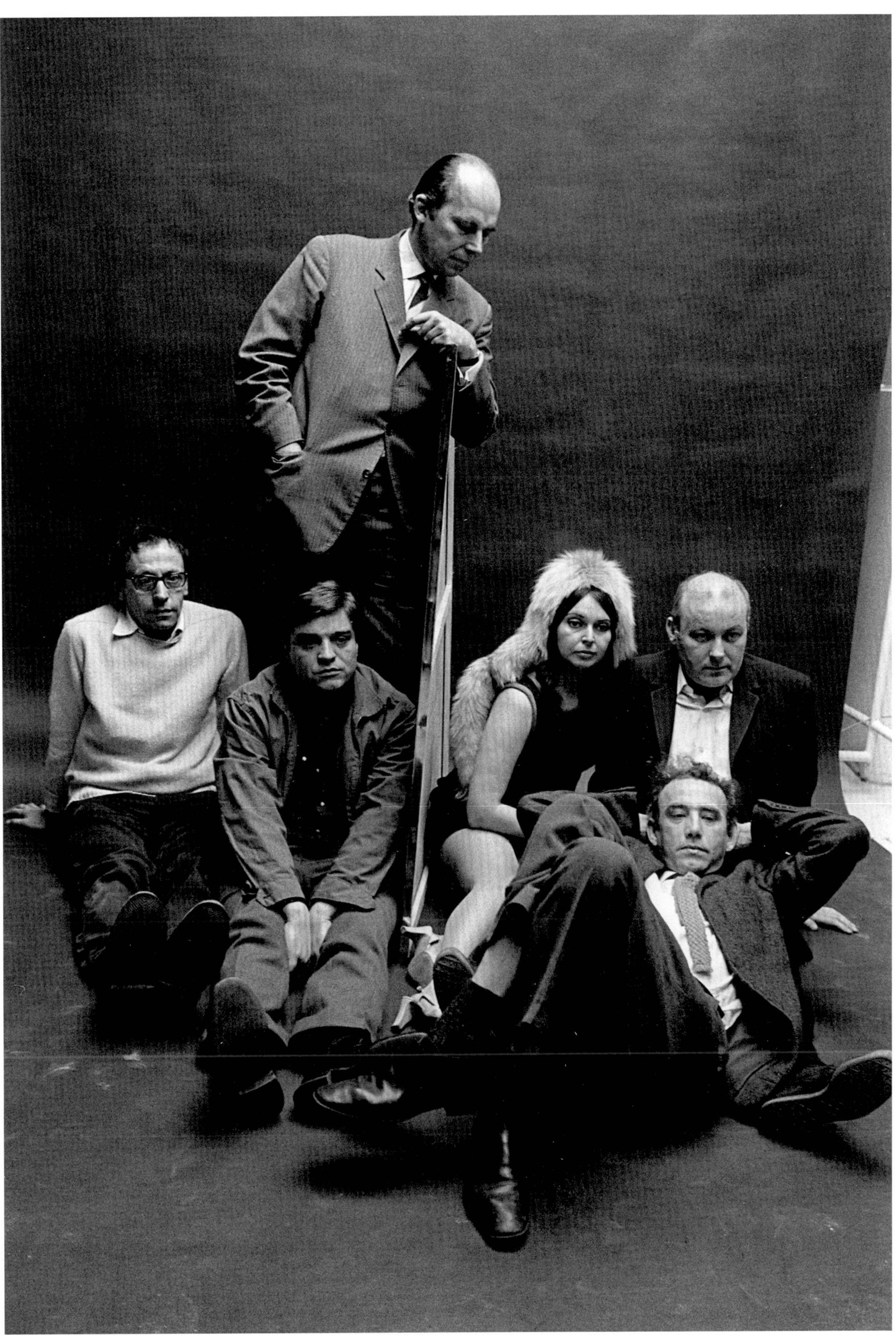

Haus-Rucker-Co
Klaus Pinter / Günther Zamp Kelp / Laurids Ortner **1972**

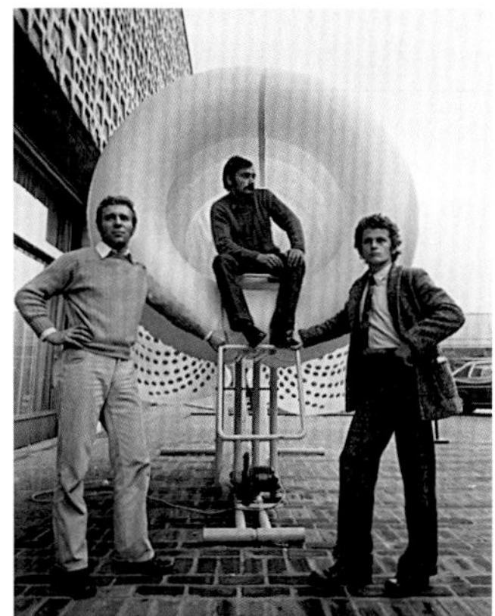

Fiktion provoziert Misstrauen, Dokumentation ist Mode, der Zeitzeuge wichtiger als seine Zeit. Anstelle von Romanen lesen wir das wahre Leben, Biopics ersetzen den Krimi, das neue Geschichtsbuch heißt Schicksal: Das Vorschürzen von Authentizität ist heute Trend. Für die zeitgenössische Fotografie bedeutet das: Küchenpsychologie statt existenziellem Drama, Photoshop statt Lichtführung. Urbane Beobachtung oder Landschaft sind im Abseits, das Porträt auf dem Vormarsch, möglichst geschossen von Webkamera oder Paparazzo. Wir beten die Macht angeblicher Fakten an, als gäbe es im Dokumentarischen nichts Erfundenes, im Schnappschuss keine Pose und im Autobiografischen nur Wahrheit. Dabei lügt niemand besser als die Erinnerung – alles Unbewusste kann auch Einbildung sein.

Kunst lügt ebenfalls, aber mit Methode. »Ich sage oft, dass ich ein Lügner bin. Ich lüge bewusst, weil die Wahrheit so kompliziert ist. Ich kann als Künstler Wahrheit nicht aussprechen, aber ich kann sie über Artefakte spürbar machen«, sagt Christian Boltanski. Er sagt es in einem Film, den ich 2009 mit ihm drehte. Kurz vorher hatte Angelika Platen ihn fotografiert, als verschmitzten Märchenerzähler, jene Mischung aus chassidischem Rabbi und Zen-Meister, die er in meinem Film beschwören sollte.

Das uns in der gymnasialen Oberstufe eingehämmerte »Du sollst Dir kein Bildnis machen« von Max Frisch erregt in der heutigen Zeit nur noch Mitleid, wenn unsere Kinder mit Deutschland sucht den Superstar aufwachsen

Andy Warhol / Gunter Sachs **1972**

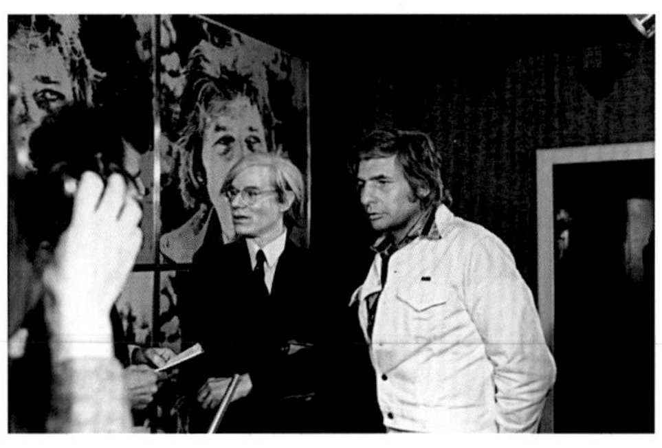

Rune Mields / Sigmar Polke / Konrad Lueg **1969**

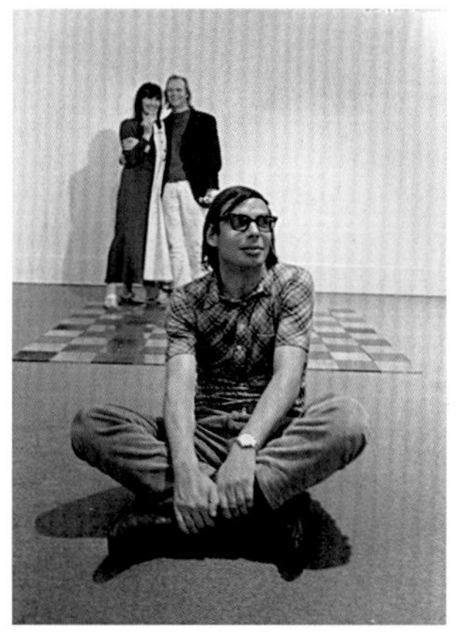

Fiction provokes suspicion; documentary is in fashion; the contemporary witness more important than his times. In place of novels we read real life; biopics replace mysteries; the new history book is called fate: the pretense of authenticity is trendy these days. For contemporary photography this means amateur psychology instead of existential drama, Photoshop instead of lighting. Urban observations and landscapes are in decline, the portrait is on the advance—especially if shot by a paparazzo or with a webcam. We worship the power of supposed facts, as if there were nothing imaginary in the documental, no poses in snapshots and only truth in the autobiographical. And yet nothing lies better than memory—everything unconscious can also be illusion.

Art also lies, but methodically. "I often say that I am a liar. I lie consciously because the truth is so complicated. As an artist I cannot express truth but I can make it perceptible using artifacts," Christian Boltanski claimed. He said this in a film that I made of him in 2009. Shortly before this, Angelika Platen had photographed him as an impish storyteller, that mixture of Hasidic rabbi and Zen master that he was to invoke in my film.

Hammered into us in the upper levels of school was Max Frisch's "You shall not make any image," a commandment that arouses only pity these days, in which our children grow up with TV shows like *Star Academy* and take the news at face value. The efforts of literary figures to build conceptual models of thought for existential complications have trouble in a period

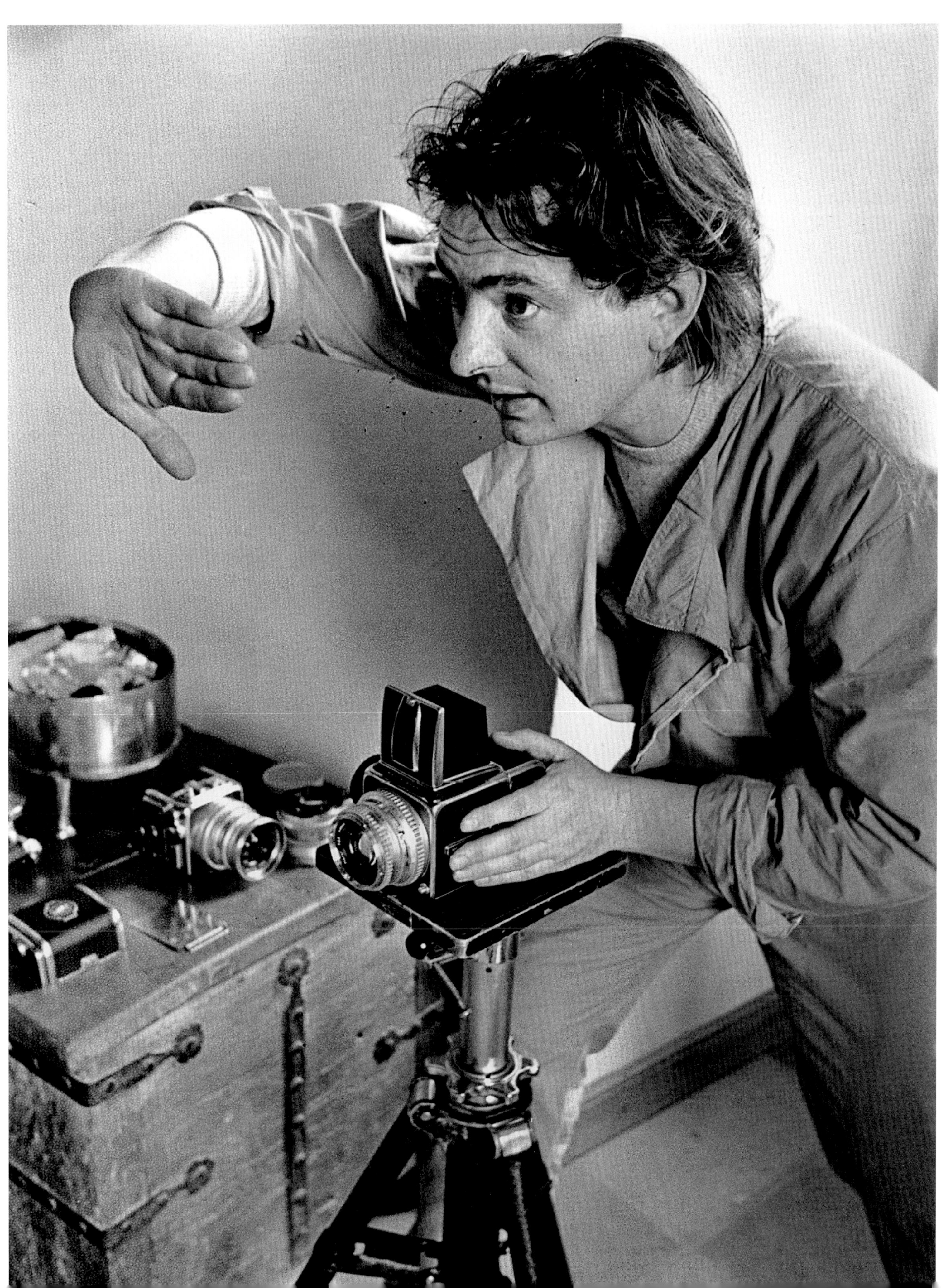

und die Tagesschau für bare Münze nehmen. Anstrengungen von Literaten, konzeptuelle Denkschablonen für Komplikationen der Existenz zu zimmern, haben in einer Zeit, die im Zeichen des Bildes steht, einen schweren Stand. Des Bildes wohlgemerkt, nicht des Bildnisses – eben jenes Bildes, das sich schnell und vorlaut in den Vordergrund schiebt und sich selbst belügt. Jenes Bildes, das laut Jacques Derrida immer das letzte Wort hat. Diesem Bild möchte ich das altmodische Bildnis gegenüberstellen, das Bild mit guten Absichten, das Konstrukt ist und nicht Reproduktion. Das einmalige und einzigartige Bild, das trotz seiner Einmaligkeit auf Artenreichtum besteht, ohne deshalb der Willkür zu frönen. Das Bild auf Wahrheitssuche, immer persönlich und doch an Wirklichkeit orientiert – Vision ohne die Arroganz der Ideologie.

Für die Fotografie bedeutet die Suche nach dem Bildnis: inszenierte Porträts, die mehr zeigen als nur das Sichtbare. Die nicht Passfotos sind, aber auch keine Schnappschüsse. Für den Film heißt es: neue Bilder erfinden, die zeigen, was mit Worten nicht zu beschreiben ist. Die Dreidimensionales nicht reduzierend verflachen, sondern in neue Dimensionen transportieren, zumindest in die vierte.

Ich porträtiere seit Mitte der Achtzigerjahre filmisch bildende Künstler, Angelika Platen porträtiert sie seit den Sechzigerjahren fotografisch. Beide wollen wir uns ein Bildnis machen, aber nie ein ausschließliches. Gute Porträts dürfen weder Drama noch Realismus sein, sie kupfern Wirklichkeit

Joseph Beuys / Heiner Friedrich / Walter De Maria **1968**

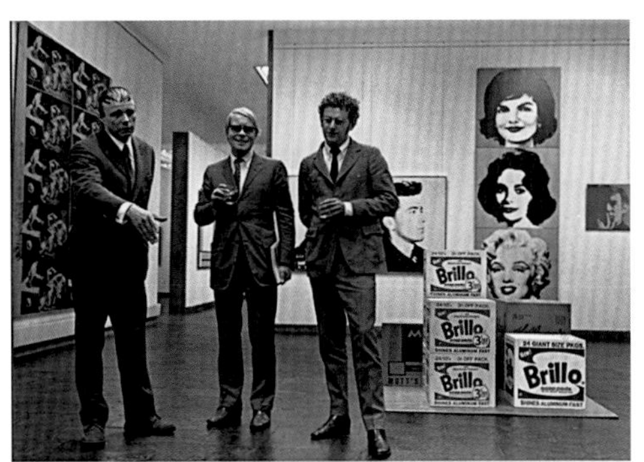

predominantly marked by the image – by the image, mind you, and not by the portrait. Precisely this image quickly and impertinently pushes itself into the foreground and deceives itself. It is the image that, according to Jacques Derrida, always has the last word.

I would like to contrast this image with the old-fashioned portrait, the image with good intentions, a construct and not a reproduction; the singular and unique image that insists on richness in species – despite its uniqueness – and yet does not indulge in arbitrariness; the image in search of truth, always personal and yet based on reality – vision without the arrogance of ideology.

For photography the search for the portrait implies a portrayal that shows more than what is visible, staged portraits that are neither passport photos nor snapshots. For film this means creating new images that depict things that cannot be described in words, not flattening the three-dimensional with a diminishing effect, but rather transporting it into new dimensions, at least into the fourth.

I have been making film portraits of artists since the mid-nineteen-eighties, while Angelika Platen has been making photographic portraits since the sixties. Both of us wish to make images, but never exclusive ones. Good portraits should be neither drama nor realism. They do not crib off reality; they are staged artifacts but do not reveal this. This is especially true when their subjects are visual artists, whose own proclaimed task is to produce

nicht ab, sind inszenierte Artefakte, zeigen es aber nicht. Vor allem nicht, wenn sie bildende Künstler zum Thema haben, deren selbst gewählte Aufgabe darin besteht, selbst Artefakte in Form von Bildern zu produzieren, allerdings nie von Bildnissen, vor allem nicht von Selbstbildnissen. Bildender Künstler und Porträtist sind beide Bildermacher, mit dem Unterschied, dass der Porträtist kein freies, sondern ein gegebenes Thema hat – ein Individuum, dessen Bedeutung nicht in seiner Persönlichkeit liegt, sondern im Werk.
Ich verstehe mich nicht im Dienste des Künstlers, sondern seiner Arbeit. Ich glaube nicht an Psychologie, ich glaube an Kunst. Wie aber zeige ich den Künstler so, dass der Betrachter sein Werk spürt, ohne dass dieses im Bild unbedingt zu sehen wäre? Ich verstehe meine Filme als inszenierten Journalismus, und so sehe ich auch fotografische Künstlerporträts. Denn hier geht es um das Bildnis, das bildende Künstler von sich machen lassen, sozusagen um ein über Mediatoren verhandeltes Selbstporträt – die vielleicht schwierigste aller journalistischen Übungen, möglich nur in Komplizität mit dem Porträtierten und in profunder Kenntnis seines Werkes. In einem gelungenen Porträt schließen wir aus dem Werk auf die Persönlichkeit seines Schöpfers, damit der Betrachter vom Schöpfer auf sein Werk zu schließen vermag.
Das ist in der Fotografie, im Einzelbild, ungleich schwieriger als im Film. Die große Kunst der Fotografin besteht darin, den Künstler so festzuhalten, dass das Werk nicht oder nur als Fragment sichtbar wird und dennoch

artifacts in the form of images, although never of portraits and above all not of self-portraits. Visual artists and portraitists are both image-makers, with the main difference being that portraitists do not choose their subject freely but have a given one—individuals whose significance do not lie in their personality but rather in their work.
I do not see myself at the service of the artist, but rather at the service of the artist's work. I do not believe in psychology, but I do believe in art. Yet how can I depict an artist so that the viewer senses the work without its necessarily being visible? I see my films as staged journalism, which is also how I see photographic portraits of artists, for here it is a matter of the portrait the visual artists allow to be made of themselves, a matter of self-portraits that have been negotiated via a mediator, so to speak. This is perhaps the most difficult of all journalistic exercises, possible only in complicity with the individual portrayed and with a profound knowledge of the artist's work. In a successful portrait, we relate the work to the personality of its creator, so that the viewer is able to draw conclusions about the work from its creator.
This is far more difficult to do in photography, in a single image, than in film. The great skill of Angelika Platen as a photographer is her ability to capture the portrayed artist in such a way that the artists' work is present without being visible, or else it is visible only as a fragment. In her 1972 portrait of Georg Baselitz, Angelika Platen photographed the painter as a

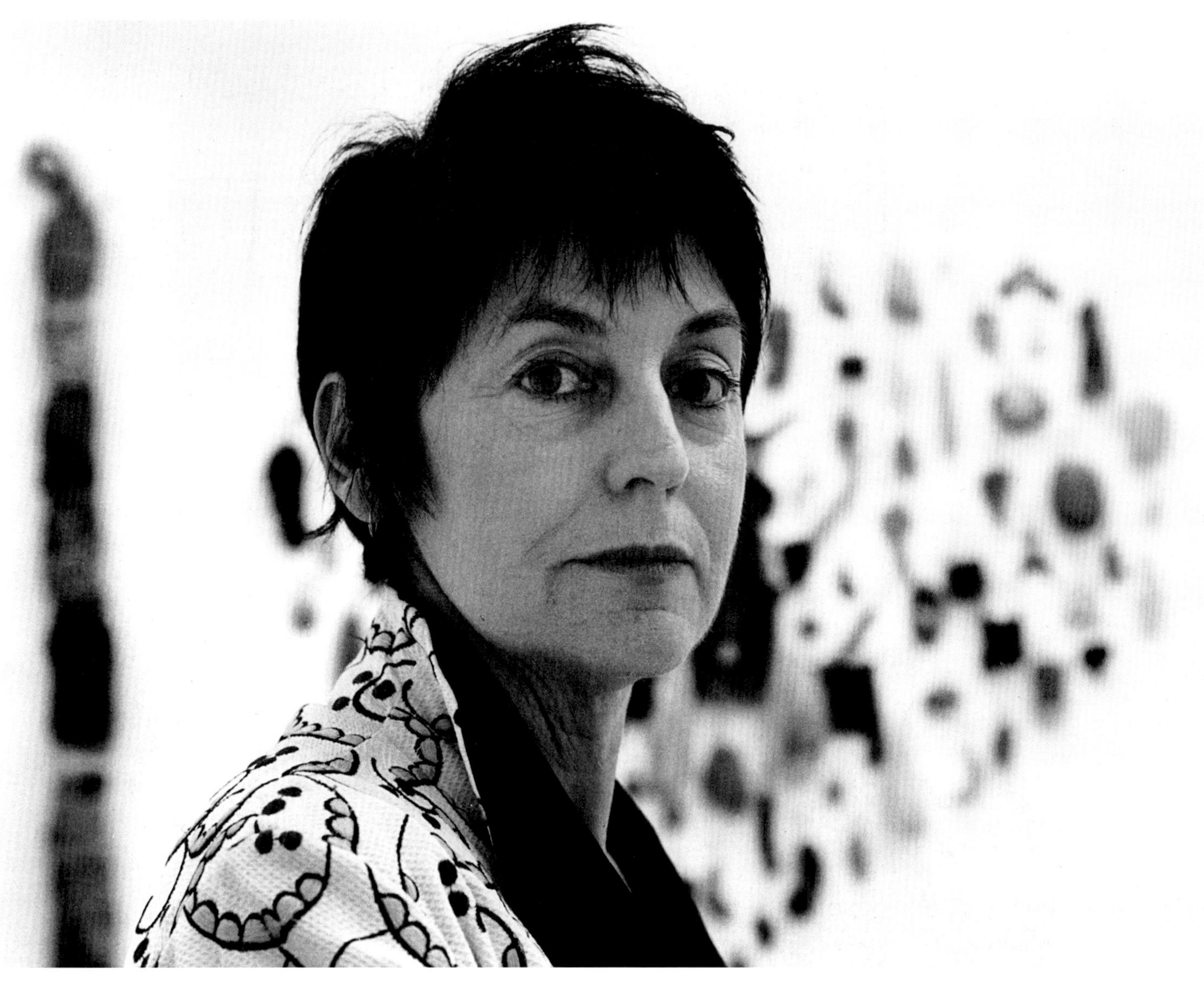

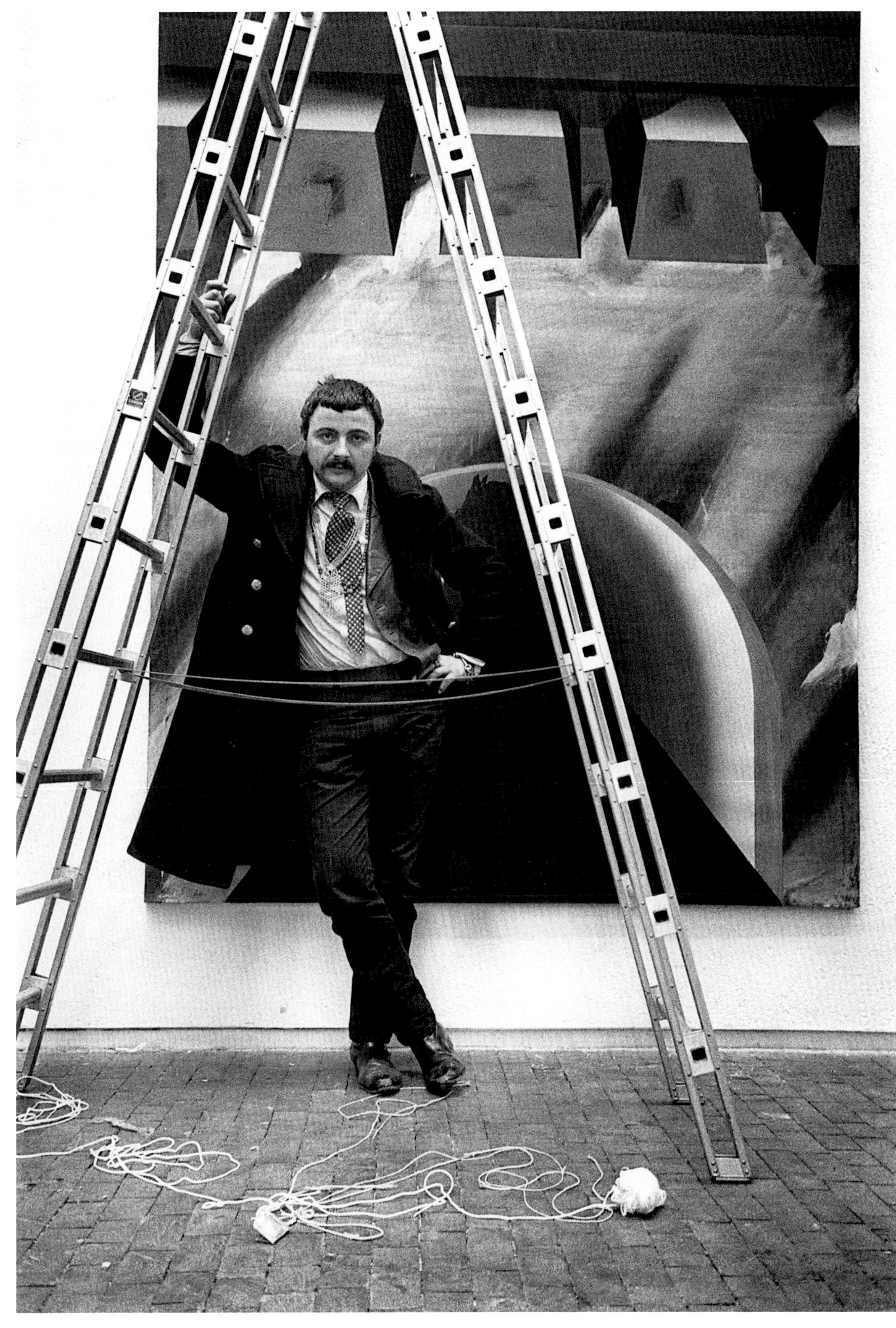

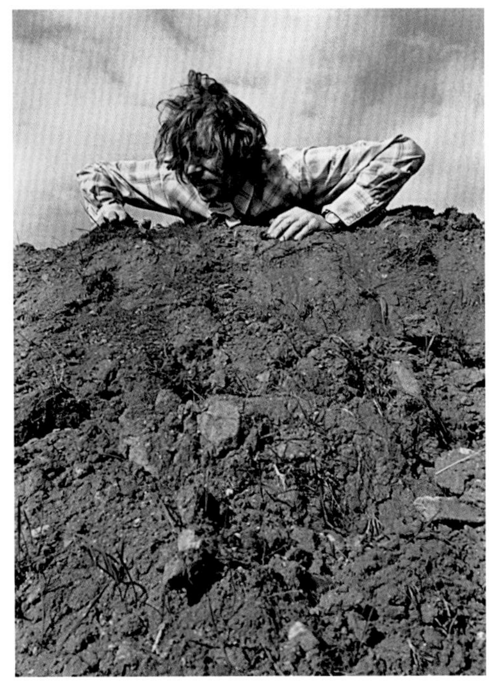

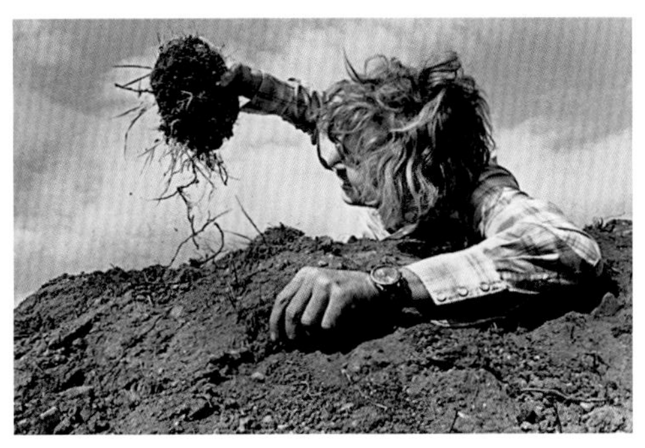

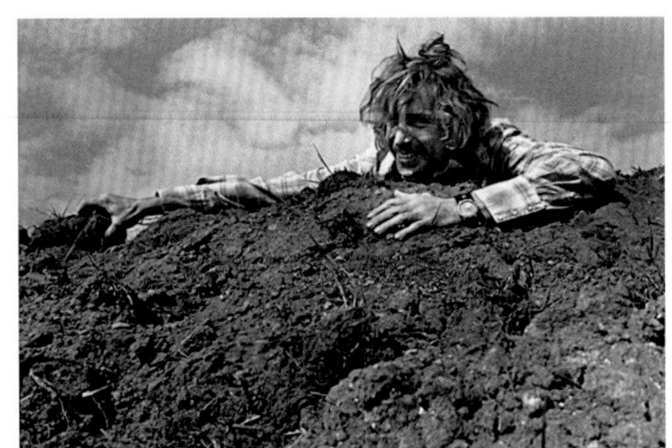

präsent bleibt. Im Porträt von Georg Baselitz fotografierte Angelika Platen den Maler 1972 als aufrechten Trotzkopf vor einem gestürzten Fragment seiner Frau Elke. Der Filmemacher hatte es da leichter, selbst in einem Film, der hauptsächlich Interview war: Er verfügte 1987 in Schloss Derneburg über zwei Kameras und einen Kran, durfte schwenken, über Schienen fahren und mit dem Raum spielen. Baselitz und das von ihm gesprochene Wort wurde immer wieder zu seinen Bildern in Bezug gesetzt.

Beide, Fotografin und Filmemacher, versuchten Baselitz so einzufangen, wie sie sein Werk sehen: souverän, aber suchend, selbstbewusst, nie überheblich. Sie inszenierten die Person, um ihrem Werk gerecht zu werden, und weil sie dieses schätzen, rückten sie den Künstler ins rechte Licht. Denn Künstler sind manchmal unvorsichtig, sie glauben zu wissen, wie sie im Medium wirken, und merken nicht, dass sie der eigenen Kunst eher im Weg stehen. Weil sie zu schüchtern sind, zu verbohrt, zu abwesend, zu eitel. Weil sie dem Auge des Betrachters jeden Verdacht auf inneren Zweifel nehmen und das, obwohl Kunst ohne Zweifel doch unmöglich ist.

Markus Lüpertz wurde von Angelika Platen mal im Atelier zwischen den Beinen einer Leiter, mal als nachdenklicher Dandy im Schutz einer seiner gemalten Dithyramben fotografiert. Im Film dagegen drohte die Malerei, Lüpertz zu verraten – beim Malen mit gleichzeitigem Interview war der sich

stubborn man in front of an upside-down fragment of his wife, Elke. The filmmaker had an easier time, even in a film that was primarily an interview; in Schloss Derneburg in 1987 he had two cameras at his disposal as well as a crane; he was able to pan, move his camera on tracks and play with the space. Baselitz and the words he spoke were continually related to his paintings.

Both photographer and filmmaker tried to capture Baselitz in the way they saw his work: sovereign, but searching, confident, never arrogant. They staged the person in order to do justice to his work, and because they hold this work in high esteem, they put the artist in the proper perspective. Artists are often careless and think that they know how they appear in the medium without realizing that they actually may stand in the way of their own art. Because they are too shy, too stubborn, too absent, too vain. Because they disguise all internal doubt before the beholder's eye — although art without doubt is impossible.

Angelika Platen once photographed Markus Lüpertz between the legs of a ladder in his studio and another time as a pensive dandy under the protection of one of his painted dithyrambs. In film, by contrast, painting threatened to betray Lüpertz; while painting during an interview the self-staging artist suddenly could no longer cope and cut off the interview and pose, concentrating his attentions on a canvas that was threatening to slip out of his control. Yet, thanks to this accident, a crack in the

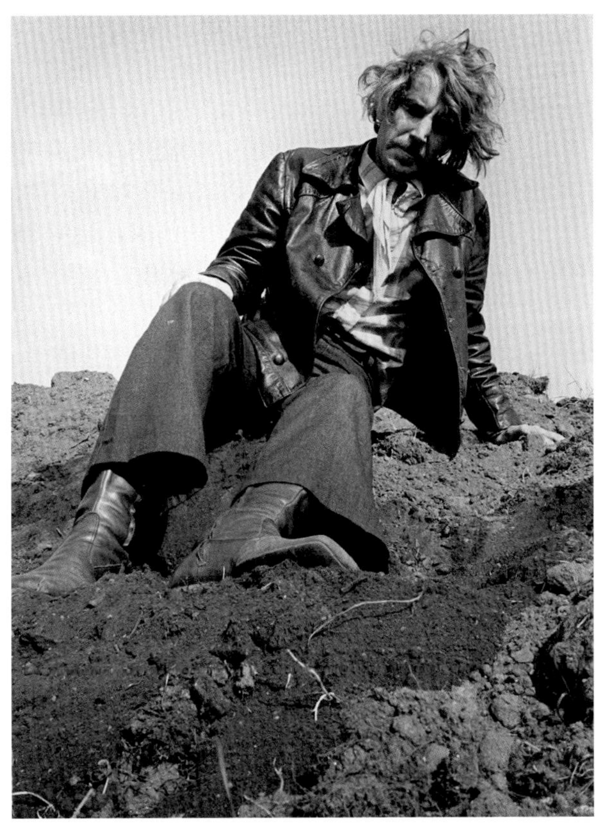

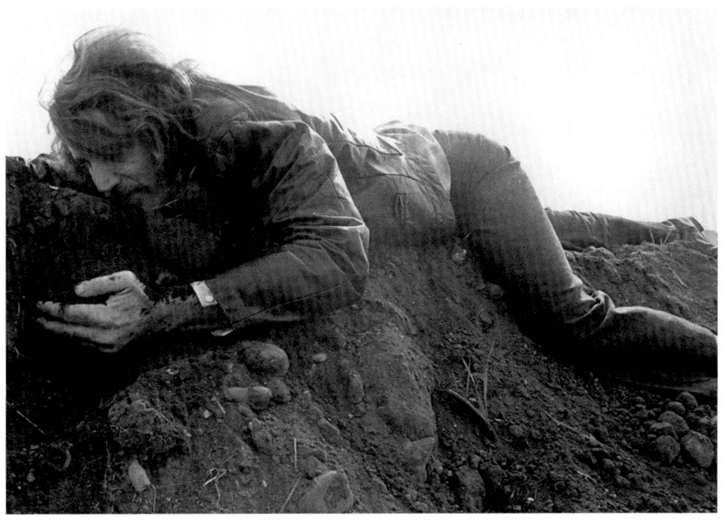

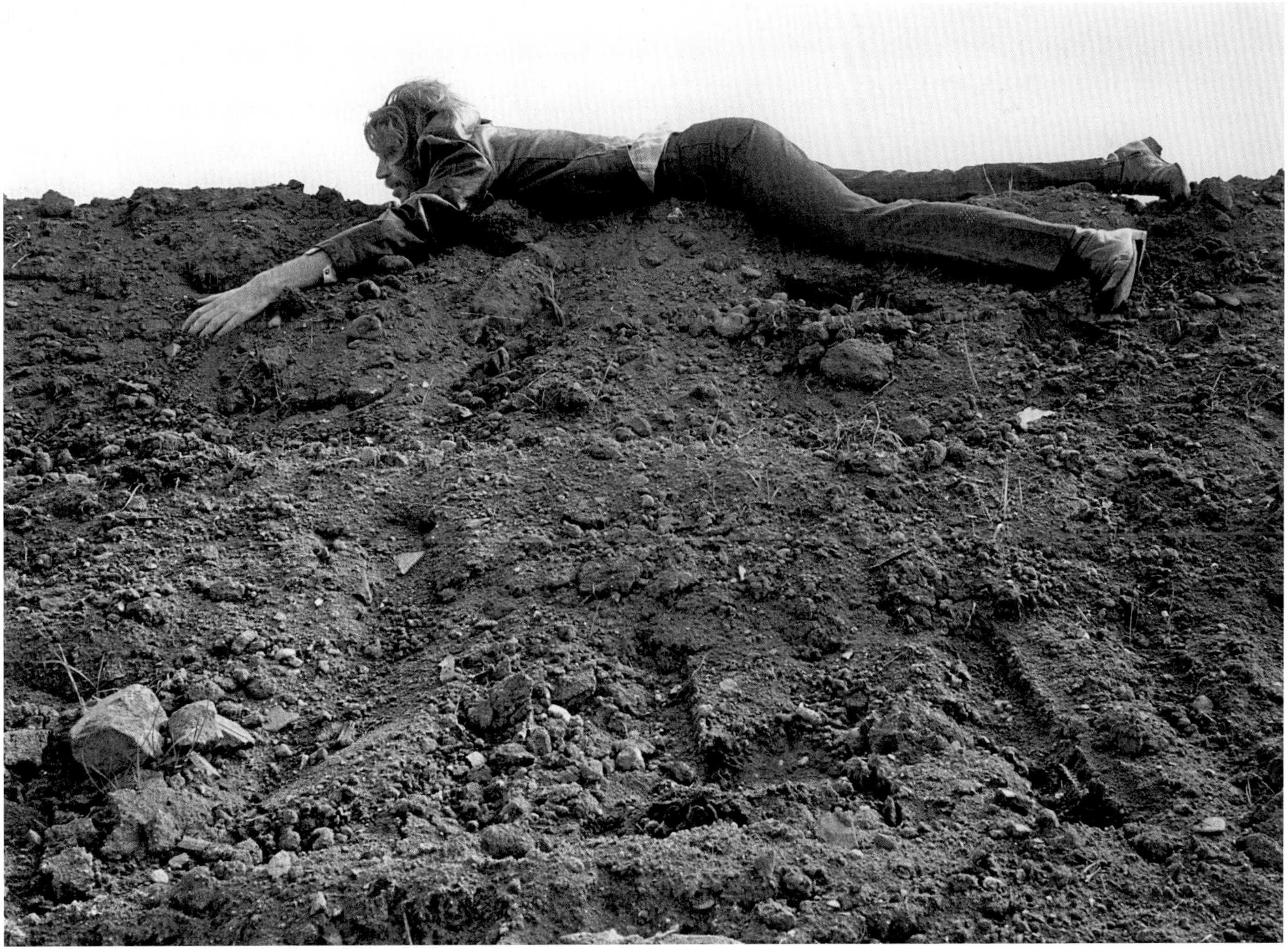

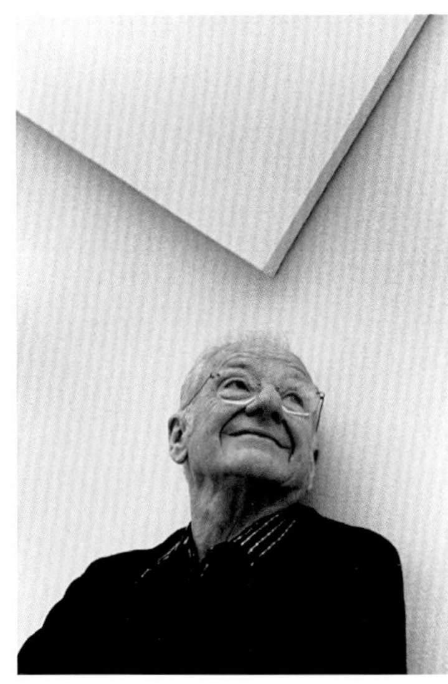

François Morellet **2000**

selbst gebende Künstler plötzlich überfordert, brach Interview und Pose ab, konzentrierte sich auf eine Leinwand, die ihm zu entgleiten drohte. Und sorgte erst durch diesen Unfall, durch Verweigerung und Konzentration, für einen Riss in der Selbstdarstellung, für einen wichtigen Moment authentischen Zweifels.

Ob ich einen Künstler für die Foto- oder die Filmkamera positioniere, ob ich ihn im Alleingang vom Rest der Welt absondere oder mit einer Crew von zehn Leuten um den Porträtierten herum stehe: Das Verfahren inszenierter Dramaturgie bleibt dasselbe. Manchmal gleichen sich die Bilder sogar. Der bereits erwähnte Christian Boltanski taucht in Foto und Film im Lichte einer Glühbirne auf, die im Rhythmus des eigenen Herzschlags aufleuchtet. Mario Merz zieht sich in den selbst gebauten Iglu zurück, verharrt in (s)einer Welt für sich. Joseph Kosuth lacht in Großaufnahme, sich selbst genügend. Jürgen Klauke schaut wach und forschend in die Linse, der scheue Jakob Mattner würde sich am liebsten wegducken. Annette Messager wirkt in Foto und Film leicht verspannt, der Kamera nicht trauend; Michelangelo Pistoletto posiert streng im eigenen Szenenbild; Julian Rosefeldt lächelt, ein sensibler, gebildeter Renaissancemann.

Oft, sehr oft gelingt es Angelika Platen, sogar abgebrühte Selbstdarsteller durch einen Überraschungseffekt locker wirken zu lassen. Das im Film von 1990 wie eine Fratze aufgesetzte Froschlächeln von Jeff Koons wirkt plötzlich frisch, wenn Koons 2000 einer gemalten Gigantin unter den Rock

Joseph Kosuth **2003**

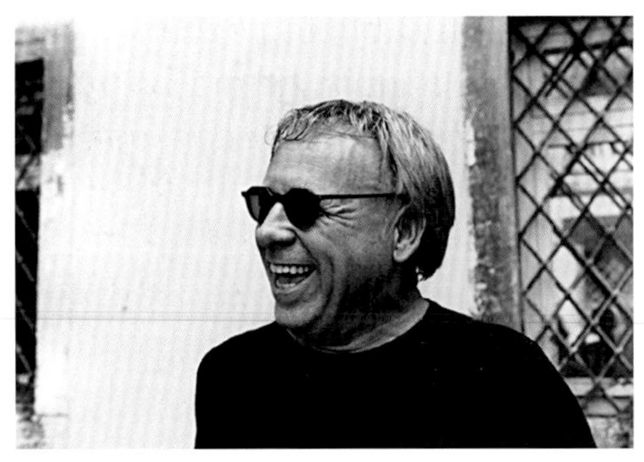

self-portrayal was ensured, resulting in an important moment of authentic doubt.

Whether I position an artist for a photograph or for a film, whether I place the subject separate from the rest of the world or in a crew of ten people standing around, the procedure of staged dramaturgy remains the same. Sometimes the images even resemble one another. Christian Boltanski appears in both photograph and film in the light of a bulb that lights up to the rhythm of his own heartbeat. Mario Merz withdraws into the igloo he built, stuck in a/his world by himself. Joseph Kosuth laughs in close-up, self-satisfied. Jürgen Klauke looks alertly and inquisitively into the lens, while a shy Jakob Mattner would prefer to dodge the camera. Annette Messager appears equally apprehensive in photographs and film, distrustful of the camera; Michelangelo Pistoletto poses rigidly in his own staged setting; Julian Rosefeldt smiles, a sensitive and cultivated Renaissance man.

Jürgen Klauke **2002**

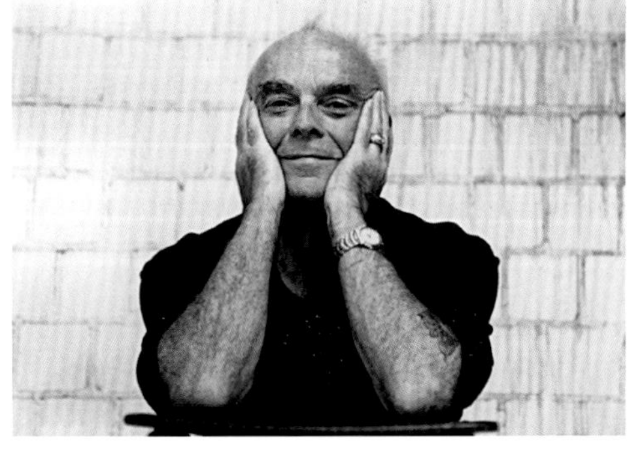

Often, very often, Angelika Platen manages—using a surprise effect—to make hardened self-publicists appear at ease. Jeff Koons's artificial frog-like smile, which looked like a grimace in a film from 1990, suddenly appears fresh when Koons gazes under the skirt of a painted giantess in 2000. The Viennese Erwin Wurm, filmed in 1986 with hammer and paint pot when he was still a young and enraged newcomer, seems youthful and vigorous in 2000 when he sits confidently on the carpeted floor at an art fair. Gerhard

schaut. Der Wiener Erwin Wurm, 1986 im Film noch ein junger, mit Hammer und Farbtopf wütender Newcomer, wirkt 2000 jugendlich unverbraucht, wenn er selbstbewusst auf dem Teppichboden einer Kunstmesse sitzt. Gerhard Richter geht mit der Porträtistin ins fotografische Duell, der französische Raumvermesser François Morellet steht unter dem bedrohlich spitzen Winkel eines seiner Bilder. Daniel Buren, Maler mit Konzept, ist 1969 beim Aufkleben seiner industriell gefertigten Farbstreifen auf der Straße fotografiert. Als wir ihn 1987 im New Yorker Brooklyn Museum filmen, wirkt er, fast zwanzig Jahre später und mit grauen Haaren, wieder – oder immer noch – mit Overall, Besen und Kleistereimer, ebenso konzentriert wie auf Platens Foto. Der scheinbare Schnappschuss Platens kann also keiner gewesen sein.

In vielen ihrer Bilder beweisen Haltung und Blick der Porträtierten ein blindes Vertrauen in ihre Porträtistin. Sie darf das Selbstbildnis machen, das sich die Künstler versagen. Manchmal auch zwei oder mehr. Keinem der Fotos sieht man in seiner Leichtigkeit an, dass Vertrauensbildung harte Arbeit und Spontaneität das Ergebnis von Komplizenschaft ist. Das wird besonders deutlich in Sequenzen, filmisch geschossenen Einzelbildern, die Dennis Oppenheim auf einem Erdhaufen herumkrabbeln, Walter De Maria die Landebahn des Hamburger Flughafens vermessen, Sigmar Polke verschmitzt herumtollen lassen. Die Porträtistin ist zum Komplizen des Porträtierten geworden – etwas Schöneres kann man über ein Bildnis nicht sagen.

Richter engages in a photographic duel with the portrait photographer; the French surveyor of space François Morellet stands under the menacing acute angles of one of his images. Daniel Buren, a painter with a concept, was photographed on the street in 1969 while putting up his industrially produced colored stripes. When we filmed him in 1987 in New York's Brooklyn Museum he again (or still) appeared—almost twenty years later and with gray hair—just as concentrated, in his overalls with brush and bucket of glue in hand, as he had in Platen's photograph. Consequently, her apparent snapshot was not one.

In many of Platen's works the posture and gaze of those portrayed display a blind trust in their portraitist. She is allowed to create the self-portraits that the artists themselves cannot—sometimes even two or more. The lightness of the photographs does not reveal that building confidence is hard work and spontaneity the result of complicity. This is especially evident in the sequences, single-frame images shot in a filmic manner, that permit Dennis Oppenheim to crawl around a pile of dirt, Walter De Maria to survey a landing strip of the Hamburg airport, and Sigmar Polke to romp about impishly. The portraitist has become an accomplice of the one portrayed—and this is the best thing that can ever be said about a portrait.

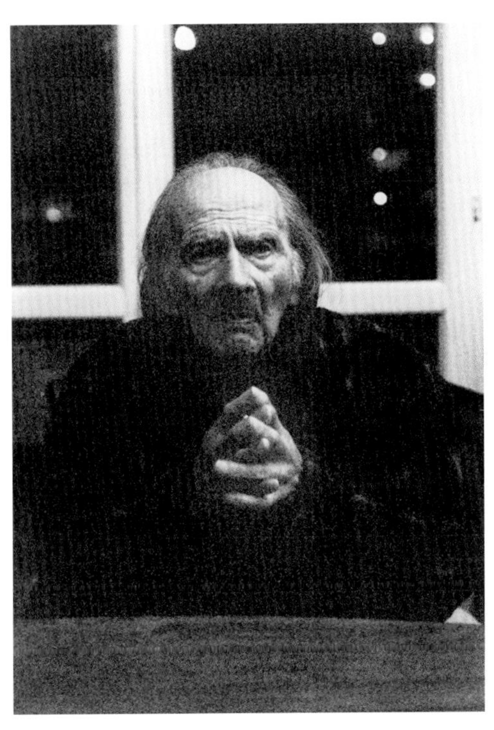

Angelika Platen **2002**

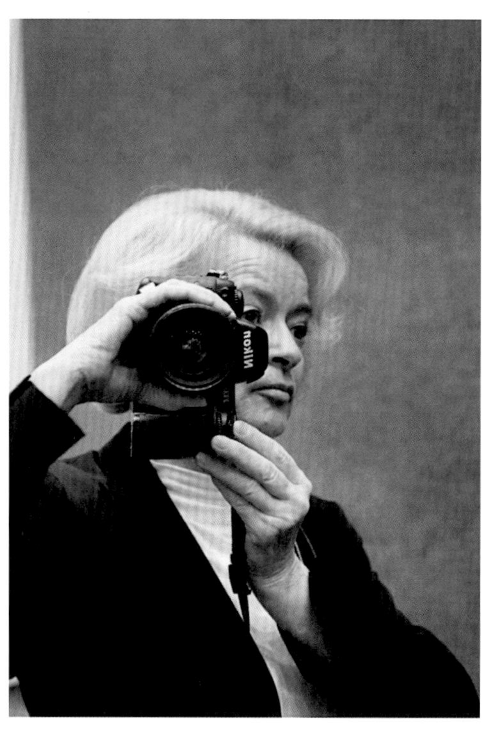

1942
Geboren in Heidelberg als Tochter eines Chemikers und einer Volkswirtin.

1943–1962
Kindheit und Jugend in Ludwigshafen, Marl, Hamburg und New Jersey.

1962–1966
Studium der Kunstgeschichte, Romanistik und Orientalistik an der Freien Universität Berlin (1963 Geburt der Tochter Antonia, 1966 Geburt der Tochter Katharina).

1968
Studium der Fotografie an der Hochschule für bildenden Künste Hamburg. Beginn der Arbeit als freie Fotografin; spezialisiert sich auf zeitgenössische Kunst und Künstlerporträts.

1969
Erste Einzelausstellung im Hamburger Künstlerklub Die Insel.

1970
Beginn der Mitarbeit an der Seite »Kunst als Ware« in der Wochenzeitung *DIE ZEIT.*

1972–1975
Leiterin der Galerie für zeitgenössische Kunst an der Milchstraße von Gunter Sachs in Hamburg.

1976–1996
Übersiedlung nach Paris; Tätigkeit als Abteilungsleiterin für Werbung und Kommunikation in der Automobilindustrie (1981 Geburt der Tochter Julia).

1997
Wiederaufnahme der Fotografie.

1942
Born in Heidelberg, the daughter of a chemical engineer and an economist.

1943–1962
Childhood and youth in Ludwigshafen, Marl, Hamburg, and New Jersey.

1962–1966
Studies in art history and Romance and Oriental languages and literature at the Freie Universität Berlin (1963 birth of daughter Antonia, 1966 birth of daughter Katharina).

1968
Studies in photography at the Hochschule für Bildende Künste in Hamburg. Began working as a freelance photographer, later specializing in photographing contemporary art and in artists' portraits.

1969
First solo show in the artists' club Die Insel, Hamburg.

1970
Began working on the feature page "Kunst als Ware" for the weekly newspaper *DIE ZEIT.*

1972–1975
Director of Gunter Sachs's gallery for contemporary art on Milchstrasse in Hamburg.

1976–1996
Moved to Paris; head of the advertising and communication department for a company involved in the automotive industry (1981 birth of daughter Julia).

1997
Resumption of work as a photographer.

1998

Veröffentlichung des Porträtbandes *Platen Artists. No Photos Please* in der Zürcher Edition Stemmle; erste Einzelausstellung nach dem Neubeginn in der Galerie Renate Schröder (†) Köln

2003

Publikation *Sigmar Polke. Mitten in der Luft,* Portfolio und Buch mit einer Erzählung (»Polkes Eskapaden«) von Günter Engelhard.

1999–2010

Einzelausstellungen: Museum für Moderne Kunst Frankfurt am Main (MMK), Museum für Kunst und Gewerbe Hamburg (MKG), Fries Museum Leeuwarden, Goethe-Institute Paris und Washington, Galleria d'arte Moderna Bologna, Martin-Gropius-Bau Berlin
Ausstellungsbeteiligungen: Stadtgalerie Prag *(»Was wäre ich ohne dich«. Deutsche Kunst der letzten 40 Jahre),* Kunsthalle Bielefeld *(1968. Die große Unschuld),* Kunsthalle und Kunstverein Düsseldorf *(Palermo),* Hamburger Bahnhof Berlin *(Hanne Darboven. Buch der Bilder – Fin de siècle),* Gemäldegalerie Berlin *(Unsterblich! Der Kult des Künstlers),* MACBA – Museu d'Art Contemporani de Barcelona *(With a Probability of Being Seen. Dorothee and Konrad Fischer. Archives of an Attitude.),* K20 Kunstsammlung Nordrhein-Westfalen, Düsseldorf *(Joseph Beuys. Parallelprozesse)*
Vertreten in den Sammlungen: Berlinische Galerie, Fries Museum Leeuwarden, Hessisches Landesmuseum Darmstadt, Kunsthalle Hamburg, Museum für Moderne Kunst Frankfurt am Main (MMK), Museum Kunst Palast Düsseldorf, Museum für Kunst und Gewerbe Hamburg (MKG), Museum Schloss Moyland Kleve, Kunstbibliothek Berlin, Sammlung Falckenberg (Hamburg), Sammlung Hoffmann (Berlin), Peter Raue (Berlin), Lothar Schirmer (München)

Angelika Platen lebt in Berlin und Paris

1998

Publication of portrait book, *Platen Artists: No Photos Please,* by Edition Stemmle, Zurich; first solo exhibition since her new start as a photographer in the Galerie Renate Schröder (†), Cologne.

2003

Publication of *Sigmar Polke: Mitten in der Luft* (Sigmar Polke: In Mid Air), portfolio and book with a story ("Polkes Eskapaden" [Polke's Escapades]) by Günter Engelhard.

1999–2010

Solo exhibitions: Museum für Moderne Kunst, Frankfurt am Main (MMK); Museum für Kunst und Gewerbe, Hamburg (MKG); Fries Museum, Leeuwarden, the Netherlands; Goethe Institute, Paris and Washington; Galleria d'arte Moderna, Bologna; Martin Gropius Bau, Berlin.
Group shows: City Gallery, Prague *("Was wäre ich ohne dich": Deutsche Kunst der letzten 40 Jahre);* Kunsthalle Bielefeld *(1968: Die grosse Unschuld)*; Kunsthalle and Kunstverein Düsseldorf *(Palermo)*; Hamburger Bahnhof, Berlin *(Hanne Darboven: Buch der Bilder—Fin de siècle)*; Gemäldegalerie, Berlin *(Unsterblich! Der Kult des Künstlers)*; MACBA—Museu d'Art Contemporani de Barcelona *(With a Probability of Being Seen: Dorothee and Konrad Fischer; Archives of an Attitude)*; K20 Kunstsammlung Nordrhein-Westfalen, Düsseldorf *(Joseph Beuys: Parallelprozesse).*
Collections: Berlinische Galerie, Berlin; Fries Museum, Leeuwarden, the Netherlands; Hessisches Landesmuseum, Darmstadt; Kunsthalle Hamburg; Museum für Moderne Kunst, Frankfurt am Main (MMK); Museum Kunst Palast, Düsseldorf, Museum für Kunst und Gewerbe, Hamburg (MKG); Museum Schloss Moyland, Kleve, Germany; Kunstbibliothek Berlin; Sammlung Falckenberg (Hamburg); Sammlung Hoffmann (Berlin); Peter Raue (Berlin); Lothar Schirmer (Munich).

Angelika Platen lives in Berlin and Paris.

Günter Engelhard, geboren 1937, lebt in Berlin und Südfrankreich. Als Kulturjournalist und Autor zahlreicher Künstlerporträts begleitet er die zeitgenössische Kunstszene seit der ersten documenta 1955.

Thomas Hettche, geboren 1964, lebt in Frankfurt am Main und der Schweiz. Der Autor des in zehn Sprachen übersetzten Romans *Der Fall Arbogast* (2001) rückte einen Ort der Kunst, nämlich Donald Judds Marfa, Texas, als Schauplatz in den Mittelpunkt seines USA-Romans *Woraus wir gemacht sind* (2006). Zuletzt erschien von ihm der Roman *Die Liebe der Väter* (2010).

Heinz Peter Schwerfel, geboren 1954, lebt in Paris und Köln. Seit mehr als dreißig Jahren erforscht er die Schnittmenge von Kunst und Kino, Fiktion und Wirklichkeit, bewegtem und stehendem Bild. Der Gründer und künstlerische Leiter des Kölner Festivals KunstFilmBiennale drehte unter anderem Porträts von Georg Baselitz, Christian Boltanski, Jochen Gerz, Rebecca Horn, Alex Katz, Bruce Nauman und Julian Rosefeldt. Er veröffentlichte die Bücher *Kunstskandale* (2000) und *Kino und Kunst* (2003).

Christina Weiss, geboren 1953, lebt in Berlin. Nach zehnjähriger Tätigkeit als Kultursenatorin der Freien und Hansestadt Hamburg (1991–2001) wurde sie Staatsministerin für Kultur und Medien im Bundeskanzleramt. Seit 2006 ist die Publizistin Vorsitzende des Vereins der Freunde der Nationalgalerie und des Kuratoriums der Allianz Kulturstiftung. Sie gehört zum Vorstand der Familienstiftung des Suhrkamp-Verlags und ist Honorarprofessorin an der Universität des Saarlandes.

Günter Engelhard, born in 1937, lives in Berlin and in southern France. As an arts journalist and author of numerous portraits of artists, he has been following the contemporary art scene since the first Documenta in 1955.

Thomas Hettche, born in 1964, lives in Frankfurt am Main and in Switzerland. His novel *Der Fall Arbogast* (The Arbogast Case, 2001) has been translated into ten languages. Hettche used an art site—Donald Judd's Chinati Foundation in Marfa, Texas—as the setting for his American novel *Woraus wir gemacht sind* (What We Are Made Of, 2006). *Die Liebe der Väter* (The *Father's Love,* 2010) is his most recent novel.

Heinz Peter Schwerfel, born in 1954, lives in Paris and in Cologne. For more than thirty years he has explored the intersection of art and cinema, fiction and reality, the moving and stationary image. He is the founder and artistic director of the Cologne festival KunstFilmBiennale, and he has made filmed portraits of numerous artists, including Georg Baselitz, Christian Boltanski, Jochen Gerz, Rebecca Horn, Alex Katz, Bruce Nauman, and Julian Rosefeldt. Schwerfel is the author of *Kunstskandale* (Art Scandals, 2000) and *Kino und Kunst* (Cinema and Art, 2003).

Christina Weiss, born in 1953, lives in Berlin. Following ten years as Senator for Culture of the Free and Hanseatic City of Hamburg (1991–2001) she became the State Minister for Culture and Media at the Federal Chancellery. Since 2006 the writer Weiss has been chairwoman of the Friends of the Nationalgalerie association and of the Allianz Kulturstiftung's board of trustees. She is a member of the board of directors of the family foundation of Suhrkamp Verlag and is an honorary professor of the Universität des Saarlandes.

Zur Realisierung dieses Buchprojektes haben uns das Interesse, der Zuspruch, die Ideen und die professionelle Mitarbeit engagierter Kenner und Liebhaber von Kunst und Fotografie ermutigt.

Wir danken
dem Labor TOROSLAB, Paris, für die hohe Qualität der auf Barytpapier gelieferten Abzüge;

dem Schriftsteller Thomas Hettche, dem Dokumentarfilmer Heinz Peter Schwerfel und der Publizistin Christina Weiss für ihre Textbeiträge;

dem Bildarchiv Preußischer Kulturbesitz (bpk) mit Hanns-Peter Frentz und Jan Böttger für das Scannen und die Archivierung des gesamten Porträtbestandes;

dem Softwareentwickler, Autor und Kunstsammler Ivo Wessel für seine Ideen zu einer originellen Bildführung;

den Galeristen Michael Haas und Erika Költzsch für die Präsentation der Fotografien und des Buches in Berlin und Zürich sowie dem Galeristen Bernd Slutzky in Frankfurt am Main;

den Museumsleitern und Kuratoren Jean-Christophe Ammann, Toos Arens, Ljuba Beránková, Gabriele Betancourt Nuñez, Mario Kramer, Ludger Derenthal, Thomas Kellein, Friedrich Meschede, Gereon Sievernich, Peter Weiermair und Stephan von Wiese für die Zusammenarbeit bei den Ausstellungen im Vorfeld dieser Publikation;

der Übersetzerin Marie Frohling und dem englischen Lektor Geoffrey Garrison für die subtile Übertragung des deutschen Textes;

der Gestalterin Verena Gerlach für die liebevolle Entwicklung des gesamten Erscheinungsbildes dieser Publikation;

der Verlagslektorin Birte Kreft für die einfühlsame Betreuung des Textteils und ihre nützlichen Hinweise;

den weiteren Mitarbeiterinnen des Hatje Cantz Verlags Angelika Hartmann (Herstellung), Elke Schlegel (im Praktikum) und Julika Zimmermann für organisatorische Sorgfalt und Cristina Inês Steingräber für die gesamte, unkompliziert souveräne Koordination im Verlagsbereich.

Ihr Rat, ihre Kenntnisse und ihre Unterstützung waren uns eine große Hilfe. Ihre Neugier auf die Künstler, ihre Fantasie und ihre Förderung haben die Planung in jeder Hinsicht erleichtert.

Angelika Platen und Günter Engelhard

This book project has been realized thanks to the interest, encouragement, ideas, and professional collaboration of art and photography specialists and lovers.

We wish to thank
TOROSLAB film laboratory in Paris for the outstanding quality of the photographic prints on baryt paper;

the writer Thomas Hettche, filmmaker Heinz Peter Schwerfel, and writer Christina Weiss for their texts;

the Bildarchiv Preussischer Kulturbesitz (bpk) and staff members Hanns-Peter Frentz and Jan Böttger for their scanning and archiving of the entire portfolio of portraits;

the software developer, writer, and art collector Ivo Wessel for his ideas for an original image composition;

the gallery owner Michael Haas and director Erika Költzsch for their presentation of the photographs and book in Berlin and Zurich, as well as the art dealer Bernd Slutzky in Frankfurt am Main;

the museum directors and curators Jean-Christophe Ammann, Toos Arends, Ljuba Beránková, Gabriele Betancourt Nuñez, Mario Kramer, Ludger Derenthal, Thomas Kellein, Friedrich Meschede, Gereon Sievernich, Peter Weiermair, and Stephan von Wiese for their work on the various exhibitions that preceded this publication;

the translator Marie Frohling and English editor Geoffrey Garrison for the subtle translation of the German texts;

the designer Verena Gerlach for the thoughtful development of the publication's appearance;

the editor Birte Kreft for her kind and responsive supervision of the texts and insightful suggestions;

the colleagues at Hatje Cantz Verlag, including Angelika Hartmann (production) and Else Schlegel (intern) as well as Julika Zimmermann for her organizational diligence;

and finally Cristina Inês Steingräber for the thorough, uncomplicated, and outstanding coordination of the book's publication.

Their advice, knowledge, and support were an enormous help. Their curiosity about the artists and their imagination and collaboration eased the planning of this project in every way.

Angelika Platen and Günter Engelhard

Künstlerindex / Index of Artists

Herausgegeben von / Edited by
Günter Engelhard

Verlagslektorat / Copyediting:
Birte Kreft, Geoffrey Garrison

Übersetzungen / Translations:
Marie Frohling

Grafische Gestaltung / Graphic design:
Verena Gerlach

Schrift / Typeface:
Neue Helvetica, Sauna

Verlagsherstellung / Production:
Angelika Hartmann

Reproduktionen / Reproductions:
Repromayer GmbH, Reutlingen

Gesamtherstellung / Printing and binding:
Kösel GmbH & Co. KG, Altusried

Papier / Paper:
Galaxi Supermat, 170 g/m²

Erschienen im / Published by
Hatje Cantz Verlag
Zeppelinstrasse 32
73760 Ostfildern
Deutschland / Germany
Tel. +49 711 4405-200
Fax +49 711 4405-220
www.hatjecantz.com

Hatje Cantz books are available internationally at selected bookstores. For more information about our distribution partners, please visit our homepage at www.hatjecantz.com.

ISBN 978-3-7757-2653-5

Printed in Germany

Umschlagabbildungen / Cover illustrations
Vorne / Front: Sigmar Polke, Düsseldorf, 1971
Hinten / Back: Michael Heizer, Düsseldorf, 1969

Vorsatz-und Nachsatzpapier / Endpapers:
Erich Reusch, Köln, 1971

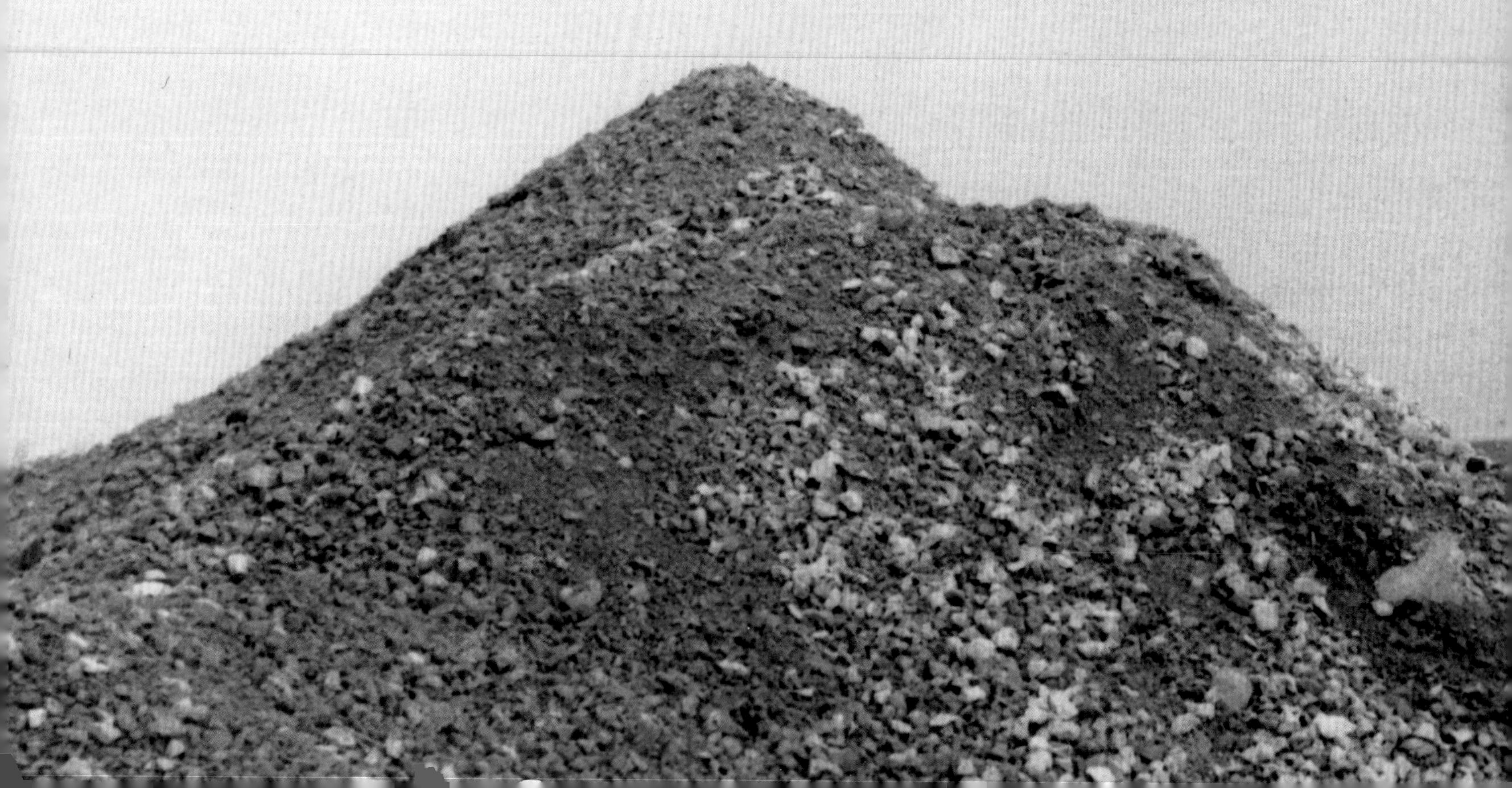